Mémoires

Farah Pahlavi

Mémoires

Souviens-toi du vol,
L'oiseau est mortel.

Forough Farrokhzade

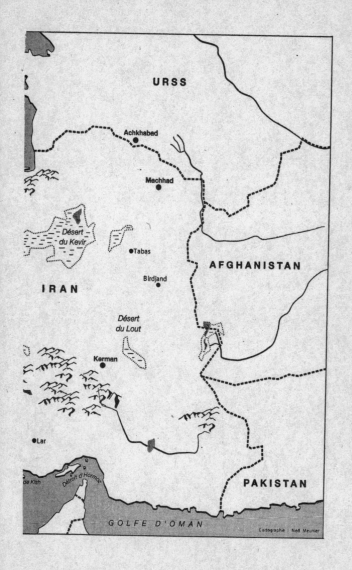

Le chagrin me broie le cœur, intense, intact, quand je me remémore ce matin de janvier 1979. Un silence angoissant s'était abattu sur Téhéran, comme si notre capitale, à feu et à sang depuis des mois, retenait soudain son souffle. Ce 16 janvier nous partions, nous quittions le pays, estimant que le retrait momentané du roi contribuerait à calmer l'insurrection.

Nous partions. La décision en avait été prise une dizaine de jours plus tôt. Officiellement, nous nous envolions pour quelques semaines de repos à l'étranger. C'est ainsi que le roi avait voulu présenter les choses. Y croyait-il ? L'immense détresse que je lisais par instants dans son regard me laissait penser que non. Mais moi j'espérais, de toutes mes forces, sans trop y croire non plus. Il était impossible à mes yeux que cet homme, qui venait de donner trente-sept ans de sa vie à son peuple, ne retrouve pas sa confiance un jour prochain. Sous son règne, l'Iran avait accédé au développement, brûlé les étapes ; la paix revenue, chacun serait bien forcé d'en convenir. J'espérais, oui. On le rappellerait et on lui rendrait justice.

Il avait neigé, le vent acerbe des sommets de l'Alborz soulevait ici ou là des tourbillons cristallins dans le soleil levant. La nuit avait été calme, étrangement calme, de sorte que le roi avait pu dormir quelques heures – c'était au moins ça. Affaibli par la maladie, secrètement miné par les événements, il avait beaucoup maigri au fil de l'année passée. Et puis ces dernières

11

semaines, en dépit de la loi martiale, chaque nuit, des manifestants étaient parvenus à grimper sur les toits, bravant les militaires, et leurs cris de haine nous étaient arrivés jusqu'au palais. « *Allâh-o-akbar, marg bar Shâh !* (Allâh est le plus grand, mort au Shâh !) » J'aurais tout donné pour protéger le roi de ces insultes.

Nous étions sans enfants désormais. Les visites impromptues de ma petite Leila, le regard timide et plein d'amour de Farahnaz pour son père, les blagues et les rires d'Ali-Reza, extravagances affectueusement tolérées par mon mari, avaient déserté le palais. J'avais repoussé leur départ jusqu'au dernier moment, pressentant qu'il signerait sans doute la fin d'une vie familiale qui nous avait comblés près de vingt années durant. Notre fils aîné, Reza, se trouvait aux États-Unis où il suivait une formation de pilote de chasse. Alors âgé de dix-sept ans, il téléphonait quotidiennement de là-bas. La situation, telle que la décrivait la télévision américaine, l'inquiétait énormément. J'essayais de le rassurer, de le convaincre qu'il fallait tenir, ne pas perdre espoir surtout, tout en constatant que le pays s'enfonçait irrémédiablement dans le chaos.

Partout ou presque, les hommes avaient cessé le travail, les raffineries étaient à l'arrêt, l'économie en panne, et chaque jour apportait son lot de manifestations, son déferlement de haine, de provocations et de désinformation. Le roi bavardait brièvement avec son fils aîné, lui non plus ne laissait rien paraître au téléphone de son désarroi. Et cependant, les gens fuyaient. Mois après mois, chefs d'entreprise, ingénieurs, chercheurs, cadres quittaient le pays. Bientôt, nous serions parmi les derniers « légitimistes » dans ce navire en perdition que des forces obscures semblaient décidées à conduire au naufrage.

Ces ultimes jours avant le départ des enfants avaient été terribles. À huit ans seulement, Leila ne paraissait pas réaliser dans quelle tension épouvantable nous vivions, mais Farahnaz et Ali-Reza, âgés de quinze et douze ans, ne cachaient pas leur trouble. Je voyais notre grande fille stationner longuement devant les grilles du parc et scruter silencieusement les rues vides, étonnée certainement de ne plus y découvrir les joyeuses bandes d'enfants avec lesquels il lui arrivait, autrefois, de converser. Où étaient donc passés tous ces jeunes? Dans le même temps, généraux, politiciens, universitaires et quelques religieux se succédaient au palais pour faire part à mon mari de leurs suggestions. Certains prônaient une solution pacifique et politique. D'autres le suppliaient d'autoriser l'armée à ouvrir le feu et, invariablement, le roi leur rétorquait qu'un souverain ne peut sauver son trône au prix du sang de ses compatriotes – « un dictateur, oui, mais pas un souverain ». Et, fermement, il les éconduisait.

Quand il apparut au roi que la solution la plus sage était de partir, nous nous résolûmes à nous séparer des enfants. Un mois plus tôt, à la mi-décembre 1978, Farahnaz avait déjà rejoint son frère aîné aux États-Unis. Confiés à ma mère, Leila et Ali-Reza s'envolèrent à leur tour vers l'Amérique. Je me souviens qu'Ali-Reza tint à emporter le drapeau impérial et son uniforme de la Garde. Quand les reverrions-nous? Après avoir proposé de nous accueillir, les États-Unis tergiversaient; nous n'étions manifestement plus les bienvenus. L'Égypte amie du président Sadate serait donc notre première destination. Bien loin des enfants.

Nous prîmes ce matin-là notre petit déjeuner séparément. Le souverain s'était levé très tôt et il avait rejoint son bureau comme n'importe quel autre jour. Se doutait-il qu'il vivait ses dernières heures dans ce pays tant aimé? Se doutait-il qu'il n'y reviendrait plus de son vivant? Y songer, aujourd'hui encore, me brise le cœur.

Il me restait la matinée pour rassembler quelques affaires. Dans la nuit, j'avais pensé aux photos des enfants, aux albums de famille, et la perspective de les laisser derrière nous m'avait précipitée dans une angoisse indicible. Prendre les albums, vite, toute la mémoire de notre bonheur passé se tenait entre ces pages. Bon, et puis qu'emporter encore? J'étais dans un tel état que je me rappelle m'être soudain focalisée sur une paire de bottes que j'aimais porter à la campagne. Nous allions avoir tout le temps de marcher désormais, et marcher était essentiel pour ne pas perdre courage, pour conserver l'équilibre. Oui, ces bottes allaient être mes plus précieuses alliées. Leur présence, étrangement, m'avait rassérénée. Quelques jours plus tard, les découvrant au fond d'une valise, je me moquerai amèrement de moi-même : mon Dieu! Comment l'idée ne m'avait-elle pas traversée que de telles chaussures se trouvent n'importe où à travers le monde? Vers quel exil glacial et dépeuplé je nous imaginais partir?

Puis, longeant la bibliothèque, j'en sortis mes livres préférés : ceux que des poètes, des chefs d'État ou des écrivains m'avaient dédicacés au fil de mes rencontres en Iran et à travers le monde.

Une personne du palais était montée m'aider; nous étions dans mon bureau.

— Les miniatures sont à vous, Majesté, prenez-les.

Je me souviens avoir regardé cet homme avec beaucoup de tristesse.

— Mais non, voyons, non, tout doit rester, je ne veux rien emporter de ces bibelots.

J'étais tiraillée entre l'espoir que nous allions peut-être revenir, bien sûr, et cette image horrifiante, humiliante, que j'entrevoyais déjà, l'image de manifestants furieux pénétrant dans le palais et ouvrant nos tiroirs, nos armoires. À aucun prix je ne voulais qu'ils aient le sentiment que nous étions partis en emportant nos biens! Non, nous nous en allions la tête haute, avec la conviction d'avoir travaillé sans relâche pour le seul bien du pays. Et si nous avions commis des erreurs, du moins n'avions-nous jamais songé qu'à l'intérêt général.

La veille, j'avais demandé aux responsables des musées de passer prendre quelques objets précieux qui nous avaient été offerts par différents souverains et chefs d'État, ainsi que quelques biens personnels. Ceux-là au moins ne seraient pas volés. La valeur des choses n'avait pas d'importance pour moi. Je voulais que tout le reste, tableaux, objets personnels, tapis, etc., demeurât à sa place, jusqu'à mes robes iraniennes que j'ai volontairement laissées, comme on laisse derrière soi un peu de son âme. Pour prévenir les pillages, ou les malveillances, j'avais invité la télévision à venir filmer l'intérieur du palais. J'avais également invité les journalistes iraniens et étrangers. Nos vies se confondaient alors avec le destin de l'Iran, et je suis fière, au fond de moi, que nos biens personnels n'aient jamais quitté notre pays.

Les dernières heures passèrent vite, trop vite, entre des instants d'extrême fébrilité et de longs moments d'absence à observer les arbres du parc, la lumière dure de l'hiver à Téhéran et ces lieux intimes, chaleureux, où nous avions vécu si intensément. Je me souviens, dans cet état second, d'avoir appelé Farahnaz aux États-Unis, soudain consciente que la pauvre enfant était partie un mois plus tôt avec la certitude de retrouver sa chambre et tous ses bonheurs d'adolescente. Comment aurait-elle pu se douter qu'elle ne reverrait pas l'Iran jusqu'à ce jour où j'écris ces souvenirs ? Que voulait-elle que je lui prenne ?

— Réfléchis bien, Nanaz *djoûne* (Nanaz ma vie), à quoi tiens-tu particulièrement ? Dis-le-moi...

J'eus la surprise de l'entendre me réclamer l'affiche d'un chanteur, Sattar, déjà très apprécié en Iran et qui trônait en bonne place dans sa chambre. Elle ne désirait rien d'autre. Je crois qu'à l'exemple de ma paire de bottes, la promesse de cette affiche la rassurait, lui cachait l'étendue du malheur à venir, qu'elle pressentait sans doute.

Reza avait habité, lui, une maison particulière dans l'enceinte du palais. Les volets en étaient clos depuis son départ, un an plus tôt. Tous ses costumes d'enfant que j'avais conservés avec une infinie tendresse, les cassettes de ses premiers mots, de ses premiers pas, ses albums de photos, tous ses souvenirs étaient entreposés là. Je n'ai même pas eu la présence d'esprit de l'appeler, j'ai tout laissé. J'aimerais tant aujourd'hui retrouver ces trésors...

La matinée s'achevait, le roi était encore enfermé dans son bureau, mais à présent, de minute en minute, le climat s'alourdissait à l'intérieur du palais. Je sentais le désarroi de ces femmes et de ces hommes dont les plus âgés avaient servi Reza Shâh, le père de mon mari, dont certains avaient assisté à notre mariage vingt ans plus tôt. Tous semblaient abasourdis par la perspective de notre départ, ils allaient et venaient dans un silence inhabituel, et dans cette errance muette je ne percevais plus soudain aucun espoir. Nous ne pouvions pas nous en aller comme ça, il ne fallait pas perdre confiance.

Ils s'étaient réunis pour nous saluer. Je leur expliquai que nous nous apprêtions certainement à revivre une de ces périodes douloureuses qui n'ont jamais cessé d'émailler la longue histoire de l'Iran, mais que le printemps reviendrait et qu'alors nous nous retrouverions pour applaudir le retour du roi. Qui aurait pu imaginer dans quel cauchemar allait sombrer notre pays ? Nous retenions nos larmes. Certains trouvèrent la force de sourire, et j'entrepris de donner à chacun un objet précieux, un bijou personnel, ou un peu d'argent, comme on le fait avant une longue séparation pour réaffirmer la force des liens.

Enfin, le roi apparut. Tous se mirent à pleurer en le voyant. Lui, si maître de ses sentiments, paraissait lutter pour dissimuler son émotion. Il eut un mot pour chacun. Beaucoup, en sanglots, le pressèrent de ne pas les abandonner. Quand on vint nous avertir que les deux hélicoptères qui devaient nous conduire à l'aéroport Mehrabad étaient prêts à décoller, le personnel du palais se rassembla spontanément sur les marches. Cette fois, nous partions, nos bagages avaient été emportés. Quelques mains se tendirent, je garde le souvenir de visages bouleversés. Le roi adressa à tous un dernier salut, j'embrassai les femmes qui m'étaient le plus proches, puis, dans le fracas des rotors, je vis bientôt disparaître le palais derrière la forêt d'immeubles de Téhéran.

Les deux hélicoptères se posèrent à proximité du pavillon impérial (l'un nous transportait, l'autre était réservé aux hommes de la Sécurité). Un petit groupe nous attendait là, des officiers et quelques civils frileusement serrés les uns contre les autres, luttant contre les bourrasques glaciales qui balayaient le tarmac. Le roi avait demandé à tous de demeurer à leur poste en ces jours si difficiles plutôt que de venir à Mehrabad. Cet aéroport que nous avions connu en pleine croissance en pleine effervescence, sans cesse traversé par le vacarme des réacteurs, semblait soudain frappé de mort. Cloués au sol par la grève, les avions offraient un spectacle lugubre, et du ciel incroyablement vide ne nous parvenait plus que le sifflement entêtant du vent des monts Alborz.

Tendu, très droit, mon mari salua ces quelques amis et fidèles. Alors un officier de la garde se jeta à ses pieds en le suppliant de ne pas partir. Le roi se pencha pour le relever, et à cet instant l'émotion, la souffrance le submergèrent – je vis que ses yeux s'embuaient, lui qui toujours restait maître de lui. Plusieurs officiers, qui ne cachaient pas leurs larmes, lui demandèrent à leur tour de ne pas partir, et il échangea quelques mots en particulier avec le chef d'état-major des armées.

Des journalistes iraniens assistaient à ces adieux, légèrement en retrait et comme assommés – la presse étrangère n'avait pas été invitée. Peu de temps après, le roi les remarqua et se dirigea vers eux. Il venait de nommer Chapour Bakhtiar à la tête du gouvernement et, à cette heure précise, le nouveau Premier ministre attendait du Parlement son investiture. Le roi ne voulait pas quitter le pays avant que le Parlement eût entériné sa décision.

« Comme je vous l'ai annoncé lorsque le gouvernement a été formé, dit-il aux journalistes, je me sens fatigué et j'ai besoin de repos. J'avais également déclaré que, lorsque les choses me sembleraient aller bien et que le gouvernement serait en place, je ferais un voyage. Ce voyage commence maintenant. »

J'ajoutai que notre pays, dans sa longue histoire, avait connu des moments dramatiques mais que j'avais confiance : la culture et l'identité iraniennes reprendraient le dessus.

Voilà, nous partions donc « en voyage », nous disparaissions pour laisser à chacun le temps de recouvrer ses esprits, et aux haines le temps de s'apaiser. Après quelques semaines, les gens comprendraient... Oui, il fallait y croire, croire en l'avenir. Je ne voulais à aucun prix céder au désespoir.

Quelques minutes passèrent dans une tension douloureuse, puis on informa le roi que le Majles (le Parlement) venait d'investir M. Chapour Bakhtiar. Transporté par hélicoptère, celui-ci serait à l'aéroport dans un instant.

On le vit en effet surgir du ciel, se courber sous les pales de l'hélicoptère, puis, disciplinant sa moustache et se rajustant, marcher jusqu'au pavillon. Le président du Parlement, Djavad Saïd, l'accompagnait. Les deux hommes vinrent aussitôt s'incliner devant nous et nous saluer avec beaucoup d'émotion.

« Maintenant, tout est entre vos mains, dit doucement mon mari à M. Bakhtiar. J'espère que vous réussirez, je vous remets l'Iran, à vous et à Dieu. »

Trente-sept jours plus tard, M. Bakhtiar devait prendre la fuite pour échapper à la mort, renversé au profit du premier gouvernement islamique nommé par l'âyatollâh Khomeyni.

L'imam djom-é de Téhéran, le docteur Hassan Emani, présent à chacun de nos départs pour réciter les prières traditionnelles, n'était pas auprès de nous en ce jour terrible. On prétendit par la suite que ce religieux, qui nous était proche, avait voulu manifester par son absence une réprobation subite. La vérité est autre : alors hospitalisé à Genève, il devait mourir quelques mois plus tard.

À présent, nous pouvions partir. Luttant contre le vent, nous gagnâmes l'appareil que nous utilisions pour les voyages officiels, un Boeing 707 bleu et blanc baptisé *Shâhine*, « Épervier ». Parvenu au seuil de la passerelle, le roi se retourna et le petit groupe qui nous escortait s'immobilisa. De ce face à face, je conserve la mémoire d'une émotion insoutenable. Les hommes présents étaient des officiers, des pilotes, des personnalités de la Cour, des membres de la Garde impériale qui avaient tous largement fait preuve de leur courage, et cependant on les sentait là dans une indescriptible détresse. Un à un, ils baisèrent la main du roi, leurs visages noyés de larmes. M. Bakhtiar aussi avait les larmes aux yeux, lui qui avait pourtant demandé ce départ.

« Les témoignages de fidélité qui me furent donnés au moment du départ me bouleversèrent, écrira le roi plus tard dans ses Mémoires [1]. Il s'était fait un silence poignant, coupé de sanglots. »

Enfin nous nous engouffrâmes dans l'avion, suivis des quelques personnes qui avaient voulu nous accompagner. Amir Aslan Afshar, le chef du protocole, était de ceux-là, ainsi que Kambiz Atabaï, dont le père, Abolfath Atabaï, avait servi Ahmad Shâh et Reza Shâh avant de servir mon mari, et les colonels Kioumars Jahanbini et Yazdan Nevissi qui assuraient notre sécurité personnelle avec des sous-officiers de la Garde. D'autres personnes, à notre service depuis longtemps, s'étaient jointes à ceux-là. Au dernier moment, j'avais demandé à la pédiatre de nos quatre enfants, le docteur Lioussa Pirnia, qui m'était attachée par des liens familiaux, si elle voulait bien me suivre dans ce voyage à l'issue incertaine. Elle avait aussitôt dit oui, laissant derrière elle sa famille pour embarquer avec une simple valise de vêtements. Enfin, notre cuisinier était du voyage. Pressentant peut-être qu'il ne reverrait pas l'Iran, et ses habitudes culinaires, avant de longs mois, cet homme excessivement scrupuleux avait pris avec lui sa collection de marmites en cuivre géantes et des sacs de pois chiches, de riz, de lentilles... En somme, chacun s'accrochait à ce qu'il pouvait.

Aussitôt à bord, le roi s'assit aux commandes de l'appareil. C'était depuis toujours un de ses plus vifs plaisirs. Ainsi, malgré l'accablement, ou peut-être à cause de celui-ci, voulait-il piloter lui-même pour ce voyage qui devait à jamais l'éloigner de l'Iran, l'arracher aux siens. Du décollage, je n'ai conservé aucun souvenir, hébétée par la violence de ce que nous venions de vivre, mais secrètement fière de n'avoir pas flanché.

Mon mari pilota durant tout le temps où nous survolâmes l'Iran Puis, une fois sortis de notre espace aérien, il rendit les commandes et rejoignit la cabine. Alors, j'eus pleinement conscience du gouffre abyssal dans lequel l'Histoire nous préci-

---

1. Mohammed Reza Pahlavi, *Réponse à l'Histoire*, Paris, Albin Michel, 1979. On retrouvera toutes les références faites concernant les Mémoires du roi dans cet ouvrage.

pitait et, certaine que j'allais perdre la raison si je n'entreprenais pas dans l'instant un geste quelconque pour résister, j'eus l'idée d'appeler le monde au secours de notre malheureux pays. Nous laissions derrière nous des groupes opposés aux insurgés mais démunis de tout, et qui seraient bientôt traqués. Il fallait d'urgence leur faire parvenir de l'aide, alerter les chefs d'État qui nous étaient proches. Je demandai aussitôt au roi la permission d'envoyer des messages à certains d'entre eux. Il m'observa curieusement, puis y consentit du bout des lèvres Avec l'aide de M. Afshar, j'entrepris de rédiger ces appels.

Ensuite, et pour la première fois de ce long exil, alors que nous volions vers Assouan, au sud de l'Égypte, je me mis à noircir fébrilement les premières pages d'un cahier qui devait m'accompagner jusqu'au décès du roi, dix-huit mois plus tard.

J'en retranscris ici quelques passages :

« 16 janvier 1979

« Au palais, ce fut terrible, tellement terrible !... Les dernières choses à faire, les derniers téléphones à passer, les sanglots des uns et des autres... Ne pas se laisser gagner par le désespoir, ne pas pleurer, donner confiance... Je laisse toute ma vie derrière moi, je garde l'espoir de revenir, mais en même temps ma poitrine est écrasée de chagrin. Ces gens qui se jetaient à nos pieds au palais, leurs prières, leurs questions : "Où allez-vous ? Quand reviendrez-vous ? Pourquoi nous abandonnez-vous ? Nous sommes orphelins, orphelins... — Non, relevez-vous, ayez confiance en Dieu, nous reviendrons. Vous êtes officiers, vous ne devez pas pleurer." Je pleurais au-dedans de moi, mais eux ne le voyaient pas.

« Sourire à la descente de l'hélicoptère, trouver encore les mots justes, être forte, toujours. "Je suis certaine que l'union nationale l'emportera, j'ai confiance dans le peuple iranien", ai-je déclaré aux journalistes. "Que Dieu vous accompagne", m'a soufflé l'un d'entre eux. Puis tout le monde s'est dirigé vers l'avion. Là, les hommes sont tombés à genoux aux pieds du roi. Mon mari était bouleversé, ses yeux pleins de larmes. Pilotes, officiers, journalistes, gardes, tous sanglotaient.

« Nous nous sommes élevés dans ce ciel immensément vide. J'ai le sentiment affreusement douloureux d'avoir tout perdu : mes enfants, mes amis, mon pays. Le sentiment que mon cœur est déchiré, en lambeaux. J'aurais préféré mourir dans mon pays plutôt que d'entreprendre cette errance. Où nous conduira-t-elle ? Comment continuer à vivre, à respirer, quand on a le cœur en morceaux ? »

Adolescente, quand je pensais à mon existence future, je m'imaginais vivant auprès d'un homme cultivé et dont je serais fière. Mais je ne songeais pas à me marier avant d'avoir terminé mes études, à une époque – la fin des années 50 – où les femmes, de plus en plus nombreuses, se mobilisaient pour participer au développement de l'Iran.

Cependant, rien ne pouvait me laisser supposer que j'épouserais un jour le premier personnage de notre pays.

— Pourquoi m'as-tu choisie ? ai-je demandé un jour au roi.

Et lui, souriant imperceptiblement :

— Au cours d'une de nos premières rencontres, un après-midi, nous avons joué au palet. Tu te souviens ? Nous étions nombreux, toute une bande. La plupart des ronds tombaient par terre au lieu d'atteindre leur cible, et toi tu courais aussitôt les ramasser, très gentiment, pour tout le monde. J'étais déjà séduit, mais ce jour-là j'ai aimé ta simplicité.

Première Partie

1.

De mes premiers balbutiements, j'ai conservé le témoignage ébloui de mon père : un cahier d'écolier illustré de sa main et dont chaque ligne déborde de tendresse. Il y note mon poids, mes sourires, mes babillages ou ce qu'il a cru en deviner, de toute évidence ivre de félicité. Et soudain, l'enchantement bascule dans le plus noir des cauchemars : « Ce vendredi, écrit-il à la cinquième page, est l'un des jours les plus tristes de ma vie : Farah a pris froid. Cette nounou stupide n'a pas été suffisamment vigilante. J'étais au centre de Téhéran quand je l'ai appris, j'ai loué une voiture pour monter aussitôt jusqu'à Shemirân. Ma pauvre petite était allongée, elle avait un visage terrible et respirait difficilement. Sa maman pleurait. Enfin, le docteur Tofigh est arrivé : angine aiguë! Elle a une forte fièvre. Toute la nuit, nous lui avons fait des compresses, nous n'avons pas dormi jusqu'au matin. »

Un croquis me représente au lit, une large compresse sur le front, sous un grand point d'interrogation. Vais-je survivre? semble se demander mon père. À ma gauche, maman sanglote et, de l'autre côté, papa, lui, s'est dessiné le front entre les mains, visiblement accablé par le chagrin.

Cependant, après quelques jours, mon état s'améliore. « Grâce à Dieu, écrit alors mon père, Farah va mieux, mais nous en avons pleuré des larmes de sang. »

23

C'était en 1939. Nous habitions à l'époque l'une de ces maisons du début du siècle, à jardin clos, au nord de Téhéran. J'ai grandi dans cette maison que nous partagions avec le frère de ma mère, mon oncle Mohammad-Ali Ghotbi, et sa femme, Louise. Chaque couple disposait d'une grande chambre au rez-de-chaussée, le salon familial étant commun. Comme le veut la tradition en Iran, l'étage – salons et salle à manger – était exclusivement réservé aux invités, aux réceptions. Mon père toutefois y avait son bureau.

Les Ghotbi avaient eu un garçon six mois avant ma naissance, de sorte que mon cousin Reza fut certainement le premier visage enfantin à qui je souris. Nous fîmes nos premiers pas ensemble, et Reza devint le frère que je n'ai pas eu.

Bien plus tard, j'ai su que mes parents avaient voulu avoir un autre enfant mais que les conséquences dramatiques de la Deuxième Guerre mondiale en Iran les en avaient dissuadés. Occupé par les troupes britanniques et soviétiques en août 1941, le pays n'offrit plus aucune perspective d'avenir durant près de quatre ans.

Je restai donc enfant unique, et peut-être plus précieuse encore aux yeux de mes parents. On m'a raconté combien mon père s'angoissait pour moi, il vivait dans la terreur qu'une maladie ne me tombe dessus et, comme certains vaccins n'existaient pas encore chez nous, il pensait que le plus sage était d'interdire qu'on me touche, et surtout qu'on m'embrasse. Cela ne m'a pas empêchée d'attraper toutes les maladies infantiles et, de toute façon, plus je grandissais, plus je gagnais en autonomie, moins il pouvait me défendre de fréquenter nos semblables.

Les plus proches, outre la famille, étaient les gens de la maison, c'est-à-dire ma nounou, Monavar, une jeune femme pleine de charme et d'humour que j'aimais tendrement, ainsi que le cuisinier, la femme de chambre, et aussi deux hommes que nos parents employaient pour les petits travaux. Reza et moi avions de l'affection pour toutes ces personnes, d'autant plus qu'elles nous ouvraient grands leurs bras et nous couvraient de gâteries. Elles logeaient dans un bâtiment moderne situé à l'autre extrémité de la cour. Aussitôt nos parents partis, nous courions les rejoindre. Les uns et les autres nous prenaient sur leurs genoux et nous racontaient des histoires, effrayantes parfois, qui nous laissaient entrevoir que le monde était bien plus terrible et mystérieux que ne le disaient nos mères.

Dans une dépendance de ce même bâtiment, nous remisions la nourriture pour plusieurs mois – féculents, riz, sucre, amandes, huile, etc. – et j'ai le souvenir des hurlements affolés de ma mère lorsque, s'aventurant dans cette réserve, elle y surprenait des souris. Le cuisinier accourait à son secours, et Reza et moi, au comble de l'excitation, en profitions pour nous engouffrer sur ses talons dans ce grenier plein de senteurs fortes qui nous étaient encore étrangères.

Ce monde porteur de maladies et de tous les dangers aux yeux de nos parents, nous l'entendions fourmiller derrière les hauts murs de brique du jardin. Bien sûr, nous avions interdiction de nous aventurer dans la rue mais, dès que nos parents tournaient le dos, nous nous installions sur les marches patinées du porche et nous regardions les gens aller et venir derrière la grille. C'était l'Occupation, la vie n'était sûrement pas facile... De la guerre, qui se déroulait loin derrière les montagnes chez notre redoutable voisin du Nord, l'URSS, nous entendions parfois les adultes parler. Et puis les jeeps des soldats britanniques attiraient invariablement nos regards. Beaucoup de mendiants passaient alors régulièrement chez nous. Nous les connaissions par leur nom et, en prévision de leurs visites, nos parents ne jetaient jamais rien. Nous leur donnions de la nourriture, mais aussi des vêtements et même des jouets pour leurs enfants.

Des enfants, la rue en était pleine à la belle saison et nous bavardions avec eux, qui avaient la permission de jouer dehors. On se déplaçait encore en fiacre en ce temps-là – bien peu avaient les moyens de s'offrir une automobile – et je me rappelle que l'un des jeux favoris des gamins était de s'accrocher à l'arrière des voitures pour profiter de la promenade. Cela nous fascinait, d'autant plus que les piétons avertissaient le cocher, ils lui criaient : « Tu as quelqu'un dans le dos ! » avec une mimique entendue, et le cocher décrochait le petit clandestin d'un grand coup de fouet circulaire. Nous en perdions le souffle.

Mais le spectacle de la rue, celui qui m'enchantait, nous venait surtout des marchands ambulants. Ils apportaient les fruits de la saison à dos d'âne ou sur des chariots de bois peints à la main, ou encore sur de grands plateaux qu'ils plaçaient en équilibre sur leur tête. L'hiver, c'étaient les mandarines, les oranges, les betteraves qu'on faisait cuire au four ; après, on attendait impatiemment le printemps pour goûter les fraises, les prunes vertes, les amandes fraîches, les radis, les oignons blancs, les herbes – menthe, estragon, basilic – que les marchands arrosaient constamment... Enfin, aux premiers jours de l'été, toujours si chaud à Téhéran, nous arrivaient les cerises, les pommes au parfum de rose, les abricots, un peu plus tard les melons et les pastèques, et bien sûr les marchands de glaces ! Ceux-là, nous les adorions, mais naturellement nous avions interdiction de les approcher. Nos parents se relayaient pour nous expliquer combien ces glaces étaient dangereuses pour la santé, pleines des pires microbes imaginables. Néanmoins, je nous revois encore franchissant le porche comme des lapins pour nous partager une tranche de ce délicieux poison entre deux gaufres... Les sucettes, que nous appelions « coqs en sucre », nous étaient également défendues, car nos parents les soupçonnaient d'accrocher la terrible poussière de la rue.

Mais le véritable danger provenait de l'eau, cette eau si précieuse chez nous et dont le commerce rythmait la vie quotidienne du Téhéran de cette époque. L'eau potable était rare, issue des deux uniques sources qui permettaient d'approvisionner la capitale. Elle nous était livrée par des chevaux tirant des citernes à travers toute la ville. Comme les marchands de légumes, le porteur d'eau avait sa propre chanson pour s'annoncer. On sortait alors les cruches, qu'il nous remplissait contre quelques pièces.

Pour la toilette et le ménage, l'eau nous arrivait des monts Alborz, qui surplombent Téhéran, par un réseau de caniveaux à ciel ouvert qui irriguait toutes les rues. Chaque quartier avait son jour pour capter cette eau courante et boueuse. On la déviait à l'aide de petits barrages et elle s'écoulait alors pendant quelques heures dans un réservoir sous la maison, ou un bassin généralement creusé dans la cour ou le jardin. Nous possédions réservoir et bassin, et je me rappelle avec quelle curiosité je regardais se déverser dans ce dernier tous les détritus ramassés en amont – écorces de pastèque, feuilles mortes, mégots, morceaux de bois... Après un ou deux jours, l'eau avait décanté et nous pouvions la pomper pour remplir une citerne qui se trouvait au grenier et faisait office de château d'eau pour la cuisine et les salles de bains. Malgré la chaux vive qu'on ajoutait dans la citerne, les petits vers y pullulaient et nos parents nous recommandaient sans cesse de ne jamais boire aux robinets.

Du fourmillement passionnant de la rue surgissait par intervalles le marchand de jouets, son magasin sur la tête où bringuebalaient tous les trésors dont les enfants rêvaient à l'époque, flûtes en bois ou en terre cuite, moulinets de papier multicolore, ballons, raquettes, et aussi ces castagnettes de chez nous faites de deux palets reliés par un soufflet en papier... On avait droit parfois à un petit quelque chose, mais plus généralement on se fabriquait nos jouets nous-mêmes, ou avec l'aide des hommes de la maison. Je me souviens que nous traînions nos poupées dans des boîtes à chaussures, que les garçons poussaient de vieilles roues de bicyclette reconverties en cerceaux, que nos trottinettes étaient le fruit de savantes récupérations... Cependant, deux merveilles sortaient du lot : une poupée qui disait « maman », et une véritable bicyclette d'enfant de la prestigieuse manufacture anglaise BSA.

Derrière le marchand de jouets apparaissait parfois le magicien du « cinéma ambulant ». Lui manœuvrait une petite voiture aux cuivres étincelants, dotée de quatre lunettes contre lesquelles chaque enfant pouvait coller son visage en échange d'une pièce. L'homme faisait défiler des images ou des dessins illustrant l'histoire merveilleuse ou fantastique qu'il racontait d'une voix changeante, pleine de nuances, d'émotion ou de rire.

Parfois aussi il chantait. Il était au-dessus de nos forces de renoncer à ce ravissement inouï baptisé *Shâhre Farang*, littéralement « ville d'Europe ». Pourtant, cela nous était également défendu, nos parents redoutaient que nous n'attrapions le trachome, cette terrible bactérie extrêmement contagieuse qui s'attaque à l'œil et plongeait alors dans la cécité de nombreux enfants.

Reza et moi avons échappé au trachome, par chance, mais le « bouton d'Orient », en revanche, ne m'a pas épargnée. Moins grave que le trachome, cette piqûre de moustique laisse une marque indélébile. La mienne est sur le dessus de ma main droite. Mon père avait estimé que dans notre malheur nous avions eu de la chance – beaucoup se font piquer au visage –, mais il n'en avait pas moins demandé au médecin de faire l'impossible pour limiter la cicatrice. Je n'ai pas oublié ses mots que me rapporta ma mère : « On ne sait jamais, docteur, peut-être qu'un jour les gens embrasseront la main de ma fille... »

Malgré les innombrables tentations de la rue, mon plus grand bonheur d'enfant était de fuir Téhéran, l'été, pour gagner Shemirân, sur les pentes des monts Alborz. Nous quittions la fournaise, la torpeur poussiéreuse de Téhéran, pour l'air léger des sommets et la fraîcheur inespérée des soirées. Aujourd'hui, Shemirân est un quartier riche et convoité du nord de Téhéran ; quand j'étais enfant, c'était un bourg délicieux à une douzaine de kilomètres du centre-ville, perché à mille huit cents mètres d'altitude. Nos parents louaient donc une villa pour les deux mois d'été dans ce paradis bucolique. Mon premier plaisir était le voyage. Nous nous serrions dans la grosse Ford de mon père et tous les gens de la maison suivaient à bord de fiacres. C'était une caravane, un véritable exode. J'adorais cette route qui serpentait entre d'énormes platanes et ces petits rosiers jaunes dont nos mères cueillaient les boutons pour confectionner des sucreries.

À Shemirân, nous retrouvions une ribambelle de petits cousins et d'amis dont les parents possédaient des propriétés. Je jouais parfois à la poupée, mais jamais bien longtemps. J'étais plutôt garçon manqué, je préférais la balle aux prisonniers, les jeux de cache-cache, les promenades à dos d'âne ou à pied à travers la campagne, la montagne, tout ce qui me permettait d'échapper à la sieste ! J'aimais aussi construire des maisons en terre, les mains dans la boue, ou encore casser des noix fraîches qui me laissaient les doigts teintés de noir. Je me souviens qu'on se nettoyait en se frottant avec des feuilles de mûrier rouge. J'adorais aussi grimper aux arbres. Les arbres étaient mes amis. Les poiriers, les pommiers, les noyers, les néfliers, les mûriers, je les connaissais individuellement et il m'arrivait, une fois perchée, d'oublier le jeu, de n'avoir plus aucune envie de redescendre. D'autant moins envie que dans l'un ou l'autre je m'aménageais une niche confortable, avec des branches et une couverture. Alors l'immensité du ciel m'emportait, je rêvais, parfois jusqu'à la tombée du jour, jusqu'à ce qu'on s'inquiète de ne plus me trouver nulle part.

Les soirées à Shemirân nous enchantaient. Nous nous réunissions tous en famille sur la place du village. Là, des petits marchands offraient des brochettes, du maïs grillé, des noix fraîches, toutes sortes de gâteaux et de confiseries, et bien sûr des glaces qui ne nous étaient pas défendues, pour une fois ! Pendant que les parents déambulaient ou s'installaient aux terrasses des cafés, nous les enfants nous poursuivions entre les échoppes, ivres de rires et de sucreries. Souvent, en rentrant, nous recevions la permission de dormir tous ensemble dans un grand salon. On installait alors des matelas à même le plancher, et pour Reza et moi, qui tout l'hiver dormions sagement dans la chambre de nos parents, c'était le monde à l'envers, une fête invraisemblable.

Ce monde-là était encore en guerre quand je fis mes premiers pas à l'École italienne de Téhéran. Mes parents avaient choisi cet établissement parce qu'on y enseignait le français, notamment, et que mon père était francophone, attaché à la France. Originaire d'une grande famille d'Azerbaïdjan qui avait servi à la Cour sous les Qâjârs puis sous Reza Shâh, fils d'un diplomate qui s'exprimait couramment en français comme en russe, papa avait été envoyé à douze ans à l'École des cadets de Saint-Pétersbourg avec son jeune frère, Bahram. Ils y furent surpris par la Révolution bolchevique de 1917 – mon père avait alors seize ans – et ils parvinrent à s'enfuir avec le concours de notre ambassadeur. Mon père gagna alors la France où il acheva ses études secondaires, entreprit des études de droit et fut admis à l'École des officiers de Saint-Cyr. Diplômé, il revint en Iran pour servir bientôt dans la jeune armée que Reza Shâh, le père de mon futur mari, appelait alors sous les drapeaux. Originaire du Guilan, au bord de la mer Caspienne, descendante de Ghotbeddine Mohammad Guilani, soufi vénéré, ma mère, quant à elle, avait étudié à l'école Jeanne-d'Arc de Téhéran, tenue par des religieuses françaises, et où je devais entrer à mon tour quelques années plus tard.

J'avais six ans l'année de mon arrivée à l'École italienne. Je me rappelle que maman m'avait habillée d'une blouse blanche et d'une jupe écossaise. Je me rappelle aussi mon appréhension. On m'avait expliqué que je devais me mêler aux autres enfants, mais j'étais restée dans mon coin, serrant fermement mon petit cartable dans lequel ma mère avait glissé un cahier, un crayon, et une pomme pour la récréation...

Cependant, très vite l'école me plut, et au-delà de l'école tout ce que ma nouvelle vie m'apportait de liberté, d'ouverture sur le monde. De temps à autre, mon père me conduisait au volant de sa Ford, mais le plus souvent il chargeait une servante de me chaperonner, à l'aller comme au retour, et il lui donnait pour cela l'argent du fiacre. La jeune femme devait certainement le garder pour elle, car je me souviens avec émerveillement de nos longs trajets à pied le long des avenues plantées de robiniers. J'adorais ces robiniers en fleur et, aujourd'hui encore, leur parfum vient hanter ma nostalgie de Téhéran.

On nous enseignait aussi le Coran à l'école. Ou, plus exactement, on nous apprenait à lire le Livre sacré sans nous en expliquer la signification. Ce qui me surprenait, surtout, c'est que nous n'avions pas le droit de suivre les lignes avec le doigt, nous devions donc nous façonner un petit index en papier. Mes parents étaient musulmans chiites, comme la majorité des Iraniens, mais ma mère était plus pratiquante que mon père. Elle participait à des cérémonies où des religieux venaient raconter avec beaucoup d'émotion la vie des martyrs, et alors ma mère et toutes les femmes présentes sanglotaient abondamment, en présence parfois de pleureuses professionnelles. Nous, les enfants, étions trop jeunes pour comprendre, mais nous aimions énormément ces réunions parce qu'à la fin les femmes se réconfortaient avec des sucreries et nous invitaient à les partager.

Même si ma mère respectait le jeûne et les prières pour le Ramadan, elle ne nous l'imposait pas : Reza et moi mangions simplement un peu moins, pratiquant ce que les Iraniens nomment le « Ramadan de l'oiseau ». Toutefois, j'accompagnais ma mère visiter les Lieux saints. C'était l'occasion de se recueillir et de formuler des vœux. Je me souviens être allée, petite, dans la ville sainte de Qom où était enterré mon grand-père. Quelque temps plus tard, âgée de sept ou huit ans et alors que je me trouvais sur un lieu de culte au bord de la mer Caspienne, je devais être la victime d'une de ces scènes apparemment anodines mais qui marquent profondément un esprit d'enfant : comme mes cheveux n'étaient pas couverts, un mollah m'avait vivement apostrophée : « Cache tes cheveux, sinon tu vas aller en enfer ! » Jamais je n'ai pu oublier l'effroi qu'a fait naître en moi l'intolérance de cet homme, effroi que l'âyatollâh Khomeyni devait raviver trente-quatre ans plus tard.

Je surprenais souvent mon père en train d'écrire ou de lire dans ce bureau qu'il avait au premier étage. Il écoutait aussi fréquemment la radio – des émissions en persan ou en langues étrangères. Je ne l'ai jamais connu en uniforme, il était toujours habillé de costumes extrêmement élégants, et même pour jouer au tennis – son sport favori – il portait un gilet blanc sur un pantalon immaculé. Il avait été conseiller juridique dans l'armée et, pendant la guerre, il travaillait à l'ambassade de Yougoslavie. Je me rappelle clairement mon désespoir lorsqu'il quittait la maison. C'était un déchirement de le voir s'éloigner, comme s'il ne devait jamais revenir. Avais-je l'intuition du malheur qui nous guettait ? En tout cas je pleurais, à tel point que ma mère demandait à ce qu'on me cache son départ. Mais le soir, il s'asseyait à côté de moi pour les devoirs, et tout était oublié. Quand par exception il avait un dîner à l'extérieur, il me consolait de son absence par un petit cadeau que je découvrais le matin sous mon oreiller.

La fin de la Deuxième Guerre mondiale ouvrit chez nous la crise de l'Azerbaïdjan. Si j'ai vécu ces événements comme un drame personnel malgré mon jeune âge, c'est que cette province était celle de mon père, et que mes oncles et tantes qui y vivaient en furent momentanément chassés. Occupé par les troupes britanniques au sud, et soviétiques au nord, l'Iran devait être libéré la paix revenue. L'Angleterre et l'URSS s'étaient engagées, par un traité de janvier 1942, à retirer leurs soldats de notre territoire au plus tard six mois après la fin des hostilités. La Grande-Bretagne respecta cet engagement, mais non l'Union soviétique qui maintint ses troupes en Azerbaïdjan. Le Parti communiste iranien Toudeh, créé en 1942, avait particulièrement prospéré en Azerbaïdjan, profitant de la présence soviétique. Le leader du Parti démocratique d'Azerbaïdjan, communiste, Jafar Pishevari, réclamait maintenant l'autonomie de la province, et il était clair que l'URSS attendait tout simplement qu'elle tombe dans son escarcelle.

C'est peu dire que cette éventualité fut vécue comme une tragédie par mes parents. Dans la famille de maman, oncles et tantes demeuraient traumatisés par le coup de force des communistes qui, en 1920, les avaient chassés de la province du Guilan, déclarée un temps « République soviétique socialiste du Guilan ». À cause d'eux, ma mère avait débarqué, enfant, à Téhéran. Et voilà que le coup de force se répétait, cette fois contre la famille de mon père !

De ces années 1945-1946, où je fus témoin du désarroi de mes parents, et du malheur de mes oncles et tantes, date l'appréhension que j'ai longtemps éprouvée à l'égard des communistes. Je ne les aimais pas, j'avais peur d'eux parce qu'ils étaient contre le roi. Je n'avais pas plus de réflexion politique. Aux yeux de mes parents, qui étaient profondément royalistes, légalistes, le Toudeh était un parti qui trahissait l'Iran, le mal absolu donc, puisque par son action il livrait à une autre puissance une parcelle de notre territoire.

Ma première image du jeune roi, à qui treize ans plus tard je devais lier ma vie, remonte à cette année 1946. Mohammad Reza Pahlavi régnait depuis le 16 septembre 1941. Il avait succédé à son père, Reza Shâh le Grand, pour prendre les rênes d'une nation alors mise à genoux par l'Occupation. La libération de l'Azerbaïdjan fut certainement le premier geste historique qui lui valut la reconnaissance des Iraniens.

Le gouvernement de Téhéran, mené par un habile diplomate, notre Premier ministre Ghavam-Os-Saltaneh, soutenu par le roi et par l'opinion internationale, finit par convaincre Staline de respecter sa signature et, le 10 mai 1946, ordre fut donné aux troupes soviétiques d'évacuer la province iranienne. Mais l'Azerbaïdjan, qui s'était proclamé autonome, n'en restait pas moins occupé par les insurgés du Toudeh. L'armée fut donc envoyée pour rétablir la légalité et, le 12 décembre 1946, Tabriz, la capitale, fut enfin libérée.

Mes parents exultaient, c'était un grand jour. Quand on apprit que le roi, de retour d'Azerbaïdjan, allait traverser Téhéran, on se précipita dans la rue pour l'acclamer. Toute la ville était dehors. Il devait passer sur l'avenue à l'angle de notre rue. Il y avait là un garage sur le toit duquel on se hissa. Les gens se poussaient, hurlaient, applaudissaient. Enfin, le roi apparut, ce fut une vision éblouissante pour l'enfant de huit ans que j'étais.

Le soir, ou le lendemain, on célébra l'événement en famille. Je ne connaissais pas l'Azerbaïdjan, mon père me promit que nous irions un jour ensemble.

Il devait disparaître l'année suivante avant d'avoir pu m'emmener sur les traces de sa famille.

2.

La maladie de mon père nous surprit au moment où l'horizon s'éclaircissait enfin pour l'Iran, comme pour le reste du monde, au moment où nous aurions pu construire des rêves d'avenir. Il se sentit soudain fatigué, lui qui menait une vie saine et bien réglée. Simultanément, ses yeux et son teint commencèrent à jaunir et les médecins crurent avoir affaire à une hépatite. De ces premières semaines, je me rappelle surtout ses démangeaisons. Il se grattait sans cesse les bras, les jambes, cela le rendait très nerveux et rien ne parvenait à le soulager durablement.

On le soignait avec les médicaments les plus récents contre l'hépatite, mais il prenait aussi toutes les potions de notre médecine traditionnelle. Dans la famille, nous avions confiance en cette médecine douce et naturelle très répandue en Iran, et aujourd'hui encore j'y ai recours, la préférant souvent aux produits de laboratoires. Il buvait donc des extraits de pissenlit et on lui a même fait avaler des petits poissons d'eau douce... En vain, ni les démangeaisons ni le teint ne cédaient.

Puis, brusquement, cette maladie qui préoccupait la maison mais que l'on apprenait malgré tout à apprivoiser se mit à occulter tout le reste, à bouleverser le quotidien : mon père entra à l'hôpital. Cela correspondit sans doute au nouveau diagnostic alarmant des médecins : alors qu'ils le traitaient depuis des semaines pour une hépatite, ils venaient de comprendre qu'il était atteint d'un cancer du pancréas et qu'il fallait l'opérer. Je ne devais l'apprendre que beaucoup plus tard, mais de ce moment, du jour de son hospitalisation, je ressentis une appréhension muette, indicible. Qu'allait-il arriver ? On m'emmenait le voir, et l'homme que je découvrais était méconnaissable, amaigri, la peau du visage tendue et comme parcheminée, trop épuisé pour me dire quelques mots. Plus que tout, ce qui m'horrifiait, c'était ce tuyau – ce « drain », me dit maman – par lequel s'écoulait de son ventre un liquide jaune. Pourquoi ? De quoi souffrait-il donc ? Quand allait-il rentrer à la maison ? Murés dans le silence, mais visiblement accablés, ma mère, mon oncle et ma tante éludaient mes questions et y répondaient par un sourire contraint : « Ne te fais pas de souci, ma chérie, ça va aller. »

Subitement, il n'y eut plus de visites à l'hôpital, pour personne, et comme je m'en étonnai, on me dit que papa était parti pour l'Europe se faire soigner. C'était un mensonge, il venait de mourir, mais je m'accrochais de toutes mes forces à ce mensonge. Je parvins même à en faire un sujet de fierté à l'école – bien peu d'Iraniens, en ce temps-là, étaient assez riches ou illustres pour aller se faire soigner dans la prestigieuse Europe. Papa nous reviendrait donc auréolé de ce nouveau prestige...

Un jour, je surpris maman et ma tante Louise en train de sangloter. On m'annonça qu'une tante de ma mère était morte, ce qui devait expliquer pourquoi la maison était dans cet état de prostration, et ma mère en particulier. Je le crus. Je pense que j'aurais pu avaler n'importe quoi plutôt que de me laisser aller à admettre la vérité insoutenable qu'on voulait me cacher.

Cependant les jours, puis les semaines passaient et on ne recevait aucune nouvelle de mon père.

— Pourquoi papa ne nous écrit-il pas ?

— Il est malade, Farah, les malades ne peuvent pas écrire.

— C'est pas vrai, tante Effat aussi est malade et elle écrit à sa famille.

Cette tante était réellement en Europe, elle, et les siens recevaient régulièrement de longues lettres.

Petit à petit, on cessa complètement de parler de mon père, moi y compris, dans cette grande maison de toute évidence en deuil. Quand par inadvertance j'entrais dans une pièce, les gens se taisaient, ou changeaient brutalement de conversation. Et puis ma mère continuait de pleurer, pâle et ravagée, bien plus que ma tante...

Je suis incapable de dire comment, au fil des mois, l'idée que je ne reverrais jamais papa finit par s'imposer à mon esprit. Insidieusement, sans être clairement formulée. Officiellement, mon père n'était pas mort puisque la nouvelle de son décès ne m'avait pas été donnée, puisque je n'étais pas allée sur sa tombe – j'irai pour la première fois à l'âge de dix-sept ans, papa repose au sud de Téhéran, à Emam-Zadeh Abdollah –, officiellement, il n'était pas mort, donc, mais je l'avais « perdu », au sens littéral du terme. Un voile de mélancolie embua alors ma vie, faite de vide et d'attente. L'insoutenable s'était produit, mais sans que je puisse verser une larme. Aujourd'hui, je sais que des gens vont discrètement sur sa tombe, l'entretenir et la fleurir. Ils ont eu la délicatesse d'en effacer son nom pour qu'elle ne soit pas profanée.

Le chagrin devait me rattraper quarante ans plus tard, au détour d'une consultation chez un médecin. J'étais veuve depuis quelques années, nous parlions de ce deuil si douloureux pour les enfants, pour moi, du passé et de notre vie de famille après tant d'événements. Quelque chose dut paraître bizarre dans la façon dont j'évoquais la « disparition » de mon père, car soudain le médecin me demanda pourquoi je ne formulais pas explicitement les choses :

« Mais votre père est mort, n'est-ce pas ? Pourquoi ne le dites-vous pas ? »

Je crus que je n'y arriverais pas et, quand je parvins à articuler enfin ces quatre petits mots si lourds – « mon père est mort » –, j'éclatai en sanglots.

Quelques mois plus tard, nous dûmes quitter la grande maison de mon enfance, ma mère et son frère n'avaient plus les moyens de soutenir la vie que nous avions eue du vivant de papa. Nous emménageâmes au sommet d'un immeuble, dans un appartement que j'aimai immédiatement parce qu'il possédait une grande terrasse d'où l'on pouvait admirer une bonne partie de la capitale, et en particulier le chantier de l'université de Téhéran. Nous étions au début des années 50, l'université avait besoin de nouveaux bâtiments pour accueillir les générations montantes. Combien d'heures ai-je passées sur cette terrasse à suivre la rotation des grues, le manège des camions, à observer la métamorphose d'une ville du siècle passé en une capitale gigantesque, hérissée de buildings et percée de larges avenues pour accueillir le déferlement des automobiles ? Je crois que mon intérêt pour le métier d'architecte, que je choisirai quelques années plus tard, date de cette époque. Le frère de maman, qui partageait avec nous cet appartement, était lui-même architecte et j'aimais le regarder, le soir, penché sur ses croquis.

En été, pour échapper à la chaleur, nous transportions nos matelas sur cette terrasse et nous y dormions tous ensemble à la belle étoile. Je me souviens que mon jeu favori, avant de sombrer dans le sommeil, était d'accrocher une étoile, ou la lune, à l'un de mes doigts, le bras tendu, un œil fermé pour que l'illusion soit parfaite, et de m'inventer une bague en forme de pierre précieuse... D'autres soirs, Reza et moi demeurions fascinés par l'écran géant du cinéma en plein air de Téhéran, le Diana, dont les reflets agitaient le ciel d'ombres fantastiques.

Les longues vacances d'été à Shemirân disparurent également de notre vie, sans doute parce que ma mère n'était plus assez riche pour y louer une villa. Je n'allais plus à Shemirân que pour de brefs séjours, chez l'un ou l'autre de mes trois oncles qui y avaient des propriétés. Mais nous ne perdîmes pas au change car, à la place, nos parents décidèrent que nous passerions désormais nos vacances dans nos familles du Guilan et de l'Azerbaïdjan. Ces vacances, et notamment les incroyables voyages jusque là-bas, sont certainement les plus beaux souvenirs de ma préadolescence. Nous embarquions dans des autocars. Les routes n'étaient pas asphaltées en ce temps-là et des tourbillons de poussière entraient par les fenêtres béantes, portés par un vent brûlant. Quand on s'arrêtait pour boire une limonade sur le bas-côté – nous avions interdiction de boire de l'eau –, c'étaient des fous rires à n'en plus finir : nous étions devenus méconnaissables, cheveux et sourcils blanchis, transformés en petits vieux...

En Azerbaïdjan, nous nous rendions chez le frère de mon père, Manoutchehr, à Tabriz. Là, nous habitions dans une grande et vieille maison de famille. Mon oncle nous emmenait pique-niquer sur ses propriétés qui regorgeaient d'arbres fruitiers et je me gavais d'abricots, de cerises. Chez tous ces cousins qui vivaient de la terre, la sécheresse était une inquiétude constante, obsédante, on attendait qu'il pleuve, on priait le ciel, et je me souviens d'avoir secrètement remercié le Seigneur de ne pas posséder de terres tant cette attente de l'eau devenait petit à petit, pour moi aussi, une souffrance. Je découvrais les difficultés d'un autre monde, celui de la campagne, son archaïsme, ainsi que son injustice. La réforme agraire n'avait pas encore eu lieu, et quand un petit paysan volait un peu de blé pour nourrir sa famille, ou commettait une faute, le propriétaire terrien le battait parfois, ou le punissait très durement. Je ne pouvais pas le comprendre, cela me révoltait, et je me rappelle m'être mise à deux ou trois reprises dans une colère noire contre ces grands exploitants agricoles, au point de pleurer d'indignation. J'éprouvais le même sentiment d'injustice quand je les voyais chasser les gazelles, de nuit, à bord de leurs jeeps bardées de projecteurs. Éblouies, les pauvres bêtes n'avaient aucune chance ! Comme j'étais une enfant aimée de sa famille, on me prenait au sérieux, mais sans percevoir certainement combien ces comportements humiliants et cruels pouvaient choquer la petite citadine que j'étais.

Chez la sœur de papa, ma tante Aziz, qui habitait Zandjan, on partait en jeep visiter des villages lointains ou participer à des fêtes, et ma tante profitait de ces expéditions pour porter des médicaments à certaines familles. Ces voyages me révélaient la

profondeur et la rudesse de l'Iran, car les dangers ne man-
quaient pas : nous devions franchir des rivières, surplomber des
ravins qui nous coupaient le souffle, nous protéger des animaux,
des loups en particulier, et pour cela les hommes étaient armés.
D'autres jours, on allait plus simplement à cheval se promener à
travers les terres et bavarder avec les paysans. À midi, on
s'asseyait tous dans l'herbe, les hommes sortaient des couteaux
et on se partageait des pastèques. Les gens évoquaient encore
avec effroi le temps où l'Azerbaïdjan avait failli basculer dans le
camp communiste. Un jour, comme nous visitions une vieille
écurie, un villageois s'immobilisa devant un box :

— Tu vois, Farah, me dit-il, c'est sur ce cheval que ton oncle
Mahmoud Khân s'est battu contre le Toudeh.

C'était un cheval blanc, très âgé, qui se tenait, quand je le
découvris, dans un rayon de soleil. J'ai conservé en mémoire
cette image, émouvante et belle. Tous ces gens de la terre
avaient pris les armes contre les communistes.

Pour gagner le Guilan où vivait la famille de maman, son
frère aîné en particulier, mon oncle Hossein, il fallait franchir la
chaîne de l'Alborz qui culmine à plus de quatre mille cinq cents
mètres au nord de Téhéran. C'est un voyage époustouflant.
Durant des heures, on grimpe dans un paysage aride et rocheux
en suivant le lit d'une rivière, et soudain la piste bascule dans
une vallée verdoyante qui se prolonge à perte de vue en pente
douce jusqu'aux plages de la mer Caspienne. Rizières et plantations de thé se succèdent alors dans une atmosphère
brusquement chargée d'humidité et sous un ciel généralement
bas et lourd. L'été, le parfum du riz mûr vous enivre. Au
contraire du sud de l'Alborz, qui souffre souvent de la sécheresse, les plaines du Guilan sont largement arrosées. Je me
souviens de l'enchantement qui nous saisissait quand apparais-
saient tout à coup les figuiers, les orangers, les châtaigniers, les
mimosas, et cet arbre aux fleurs roses, l'*albizzia*, qu'on appelle
chez nous « arbre de soie ».

Mon oncle possédait près de Lahidjan des plantations de thé
– le thé avait été importé de Chine au siècle précédent. J'aimais

participer à la cueillette avec mes cousins et cousines. Les ouvrières étaient payées chaque soir en fonction du poids ramassé, et nous aidions les plus fatiguées en remplissant leur panier. J'ai gardé en mémoire le souvenir de ces jeunes mamans qui n'avaient pas d'autre solution que de venir travailler avec leurs bébés. Pour qu'ils se tiennent tranquilles, et dorment, elles leur donnaient une minuscule dose d'opium. Une fois, l'un d'entre eux s'était cyanosé et nous étions restés pétrifiés à regarder sa jeune maman lui verser de l'eau sur la tête et lui tapoter les joues pour qu'il recouvre la vie.

Ici aussi on nous racontait la peur – et l'exode – qu'avait causée l'éphémère prise de possession du Guilan par les communistes. Mais il était clair néanmoins que les petits paysans ne pouvaient pas vivre non plus dans le système actuel où quelques privilégiés détenaient l'essentiel de la terre, cependant que la majorité n'avait que ses bras à louer. Une réforme agraire était urgente, et on disait que le jeune roi y était favorable. Il en avait donné le signe dès les premiers mois de son règne en remettant au gouvernement une grande partie de ses propres terres et en lui demandant de les distribuer. La réforme était attendue avec appréhension d'un côté, impatience de l'autre. J'étais alors loin de me douter qu'elle serait l'une des principales décisions prises par le roi peu de temps après notre mariage.

Je n'avais que onze, douze ans, je comprenais que mon pays ne se résumait pas à Téhéran et à sa population, et, après tant de générations, j'apprenais à mon tour à devenir iranienne. Ce sentiment d'appartenance, les écoliers le découvrent chez nous au fil des pages éblouissantes du *Shâh-Nâme – Le Livre des rois –*, du plus grand de nos poètes, Ferdowsi. Pour nous, enfants, il incarnait l'identité et la fierté d'être iranien. Je m'étais mise à aimer Ferdowsi à l'école et je le lisais avec mon cousin Reza. Que nous raconte *Le Livre des rois* ? L'épopée des fondateurs de l'Iran, des quatre premières dynasties. Ferdowsi, qui aurait composé ce chef-d'œuvre autour de l'année 995, y peint les épopées et la tragédie des héros de la mythologie et de l'histoire perses avec une puissance d'évocation qui n'a pas vieilli en dix siècles.

40

Comment parvint-il à composer ce monument? À partir d'un livre des temps anciens, nous dit-il, qui contenait « beaucoup d'histoires » et qu'il eut grand mal à se procurer. « Je désirais obtenir ce livre pour le faire passer dans mes vers, écrit-il. Je le demandai à d'innombrables personnes. Je tremblais à voir le temps passer, craignant de ne pas vivre assez et de devoir laisser cet ouvrage à un autre. [...] Ainsi se passa quelque temps, pendant lequel je gardai secret mon dessein... Or j'avais dans la ville un ami dévoué : tu aurais dit qu'il était dans la même peau que moi. Il me dit : "C'est un beau plan, et ton pied te conduira au bonheur. Je t'apporterai ce livre antique. Ne t'endors pas! Tu as le don de la parole, tu as la jeunesse, tu sais l'ancien langage. Rédige ce *Livre des rois*, et cherche par lui la gloire auprès des grands." Il m'apporta donc le livre, et la tristesse de mon âme fut convertie en joie. »

Les récits de Ferdowsi nous enflammaient, à l'école comme à la maison, où je partageais mon émotion avec Reza. D'autant plus qu'au détour de telle ou telle scène guerrière surgit une tendresse qui ne peut laisser aucun enfant indifférent et qu'illustre merveilleusement ce précepte : « Peux-tu concilier que tu aies reçu la vie, et que tu l'enlèves à un autre? Ne fais pas de mal à une fourmi qui traîne un grain de blé, car elle a une vie et même pour la fourmi la vie est douce. »

À travers ces récits épiques, où le courage et la force le disputent à la morale, *Le Livre des rois* transmet aux jeunes Iraniens le respect de leur identité millénaire. C'est l'un de ses desseins et, dans l'Iran de mon enfance, comme depuis toujours, des conteurs parcouraient la campagne, allant de village en village pour dire et chanter l'œuvre de Ferdowsi. L'autre ambition du *Livre des rois* est de servir à l'éducation politique et morale des monarques eux-mêmes. « Quand tu auras écrit ce *Livre des rois*, écrit Ferdowsi, donne-le aux rois. » Car, pour Ferdowsi, la grandeur de l'Iran est intimement liée à la permanence de la monarchie, ou à sa renaissance si elle vient à déchoir ou à disparaître.

C'est ce qui a fait dire à l'universitaire Joseph Santa Croce, enseignant à Téhéran au début de mon mariage, que « le destin de l'Iran semble fortement lié au *Livre des rois* ». « Au cours des siècles, on l'a vu, écrit-il dans un de ses commentaires, de nouvelles dynasties apparaissent : elles restituent au pays son indépendance, restaurent sa langue, enrichissent à nouveau la civilisation universelle. Il ne paraît ni léger ni vain d'estimer que ces renaissances successives prennent leur origine dans l'œuvre de Ferdowsi qui éclaire de grandes figures royales. »

Pour les Iraniens des années 50, la dynastie Pahlavi, qui a succédé en 1925 à la dynastie Qâjâr, s'inscrit en effet dans la logique du livre prophétique de Ferdowsi. Et comment pourrait-il en être autrement ? Lorsque Reza Shâh Pahlavi reçoit la couronne à l'issue d'une décision du Parlement, l'Iran est une contrée moyenâgeuse, et sans tête. Ahmad Shâh, le dernier des Qâjârs, ne règne plus que sur Téhéran. Le pays est aux mains des chefs de tribu et des grands propriétaires fonciers, et la seule loi qui règne partout est celle du plus fort. Les principales ressources, comme les principaux services nationaux, ont été abandonnées à des étrangers : les Anglais exploitent notre pétrole ; notre armée, ou ce qu'il en reste, obéit à des officiers russes au Nord, à des officiers britanniques au Sud ; les Belges gèrent notre service des douanes, les Suédois notre gendarmerie, etc. L'Iran est un des pays les plus misérables du monde, l'espérance de vie y est réduite à trente ans, et la mortalité infantile l'une des plus élevées de la planète. Le taux d'alphabétisation n'atteint pas un homme sur cent et les femmes n'ont aucun droit, pas même celui de fréquenter l'école. Enfin, au contraire de ses grands voisins, l'Inde et l'Empire ottoman, le pays n'a ni voies carrossables, ni chemins de fer, ni électricité, ni téléphone.

Un quart de siècle plus tard, l'Iran que je découvre possède des écoles, des universités et des hôpitaux ; si les routes ne sont pas encore toutes asphaltées, elles ont au moins le mérite d'exister ; enfin, le chemin de fer transiranien relie la mer Caspienne au golfe Persique. Il reste certes beaucoup à construire mais, pour la génération de nos parents qui a mesuré le chemin parcouru, Reza Shâh a fait pour son pays ce que Mustafa Kemal « Atatürk » a fait pour la Turquie : une révolution industrielle et culturelle sans verser une goutte de sang. Comment ne lui rendraient-ils pas hommage ? Et pour nous, enfants, qui avons appris de Ferdowsi le culte du monarque éclairé, comment ne verrions-nous pas dans cette jeune dynastie Pahlavi la renaissance annoncée par le poète ?

Nous apprenons par cœur des pages de Ferdowsi, mais d'autres poètes aussi. Nous partagions une passion très ancienne pour la poésie, de sorte que nous avons peu de prosateurs et que le patrimoine culturel que nous découvrons à l'école est essentiellement fait de poètes classiques. Si je les évoque ici, c'est que cet intérêt pour la poésie a bercé ma vie quotidienne, à l'école comme à la maison. L'un de nos jeux préférés avec ma mère, mon cousin Reza et ses parents – qui se pratiquait dans nombre de familles iraniennes – était ainsi d'enchaîner les vers, la dernière lettre de l'un devant relancer le suivant, jusqu'à ce que l'un d'entre nous reste coi. Celui-là était éliminé et on poursuivait la ronde. Le gagnant était bien sûr celui qui avait la meilleure mémoire et la plus grande culture.

Mon oncle Ghotbi et maman m'ont appris à aimer Hafez, en particulier, sur le tombeau duquel, à Chiraz, j'irai plus tard, devenue reine, profiter de la douceur du soir et méditer sur le bonheur de vivre, comme il y invite chaque pèlerin : « Auprès de ma tombe, assieds-toi, avec du vin et de la musique. Ainsi, devinant ta présence, je pourrai me lever de mon sépulcre. » Pour moi, Hafez est le plus humain, le plus généreux, le plus extraordinaire de nos poètes. Quand on se sent en plein désarroi, ne sachant plus que décider, où aller, on ouvre son recueil au hasard et la réponse est invariablement là, mystérieusement soufflée par celui que l'on surnomme « la voix des choses secrètes ». Hafez est celui qui vous accompagne dans les moments difficiles, celui qui vous donne la force de surmonter la douleur, ou de l'accepter si vous ne pouvez pas changer la marche du destin. Il est aussi celui qui écrit : « Si tu dois traverser le désert pour atteindre ton but, va, ne te soucie pas des blessures des épines. »

Maman baignait dans la poésie ; pour chaque événement de la vie il lui venait un poème qu'elle récitait, le visage subitement illuminé. Ma joie était alors de pouvoir lui répondre par un autre poème. C'était plus qu'un jeu, c'était une façon d'admettre que nous étions de passage sur cette terre et de nous inscrire modestement dans la sagesse de nos penseurs. J'aime aussi Saadi, de Chiraz également, et puis Mowlana, Djalal al-Din Rumi, Omar Khayyam et nos poètes contemporains, Forough Farrokhzade, Fereydoun Mochiri, Sohrab Sepehri, et tant d'autres...

Avec le temps, la vie avait donc repris un tour moins mélancolique à la maison, la disparition de papa demeurant un chagrin enfoui en chacun de nous. Nous vivions beaucoup entre cousins et cousines, tantes et oncles, et je ramenais maintenant des amies d'école qui enrichissaient la vie de famille et l'inséparable duo que nous formions avec Reza. J'avais énormément d'amies, je m'entendais bien avec les enfants en général, et je bénéficiais de surcroît de l'affection débordante de tous les adultes qui m'entouraient. Cela finit par me troubler. Pourquoi était-on si attentionné à mon égard ? Je ne me trouvais ni plus brillante ni plus charmante qu'une autre... Bientôt, l'idée me traversa que si les adultes me manifestaient tant de sollicitude, ça n'était peut-être pas pour mes beaux yeux ni pour mon charisme personnel, mais parce que mon père n'était plus là et qu'on avait pitié de moi, tout simplement.

Des mois durant, cela me tracassa. J'oscillais constamment entre la tentation d'accepter ces marques d'affection et une petite voix intérieure qui me soufflait de ne pas croire à la sincérité de toutes ces choses si douces à entendre. Puis cela me passa. Mais de cette période, j'ai conservé un fond de suspicion à l'égard des compliments qui me sont adressés, et c'est pourquoi, devenue reine, je me suis toujours méfiée des flatteurs et des courtisans. J'ai rarement pris au pied de la lettre ce qu'ils me disaient, même si parfois je me suis fait piéger, et je pense que cela m'a aidée à garder les pieds sur terre. Pour moi, les flatteries, l'absence de sincérité sont une insulte à l'intelligence, une tromperie. Je ne les contredis pas, pour ne pas vexer mes interlocuteurs, mais elles me blessent secrètement.

Comme pour nous montrer que la vie devait continuer malgré tout dans le plaisir partagé, les fêtes iraniennes revenaient à dates fixes, et depuis des millénaires. La plus importante, la plus préparée, était certainement Nowrouz (littéralement, le jour nouveau), le Nouvel An, qui tombe le premier jour du printemps. Sa venue ravivait la concorde familiale car, enfants, nous fêtions Nowrouz en famille, dans la vaste maison, et c'était l'occasion d'échanger mille douceurs entre enfants et parents.

Cela se perpétuait. Deux semaines avant la date, on commençait le grand nettoyage de la maison, de la cave aux combles, car Nowrouz est avant tout le symbole du renouveau : on tourne la page du passé, on se lave, on s'habille de neuf et on dépoussière sa demeure pour accueillir les temps nouveaux dans un état d'esprit différent. Ce grand ménage était le premier signe d'une excitation qui allait chambouler toute notre petite communauté. La maison enfin propre, la longue préparation des fameuses sucreries pouvait démarrer. Alors, on se réunissait de préférence chez la sœur de ma mère, Amdjad, qui avait un excellent cuisinier et, pour lui prêter main-forte, nous nous installions tous dans une spacieuse chambre au sous-sol. Cela pouvait durer des jours ! Enfin, la veille, on dressait la table. Tous les symboles des bonheurs terrestres figurent sur la table de Nowrouz : des œufs pour la naissance, de l'ail pour la santé, des petits fruits secs pour l'amour, des pommes pour la beauté, des pièces d'or pour la prospérité, des bougies et un miroir pour la lumière, du blé – que l'on a pris soin de faire germer dans un joli récipient – pour la renaissance, et aussi une orange amère dans un bol d'eau pour dire la pérennité de la terre, ainsi que la feuille d'un arbre, symbole de notre passage fugitif sur cette terre. Enfin, le Livre saint, selon la religion que l'on pratique.

Le moment venu – à l'équinoxe du printemps dont l'heure varie selon les années –, la famille se rassemble autour de cette table, on s'embrasse, on se félicite, on fait des vœux pour l'année nouvelle, et les adultes offrent généralement aux enfants des pièces de monnaie ou des billets neufs.

Pour ce premier jour, tout le pays revêt un air de fête. Traditionnellement, c'est d'abord à la personne la plus âgée de la famille que l'on rend visite. Puis à tous les autres, grands-parents, oncles et tantes, cousins, de sorte que les villes d'Iran se trouvent bientôt sillonnées par des milliers de petits ballets familiaux, joyeux et colorés, les bras chargés de fleurs, qui vont et viennent, se croisent en riant, s'offrent des sucreries, et cela jusqu'au coucher du soleil.

Treize jours plus tard, c'est le Sizdah, que l'on doit impérativement passer hors de chez soi car le vivre à la maison porterait malheur, dit la tradition. Ce treizième jour de l'année, tout le pays s'en va donc pique-niquer. Les plus privilégiés gagnent la campagne à bord d'automobiles chargées de victuailles, les moins aisés s'installent dans la rue, au bord d'un ruisseau, étalent leur tapis sous un platane, disposent le samovar, et cuisent la soupe au vermicelle (*ashe rechte*) et leurs brochettes sur un feu de charbon de bois et sous les premiers rayons du printemps. Partout, des musiciens jouent du *tombak* (tambour), du *tar* (notre guitare) ou encore de la *sorna* (une sorte de trompette).

Ce sont les plus belles journées pour manger dehors à Téhéran. Il ne fait pas trop chaud et les sommets de l'Alborz, encore enneigés, inondent la ville d'une clarté légère et cristalline. Avant le crépuscule, il faut jeter le blé germé dans l'eau courante, pour que l'année nous soit favorable. Nous le faisions avec maman, et aujourd'hui encore, si loin de mon pays, d'autres rivières emportent mes pousses de blé. Je me rappelle qu'une fois, aux États-Unis, en exil déjà et ne sachant où aller, nous avions opté pour la mer. Mais la plage était fermée à cette époque et les personnes de ma sécurité s'étaient retrouvées face à un gardien. J'ai dû expliquer à cet homme que c'était une tradition iranienne – les Américains sont très respectueux des traditions – et il voulut bien nous laisser accéder aux vagues.

Avant Nowrouz, nous célébrons aussi le dernier mardi de l'année, c'est *Tchahar chanbé souri*. Il faut sauter par-dessus le feu. Symboliquement, on jette ainsi aux flammes tout ce qui est négatif en soi et on reçoit chaleur et lumière. Nous allumions ces feux dans les jardins de Téhéran, dans la campagne, dans la rue s'il n'y avait pas moyen de faire autrement. C'est amusant parce que, aujourd'hui, plutôt que de renoncer à ces traditions si constitutives de notre identité, j'allume une bougie dans l'appartement et, symboliquement, je l'enjambe. Comme si ce geste minuscule, en réaffirmant mon appartenance à notre culture, me donnait la force de résister aux souffrances de l'exil.

Je grandissais, petit à petit je quittais l'enfance sous le regard exigeant de maman. Depuis mes plus tendres années, elle et moi partagions, une fois par semaine, le rituel du hammam. Elle plaçait dans une valise des vêtements propres et nous partions main dans la main pour les bains publics. Petite fille, je redoutais ce moment parce que la femme qui me lavait me tenait fort entre ses jambes pour que je ne m'enfuie pas, et la peau me brûlait, le savon me piquait les yeux. Elle s'appelait Touba, et je me souviens que, pour me consoler, elle chantait : « On ne te mariera pas à n'importe qui, et si le Shâh vient avec son armée et son ministre te demander, peut-être qu'on te donnera, peut-être qu'on ne te donnera pas. »

Les années passant, j'avais appris à aimer le hammam et son cérémonial. Nous préparions chacune notre valise et nous devions aussi emporter un plateau rond argenté pour nous y asseoir, ainsi qu'un bol en cuivre gravé de prières, le *djame-doa*, avec lequel nous nous versions de l'eau sur la tête à la fin de la toilette, les prières étant censées nous protéger. Par souci d'hygiène, nous ne nous installions jamais directement sur les paillasses carrelées et on racontait aux jeunes filles que, si elles le faisaient, elles risquaient de tomber enceintes. Je me rappelle encore l'effroi que me causait cette croyance stupide. Mais à présent, j'appréciais que Touba me frotte énergiquement le dos avec le gant de crin. J'aimais ce sentiment de faire peau neuve, ces longues séances de soins. Chez nous, le hammam est par ailleurs un de ces lieux où les mères repèrent celles qui pourraient avoir l'honneur d'être présentées à leurs fils et, qui sait, le privilège d'être choisies...

Un jour, une femme d'Azerbaïdjan, pensant que je ne comprenais pas sa langue, avait dit devant moi à une amie combien elle me trouvait gracieuse. « *Bou guiz geuzal di* » – « Cette fille est jolie », en turc. J'en avais éprouvé une satisfaction confuse et une curiosité toute neuve pour l'adolescente que je devenais.

3.

Mes premiers pas dans l'adolescence, je les ai faits à l'école française Jeanne-d'Arc de Téhéran, où je suis entrée à l'âge de dix ans. Ma mère elle-même y avait fait ses études, et je lui suis reconnaissante de ce choix car j'ai vécu là les années les plus enrichissantes qu'on puisse espérer à cette période charnière de la vie. Cela en partie grâce à ma rencontre avec une jeune religieuse, sœur Claire, dont les initiatives étaient en train de bouleverser profondément cette vieille école. Sœur Claire venait notamment de créer une équipe de basket-ball qui, en deux ou trois ans, allait transformer l'enfant réservée que j'étais en une jeune fille confiante et ouverte aux autres.

À peine arrivée à Jeanne-d'Arc, j'entrepris d'intégrer cette équipe, et je me retrouvai donc pour la première fois face à la dynamique religieuse française. Je la laisse ici raconter :

« J'avais décidé de ne prendre que les quatrième et les troisième. Lorsque les enfants sont trop jeunes, ils commencent tout et ne terminent rien. Farah n'était qu'en cinquième mais, je ne sais pas pourquoi, j'ai tout de suite eu le coup de foudre. J'ai senti qu'entre nous deux il se passait quelque chose. Nous avions un peu le même tempérament, bien qu'elle paraisse plus pondérée. C'était une petite fille nette, sans bavures, avec un regard très franc. Elle portait un tablier noir avec un col blanc bordé de rouge. Elle avait un petit air très martial, avec un je-ne-sais-quoi de timide et de réservé. Pourtant elle était très gaie, très boute-en-train. Elle ne rechignait jamais. Elle était la première à aller chercher le ballon que je conservais soigneusement à la Communauté. C'était une enfant heureuse, sans problèmes, bien qu'elle ait perdu son père très jeune. De son côté, je crois qu'elle m'admirait par rapport aux autres sœurs parce que j'avais l'esprit d'initiative et beaucoup de vigueur. »

Après une année seulement, on me nomma capitaine de cette équipe de basket. Pour mes qualités sportives, sans doute, mais aussi, j'imagine, parce que j'avais un caractère facile. J'étais assez simple et naturelle, je n'aimais pas les chichis, je n'écoutais pas les médisances, ce qui fait que toutes les filles, ou presque, étaient mes amies. D'ailleurs, quand l'une se fâchait avec moi, ça m'était égal, je la laissais bouder jusqu'à ce qu'elle revienne d'elle-même. À la tête des basketteuses de Jeanne-d'Arc, je découvris bientôt que j'étais devenue une héroïne, une sorte de modèle pour les filles de ma génération. C'est que, confrontée aux joueuses des autres écoles, notre équipe remportait systématiquement les matchs et que nous avions accédé au fil des mois au titre envié de champion de Téhéran. Des journaux avaient publié des photos de notre groupe et, bien souvent, j'entendais des enfants me désigner du doigt à leurs parents : « Regarde, c'est Farah ! »

L'enthousiasme de sœur Claire nous portait et, l'émulation aidant, je me lançai dans d'autres compétitions, le saut en longueur, le saut en hauteur et la course. Dans ces dernières disciplines, je devais remporter les premiers championnats nationaux d'athlétisme féminin, en 1954, et recevoir au nom du roi deux médailles et un petit drapeau iranien des mains du général Abbas Izad Panah, qui dirigeait alors le sport en Iran. Je revois encore les médailles, elles étaient à l'effigie du roi et de l'impératrice Soraya.

Pour le reste, j'allais chaque jour à l'école avec joie, j'y comptais beaucoup d'amies, j'aimais la plupart des professeurs et je crois qu'ils me le rendaient bien. J'appréciais l'esprit de rigueur et de camaraderie qui était la marque de Jeanne-d'Arc. Installée dans de beaux bâtiments centenaires disposés en L, l'école inspirait d'emblée respect et discipline. Une des ailes était réservée aux sœurs qui jouissaient d'un jardin privé, l'autre abritait les salles de classe et s'ouvrait sur une large cour asphaltée qu'ombrageaient de grands sapins. Une église, édifiée dans l'enceinte, apportait à l'ensemble une référence religieuse et sacrée. Cela ne nous empêchait pas de rire, à l'heure du déjeuner notamment. De mon temps, l'école n'avait pas de cantine et chaque élève devait donc apporter sa gamelle. Nous réchauffions ces repas sur de vieux poêles à charbon placés dans un sous-sol qui nous faisait un peu peur et dont nous avions hâte de sortir.

Quelle enfant étais-je durant ces années d'éclosion, de découverte des autres et de moi-même ? Ici, je me fie à la mémoire partiale et attendrie de sœur Claire à mon égard : « Elle n'était pas plus géniale que les autres élèves, mais elle était intelligente, douée et consciencieuse. Elle suivait les cours en français, ce que faisaient les élèves qui avaient le plus de facilités, et se révélait meilleure en mathématiques et en sciences qu'en littérature. Elle avait l'esprit bien fait, précis. Sur elle, elle était impeccable, comme dans son travail ou avec ses camarades sur lesquelles elle avait une grande influence. Elle respirait la joie de vivre, la santé, et était toujours prête à rendre service. Pour moi, elle représentait la jeune fille iranienne dans ce qu'elle a de meilleur : subtile, réservée, fine, et avec cela chaleureuse et fidèle en amitié. »

Sans doute avais-je hérité du caractère de mon père : droit, sans façon, et naturellement enclin au bonheur. Toutefois, je devais sûrement l'essentiel de ces qualités à l'extrême sévérité de ma mère qui ne me laissait rien passer. Maman était certainement très angoissée de devoir m'élever seule dans une société particulièrement sourcilleuse quant à l'éducation des jeunes filles. Certes, son frère, mon oncle Ghotbi, avait pris petit à petit auprès de moi la place d'un père, mais il ne se préoccupait pas du quotidien, il était là pour m'épauler, m'éclairer sur la vie, préparer mon avenir. Sa femme, ma tante Louise, me prodiguait, elle, une affection constante, j'avais à ses yeux toutes les qualités et je crois à présent, avec le recul du temps, que c'est, après ma mère, la personne qui m'a le plus aimée.

Au jour le jour, maman veillait donc seule sur moi, et un petit pas de travers pouvait me valoir ses foudres et me précipiter dans un drame sans nom. Je me souviens par exemple d'avoir raté un examen de fin d'année en orthographe et d'avoir été condamnée à le repasser en septembre. Je devais avoir treize ou quatorze ans. Maman s'était mise dans un tel état, me répétant qu'avec tout le mal qu'elle se donnait pour moi je n'avais pas le droit de lui faire cela, que je m'étais bientôt sentie comme la honte de la famille. C'était épouvantable, j'étais bouleversée, et aujourd'hui encore j'y repense avec émotion. Toute la journée, je m'étais enfermée pour pleurer, comme si cet échec en orthographe avait véritablement ruiné mon avenir

Pourtant, il se préparait simultanément, à l'échelle du pays, des événements autrement plus graves qui allaient accélérer ma prise de conscience politique. Nous étions en 1952 et le gouvernement menait un bras de fer contre les Anglais pour obtenir la nationalisation de notre pétrole. À la tête du Front national, qui avait su porter le mécontentement des Iraniens contre les Anglais, Mohammad Mossadegh avait été appelé par le roi pour diriger le gouvernement. Il avait agi avec courage et fermeté, mais son intransigeance avait abouti au gel de notre exploitation pétrolière par les Anglais : plus une goutte de pétrole ne sortait d'Iran et, par ricochet, toute l'économie nationale régressait. Notre pays semblait alors perdre sur tous les tableaux : il tardait à obtenir le respect de ses droits devant les instances internationales et, victime de l'embargo britannique, plongeait dans une crise qui touchait toutes les couches de la population.

On disait le roi très soucieux. Évidemment favorable à la nationalisation, il estimait que Mossadegh avait été trop loin en refusant systématiquement les offres de négociation des Britanniques. La paupérisation, la montée des mécontentements faisaient naturellement les affaires du Parti communiste Toudeh qui n'avait jamais été aussi présent. Certains prétendaient que Mossadegh faisait sans le vouloir le jeu du Toudeh. D'autres le soutenaient, malgré cet échec diplomatique, parce que sa position était un hommage à la fierté nationale.

Alors que la crise prenait un tour inquiétant, le roi décida de se séparer de son Premier ministre, mais celui-ci refusa de partir, ouvrant dans l'esprit des Iraniens une crise de conscience dont les cicatrices demeurent douloureuses aujourd'hui encore.

La question de savoir comment obtenir la nationalisation du pétrole semait le trouble dans toutes les familles. Chez la plupart, on se déchirait entre partisans du roi et sympathisants de Mossadegh. On n'y échappa pas à la maison et je fus témoin, un soir, d'une colère mémorable d'un de mes cousins qui en vint à insulter un de nos oncles, fervent soutien de Mossadegh. À l'époque, mon cousin Reza avait de la sympathie pour le parti paniraniste, monarchiste et très anticommuniste. Malgré ses treize ans, il était un exégète reconnu dans son collège du *Livre des rois*, et ses camarades le sollicitaient souvent pour qu'il leur écrive le début de leurs rédactions... Je me sentais, moi aussi, profondément royaliste et nationaliste. Pourquoi? Du fait de mon éducation sûrement, et puis parce que j'étais comme Reza imprégnée des préceptes de Ferdowsi : chez nous, seuls les rois étaient légitimes.

Le débat traversait également les classes de Jeanne-d'Arc où les élèves faisaient écho aux choix de leurs parents. Mais, à notre niveau, la question était teintée d'une grande affectivité, nous n'étions pas encore capables d'exprimer des arguments politiques et, si nous étions pour l'un ou l'autre, c'est que nous l'aimions tout simplement. Personnellement, je ne comprenais pas qu'on pût se positionner contre notre jeune roi dont le regard, à la fois sensible et déterminé, me touchait énormément. Dans la cour de récréation, nos affrontements se résumaient donc à d'inoffensives batailles de pelures d'orange. Mais nous nous retrouvions toutes d'accord sur la nationalisation du pétrole et je me souviens combien nous étions fières de traduire l'emblème de la puissance britannique BP par « *Benzine Pars* », « essence iranienne ».

Chez les garçons, autour du collège Alborz de mon cousin Reza, en particulier, les choses étaient plus sérieuses. Les militants communistes du Toudeh venaient systématiquement les provoquer en vendant leur journal à la criée. Le ton montait rapidement et Reza, très exalté, n'hésitait pas à déchirer les journaux. Du côté du Toudeh, on s'aguerrissait aussi et il arriva, un soir, ce que nous redoutions : Reza reçut un coup de couteau et on nous avertit qu'il était à l'hôpital. Fort heureusement, il portait ce jour-là un vêtement épais, la lame n'avait touché aucun organe vital.

Puis la rumeur courut que le roi songeait à quitter le pays pour éviter que les tensions ne dégénèrent en guerre civile. Des milliers de jeunes, notamment, se rassemblèrent devant le palais pour lui demander de rester. Les gens étaient inquiets, l'Iran de nouveau semblait au bord du gouffre. Je me rappelle qu'à Téhéran, les chars avaient pris position aux carrefours. Mon Dieu, qu'allait-il advenir si le roi nous abandonnait ? Cette perspective m'angoissait à tel point que je ne parvenais plus ni à manger ni à dormir, et l'accablement de mon oncle et de ma tante, comme le mutisme de maman, n'était pas de nature à me rassurer. Chaque soir, ils appelaient un de mes oncles, Ahmad Diba, dont la maison était voisine de la place du Parlement, pour tenter d'obtenir des nouvelles fraîches.

La fièvre retomba, mes cauchemars se dissipèrent, pour mieux m'assaillir durant ce terrible été 1953. J'allais fêter mes quinze ans, j'étais en vacances en famille à Bandar-Pahlavi, au bord de la mer Caspienne, quand la nouvelle nous parvint que le roi n'était plus en Iran. Cette fois, ça n'était plus une rumeur, la radio le confirmait. On expliquait que le souverain avait révoqué Mossadegh, que celui-ci avait refusé de se soumettre et qu'à présent les émeutiers étaient dans la rue pour soutenir le Premier ministre. Nous logions dans un pensionnat, il y avait une femme russe qui, trente-cinq ans plus tôt, avait fui la Révolution bolchevique, une Russe « blanche ». « Ça y est, ça va devenir comme la Russie ! » répétait-elle. La malheureuse était livide, désespérée. Nous avions conscience de vivre des journées dramatiques, peut-être fatales pour l'Iran. Des haut-parleurs avaient été installés dans les rues de la petite station balnéaire pour diffuser les nouvelles heure par heure. Les gens allaient et venaient, les traits défaits. Je me rappelle que des opposants au roi, à bord de barques, criaient déjà : « *Anzali ! Anzali !* », l'ancien nom du port de Bandar-Pahlavi. Ce n'était qu'une admonestation symbolique, certes, mais lourde de sens. Qu'allions-nous devenir ? Je me sentais le cœur écrasé, trop triste même pour pleurer.

Pendant trois jours, des émeutes ravagèrent Téhéran dans une grande confusion. Communistes, pro-Mossadegh et même religieux tenaient la rue avec des mots d'ordre haineux contre le roi qui ne laissaient rien présager de bon pour le pays. Avant de s'en aller, le souverain avait nommé le général Fazlollah Zâhedi Premier ministre en remplacement de Mohammad Mossadegh. L'armée se rallia au général Zâhedi, et la nouvelle de la destruction par un tank de la villa de Mossadegh apparut comme le premier signe d'une reprise en main.

Le lendemain, en effet, le roi regagnait Téhéran sous les ovations. Son exil avec l'impératrice Soraya, qui n'avait pas duré une semaine, m'avait, comme beaucoup d'Iraniens, rendue anxieuse tout ce temps-là.

Dans ses Mémoires, rédigés peu avant de mourir, le roi devait brièvement revenir sur ce bref exil. Je retranscris ce qu'il en écrivit, car mes souvenirs de jeune fille n'ont qu'une valeur historique relative :

« N'ignorant rien des projets et des ambitions de Mossadegh, j'avais décidé de quitter l'Iran avant le coup de force : je voulais éviter une effusion de sang et laisser le pays libre de faire son choix. [...]

« Il devait y avoir trois jours d'émeute, à Téhéran principalement. Les deux premières journées furent organisées par les partisans de Mossadegh et du Toudeh. C'est seulement au matin du troisième jour, le 19 août 1953, qu'ouvriers et artisans, étudiants et membres des professions libérales, soldats, gendarmes, femmes et enfants même, affrontant avec un courage extraordinaire les fusils, les mitrailleuses, et jusqu'aux chars blindés du dictateur délirant, renversèrent la situation. Un seul coup de semence, tiré par un char fidèle sur la villa de l'ex-Premier ministre, mit fin à trois années de démence politique. [...]

« Je rentrai aussitôt à Téhéran où je reçus un accueil populaire enthousiaste. Ce fut vraiment, dans tout l'Iran, un plébiscite irrésistible. Avant de telles épreuves, je n'étais qu'un souverain héréditaire. À présent, j'avais le droit de dire que j'étais vraiment élu par le peuple. [...]

« Les procès qui suivirent la liquidation du système Mossadegh jetèrent de bien étranges lueurs sur les événements des années 1951-1953. On s'aperçut par exemple que le Parti communiste Toudeh, qui ne comptait que cent dix officiers à la prise du ministère de la Guerre par Mossadegh en 1951, en avait six cent quarante à son départ en 1953.

« Le plan communiste consistait à utiliser Mossadegh pour me renverser, d'abord. Selon des papiers découverts au parti Toudeh, Mossadegh devait être éliminé deux semaines après mon départ. J'ai vu imprimer des timbres-poste de la République populaire iranienne qui devait être proclamée. [...]

« Libéré après une peine de prison de trois ans, Mossadegh se retira en son riche domaine d'Ahmad-Abad, à l'ouest de notre capitale, et y mourut en 1967. »

Au-delà des convulsions de l'Histoire immédiate, je peux affirmer aujourd'hui que le roi, qui avait ardemment soutenu le docteur Mossadegh lors de la nationalisation du pétrole, avait du respect pour lui. Il avait longuement hésité avant de le révoquer. J'ai la conviction que si Mossadegh avait été moins intransigeant, plus diplomate avec les Anglais, comme le souhaitait le souverain, nous n'aurions pas connu ce déchirement durant toutes ces années. Aujourd'hui, je forme le vœu que les Iraniens mettent fin à cette querelle vieille de cinquante ans qui n'a plus sa place dans l'Iran de demain, que nous devons construire tous ensemble.

La vie reprit un cours plus serein, dans le pays comme à la maison. Sous la houlette du père Michel Goyaux, j'avais découvert le scoutisme. Le mouvement manquait de volontaires pour encadrer les plus jeunes, les petits louveteaux de l'école Saint-Louis, tenue par les pères lazaristes, et qui était l'équivalent de Jeanne-d'Arc pour les garçons. Déjà capitaine de l'équipe de basket-ball, je devins donc rapidement cheftaine.

Le scoutisme a été mon premier apprentissage des responsabilités et, une fois reine, je l'en remercierai souvent secrètement. Il n'est pas facile, à quinze ans seulement, de porter sur ses épaules le destin d'une trentaine d'enfants durant une ou deux semaines en camp. On y apprend l'organisation et le don de soi, le sang-froid, le courage et la patience. On y apprend aussi, dans les rares moments libres, à méditer sur ses erreurs, sur ce qu'il aurait été préférable de dire ou de faire à tel ou tel moment, dans la fièvre du quotidien. Oui, jeune souveraine, je saurai gré au scoutisme de m'avoir donné assez tôt le sens du devoir et, jusque dans l'exil, je correspondrai avec le père Goyaux, qui dirigeait le mouvement scout à l'époque et dont nous aimions le dynamisme, l'ouverture aux autres, la grande générosité.

C'est grâce au scoutisme encore que je fis, durant l'été 1956, mon premier voyage en France. Il s'agissait, pour deux garçons et deux filles d'entre nous, de participer à un rassemblement international au château de Jambville, près de Paris, mais si nous étions cordialement invités, le prix du billet d'avion n'en était pas moins à notre charge. Les recettes d'une pièce de Marcel Pagnol, *Topaze*, créée dans un théâtre de Téhéran qui entretenait des liens d'amitié avec l'école Saint-Louis, nous permirent d'acheter nos allers et retours pour la France.

J'étais extrêmement émue à l'idée de découvrir Paris. Cette ville tenait une place spéciale dans ma famille, papa avait rêvé de m'y emmener. Son père, mon grand-père Mehdi Diba, y avait été secrétaire de la légation de Perse en France au début du siècle. L'un et l'autre parlaient parfaitement le français, et mon père m'avait transmis l'amitié qu'il vouait à la France, à sa capitale en particulier.

À peine débarqués, nous partîmes remonter les Champs-Élysées jusqu'à la place de l'Étoile. J'étais éblouie, au comble de l'excitation. J'aurais voulu embrasser tout Paris l'après-midi même, il me semblait que le temps allait nous manquer. Nous poursuivîmes par ces lieux mythiques dont les noms avaient bercé ma petite enfance : les Invalides, Saint-Germain-des-Prés, la Sorbonne, Notre-Dame, la tour Eiffel... Le soir – nous logions dans des familles d'accueil – j'étais très heureuse, mais j'avais les pieds couverts d'ampoules, dont certaines étaient en sang.

Et le métro ! C'était inimaginable pour une petite Iranienne de l'époque. On s'y engouffrait, après un long coup d'œil sur le plan, et un quart d'heure plus tard on refaisait surface sous le beau ciel parisien d'août mais dans un tout autre quartier. Bien que cheftaine, je me souviens que nous craquions comme des enfants devant ces machines qui distribuaient bonbons et chewing-gums contre quelques pièces, et surtout pour les sucettes Pierrot Gourmand qui nous rappelaient les « coqs en sucre » de nos premières années.

Et puis nous rejoignîmes Jambville. Des jeunes venus de tous les coins du monde racontaient leur pays sous une forme ou sous une autre : certains chantaient du folklore, d'autres improvisaient des spectacles. C'était passionnant, car nous parvenions à communiquer malgré le barrage des langues. Ce « camp d'expression », selon la terminologie de l'époque, était aussi destiné à nous former à l'animation de groupes, et j'ai appris là comment parler en public, comment capter l'attention, comment également raconter des histoires, en ménageant le suspense. Dix ans plus tard, je constaterai auprès de mes propres enfants combien il est important de bien raconter les histoires.

Après Jambville, on nous conduisit à Royan pour nous enseigner, cette fois, l'animation d'un camp sportif : descentes en rappel, exercices de natation, etc. Enfin, sur la route du retour, nous fîmes une escale d'un jour ou deux à Athènes et là, naturellement, nous visitâmes l'Acropole. Je me rappelle qu'avec mon amie Elli nous nous assîmes sur le trône en marbre du grand souverain de la Perse antique, Darius, dans l'enceinte du théâtre Dionysos, et que j'en éprouvai émotion et fierté.

Au contraire de la plupart des mères iraniennes en ce temps-là, maman refusait d'entendre parler pour moi d'un mariage arrangé, et moi de même, bien entendu. Je sais que certains membres de la famille l'y incitèrent discrètement : j'arrivais à l'âge où il était normal, selon eux, de me chercher un bon parti. Mais maman et moi estimions que je devais d'abord finir mes études avant d'y songer. Ma mère elle-même était bachelière et cultivée. À propos de mariage, puisque c'était un sujet que nous évoquions désormais, je me montrais soucieuse d'essayer de conserver ce nom de Diba que m'avait légué mon père, auquel j'étais très attachée, et qui risquait de s'éteindre car bien peu de cousins le portaient. J'ai encore en mémoire ce que je disais à ces cousins, amis, oncles et tantes à ce propos : « Si je fais des études importantes et que je devienne une femme exceptionnelle, alors je serai peut-être autorisée à garder mon nom de jeune fille, vous ne croyez pas ? »

Ayant finalement épousé l'homme le plus important d'Iran, j'aurais dû, plus qu'une autre, perdre ce nom. Or l'ironie de la petite histoire a voulu qu'au contraire, dans de nombreux pays, et en France notamment, on continue de m'appeler Farah Diba, tandis que dans mon cœur, et pour l'état civil comme pour l'Histoire, mon nom est bien Farah Pahlavi.

Toujours est-il que, fermement décidée à entreprendre de longues et prestigieuses études, j'entrai en seconde au lycée français Razi de Téhéran pour y préparer le baccalauréat. Je garde un souvenir merveilleux de mes trois années. C'était un long voyage en bus pour m'y rendre chaque matin, et j'aimais ce trajet qui traversait Téhéran de bout en bout. La ville comptait déjà un grand nombre de voitures, les premiers embouteillages surgissaient çà et là, et j'avais tout le temps d'embrasser des yeux certaines vieilles maisons qui me touchaient énormément, leurs jardins foisonnants dont la végétation débordait les murs, et puis ces arbres que j'adorais décidément, platanes, robiniers, magnolias, chèvrefeuilles... Le parfum des chèvrefeuilles, en été! À tous les coins de rue, les petits marchands rameutaient les passants, leurs carrioles différemment colorées selon les saisons.

Le lycée se trouvait dans un très vieux bâtiment à colonnades plein de charme, dont les murs étaient couverts de mosaïques anciennes. Pour passer d'une classe à l'autre, nous devions franchir quelques marches de guingois ou emprunter des couloirs tortueux. Un de mes grands regrets est de n'avoir pas eu la présence d'esprit, devenue reine, de sauver cette merveilleuse maison du lycée Razi, comme je l'ai fait pour bien d'autres. Elle était située au sud de Téhéran et a été détruite dans l'une des grandes opérations d'urbanisme qui ont démultiplié la capitale dans les années 1960-1970.

À Razi, les matières nous étaient indifféremment enseignées en persan ou en français, par des professeurs iraniens et français. Je continuais donc là l'apprentissage de la littérature persane. Bien que le lycée fût laïque, on nous enseignait également la religion. Les professeurs nous traitaient déjà un peu comme des étudiants, ils respectaient notre autonomie, nous aidaient avec beaucoup d'intelligence à élaborer notre personnalité et, de fait, tous les élèves de ma classe purent accéder ensuite aux meilleures universités du monde. Nous avions énormément de sympathie et de respect pour tous ces professeurs, ce qui ne nous empêchait pas de piquer des fous rires quand l'un ou l'autre, qui parlait le français moins bien que nous, commettait une erreur...

Signe d'ouverture, voulu par maman : le lycée Razi était mixte. Ce ne fut pas pour moi un choc, car nous avions coutume à Jeanne-d'Arc de préparer des sorties communes avec les garçons de Saint-Louis. Et puis dans ma famille, comme dans le scoutisme, j'avais pris l'habitude de côtoyer des adolescents de mon âge. J'aimais particulièrement le moment de midi où nous nous installions avec deux amies pour déjeuner dans le jardin, à l'ombre de vieux platanes. Comme il n'y avait pas non plus de cantine, nous apportions là aussi nos gamelles. Nous discutions, nous étions heureuses et pleines de confiance en la vie qui s'annonçait.

Il était inconcevable, à cette époque, d'avoir un petit ami et de s'afficher avec lui. Si on avait secrètement le béguin, comme on disait en ce temps-là, jamais nous n'aurions osé le confier à quiconque, même pas à sa meilleure amie, et surtout pas à l'intéressé.

Je vivais intensément et bruyamment, comme tous les lycéens de mon âge. Nous commencions à organiser nos premières surprises-parties chez l'un ou l'autre, et à faire nos premiers pas de danse. J'aimais spécialement Elvis Presley, à l'instar de tous les jeunes de Téhéran, et je me souviens d'être allée jusqu'à sécher un cours pour voir un film dont il était la vedette.

Nous découvrions avec ravissement le cinéma, nous y allions en groupe, très excités, et c'étaient des bousculades invraisemblables pour entrer, car notre génération n'avait pas encore éprouvé les vertus de la file d'attente. Nombre de films nous arrivaient non doublés et, pour pallier cet inconvénient, des écrans de textes s'intercalaient régulièrement entre les images pour nous résumer l'intrigue. Nous aimions James Dean, Gregory Peck, Elizabeth Taylor, Montgomery Clift et bien d'autres... Côté musique, l'américaine nous enflammait, naturellement, mais j'aimais aussi beaucoup la musique iranienne, les chansons folkloriques, tandis que notre musique traditionnelle me paraissait trop triste. Plus tard, ces mélodies me toucheront infiniment. Enfin, j'appréciais la musique classique, l'opéra, et je me rappelle en particulier notre joie, avec Reza, le jour où nous dénichâmes, dans le bazar d'un petit marchand, sur le trottoir, un 78 tours du ténor italien Enrico Caruso... Dans un tout autre style, j'étais émue par Tino Rossi, Jacqueline François, Abdol Ali Vaziri, ou encore Ghamar Molouk Vaziri, car aussitôt que je les entendais je revoyais mon père passant leurs disques sur notre vieux gramophone.

Prise entre son souci de m'éduquer strictement et son désir de m'ouvrir au monde, ma mère lâchait du lest avec parcimonie. Elle me donnait la permission de minuit et s'arrangeait toujours pour que les parents d'une de mes amies me raccompagnent. Si j'avais du retard, je la trouvais inquiète, en robe de chambre, dans la rue.

Pauvre maman, si elle avait pu deviner combien sa fille était raisonnable malgré tout, elle serait allée se coucher sans attendre.

Mais elle vivait dans l'inquiétude constante que je m'écarte du droit chemin. Et chaque nouvelle manifestation d'émancipation de ma part la plongeait dans cette angoisse. Je me souviens qu'à l'occasion d'une fête, un soir, une de mes amies avait mis du rouge à lèvres. Nous nous étions extasiées et, bien sûr, le bâton de rouge avait circulé. J'étais en train de m'observer dans un miroir, stupéfaite et troublée, quand ma mère entra en coup de vent pour me répéter à quelle heure je devais être à la maison. Je la vis se décomposer : Dieu du ciel ! Comment est-ce que je pouvais me livrer à de telles vulgarités ? Est-ce que je ne savais pas que seule une femme mariée pouvait mettre du rouge.

Jamais mon oncle ne participait à ces scènes. Je n'ai d'ailleurs pas le souvenir qu'il m'ait grondée pour quoi que ce fût. En revanche, la question de savoir quelles études j'allais entreprendre après le bac le préoccupait tout autant que ma mère. J'avais pensé un temps m'orienter vers la recherche en sciences naturelles, nous en avions parlé et j'avais renoncé de moi-même en songeant que je ne supporterais pas de passer ma vie dans un laboratoire, derrière un microscope, moi qui aimais tellement être dehors. Alors, mon penchant pour l'architecture me revint C'était à mes yeux un métier magnifique qui alliait la réflexion solitaire à la conduite d'hommes, l'art et l'ingéniosité à la vie sociale, le dedans au dehors. Et moi je voulais être dehors, sur les chantiers. Depuis ma plus tendre enfance, j'avais vu mon oncle exercer ce métier, tantôt penché sur sa planche à dessin, tantôt à la tête de chantiers dont il rentrait brûlé par le froid ou le soleil, mais heureux, visiblement passionné par ce qu'il vivait.

Et puis l'Iran, en pleine croissance, ne comptait alors qu'une femme architecte [1] pour des perspectives illimitées de chantiers. Quel autre secteur, pensais-je, m'offrirait autant d'occasions d'exprimer ma féminité tout en participant à la construction de mon pays ?

---

1. Nectar Papazian Andreef.

4.

Avais-je droit à une bourse pour financer mes études d'architecture à Paris ? Je le pensais, et j'espérais bien pouvoir l'obtenir. Je venais en effet d'être reçue première de ma classe au baccalauréat et j'avais été admise à l'École spéciale d'architecture du boulevard Raspail qui avait la réputation d'être sélective et sérieuse. La course d'obstacles pour décrocher cette bourse – que jamais je n'obtins – fut mon premier contact avec la bureaucratie. Au ministère de l'Éducation, où j'errai durant des jours, personne ne fut capable de m'expliquer la procédure à suivre, même pas le ministre lui-même, que ma famille connaissait et que j'eus la chance d'approcher. Certains prétendaient qu'il fallait passer un examen supplémentaire en langue, mais ceux-là étaient impuissants à me préciser qui était responsable de cet examen et comment s'y inscrire. Les semaines s'écoulèrent, l'été s'écoula, et ma demande de bourse se perdit entre les différents guichets de l'Éducation nationale. À Paris, les cours avaient commencé et moi, pendant ce temps-là, je continuais de me faire promener d'un bout à l'autre de Téhéran. J'étais si furieuse, à la fin, que je partis pour la France en me disant que je ne remettrais plus jamais les pieds dans ce pays... Colère d'enfant oubliée huit jours plus tard.

Ma tante Louise Ghôtbi, la mère de Reza, dont j'ai dit l'affection qui nous unissait, se trouvait déjà à Paris. Les premiers jours de cet automne 1957, nous logeâmes à l'hôtel, puis

63

j'obtins une chambre à la cité universitaire, près du parc Mont-souris, dans le pavillon néerlandais qui, nous dit-on, était le plus sévèrement tenu. Il était interdit en particulier de rendre visite aux garçons, et vice versa. Rassurée, ma tante repartit pour Téhéran.

En fait, à peine arrivée à l'École d'architecture, je rendis secrètement grâce à la bureaucratie iranienne : en me faisant manquer les quinze premiers jours de cours, elle m'avait évité sans le vouloir le plus fort du traditionnel bizutage. Certains étudiants étrangers, choqués par la violence et l'étrangeté de cette coutume qu'ils ne comprenaient pas, avaient même pré-féré renoncer et étaient rentrés chez eux.

Le bizutage était moins cruel pour les filles, il consistait essentiellement à faire de nous les larbins des anciens. À tout moment de la journée, l'un d'entre eux pouvait nous donner un ordre que nous devions exécuter dans la seconde. La plupart du temps, il s'agissait d'aller quémander dans toutes les salles un objet dont nous, novices, ne savions pas qu'il n'existait pas, tel un compas à volutes par exemple. Ainsi, nous déclenchions par-tout l'hilarité sans en saisir la raison, chacun nous jurant qu'on découvrirait la chose dans la pièce d'à côté, ou à l'étage au-dessus. Si nous refusions de nous prêter à ces mascarades, nous prenions dans la seconde un « pot » ; en d'autres termes, il fallait s'adosser au mur après s'être couvert le buste d'un tablier et ouvrir grande la bouche. Un de nos joyeux bourreaux nous jetait alors un verre d'eau en pleine figure. « Merci, très nobles et très vénérables anciens », fallait-il dire aussitôt en faisant bien les liaisons. Celui ou celle qui ne les faisait pas prenait un second pot... Le pire était évidemment de manifester sa colère, car alors les humiliations n'avaient plus de fin. Ou de pleurer, ce qui faisait de vous le souffre-douleur dont ils rêvaient. Quant à moi, habituée des jeux de groupe, et de caractère facile, je m'en sortais plutôt bien.

Nous étions plusieurs à venir de l'étranger et, un jour, les anciens décidèrent de nous faire bavarder dans nos langues respectives. Il s'agissait naturellement de créer une sorte de cacophonie ridicule, incohérente, mais sûrement très drôle. D'ailleurs, cette fois encore, les «vénérables anciens» rirent beaucoup à nos dépens. Ce que j'ignorais, en revanche, c'est qu'ils nous avaient enregistrés. Cela aurait pu me causer des tas d'ennuis diplomatiques ou protocolaires car, au lendemain de mes fiançailles avec le roi, l'un d'entre eux expédia cette bande magnétique à une radio de Paris, qui s'empressa de la diffuser. Par bonheur, je n'avais dit aucun mot grossier, ce qu'on peut être tenté de faire lorsqu'on a la certitude qu'aucun interlocuteur présent ne comprend votre langue.

La mentalité était bien différente ici de ce que j'avais connu à Jeanne-d'Arc et au lycée Razi. Durant des années, on nous avait enseigné la solidarité et l'esprit d'équipe; à présent, c'était tout le contraire qu'il fallait mettre en œuvre pour réussir. Individualisme et élitisme étaient les valeurs dominantes chez mes camarades de promotion, et j'avoue que pour moi, qui n'aime rien tant que l'harmonie, la concorde, ce fut presque plus dur à supporter que le bizutage. Le responsable en était le système : seuls les meilleurs passaient en seconde année – c'était une forme de concours –, ce qui fait que chacun en venait à se réjouir des difficultés de son voisin. Si quelqu'un venait me demander conseil en mathématiques, par exemple, je l'aidais, je ne concevais pas de faire autrement, mais je voyais bien que dans la situation inverse les gens se défilaient. Je trouvais cela extrêmement blessant, et triste. Le pire, c'était en atelier, pendant les devoirs sur table, quand nous étions les soixante élèves de la promotion à plancher. Si l'un d'entre nous renversait sa bouteille d'encre sur son dessin, ou déchirait sa feuille par inadvertance, on l'entendait crier «Merde !» et aussitôt les autres, comme en écho : «Chouette, un de moins !»

En ce qui me concerne, j'étais bonne en dessin, mais je ne connaissais pas la technique telle qu'on l'enseigne dans les écoles spécialisées, et c'était un lourd handicap car le dessin avait un fort coefficient. Je travaillais donc énormément cette matière, en butte aux vexations des autres, et même de mon professeur. «Vous, les Orientaux, me répétait-il, vous ne connaissez rien à la perspective ! » Je me souviens de ma fierté lorsque, à force d'acharnement, je finis par rendre une tête de cheval qui reçut un 17 sur 20 et que l'on afficha dans l'école.

J'étais assez déprimée par ce climat, au début, d'autant plus que nous n'étions que cinq ou six filles dans notre atelier et que s'ajoutait au reste le « machisme » ambiant. La plupart des garçons se moquaient de nous, nous dévalorisaient. « Jamais aucune fille n'a donné un architecte digne de ce nom », disaient-ils. Ou : « Vous, les filles, vous ne venez ici que pour vous dénicher un mari ! » Un jour, l'un d'entre eux me prit à partie devant tous les autres : « Combien de chameaux tu vaux, toi, dans ton pays ? » C'était un Français. Je fus tellement vexée que, celui-ci, je ne l'ai jamais oublié. Quand plus tard il m'écrira, à Téhéran, pour me demander de l'aide, je ne lui répondrai même pas. Il est le seul à qui je n'aie pas répondu. Avec bien d'autres, nous avons correspondu, même avec ces « vénérables anciens » qui m'avaient envoyé des verres d'eau à la figure. Mais avec lui, non.

La nostalgie de ma famille, de l'Iran, me serra le cœur les premiers mois. D'autant plus que par économie je savais que je ne pourrais pas retrouver les miens avant quatre ans. Quatre ans, une éternité ! Me réveiller, alors qu'il faisait encore nuit, plonger dans le métro où des ouvriers hagards et tristes fumaient, recroquevillés sur eux-mêmes, et, arrivée à l'école, essuyer de continuelles brimades, cela faisait beaucoup pour la jeune fille aimée, et plutôt gâtée, que j'avais été.

Je n'en donne pas moins le change à sœur Claire dans cette lettre d'octobre 1957 qui décrit assez bien ma vie d'alors :

« Chère sœur Claire,

« J'ai, dans le pavillon néerlandais, une chambre individuelle donnant sur le boulevard, avec tout le confort. Nous avons eu une petite fête au pavillon pour permettre aux étudiants de se connaître. Heureusement pour moi, car je n'aurais jamais parlé avec quelqu'un ! Je quitte ma chambre le matin pour la retrouver le soir et travailler. Les autres restent un peu dans le hall à lire, moi je n'ai pas le temps.

« À l'école, nous avons entraînement de volley et de basket dans différents stades. Je ne leur ai pas dit que j'avais fait partie de l'équipe championne de Téhéran. Le parc de la cité est très beau quand il y a du soleil ! Il y a une habitude amusante au restaurant : si quelqu'un entre, un chapeau ou même un foulard sur la tête, tout le monde frappe sur son assiette jusqu'à ce que la personne l'enlève.

« Parfois, j'ai une envie folle de revoir ma famille, mes amis. Mais le cafard s'envole avec le sourire d'une voisine de chambre. »

J'avais provisoirement renoncé à ma bourse, mais je ne manquais de rien. Chaque mois, ma mère m'envoyait suffisamment pour couvrir mes besoins, et j'avais même de quoi offrir des tickets de restaurant ou de métro à des amis. Mon seul véritable luxe fut un tourne-disque et, au début de chaque mois, un bouquet de fleurs que je choyais pour qu'il dure.

Cependant, l'ambiance s'améliora à l'école. Certains garçons devinrent plus chaleureux, plus engageants aussi. Je voyais bien qu'ils ne me croyaient pas quand je leur disais que je n'avais pas de petit ami, ils ne comprenaient pas que le *boyfriend* fût une coutume étrangère à notre culture. Pour avoir la paix, je me mis donc à raconter à l'école que j'avais un petit fiancé à la cité universitaire, et à la cité universitaire que j'en avais un à l'école. S'ils n'étaient pas dupes, ou s'ils découvraient le pot aux roses, je me prétendais fiancée à Téhéran. Ils baptisèrent donc cet improbable prétendant Mahmoud et en vinrent un jour à coller à ma place le dessin d'un magnifique moustachu coiffé d'un turban – je suppose que c'est ainsi qu'ils imaginaient l'homme iranien... – avec cette légende : « Mahmoud, le fiancé de Farah ».

Mais bientôt l'actualité leur apporta de quoi alimenter leurs rêves les plus fantaisistes. À la fin de l'hiver 1958, on apprit en effet que le Shâh allait se séparer de l'impératrice Soraya. Ce soir-là, j'écrivis dans mon journal intime : « Le Shâh et Soraya divorcent, c'est dommage. » Dans les mois qui suivirent, la presse annonça que le souverain iranien, qui souhaitait plus que tout avoir un fils pour lui succéder, cherchait désormais une jeune fille à épouser.

« Et pourquoi le Shâh ne t'épouserait-il pas, toi ? Tu es mignonne ! » Cela devint la plaisanterie préférée de notre promotion. Je me souviens que, le travail bouclé, nous passions parfois un bon moment au fond de l'atelier à en rire. « Écrivez-lui, leur disais-je, essayez de le convaincre qu'il y a ici une jeune fille très bien pour lui. » Alors eux : « Non, mais suppose : si tu retournes en Iran et que tu deviennes reine, qu'est-ce que tu fais ? La première chose ? — Ma première décision : je vous invite tous en Iran pour vous faire visiter mon pays. »

J'avais une amie afghane, cette année-là, Mermone, et elle aussi insistait : « Mais toi tu es merveilleuse, le Shâh devrait t'épouser. » J'ai même conservé une carte postale qu'elle m'avait offerte alors que nous nous trouvions ensemble en vacances en Espagne et sur laquelle elle avait écrit, à la façon des petites filles dans les écoles : « Farah Diba = Farah Pahlavi. » Elle fut ainsi la première à associer mon prénom au patronyme du roi.

L'année s'acheva moins glorieusement qu'elle ne me l'avait prédit : malgré tous mes efforts – en dessin notamment –, j'appris que j'étais admise... à redoubler. Nous étions nombreux dans ce cas, et la plupart des anciens étaient passés par les mêmes affres. Cet été-là, pour ne pas céder au cafard et à la nostalgie, je découvris la Bretagne avec quelques amies, étrangères comme moi. Ma plus grande surprise fut d'assister à la montée de la mer autour du Mont-Saint-Michel... Nous nous rendîmes également à l'île de Batz, dont une plage devait plus tard prendre mon nom.

Ma deuxième année en France fut nettement plus agréable. Paris m'était devenu familier et je pouvais compter sur quelques amis, filles et garçons. Nous allions au cinéma ensemble, et comme c'était mal considéré de voir des films « à l'eau de rose », nous fréquentions les salles d'art et d'essai. Je me rappelle en particulier l'impression terrible que me laissa *Le Septième Sceau* d'Ingmar Bergman... Nous allions aussi à l'Opéra, aux concerts – j'avais la carte de la « jeunesse musicale » – et mes chanteurs préférés s'appelaient Charles Aznavour, Djamchid Cheybani, Hamid Ghanbari, Jacques Brel, Paul Anka... L'essentiel de ma vie s'organisait autour du Quartier latin et de la cité universitaire. Cinémas et cafés du boulevard Saint-Germain avaient nos faveurs, tandis qu'à la cité, en marge des soirées studieuses, s'organisaient parfois des dîners entre amies. La kermesse de la cité était un événement : chaque pays représenté construisait son pavillon. Nous, Iraniens, avions dessiné deux grandes répliques des lions de Persépolis, préparé quelques plats de chez nous, et, le jour dit, j'avais enfilé une robe du Guilan.

De temps en temps, des membres de ma famille venaient à Paris et c'était l'occasion d'aller dîner au restaurant. Un de mes oncles, Manoutchehr, m'emmena au Moulin-Rouge et le spectacle me déplut. Mes goûts étaient sans doute plus simples, nous étions alors très attirés notamment par les « self-services » dont la mode démarrait tout juste... Certains soirs, j'étais également invitée à dîner chez des amis étudiants qui étaient déjà mariés et avaient donc leur propre appartement.

À l'école, j'étais désormais considérée comme une ancienne, ce qui me dispensait du bizutage. Mieux, on attendait de moi que je prenne rang parmi les bourreaux. Jamais je n'y réussis, trop sensible, ou trop scrupuleuse pour faire aux autres ce que je n'avais pas aimé qu'on me fasse. Les seuls « bizutages » que je m'autorisai furent de faire porter ma planche à dessin jusqu'à la bouche du métro – elle était vraiment très lourde –, d'inscrire mon nom sur un tabouret que personne à part moi ne devait plus toucher, et de mettre un cadenas à mon tiroir...

Cette année-là, nous fêtâmes Noël à Munich, invitées par une de mes amies iraniennes qui y habitait. Je garde un beau souvenir de cette ville, de ses musées, et de nos longues promenades à travers ces rues chargées d'Histoire, promenades ponctuées de haltes pour nous réconforter d'un chocolat ou d'un thé brûlant. C'est à l'occasion de l'une de ces haltes que des gens, nous entendant parler dans une langue qu'ils ne connaissaient pas, nous demandèrent d'où nous venions. « D'Iran ! » L'information sembla surprendre nos interlocuteurs qui, pour tout commentaire, nous expliquèrent par gestes que nous étions à leurs yeux des cannibales !... Grâce aux organisations étudiantes, nous pûmes également visiter l'Exposition universelle de Bruxelles et découvrir à cette occasion la capitale de la Belgique.

J'eus, cet hiver-là, l'opportunité d'éprouver une nouvelle fois l'inquiétude que m'inspiraient les communistes. Une de mes camarades iraniennes entreprit de me convaincre d'assister à un rassemblement et à un discours contre la guerre d'Algérie. Nous étions en 1958-1959 et il fallait, prétendait-elle, se solidariser avec les combattants algériens contre l'impérialisme français. Je pouvais comprendre sa révolte personnelle à l'égard du colonialisme, mais il me paraissait indécent de m'engager dans un combat *contre* la France, alors que ce pays avait la générosité de nous recevoir. J'étais là pour étudier, certainement pas pour faire de la politique. Et puis je ne voulais à aucun prix participer à une réunion communiste. Elle balayait mes arguments au nom d'une prétendue « révolution internationale » censée rendre sa dignité à chaque individu mais dont, personnellement, j'avais découvert les méthodes expéditives, et passablement indignes, en Azerbaïdjan et dans le Guilan [1].

Elle me présenta à sa sœur et à d'autres de ses amis, militants communistes également, dans un café à Paris. Je garde de cette rencontre un souvenir lugubre et profondément déprimant. Le monde était noir aux yeux de ces filles et de ces garçons. Si

---

1. Cette amie, universitaire, devait plus tard connaître la prison sous la monarchie car elle était membre du Parti communiste, partisan de la lutte armée. Elle refusa que j'intervienne pour sa libération, ce qui lui fait honneur. Bien des années plus tard, elle m'écrivit pour me dire qu'elle partageait mon chagrin après la mort de ma petite Leila. Je l'appelai, et nous nous reparlâmes après tant d'années de silence. Chacune d'entre nous a connu un destin dramatique, mais je sais qu'un jour nous nous retrouverons.

jeunes, ils donnaient déjà le sentiment d'en vouloir à la terre entière, d'être pleins d'amertume et d'aigreur. On aurait dit qu'à leurs yeux il n'y avait rien à conserver de cette planète, à l'exception de l'Union soviétique.

Comme je refusai de participer avec elle à une manifestation contre la guerre d'Algérie, elle se moqua, déclarant que je manquais de courage. Est-ce pour lui prouver le contraire que j'y allai finalement ? Sans doute. J'ai totalement oublié ce qui se dit ce jour-là, mais je me rappelle en revanche mon ébahissement en constatant que la plupart des garçons cachaient des matraques ou des barres de fer sous leurs vestes de cuir. Je songeais en moi-même : « Si jamais ça tourne mal et que la police nous jette en prison, qu'est-ce que je raconterai à maman et à notre ambassade ? »

Une autre fois, ces filles me présentèrent à un homme qui arrivait d'Allemagne de l'Est. Si j'évoque ce souvenir, c'est que, bien des années plus tard, le hasard devait me remettre en présence de cette personne dans des circonstances insolites. Alors que le roi et moi assistions à une représentation théâtrale dans le Guilan, quelqu'un de la Sécurité vint nous avertir qu'il y aurait un coup de feu sur scène, nous priant donc de ne pas nous en alarmer. Or qui vis-je surgir sur les planches, brandissant le faux revolver ? L'homme d'Allemagne de l'Est ! Je me penchai à l'oreille de mon mari pour lui raconter brièvement l'anecdote. Il ne se passa rien, et l'homme repartit vers d'autres horizons, emportant avec lui son secret.

C'est au printemps de cette même année 1959 que l'occasion me fut offerte d'approcher pour la première fois le roi. Le Shâh venait officiellement s'entretenir avec le général de Gaulle et, comme cela se fait généralement en de telles circonstances, l'ambassade d'Iran souhaitait lui présenter quelques éléments de notre communauté en France. Je fus l'une des élues.

Relisant la lettre que j'écrivis à ma mère au soir de cette rencontre, je mesure combien j'en fus émue et fière : « J'ai mis un tailleur en tweed noir et blanc avec un camélia au revers de la veste. Nous sommes allés à l'ambassade. Comme sa voiture est

71

jolie! Et comme lui-même est sympathique! Il a les cheveux presque blancs, et les yeux tristes. J'étais si contente de le voir pour la première fois de si près! Mais comme toujours, les étudiants se ruaient sur lui et moi, malgré mes talons de sept centimètres, j'avais bien du mal à le distinguer. Alors M. Tafazoli, l'attaché culturel, est venu me prendre par la main : "Je vous en prie, approchez-vous, venez plus près." Mais tu connais ta fille... Je n'ai pas bougé, je suis restée en retrait, je ne veux pas qu'on raconte que j'ai voulu me montrer à lui.

« Un peu plus tard, je lui ai serré la main. J'ai dit : "Farah Diba, architecture", et lui : "Ça fait combien de temps que vous êtes ici?" Je lui ai répondu : "Deux ans." Tout de suite M. Tafazoli a ajouté : "Mademoiselle est très studieuse, elle est la première de sa classe, elle parle très bien le français." Il est très aimable d'avoir dit tant de gentillesses sur moi. Bien sûr, poignée de main avec une révérence, et mon cœur cognait fort, tu t'en doutes...

« Aussitôt après, mes amies m'ont bien taquinée : "Farah, tu as passé la journée au salon de coiffure, et quand le Shâh est là tu n'oses pas t'avancer..." Une cousine qui était présente a prétendu que j'avais plu au roi – "Quand tu as quitté la salle, m'a-t-elle dit, il t'a suivie du regard." Bien sûr, tout ça ce sont des histoires.

« Plus tard, j'ai entendu M. Tafazoli se plaindre : "Vraiment, certaines filles sont indécentes de se ruer comme ça sur le souverain, j'ai dû faire la police et les écarter." Dieu soit loué, je n'étais pas parmi elles! À propos, j'ai de nouveau parlé à M. Tafazoli de mon problème de bourse et il a promis d'essayer de m'aider. »

L'année scolaire s'achève dans le bonheur. On m'informe que je suis admise en deuxième année – je venais de me promener sur le boulevard Saint-Germain et je franchissais le Pont-Neuf quand un de mes camarades de promotion m'annonça la bonne nouvelle! Et simultanément, j'apprends que je vais rester tout l'été à Téhéran! Maman m'offre le billet d'avion. Rien ne pouvait me faire plus de plaisir.

Ces derniers jours à Paris, je les passe dans les magasins avec mon amie iranienne qui, comme moi, rentre à Téhéran pour les vacances. Jamais je ne me suis sentie dans un tel état d'excitation. Je veux rapporter des petits cadeaux à tous et me présenter à eux habillée en véritable Parisienne. J'achète une chemise en soie avec des fleurs imprimées dans les tons ivoire et vert pâle, une jupe serrée étroite du même ton ivoire, des chaussures couleur fuchsia à très hauts talons, un sac assorti, et enfin un manteau léger en daim vert olive. Je suis loin de me douter que, quatre mois plus tard, de retour à Paris et logée à l'hôtel Crillon, je courrai de nouveau les magasins, mais cette fois pour y constituer mon trousseau de future reine.

5.

De l'aéroport de Téhéran, j'avais conservé le souvenir d'un bâtiment tout simple dont on sortait pour accompagner les passagers jusqu'à un petit mur édifié à quelques pas des appareils. Par sa modestie, l'ensemble rappelait encore les débuts de l'aviation! Je ne l'ai pas reconnu. En deux années seulement, les pistes avaient conquis une bonne partie de la campagne alentour, dominées désormais par une véritable tour de contrôle et fermées par une gare aux guichets flambant neufs. Les compagnies d'Europe et d'Amérique, largement représentées, semblaient avoir découvert l'Iran.

Ainsi, six années après la crise ouverte par la nationalisation du pétrole, notre économie paraissait de nouveau en pleine expansion. Téhéran était également méconnaissable, plus empoussiéré que jamais par la multiplication des chantiers, embouteillé de voitures (où étaient donc passés les fiacres de mon enfance?), les trottoirs grouillant partout de petits commerces. Je savais que nous n'habitions plus dans cet appartement où nous avions dû nous replier après la mort de mon père, et j'avais hâte de découvrir notre nouvelle maison. Elle était l'œuvre de mon oncle Ghotbi qui, après des années de travail, et profitant lui aussi du redémarrage, avait pu nous offrir ce confort. La villa, dotée d'une piscine, s'élevait tout près de Shemirân, sur les hauteurs de Téhéran, là même où quinze années plus tôt je passais mes vacances d'été en pleine campagne... Quel bonheur de retrouver maman, tous les miens, et mes amis dans ce lieu où nous avions vécu nos plus forts moments en famille !

J'arrivais de France la tête pleine des refrains de Ray Charles, de Sidney Bechet, d'Édith Piaf et de Charles Aznavour que j'aimais plus que tout. Je m'imaginais naïvement à la pointe de la mode, mais dès les premières fêtes je découvris qu'on écoutait maintenant à Téhéran la même musique qu'à Paris. Il est vrai que presque tous, cousins et cousines, anciens de Jeanne-d'Arc et du lycée Razi, nous revenions en même temps d'universités occidentales.

Enfants privilégiés d'un pays en voie de développement, nous étions très iraniens mais ouverts aux autres cultures, sans sectarisme, prêts à tout entendre, à tout aimer, pourvu que cela nous transportât. Cet été-là, nous avons beaucoup dansé chez les uns et les autres, écouté énormément de rock et fréquenté les salles de cinéma dont plusieurs avaient ouvert durant mon absence.

Pour projet de deuxième année, j'avais choisi de travailler sur l'architecture de la mosquée du Shâh à Ispahan, dont la façade est couverte de mosaïques d'une beauté éblouissante. Je voulais notamment reproduire une partie de cette façade et je pris donc mes quartiers d'été au Musée archéologique de Téhéran pour dessiner et consulter tous les documents existants sur cette mosquée. En rentrant le soir, je rejoignais ma bande d'amis et de cousins pour un dîner sur l'herbe à Shemirân, ou une fête quelque part dans Téhéran. Jamais je n'avais éprouvé dans ma vie un tel sentiment de plénitude, heureuse dans mes études, en harmonie avec les miens et ceux de ma génération, réconciliée avec Téhéran où j'avais pourtant juré, deux ans plus tôt, de ne plus remettre les pieds.

Un jour, un cousin du roi, Sohrab, ami de mon cousin Reza, invita toute notre petite bande d'étudiants à passer la journée en dehors de Téhéran, dans une propriété magnifique, Shâh-Dacht, appartenant à la reine mère. Je me souviens de notre ébahissement à nous retrouver entre des murs qui avaient hébergé la famille royale... Cela nous remplissait d'émotion et de stupeur, et dans chaque pièce, invariablement, l'un d'entre nous murmurait : « Vous vous rendez compte, peut-être que le roi s'est assis dans ce fauteuil... Peut-être que le roi a dormi dans ce lit... » Nous en perdions le souffle.

Toute petite, j'avais été élevée dans le culte du roi. Sa mission lui donnait à mes yeux une aura qui le plaçait bien au-dessus des autres mortels. L'un de mes oncles, un frère de mon père, Esfandiar Diba, était chambellan du roi et, à ce titre, il recevait chaque année des mains du souverain, pour Nowrouz, une petite pièce d'or que l'on appelait un « pahlavi » parce qu'elle était frappée à son effigie. Mon oncle m'offrait cette pièce et je me rappelle combien j'avais la certitude qu'elle était chargée de pouvoirs célestes... Nous considérions généralement que tout ce qui venait du roi était de bon augure et, en ce temps-là, quand les gens rêvaient au souverain, ils pensaient que c'était de bon présage.

Il me restait à régler mon problème de bourse, car si mon oncle Ghotbi était maintenant plus à l'aise, et si ma mère pouvait subvenir à tous mes besoins, j'estimais que j'avais droit à cette aide. Financer mes études à Paris, quatre ou cinq années encore, représentait malgré tout un effort considérable pour ma famille. Toute la question restait de savoir à qui s'adresser.

Nous apprîmes que celui qui s'occupait désormais des affaires des étudiants à l'étranger était le propre gendre du roi. Pour le coup, cela me parut de bon augure. Le gendre du roi ne pouvait pas être un de ces bureaucrates irresponsables qui avaient failli me rendre folle deux ans plus tôt. D'autant plus qu'il s'agissait d'Ardeshir Zâhedi, le fils du général Fazlollah Zâhedi que le roi avait nommé Premier ministre, en 1953, en remplacement de Mohammad Mossadegh. Ardeshir Zâhedi avait épousé la princesse Shahnaz, unique enfant d'un premier mariage du roi, en 1939, à l'âge de vingt ans, avec la princesse Fawzia d'Égypte, sœur du roi Farouk.

Mon oncle Esfandiar Diba connaissait M. Zâhedi, et c'est donc lui qui prit l'initiative de nous obtenir un rendez-vous. Ardeshir Zâhedi nous reçut dans une de ces vieilles maisons de la capitale, pleine de charme, au jardin touffu. C'était un homme jeune, et très avenant ; bien sûr, je ne pouvais pas imaginer qu'il serait à nos côtés, vingt ans plus tard, lorsque nous connaîtrions les souffrances de l'exil.

Il m'interrogea sur mes études, sur mes projets, me fit un peu raconter ma vie à Paris, voulut connaître mes goûts, puis, assez curieusement, à la fin de notre entretien, dit à mon oncle qu'il souhaitait me présenter à sa jeune épouse, la princesse Shahnaz.

Quelques jours plus tard, je reçus donc une invitation à venir prendre le thé chez la princesse. La villa était un peu au-dessus de Shemirân, à Hessarak, merveilleusement située au pied des monts Alborz, avec une vue magnifique sur l'immensité tentaculaire de Téhéran.

La princesse à son tour s'enquit de moi avec beaucoup de gentillesse. C'était une situation amusante et insolite car, bien que nous soyons de la même génération – elle avait alors dix-huit ans et moi vingt –, elle tenait avec élégance le rôle de maîtresse de maison tandis que je devais prendre sur moi pour vaincre ma timidité [1]. Puis, soudain, on entendit des voix et des bruits de portes, et quelqu'un vint nous avertir que le roi arrivait. Mon Dieu ! Je sentis battre violemment mon cœur. J'étais en même temps stupéfaite et ravie. Après tout, je me trouvais chez la fille du roi, il n'y avait donc rien de surprenant à ce qu'il passât à l'improviste l'embrasser, mais tout de même, quelle chance pour moi ! Je songeai avec enchantement que c'était une extraordinaire coïncidence.

Le roi apparut, détendu et souriant, assez différent de l'homme réservé et un peu triste que j'avais croisé deux mois plus tôt à Paris. La princesse et M. Zâhedi me présentèrent, et le souverain s'assit très simplement parmi nous. Tout de suite, il

---

1. La princesse Shahnaz était déjà mère d'une petite fille, Mahnaz, que je devais découvrir plus tard et que j'aime tendrement aujourd'hui. Mahnaz, qui est donc un peu plus âgée que mon fils aîné Reza, est demeurée très proche de ses oncles et tantes (mes enfants).

engagea la conversation, mais il le fit avec une telle chaleur, souriant et acquiesçant dès mes premières paroles, que j'en oubliai
aussitôt la situation. Je crois que je me suis mise à lui parler très
naturellement, malgré l'intense émotion qui m'étreignait. En
réponse à ses questions, je racontai ma vie d'étudiante à Paris, et
je garde le souvenir d'un échange harmonieux et joyeux où, l'un
comme l'autre, nous prîmes plaisir au jeu des regards et des
enchaînements, oubliant quelques minutes l'endroit où nous
parlions. Avec le recul du temps, je me dis que ce fut réellement
un instant de grâce, et j'en remercie le ciel, car, sans la liberté de
ton de cette première entrevue, peut-être serions-nous passés
l'un à côté de l'autre...

Mais pour l'heure, je n'avais aucune conscience de ce que
cela présageait – dans mon esprit, cette rencontre était le fruit
d'un hasard miraculeux –, aussi, en arrivant à la maison, persuadée que je venais de vivre un moment unique qui jamais ne se
renouvellerait, explosai-je littéralement. J'en fis le récit à ma
mère, puis à mon oncle et à ma tante, et mon exaltation gagna
toute la maison. M'entretenir seulement une heure avec le roi
était un événement historique qui pouvait marquer notre
famille pour des décennies.

Une ou deux semaines s'écoulèrent, que je passai à travailler
au Musée archéologique Iran Bastan. La vie avait repris son
cours, mon excitation était un peu retombée, demeurant en moi
comme un trésor enfoui, quand je reçus une invitation à dîner
de la princesse Shahnaz... Cette fois, j'eus l'intuition qu'un dessein particulier se tramait autour de moi. Et si le roi, l'autre
jour, n'était pas venu par hasard mais bien pour me voir ?... Se
pouvait-il qu'Ardeshir Zâhedi, après m'avoir accordé une entrevue pour ma bourse, eût songé que je pouvais plaire au roi ? Il
aurait alors eu l'idée d'organiser une première rencontre informelle chez la princesse. Elle aurait pu rester sans lendemain, or
voilà que la princesse, de nouveau, me conviait chez elle, non
plus pour un thé, mais pour un dîner. La présence du roi n'était
pas mentionnée, naturellement, mais il y serait, j'en étais certaine.

78

Alors tout me revint, la tristesse de son regard, à Paris, tout ce que j'avais lu sur son divorce avec l'impératrice Soraya, dix-huit mois plus tôt, et ce qu'on avait raconté, que le souverain souhaitait se remarier, assurer sa succession à la tête du pays, fonder une famille qui lui offrît, à trente-neuf ans, un bonheur que la vie lui avait refusé jusqu'à présent... J'étais bouleversée. Pourquoi son regard s'était-il soudain arrêté sur moi ? De mon côté, j'éprouvais pour lui une attirance que jamais je ne me serais avouée s'il ne m'en avait ainsi donné l'occasion. Naturel-lement paré de toutes les qualités intellectuelles dont une femme pût rêver pour l'homme qu'elle porte dans son cœur, le roi était à mes yeux extrêmement séduisant. Son regard doux et grave, capable d'indulgence et de chaleur, son beau sourire me touchaient infiniment. Et puis j'étais sensible à certains détails particuliers : son port de tête, ses longs cils que je trouvais incroyablement romantiques, ses mains. Oui, j'étais secrètement conquise, charmée.

Il devait me dire plus tard qu'il avait aimé ma simplicité. Je crois que c'est elle qui me donna la force – ou l'inconscience – d'oublier ma timidité et de m'engager sereinement dans une relation qui aurait pu me glacer d'effroi. Nous retrouvâmes à ce dîner le ton familier, joueur, et presque tendre, qui nous avait l'un et l'autre séduits lors du thé. À ce repas, j'osai lui demander s'il se souvenait de m'avoir croisée à l'ambassade d'Iran à Paris. Il dit que non et me fit raconter par le menu cet événement. L'importance que j'accordais à chaque détail l'amusa manifeste-ment beaucoup ; pour lui, de tels moments minuscules ne comptaient guère dans une visite officielle. Il rit. Moi aussi.

Puis il y eut d'autres rencontres chez la princesse, et notam-ment cet après-midi où nous fûmes nombreux à jouer au palet et où, sans façon, naturellement, je me mis à ramasser les ronds de caoutchouc de tous les invités. Est-ce ce jour-là que le roi me choisit secrètement pour être sa femme et la mère de ses enfants ? Il y songea, sûrement, mais se donna encore le temps de la réflexion.

Nos rapports devinrent suffisamment amicaux pour qu'il me proposât de l'accompagner de temps en temps dans ses promenades en voiture autour de Téhéran. Les voitures de sport étaient sa passion, l'une des rares choses matérielles qu'il aimait dans la vie, avec les montres. Ainsi, nous quittions la ville pour une heure ou deux à bord d'un véhicule rapide, discrètement suivis par une automobile de la Sécurité. Nous apprenions à nous connaître, lui plus que moi, parce que je n'osais pas encore l'interroger, mais nos conversations, ou nos silences, étaient toujours détendus – il avait vraiment le don de me mettre à l'aise, d'un mot, d'un sourire. Alors, je pouvais me laisser aller au plaisir d'être là, près de lui. C'était en même temps simple et enivrant.

Un jour, il m'invita à prendre place à son côté dans un petit jet. Il était très bon pilote, cela se savait. C'était un avion français, un Morane-Saulnier de quatre places, et je crois me souvenir que la princesse Shahnaz se joignit à nous. Il nous fit survoler Téhéran, puis nous grimpâmes au-dessus des sommets de l'Alborz, c'était féerique, pour piquer soudainement sur un lac de barrage, le Sefid-Roude, qu'il souhaitait me montrer et où mon oncle Saadi travaillait comme ingénieur agronome. L'avion traversait de fortes turbulences car il y a toujours beaucoup de vent dans cette région, mais j'étais totalement insouciante du danger! Au retour, alors que l'aéroport était bien visible, il se mit curieusement à reprendre de l'altitude et à décrire des cercles au-dessus des faubourgs de Téhéran. Il paraissait détendu, comme un homme peu pressé de retrouver ses affaires. Finalement, il me demanda d'actionner une commande qui était placée entre nous, de « pomper », et je m'exécutai sans demander la moindre explication, absolument inconsciente de la situation dans laquelle nous nous trouvions. Quelques minutes plus tard, il entama les manœuvres d'approche et nous posa au sol avec légèreté. Je vis alors avec surprise que la piste était encombrée de voitures de pompiers et que plusieurs ambulances, gyrophares en batterie, patientaient également.

— Il s'est passé quelque chose de particulier? m'enquis-je.

— Le train d'atterrissage ne descendait pas, me dit-il très tranquillement, c'est vous qui avez sorti les roues manuellement. Tout va bien, descendons si vous voulez.

Nous avions risqué la mort, mais pas une seconde il n'avait perdu son calme.

L'été allait bientôt s'achever. J'appris que le roi avait fait demander des photos de moi à mon oncle par l'intermédiaire de M. Zâhedi. Il n'y avait donc plus de doute, le souverain éprouvait à mon égard des sentiments qui allaient au-delà de l'amitié. Quant à moi, j'étais de plus en plus éprise de lui. Tout en cet homme me touchait, m'émouvait profondément. Et à ces sentiments si forts, si déconcertants pour une jeune fille qui découvrait l'amour, se mêlait la fierté d'avoir été choisie par un être unique, le plus admiré, le plus respecté de notre pays.

Il me fit savoir qu'il souhaitait passer avec moi un après-midi au palais, pour bavarder et faire quelques brasses dans sa piscine privée. J'apportai donc mon maillot de bain, et nous nous baignâmes effectivement de concert. Quand je songe à de tels moments, je remercie le ciel de m'avoir accordé ce sens du naturel, cette tranquillité d'esprit. J'imagine qu'il faut avoir ce parti pris de sincérité, de défiance à l'égard des paillettes, pour se présenter sereinement en maillot de bain devant le premier personnage de son pays, à vingt ans, et rester soi. Le roi lui-même s'en étonna, et je me souviens de lui avoir répondu que je m'adaptais facilement aux circonstances... Ce fut un après-midi troublant et délicieux.

Puis, durant plusieurs jours, deux ou trois semaines peut-être, je ne reçus plus aucune nouvelle. Pourquoi ? Que se passait-il ? J'en souffrais secrètement, mais que pesaient mes souffrances face aux responsabilités de cet homme ? S'il occupait une place considérable dans ma vie, j'étais bien consciente que la réciproque n'était pas forcément vraie. Quelle place tenait l'amour dans la vie d'un chef d'État ? Je ne pensais qu'à lui ; lui devait avoir, avant de trouver le loisir de penser à moi, tant de problèmes inimaginables à résoudre... Peut-être m'avait-il oubliée... Nous étions en septembre, la date de ma rentrée à l'École spéciale d'architecture du boulevard Raspail approchait.

Que devais-je faire ? Repartir discrètement pour Paris en faisant comme si tout cela n'avait jamais existé ? Non, je décidai d'en avoir le cœur net et je demandai donc à mon oncle de s'enquérir auprès de M. Zâhedi : pouvais-je reprendre mes études en France ?

Bien plus tard, le roi devait m'avouer en plaisantant que je l'avais bousculé, cet été-là, pour qu'il arrête rapidement une décision. Mais à ce moment, le message me fut transmis de patienter et je laissai donc passer la date de reprise des cours sans bouger. Enfin, une nouvelle invitation à dîner de la princesse Shahnaz me parvint.

Nous étions nombreux, ce soir-là, autour du roi, une vingtaine peut-être. J'étais heureuse, et comme apaisée de le revoir. Les conversations étaient légères, et le roi souriant, ne laissant rien paraître des soucis, ou des tensions, qui devaient inévitablement l'habiter. Comme nous étions au salon, je vis soudain les convives s'éclipser un à un, et nous nous retrouvâmes, le souverain et moi, seuls sur un canapé. Alors, très sereinement, il me dit quelques mots de ses deux unions précédentes, la première avec la princesse Fawzia d'Égypte qui lui avait donné sa fille Shahnaz, la jeune princesse, la seconde avec Soraya Esfandiari Bakthiari, dont il avait espéré vainement un fils. Puis il se tut, me prit la main et, plongeant son regard dans le mien, il me dit : « Acceptes-tu de devenir ma femme ? — Oui ! » Je répondis « oui » immédiatement, parce qu'il n'y avait pas à réfléchir, parce que je n'avais aucune réserve, c'était oui, je l'aimais, j'étais prête à le suivre.

Je ne mesurais pas bien ce que ce « oui » entraînait, qu'en devenant sa femme j'allais devoir porter sur mes épaules de très lourdes responsabilités. « Reine, ajouta-t-il, tu auras beaucoup de responsabilités à l'égard du peuple iranien. » De nouveau, j'acquiesçai. Les responsabilités, je connaissais, j'avais été élevée dans cet esprit. Mes parents, ma famille, l'école et le scoutisme avaient constamment pris soin de m'éveiller à la souffrance des autres, ils m'avaient enseigné que l'idéal d'un être est de travailler pour le bien commun. La mise en garde du roi ne me prenait donc pas de court, je me sentais toute désignée pour remplir cette tâche. Simplement, je n'étais pas à la bonne échelle : je ne réalisais, en effet, ni le poids ni l'étendue de la mission qui m'attendait.

C'était le 14 octobre 1959, jour de mon anniversaire. J'avais vingt et un ans et je venais de dire oui au roi. Oui à son amour, et au destin exceptionnel qu'impliquait cet amour. J'allais devenir reine pour le meilleur, pour le plus douloureux aussi, que j'étais loin d'imaginer. En me quittant, le souverain m'avait demandé de garder la nouvelle secrète pour le moment. Je fus incapable de la cacher aux miens, c'était trop de bonheur, trop d'excitation ! À peine arrivée à la maison, je racontai tout à ma mère et à ma tante, puis un peu plus tard à mon oncle qui rentrait du bureau. Manifestement bouleversée, maman eut bien du mal à dissimuler son appréhension sous les manifestations de joie. Elle partageait, certes, ma félicité, mais elle m'avoua plus tard qu'elle s'était aussitôt demandé si mon père aurait approuvé. On disait que la vie à la Cour, autour du roi, était traversée d'intrigues, de médisances sur les uns et les autres, que la reine mère était comme ceci, les princesses comme cela. Une jeune fille entière et naïve comme je l'étais, songea ma mère, saura-t-elle trouver sa place parmi ces gens élevés dans le sérail, rompus aux jeux d'influence, au double langage, aux subtilités de la diplomatie ? Elle s'inquiéta, mais que pouvait-elle dire ou tenter ? Et à quoi bon ?

Ce même jour, ne tenant pas en place, j'appelai mon amie Elli :

— Viens tout de suite à la maison, j'ai quelque chose à t'annoncer.

— Quoi ? Dis-le-moi maintenant !

— Je ne peux pas au téléphone. Prends un taxi et viens. Vite ! Vite !

— Farah, tu deviens folle ! Mais qu'est-ce qui t'arrive enfin ?...

— Une grande nouvelle, je te dis.

— Tu vas te marier !

— Oui !

— Mais c'est formidable ! Avec qui ? Je le connais ? Dis-moi vite son nom.

— Justement, je ne peux pas. Tu le sauras si tu viens. Tu as déjà perdu au moins cinq minutes !

— Jamais je n'aurai la patience d'attendre...

Elle commença donc à énumérer tous mes cousins.

— Reza ? C'est Reza, je parie.

— Mais enfin, tu es folle ! Reza est comme mon frère.

— Kamran ?

— Tu n'y penses pas !

— Parviz ? Yahya ?

— Non, ce n'est ni Parviz ni Yahya.

Enfin, après les avoir tous passés en revue, elle eut ce cri du cœur, en éclatant de rire :

— Alors, il ne reste plus que le roi.

— C'est lui !

L'écouteur lui tomba des mains, et durant un long moment elle ne parvint plus à articuler quoi que ce fût.

Très peu de temps après, le roi me dit qu'il souhaitait me présenter aux siens, et à la première d'entre eux, la reine mère Taj ol Molouk. Deuxième épouse de Reza Shâh, le fondateur de la dynastie Pahlavi mort en 1944, Taj ol Molouk lui avait donné quatre enfants : la princesse Shams, née le 27 octobre 1917, puis Mohammad Reza, mon futur mari, et sa sœur jumelle, la princesse Ashraf, nés le 26 octobre 1919, enfin le prince Ali-Reza qui mourut dans un accident d'avion en 1954. La reine mère avait la réputation de ne pas avoir un caractère facile. On craignait son franc-parler, disait-on, et on racontait aussi qu'elle avait eu quelques mots avec l'impératrice Soraya, agacée par une légèreté d'autant plus affichée chez Soraya qu'elle dissimulait l'immense détresse de ne pouvoir donner au roi – et à la reine mère – l'héritier qu'ils espéraient.

84

Cette première rencontre avec une femme auréolée par l'Histoire, et que nul n'osait contredire, m'intimidait. Même si cela n'était pas dit, c'était une sorte d'examen de passage. Le roi avait souffert des tensions entre sa mère, ses sœurs et Soraya, c'était donc un gage de bonheur pour nous tous que d'instaurer d'emblée des relations harmonieuses entre sa famille et moi.

Lorsque j'entrai dans le salon, le roi me conduisit auprès de sa mère qui était installée seule sur un canapé. Après les quelques phrases d'usage, la reine mère me pria de prendre place auprès d'elle. Mon premier réflexe fut de m'asseoir sur un petit pouf de façon à me trouver à sa disposition, mais légèrement en contrebas. Ainsi s'engagea notre conversation, ou plutôt une forme d'interrogatoire auquel je me prêtai avec plaisir. Mes goûts, mon enfance, ma famille (ma mère et ma tante Louise avaient connu des membres de la famille de la reine mère et avaient été en classe avec ses sœurs), mes aspirations – ma future belle-mère voulait naturellement savoir à qui elle avait affaire. C'était une femme petite de taille mais imposante, avec des yeux vert pâle, j'aurais aimé que mes enfants aient les mêmes. Je n'étais pas seule avec elle, ce qui était plus facile pour une première fois. Évidemment, toutes les personnes conviées à cette entrevue n'avaient d'yeux que pour la jeune fille que j'étais. De cette première entrevue devait naître une relation pleine de confiance et d'affection.

Il est certain que ce jour-là j'apparus aux yeux du premier cercle du roi comme une jeune fille naturelle, étrangère à ce monde des cours et des chancelleries.

Deuxième Partie

6.

Mes fiançailles avec Mohammad Reza Pahlavi, souverain d'Iran, ne devaient être annoncées officiellement que le 21 novembre 1959, soit plus d'un mois après que nous eûmes scellé nos destins dans l'intimité.

Durant ce laps de temps, il fut entendu que je retournerais discrètement à Paris pour m'y constituer une garde-robe susceptible de répondre à mes futures obligations. Notre ambassadeur en France, Nassrollah Entezam, fut mis dans la confidence, et naturellement prié de me faciliter les choses.

Le 3 novembre, je m'embarquai donc pour Paris, accompagnée de mon oncle Esfandiar Diba, de son épouse Banou, et de ma tante Louise, qui depuis ma petite enfance avait tellement compté pour moi. Leur présence à mes côtés me rassurait : ils me tiendraient compagnie et m'aideraient à composer ce trousseau si particulier, et à vrai dire inimaginable pour l'étudiante économe que j'étais.

L'avion fit escale à Genève où nous nous posâmes en milieu d'après-midi. J'avais repéré que le président du Parlement iranien, Sardar Fakher Hekmat, était à bord et je ne fus donc pas surprise de constater qu'un groupe de photographes se pressait au pied de la passerelle. Je descendis pour rejoindre le terminal où nous devions patienter un moment et les photographes ne me prêtèrent aucune attention. Puis soudain, alors qu'encadrée par mon oncle et mes tantes j'allais atteindre le bâtiment, une bousculade invraisemblable se fit autour de nous. Parmi les hurlements et les crépitements des flashes, j'eus la stupéfaction de m'entendre interpeller par mon nom – « Farah Diba! Farah Diba! Vous êtes bien Farah Diba? » – et, comme j'acquiesçai, les questions fusèrent de partout : « Quand sera célébré le mariage? Quelle impression cela vous fait-il de devenir impératrice? Où allez-vous loger à Paris? », etc.

Je fus abasourdie. Naïvement, j'avais pensé que le secret de notre engagement serait scrupuleusement gardé, respecté, et je découvrais que j'étais devenue un personnage public, non seulement sans le vouloir, mais sans m'y être préparée le moins du monde. Ces photographes que je n'avais jamais vus me connaissaient, eux, certes encore approximativement puisqu'ils m'avaient d'abord laissée passer, mais désormais mon visage, mitraillé par leurs appareils, allait faire le tour du monde! Je venais à cet instant de tirer un trait sur ma liberté d'aller et de venir librement, comme n'importe quelle autre femme, mais je ne le savais pas encore.

— Nous ne pouvons rien dire, nous ne savons rien... Soyez gentils, écartez-vous, ânonna mon oncle, lui aussi complètement dépassé par les événements.

J'éprouvai un soulagement immense en retournant dans l'avion, protégée cette fois par des gens de l'aéroport. Nous échangeâmes nos impressions avec mon oncle et mes tantes, persuadés que nous étions enfin à l'abri des regards et des oreilles indiscrètes. Or je devais apprendre plus tard qu'un journaliste avait trouvé le moyen de louer un siège à côté du mien sur le trajet Genève-Paris. Fort heureusement, nous n'avions parlé qu'en persan.

L'accueil à Orly, dans la soirée, fut sans commune mesure avec celui de Genève. Cette fois, le tarmac de l'aéroport était noir de journalistes et de photographes. Jamais je n'avais été témoin d'une telle cohue, et comment admettre que je pusse en être la cause, alors que j'avais quitté Paris quatre mois plus tôt, de ce même aéroport, dans l'indifférence générale?... On tenta par tous les moyens de me soustraire à cette foule délirante qui hurlait mon nom et se piétinait. On me tira, on me traîna, je ne voyais plus rien tant il y avait de flashes, je ne savais absolument pas où l'on me conduisait — j'en perdis même une de mes chaussures, sur le gazon, autour des pistes — et ce n'est qu'après un quart d'heure de ce traitement de choc que j'atterris soudainement dans l'habitacle feutré d'une voiture luxueuse : celle de l'ambassade d'Iran.

J'étais sonnée, mais néanmoins souriante et amusée. Dans la voiture, toutefois, je n'eus pas vraiment le loisir de souffler, car à peine les portières claquées nous fûmes littéralement pris au piège. Les flashes illuminaient l'intérieur et, comme on nous empêchait d'avancer, je me fis l'effet d'une bête traquée par ces hommes qui chassent la nuit pour mieux éblouir leurs proies... Quand enfin le chauffeur parvint à nous dégager, commença un rodéo qui faillit me faire perdre la tête. Pourchassés par des photographes à moto qui se jetaient quasiment sous nos roues à une vitesse vertigineuse, je hurlais, croyant à chaque instant qu'on allait tuer l'un d'entre eux. Résultat : ils firent de moi toute une série d'images où j'ai la bouche ouverte, les traits déformés par la frayeur, photos qu'ils exploitèrent largement plus tard quand ils prétendirent que j'étais malheureuse...

Dans ces conditions, mon arrivée à l'hôtel Crillon ne passa pas inaperçue, et dès le lendemain les Parisiens étaient informés que la future reine d'Iran logeait dans ce palace dont les fenêtres donnent sur la Concorde. Cela accrut naturellement la pression des journalistes et, pendant les deux ou trois semaines que dura mon séjour, je ne parvins quasiment jamais à quitter l'hôtel sans être prise en chasse par une armada de voitures et de motos. Ils arrivaient à déjouer tous les leurres que nous mettions en place. Par quel don d'ubiquité ? J'eus un début de réponse en apprenant qu'un journaliste était parvenu à soudoyer un garçon d'étage pour endosser son uniforme et ainsi m'approcher de plus près...

Ce harcèlement de la presse devait cependant répondre à une attente du public car, dès mes premières sorties, je constatai un élan de curiosité et surtout de sympathie des gens, si bien qu'en dépit des journalistes – ou peut-être grâce à eux – ce voyage fut plein de moments enchanteurs, d'émotions intenses. On ne résiste pas à l'affection spontanée, et les liens très forts que j'ai conservés toute ma vie avec la France, avec les Parisiens en particulier, datent de ces folles journées où partout je n'ai croisé que des sourires et des applaudissements, en dépit des embouteillages qu'occasionnait parfois ma seule présence.

Bien avant que j'apparaisse dans sa vie, le jeune souverain d'Iran avait ému les Français. Je m'aperçus très vite, en bavardant avec les uns et les autres, combien les gens étaient sensibles aux drames qui avaient émaillé son existence. On se souvenait dans quelles conditions difficiles, à vingt et un ans seulement, il avait été amené à succéder à son père, contraint à l'exil par les troupes britanniques et soviétiques qui occupaient l'Iran. Sa séparation, en 1947, de la romantique et mélancolique princesse Fawzia qui avait traversé toute la guerre à son côté, pour finalement retourner à cette Égypte qui n'avait cessé de lui manquer, avait touché le public français. Moins, cependant, que le désespoir qui s'abattit sur la seconde union du roi avec Soraya Esfandiari lorsqu'il fut évident qu'elle ne pourrait pas lui donner l'enfant qu'il espérait. On avait largement commenté en France le chagrin des souverains de Téhéran, jusqu'à leur divorce, alors que j'étais en première année d'architecture à Paris. Et justement, voilà que ce roi qui avait su attendrir les cœurs allait épouser une ancienne étudiante du boulevard Raspail.

Que par la seule grâce de l'amour je passe ainsi de ma petite chambre de la cité universitaire aux palais de la Perse éternelle enflamma l'âme tendre et romantique des Français et contribua largement à m'assurer leur affection. Le souverain n'épousait pas une princesse, il ne se pliait pas au rituel convenu des mariages arrangés entre familles de sang royal, non, il était tombé amoureux d'une « petite » Iranienne et, comme dans les contes, il allait suivre son penchant. C'était presque trop beau pour être vrai. Mais pas assez toutefois pour certains journaux qui virent là une occasion de ressusciter le mythe de Cendrillon. Du coup, on força le trait, jusqu'à me présenter ici ou là comme une bergère, élevée dans la misère, au grand désespoir de mon oncle : « Encore un peu et ils vont nous raconter que tu es née dans le ruisseau! C'est inconcevable! Inconcevable! » Moi, cela m'était égal, je pensais déjà que la valeur des êtres ne dépend ni de la naissance ni de la richesse et, bien plus tard, devenue reine, puis en exil, j'en eus la confirmation.

De toute façon, que pouvions-nous faire pour rétablir la vérité? Rien n'avait été dit officiellement, je n'étais pour l'heure qu'une jeune fille royalement hébergée dans une suite de l'hôtel Crillon, courant les grands couturiers et les boutiques avec la bénédiction ostensible de l'ambassade d'Iran.

Je me souviens en particulier d'une visite chez Guerlain, sur les Champs-Élysées. J'avais aux trousses une telle meute de photographes et de cameramen qu'il avait fallu provisoirement interrompre la circulation sur la plus belle avenue du monde, le temps que je choisisse un parfum... C'était inimaginable! Mais le pire fut peut-être chez les sœurs Carita, qui avaient reçu mission de me créer une nouvelle coiffure. Je laisse ici parler Maria Carita, telle qu'elle a raconté l'événement à Lesley Blanch dans le livre que celle-ci m'a consacré [1].

« C'est une des dames de l'ambassade d'Iran à Paris qui nous a téléphoné pour prendre un rendez-vous comme elle en avait l'habitude. Curieusement, elle tenait énormément à ce que nous soyons toutes deux présentes ce jour-là. Elle nous a expliqué qu'elle venait avec une amie et qu'il serait sans doute plus commode qu'elles soient toutes deux installées dans un salon particulier. Elle insistait tellement sur ce point que nous avons commencé à nous demander quelle sorte de créature extraordinaire elle allait nous amener.

« Le matin du rendez-vous, nous avons entendu un brouhaha extraordinaire qui venait de la rue, beaucoup de cris et une grande confusion. De loin, cela ressemblait à une foule en

---

1 *Farah Shahbanou of Iran*, Londres, ed. Collins, 1978.

colère. Lorsque nous avons regardé à l'extérieur, nous nous sommes aperçues que l'entrée était bloquée par des photographes et des cameramen qui se battaient pour avoir une place. À ce moment précis, notre cliente et sa mystérieuse amie sont arrivées en voiture et les policiers ont tenté de leur frayer un passage au milieu des photographes. Elles ont finalement réussi à entrer, et nous nous sommes débrouillées pour refermer les portes derrière elles. Nous avions fini par comprendre qui était notre nouvelle cliente. Tout cela était très excitant et bien sûr nous avons essayé, dans la mesure du possible, de la protéger de la curiosité.

« Elle parlait très peu, mais n'avait pas l'air timide du tout. Elle était simplement silencieuse, observant tout avec beaucoup d'attention. Elle avait parfaitement compris que nous connaissions notre métier et s'est contentée de nous faire confiance. C'était une jeune fille ravissante, si bien faite, avec de jolies mains et ces cheveux d'un noir intense, presque bleu, comme on les voit dans les miniatures persanes. »

On dut tendre des draps sur les fenêtres, car nous eûmes immédiatement le sentiment d'être des phénomènes en cage, et cependant un journaliste parvint à me photographier depuis l'immeuble d'en face où il avait eu l'idée d'aller se percher... Les sœurs Carita m'inventèrent ce jour-là cette coiffure avec la raie au milieu et les tempes couvertes qui devait faire des émules partout dans le monde – les femmes demandaient à être coiffées « comme Farah Diba ».

Chez Dior, on me présenta la collection créée par Yves Saint Laurent. C'est à lui qu'incombera de dessiner mes robes de fiançailles et de mariage.

Dans ce tourbillon, il me fut donné d'assister à la première de *Carmen* à l'Opéra Garnier. Le Général et Mme de Gaulle étaient présents, ainsi que plusieurs ministres et le Tout-Paris. J'étais émue de voir de si près l'homme qui avait sauvé la France et que mon oncle Bahram admirait tellement, mais je m'aperçus bien vite, à ma grande confusion, que l'entourage du Général, lui, n'avait d'yeux que pour moi. On savait naturellement, au plus haut niveau de l'État, quel destin m'attendait et on était de toute évidence curieux de découvrir ma tête. Je ne me doutais pas que, deux ans plus tard, reine d'Iran, je serais reçue à l'Élysée par le Général et son épouse avec beaucoup d'affection.

Dès ce séjour, André Malraux me manifesta son intérêt et son amitié en me retournant cette jolie dédicace sur mon exemplaire personnel de son livre *Les Voix du silence*, que je lui avais fait porter avec un petit mot quelques jours avant mon retour vers Téhéran :

« Il est émouvant, Mademoiselle, que l'un des plus fidèles admirateurs du génie iranien soit présent à votre mémoire au moment où vous nous quittez. Puisse l'étudiante, qui a eu l'attention de m'écrire, dire à l'impératrice que j'aime dans l'Iran la grande puissance de féerie associée aujourd'hui à votre destin, et que je souhaite de tout cœur que les fées toujours vivantes de la France assistent celles de l'Iran pour veiller à votre bonheur. André Malraux, novembre 1959. »

Tous les soirs, le roi m'appelait. L'attente de ce rendez-vous illuminait ma journée et donnait un sens à chaque moment, puisque tout cela finalement n'avait qu'un dessein : préparer la vie que nous allions construire ensemble. Je me rappelle que le cœur me tombait littéralement lorsqu'on m'annonçait qu'il était au téléphone. J'étais très éprise, et je devais faire un effort pour que ma voix ne trahît pas mon émotion. Lui aussi était ému, je l'entendais. Bien plus tard, il devait m'assurer qu'il n'avait dit « je t'aime » qu'à trois femmes. « Dont l'une est toi », ajouta-t-il.

Nos fiançailles furent officiellement annoncées par un bref communiqué, le 21 novembre : « Aujourd'hui, à dix-sept heures, au palais Ekhtessassi ont eu lieu les fiançailles de Sa Majesté le Shahinshah Mohammad Reza Pahlavi, souverain d'Iran, et de Mademoiselle Farah Diba. Le mariage sera célébré dans un mois, le 29 azar 1338 suivant le calendrier solaire iranien, ou le 21 décembre 1959 suivant le calendrier chrétien. »

Dès mon retour de Paris, mon mode de vie fut profondément bouleversé. Je n'habitais plus auprès de ma mère, dans la grande maison de mon oncle. Le roi avait souhaité que je réside désormais dans l'enceinte du palais et, pour lui permettre de m'accueillir, la reine mère avait bien voulu me céder ses appartements privés et partir s'installer provisoirement dans sa maison de campagne.

Je vécus dans l'ivresse ces dernières semaines avant le mariage. Maintenant, le roi respirait et travaillait à quelques centaines de mètres seulement de moi et je pouvais l'apercevoir de mes fenêtres. Je découvris ainsi, petit à petit, ce qu'est l'emploi du temps d'un chef d'État et combien les moments d'intimité sont rares et précieux. Souverain depuis près de vingt ans, bien qu'il vînt seulement de fêter ses quarante ans, l'homme qui allait devenir mon mari avait une parfaite maîtrise des différents espaces de son existence. Je le vis recevoir officiellement le président Eisenhower durant ce mois de décembre, présider à toutes les cérémonies prévues, et trouver le temps de s'évader pour faire quelques pas avec moi dans le parc, ou bavarder autour d'une tasse de thé, l'esprit apparemment libre et serein.

L'automne est ma saison préférée. Les arbres flamboient au soleil frisant, les monts Alborz dispensent enfin ce vent frais qu'on a vainement espéré tout l'été, on se sent miraculeusement en harmonie avec la nature. Le roi connaissait mon goût pour la lumière de ces mois bénis, pour les couleurs, et presque chaque jour nous nous enfuyions discrètement du palais ensemble, à bord d'une de ses voitures. À cette époque, la sécurité n'était pas une question obsédante comme elle le devint par la suite, et deux gardes du corps seulement nous suivaient dans leur propre véhicule. Dans les rues que nous empruntions, les visages des gens s'illuminaient à l'instant où ils reconnaissaient le souverain. Ils saluaient, ils applaudissaient, et lui leur faisait un petit signe. J'étais émerveillée et émue d'être soudain liée à l'homme qui suscitait cet engouement. Je me souvenais qu'enfant, tenant la main de ma mère, nous l'avions salué dans des circonstances semblables, sur le bord d'une route de campagne près de la mer Caspienne, et qu'il s'était légèrement déplacé sur son siège, m'avait-il semblé, pour nous rendre notre sourire. Un jour, je le lui dis. Il n'avait pas gardé cet instant en mémoire, bien sûr, mais il me fit sans le vouloir le même sourire que cet après-midi-là.

C'est aussi durant ces semaines que j'appris à mieux connaître les frères et sœurs du roi car, pour la plupart, ils habitaient à proximité du palais. De sa première épouse, Reza Shâh avait eu une fille, la princesse Hamdam Saltaneh, que je rencontrai. J'ai déjà évoqué la princesse Ashraf, sa sœur jumelle, et la princesse Shams, leur aînée, issues comme lui de l'union de Reza Shâh avec la reine mère Taj ol Molouk. Cependant, Reza Shâh contracta deux autres unions dont naquirent six enfants : de son mariage avec la reine Touran, le prince Gholam-Reza ; de celui avec la reine Esmat, les princes Ahmad-Reza, Abdol-Reza, la princesse Fatemeh et les princes Mahmoud-Reza et Hamid-Reza.

Pour la jeune étudiante que j'étais, novice en matière de protocole, il aurait pu sembler impossible de trouver une place parmi ces multiples beaux-frères et belles-sœurs de sang royal, tous très attachés au respect de leurs prérogatives et de leur rang. J'en eus conscience et je compris mieux à ce moment-là l'inquiétude de ma mère : qu'allait devenir sa fille, si naïve encore, au sein d'une Cour que l'on disait parcourue d'intrigues et de jeux d'influence ?

En fait, comme je l'avais fait dans mon enfance, je refusai immédiatement d'entrer dans les inévitables querelles, dites ou non dites, et je me bornai à la conduite que me dictait mon caractère : susciter de l'harmonie partout où cela était possible et demeurer sourde à tout ce qui cherchait à m'en écarter. Durant ma vie de reine, je devais m'en tenir à cette attitude, fermement arrêtée dès les premiers jours. Cela ne me sera pas difficile, car j'aurai constamment le soutien et l'amour du roi que la médiocrité agaçait profondément. Iranienne, j'ai naturellement le respect de la famille, et je savais qu'il était essentiel pour le souverain, si occupé par ailleurs, d'être entouré d'harmonie dans sa vie privée. Aujourd'hui, je peux dire que j'ai gardé constamment de bons rapports avec toute la famille du roi.

7.

On se réveilla tous aux premières lueurs du jour ce matin du 21 décembre 1959. Mon mariage devait être célébré en début d'après-midi et, pour cette dernière nuit, j'étais retournée dormir auprès des miens, dans la maison de mon oncle. La robe créée par Yves Saint Laurent reposait sur un cintre, mais avant de la passer je devais me soumettre aux mains expertes des sœurs Carita, venues spécialement de Paris pour me coiffer. Elles semblaient encore plus émues et tendues que moi, du coup je m'employai à les rassurer et cela eut le mérite de déclencher quelques éclats de rire. La journée devait être longue, riche en émotions, je souhaitais qu'elle se déroulât pour tous dans le plaisir.

On nous apporta le diadème peu après le petit déjeuner. Propriétés de l'État, dont ils garantissent la monnaie, les joyaux de la couronne ne quittent que très exceptionnellement les caves de la Banque centrale d'Iran. L'autorisation de sortie d'une pièce doit être contresignée par plusieurs personnalités, dont le ministre des Finances. Le diadème que je devais porter ce jour-là avait été conçu au début des années 50 par le joaillier américain Harry Winston. D'une fabuleuse beauté, ce bijou inestimable a cependant l'inconvénient de peser près de deux kilos.

On mesure là le défi qu'eurent à relever mes coiffeuses : assujettir cette merveille sur une tête peu accoutumée jusqu'ici à l'équilibrisme, et encore moins à l'immobilisme. D'autant plus que je devrai conserver ce diadème jusqu'au soir, parcourir quelques kilomètres en voiture, monter et descendre des escaliers, marcher, sourire, saluer... Il ne leur fallut pas moins de trois heures, et je crois qu'elles ne respirèrent vraiment que le lendemain matin en apprenant qu'aucune catastrophe n'était survenue.

En revêtant ma robe brodée de fils d'argent selon des motifs persans, décorée de strass et de perles (fausses, bien entendu), j'eus une pensée tendre pour les couturières de la maison Dior à Paris : elles m'avaient souhaité tout le bonheur du monde et je savais qu'elles avaient filé en bleu l'un des ourlets pour que les bonnes fées donnent au roi ce garçon qu'il espérait.

Enfin, à l'heure dite, la princesse Shahnaz, dont l'affection m'avait été précieuse durant ces dernières semaines, ainsi que le Premier ministre, Manoutchehr Eghbal, et le ministre de la Cour, Hossein Ala, se présentèrent pour me conduire auprès du roi. Le mariage religieux devait être célébré au palais de Marbre, en plein centre de Téhéran, et nous avions donc un long chemin à parcourir depuis les pentes boisées de Shemirân.

Selon la coutume des musulmans qui veut qu'avant chaque événement important on se place sous la protection du Coran, je passai sous le livre sacré que tenait ma mère en franchissant le porche. Puis, ultime geste de bon augure, je libérai des colombes dont on suivit un instant le vol vers l'azur, légèrement laiteux en ce premier jour d'hiver. Le 21 décembre, on fête en effet en Iran *Chabe-Yalda*, la nuit la plus longue de l'année, et à cette occasion on se réunit en famille pour lire des poèmes de Hafez et partager melons, grenades et fruits secs. Et puis ce jour-là, et le lendemain également, on veille, car symboliquement on célèbre la conquête de la Lumière.

Le cortège des voitures s'ébranla lentement et je découvris bientôt que les rues étaient noires de monde. Les gens s'étaient massés tout au long de notre parcours et, certainement, ils patientaient là depuis plusieurs heures. Les visages s'illuminaient à notre passage, tous agitaient les bras, applaudissaient, et j'entendais mon nom comme un brouhaha inlassablement repris.

Jamais, naturellement, je n'avais été l'objet d'un tel élan, d'une telle ferveur, et l'émotion me noua la gorge. Ce peuple de Téhéran dont j'étais issue m'offrait sa confiance, me fêtait, m'adoptait alors que je n'avais encore rien entrepris, ni pour lui ni pour notre pays. Touchée et confuse, je me promis de faire pour ces hommes et ces femmes, pour ces enfants perchés partout, tout ce qui serait en mon pouvoir. Bien plus tard seulement, il me vint à l'esprit que je remplaçais une reine qu'ils avaient également aimée, ovationnée... Et malgré tout, ils étaient venus par milliers. Je me dis qu'ils auraient mérité que je les remercie doublement. J'appris plus tard que mes compatriotes furent heureux que le roi épousât une Iranienne. Et les religieux, sachant que j'étais Seyyed, descendante du Prophète, dirent qu'en m'épousant le souverain devenait le gendre du Prophète.

Le roi m'attendait en haut du grand escalier du palais de Marbre, très droit dans son uniforme d'apparat, et, aussitôt descendue de voiture, six petites demoiselles d'honneur habillées de blanc et couronnées de fleurs m'emboîtèrent le pas, cependant qu'un garçon d'honneur, mon petit-cousin Ahmad-Hossein, nous précédant, jetait des pétales sur les marches que j'allais gravir. Je ne sais, du roi ou de moi, lequel était le plus ému. Dans quelques instants, notre union allait être célébrée, alors seulement je me rendis compte que je n'avais pas d'alliance pour lui ! Personne n'y avait pensé, moi encore moins, or c'est à la mariée d'apporter l'alliance... Ardeshir Zâhedi me sortit d'embarras en me tendant la sienne et c'est elle qu'un moment plus tard je passai au doigt de mon mari. Je devais, les jours suivants, lui offrir une alliance que je porte depuis sa mort au même doigt que la mienne.

Seuls les familles et quelques membres du gouvernement avaient été invités. Nous avions souhaité une cérémonie intime comme c'est généralement le cas pour un mariage religieux. Selon la coutume, on avait disposé au sol, sur un tapis, tous les symboles du mariage fécond et heureux : un miroir et des bougies pour la lumière, du pain pour l'abondance, de l'encens pour éloigner le mal, des sucreries pour toutes les douceurs de l'existence, et bien entendu le Coran. L'imam djom-é de Téhéran récita les versets en préambule à l'union des futurs mariés puis, relevant les yeux, il me demanda solennellement si je voulais prendre pour époux l'homme qui se tenait à mon côté. Contrairement à la tradition qui requiert que la fiancée se fasse prier et ne consente finalement qu'à la troisième demande, cette fois, l'imam n'eut pas besoin d'insister, je répondis aussitôt « oui » avec une allégresse et une fougue qui firent sourire et murmurer autour de nous.

Peu après, deux représentants de l'état civil nous présentèrent le registre officiel et, à cet instant-là, je me dis en moi-même que ce premier paraphe au nom de Farah Pahlavi serait désormais ma signature pour toujours.

Plus tard, observant les photos qui avaient été faites de la cérémonie, de tous ces moments si émouvants, j'éprouverai un léger dépit. Du fait de ma traîne, je ne pouvais pas m'asseoir sur un fauteuil, comme le roi, on m'avait donc installée sur un tabouret, sans prendre garde qu'ainsi perchée je dépassais mon mari d'une demi-tête. Il ne s'était donc pas trouvé une seule personne parmi ces gens du protocole rompus aux règles de la bienséance, et de l'élégance, pour juger qu'il eût été plus convenable, plus gracieux aussi, que le souverain fût au moins au même niveau que son épouse !

Après quelque temps de repos en famille, nous rejoignîmes le vénérable et somptueux palais du Golestan – autrefois résidence des rois Qâjârs et qui ne servait plus que pour les grandes occasions – où plus d'un millier de convives nous attendaient. J'eus le sentiment de traverser dans la fièvre cette réception féerique, de sorte que je n'en ai conservé qu'un souvenir ébloui et flou. Tous les visages autour de nous semblaient partager notre félicité, qu'ils fussent ceux de nos intimes ou ceux des officiels...

Quelques jours plus tard, nous partîmes pour Ramsar, petite station balnéaire de la mer Caspienne. Nous empruntâmes le wagon royal que l'on accrochait dans ces circonstances au train régulier jusqu'à Sari, puis, de là, nous poursuivîmes en voiture jusqu'à Ramsar. C'est dans cette région, que nous aimions l'un et l'autre, que nous avions en effet décidé de faire notre voyage de noces, plutôt qu'à l'étranger. Je devais souvent, par la suite, taquiner le roi à ce propos : « Dès notre mariage, lui disais-je, les gens ont bien compris que tu avais épousé une véritable Iranienne. » Et puis c'était un voyage de noces particulier, puisqu'une grande partie de la famille nous accompagnait.

Je garde de ce trajet jusqu'à Ramsar un souvenir très fort. Pour la première fois, je parcourais en tant que souveraine le pays profond, nos montagnes arides, puis les plaines verdoyantes du Guilan. Le train s'arrêta dans chaque village et partout les gens nous attendaient en habits de fête, tellement fiers et heureux de nous accueillir. Les femmes me touchaient, m'embrassaient, et dans le regard des hommes on croisait l'orgueil de présenter au roi l'école toute neuve, l'orphelinat ou l'usine qu'on allait bientôt inaugurer. J'ai pu vraiment mesurer là combien le peuple avait confiance en cet homme à qui je venais moi-même de donner toute ma vie.

Dans ces échanges, ces bains de foule, lui pourtant si attentif aux autres dans l'intimité, si prévenant, ne se départait jamais d'une certaine distance. Certes, les Iraniens n'auraient ni admis ni aimé que leur souverain cédât à la familiarité, mais je compris là que le roi était réservé et que cela le retenait souvent d'exprimer la chaleur ou l'affection qu'il ressentait pour ses hôtes. Par la suite, je pris l'habitude de l'inciter à sourire, certaine que ce sourire en dirait plus long que bien des mots. Je lui répétais : « Souris sur les photos, tu es si beau, et on voit le fond de ton cœur. » Quelques années plus tard, alors que je demanderai la même chose à notre second fils, Ali-Reza, alors âgé de trois ou quatre ans, il me répondra sans ciller : « Non, je ne veux pas sourire, je veux rester comme mon papa. » L'Iran traditionnel appréciait que le roi apparût sérieux en toutes occasions.

Nous nous découvrîmes plus largement durant ces premières vacances ensemble. Le roi était extrêmement sportif, très bon cavalier notamment, et le sport devint ainsi entre nous un terrain d'entente et de complicité. Dans ce domaine, au moins, il se détendait complètement, retrouvait l'appétit juvénile du jeu, et c'était l'occasion de fous rires comme nous n'en avions encore jamais connu. Je me souviens pendant ce séjour d'avoir voulu apprendre à conduire un scooter et, grisée par la vitesse, d'être tombée. Sa Majesté l'Impératrice – titre officiel que je reçus le jour de mon mariage – eut donc les genoux couronnés, ce qui amusa le roi, les photographes plus encore, et donna d'emblée un style peut-être plus naturel, ou moins compassé, à notre vie quotidienne.

Nous logions au Grand Hôtel de Ramsar. La station n'en comptait pas d'autre. Construit au temps de Reza Shâh dans le style monumental de l'époque, l'hôtel est situé sur le grand boulevard planté d'orangers qui descend jusqu'à la mer. Les journées passèrent agréablement, ponctuées de visites dans les exploitations de thé environnantes, de longues promenades, de ces jeux de société que nous affectionnons en Iran et de dîners en famille.

Je me rappelle avoir reçu brièvement le correspondant du *Times* de Londres et lui avoir déclaré que j'allais désormais consacrer mon existence à « rendre service au peuple iranien » et en particulier aux femmes à qui je souhaitais offrir la possibilité d'étudier et de travailler. Revenue à Téhéran, je réalisai combien j'étais loin encore de pouvoir « rendre service » à qui que ce soit. Isolée dans ce palais où le roi travaillait du matin au soir, je n'avais aucune idée des outils à mettre en place pour agir. Il me restait à apprendre le métier de reine.

Je fis d'abord l'expérience de l'ennui, moi qui, six mois auparavant, préparais encore fébrilement mes examens d'architecture. Jamais, depuis l'école primaire, je ne m'étais trouvée inactive, et soudain je l'étais, comme par la force des choses. Le personnel du palais n'avait aucun besoin de moi pour faire fonctionner la maison. Si je souhaitais un menu particulier, je le disais, mais si je ne disais rien, le chef se débrouillait parfaitement sans mes conseils. D'ailleurs, si je me risquais à proposer un changement dans l'ordre des habitudes, on me répondait respectueusement qu'on avait toujours fait ainsi et je n'insistais pas. À l'exception de ma femme de chambre, Momtaz, que je connaissais depuis ma petite enfance et qui m'avait suivie au palais, et de ma nounou, Monavar, qui venait par intermittence, tous ces gens qui m'entouraient avaient servi la Cour durant des années et étaient bien plus rompus que moi aux usages.

Petit à petit, j'interviendrai en maîtresse de maison, pour les détails de telle ou telle réception, mais ça ne sera jamais un rôle qui m'intéressera. En revanche, j'eus d'emblée le souci d'entreprendre, d'œuvrer concrètement pour le pays. Mais comment devais-je m'y prendre ? C'est la question que je me posais alors.

Je relis l'agenda officiel de mes premières semaines de règne et je me dis qu'il est à l'image de ce qu'on attendait alors de l'épouse du Shâh :

— 8 janvier 1960 : la fête du « 17 dey », journée de la libération de la femme iranienne, a été célébrée en présence du Shahinshah et de S.M. l'Impératrice.

— 9 janvier 1960 : S.M. l'Impératrice a visité l'Institut Pasteur.

— 13 janvier 1960 : S.M. l'Impératrice a bien voulu se rendre à l'Institut de la protection des mères et nouveau-nés et a inspecté les différentes sections de l'Institut.

— 16 janvier 1960 : le Shahinshah et S.M. l'Impératrice se sont rendus à l'hôpital Farabi. À cette occasion, le professeur Shams, en présentant la Charte spéciale d'ophtalmologie, a demandé à S.M. l'Impératrice de daigner en accepter le haut patronage.

— 17 janvier 1960 : S.M. l'Impératrice a inspecté l'hôpital des tuberculeux et le nouveau bâtiment de l'hôpital qui dispose de quatre cents lits.

— 19 janvier 1960 : S.M. l'Impératrice a visité les différents services du sanatorium de Shâh Abad.

— 24 janvier 1960 : le Centre de lutte contre la tuberculose, situé sur l'avenue Mowlavi, a été inauguré par S.M. l'Impératrice.

— 28 janvier 1960 : S.M. l'Impératrice a inspecté le lycée Reza Shâh le Grand.

— 30 janvier 1960 : la fête de l'Organisation des étudiants de l'université de Téhéran s'est déroulée en présence de S.M. l'Impératrice.

Etc.

J'inspecte, j'inaugure, mais, ce faisant, je vois, j'écoute et j'apprends.

Simultanément, je reçois un abondant courrier. Ces lettres sont extrêmement touchantes : à travers l'exposé, souvent maladroit, de situations dramatiques, je peux me familiariser avec les problèmes du moment. Dans les provinces les plus reculées, les gens souffrent encore d'une grande pauvreté, la mortalité infantile est importante, les enfants manquent d'écoles, d'hygiène, et la malnutrition les affaiblit.

Il m'était impossible de rester insensible à ces appels. Il fallait répondre, donner de l'espoir, mais répondre quoi ? Il se pouvait que le gouvernement travaillât déjà sur la question, et en ce cas c'était à moi de me renseigner. Sinon, il me revenait d'être la voix de ces malheureux auprès des ministres concernés. Très vite, j'en parlai à mon mari. Je prenais à cœur les problèmes qu'il connaissait et s'employait à résoudre petit à petit depuis des années, et par bonheur il m'encouragea dans cette voie. « Je vais faire en sorte que vous soyez tenue au courant de ce que le gouvernement entreprend », me dit-il. Et quelques jours plus tard, en effet, il m'affecta un homme extraordinaire comme chef de cabinet, M. Fazlollah Nabil.

Ancien ambassadeur, rompu aux rouages de l'exécutif, unanimement respecté, Fazlollah Nabil était évidemment l'homme qu'il me fallait. Grâce à son expérience – il aurait pu être mon père –, j'appris d'abord à m'organiser. Puis, rapidement, guidée par lui et par les officiels, j'eus peu à peu connaissance des plans de développement mis en chantier, des réformes envisagées, et nous pûmes débuter un travail d'information de mes correspondants, puis de propositions adressées au gouvernement. Il entreprit aussi de gérer mon agenda et, bientôt, je commençai à rencontrer les ministres et les représentants les plus variés de la société civile. Ces femmes et ces hommes qui, durant toute ma vie de reine, trouvèrent ma porte grande ouverte me mirent au courant des problèmes, me guidèrent et finalement m'aidèrent dans la création des différentes associations pour la santé, l'éducation, l'hygiène, ou encore la culture, dont nous prîmes ensemble l'initiative.

Mon empressement à travailler, à m'engager au côté du roi, se heurta rapidement au plus merveilleux des handicaps : deux mois après notre mariage, je sus que j'attendais un enfant. Le visage de mon mari s'illumina lorsqu'il l'apprit, jamais je ne l'avais vu en proie à une telle émotion silencieuse. Songer que j'étais peut-être en mesure de lui apporter ce bonheur qu'il espérait vainement depuis vingt ans me plongea moi aussi dans une exaltation indicible. Nous décidâmes de patienter quelques semaines supplémentaires avant d'annoncer la nouvelle, mais dès cet instant notre vie en fut complètement habitée. Le regard du roi, dont la mélancolie m'avait touchée un an plus tôt à Paris, n'était plus le même. On aurait dit qu'une étincelle de félicité s'y allumait aussitôt qu'il me voyait.

Seuls à partager ce secret, nous nous envolâmes le 20 février pour le Pakistan. C'était mon premier voyage officiel, j'étais particulièrement heureuse d'accompagner le roi – nous nous sentions très tendrement liés désormais – et également très excitée de découvrir ce pays. Mais j'avais sous-estimé la violence des nausées, amplifiées par la chaleur écrasante du Pakistan. Le moment le plus pénible, et d'une certaine façon le plus comique avec le recul du temps, fut un trajet en voiture au côté du président pakistanais, le maréchal Ayub Khân. Cet homme charmant me parlait de différents aspects de son pays et moi, pendant ce temps-là, je me demandais si j'allais pouvoir tenir jusqu'à notre destination. À peine arrivée, je me précipitai dans la salle de bains.

Combien de fois, durant ce voyage, me suis-je fait accompagner en grande urgence à nos appartements ! Le roi veillait à ce que ça ne soit pas trop pénible pour moi, mais les gens devaient tout de même se demander quelle mouche me piquait à tout instant. Cela ne m'empêcha pas d'apprécier l'affection des Pakistanais – nous entretenions depuis toujours avec ce voisin des relations très amicales – et de profiter de soirées artistiques dans les merveilleux jardins de Lahore notamment, où on nous lut en persan de la poésie d'Eghbal Lahori. Mon intérêt pour les cultures et les arts commençait à se savoir et, plus tard, lorsque je fonderai le festival de Chiraz, nous inviterons naturellement des artistes pakistanais.

Au retour, nous fîmes une escale de deux ou trois jours à Âbâdân, sur le golfe Persique. Âbâdân, qui hébergeait alors la plus grande raffinerie du monde, était une des fiertés de la jeune économie iranienne. Je m'étais réjouie de visiter nos installations et de rencontrer ces milliers d'ouvriers et d'ingénieurs qui permettaient à notre pays d'avancer.

J'avais, là encore, sous-estimé mon état. J'aime l'odeur de l'essence, qui me plonge invariablement aujourd'hui dans la nostalgie de l'Iran, mais les fumées soufrées d'Âbâdân et la chaleur hallucinante multiplièrent mes nausées. Or les gens me fêtaient, voulaient me voir et m'embrasser, il m'était interdit d'être malade. S'il y a un quelconque héroïsme à être une personne publique, il se situe peut-être là, dans l'absolue nécessité d'être présente, et de rendre l'affection qu'on vous donne, quand vous voudriez être au fond de votre lit... Il n'empêche, je fus frappée par la dureté de la vie dans certains quartiers d'Âbâdân et, recevant un groupe de femmes, je ne m'en cachai pas. « En visitant les quartiers ouvriers, dis-je, j'ai senti que ces familles avaient besoin de plus d'attention et de compassion. Nous devons prendre des mesures en leur faveur, le plus rapidement possible. »

Ces voyages, tout comme mes visites dans les différents quartiers de Téhéran, s'ajoutant au volumineux courrier que l'on m'envoyait, me permettaient d'évaluer les attentes de la population. En 1925, Reza Shâh avait reçu les rênes d'un pays quasiment moyenâgeux dont les provinces survivaient sous le joug de seigneurs locaux ou de bandits. Il avait transmis à son fils, mon mari, une administration à peu près centralisée et les premiers piliers d'une économie moderne. Malgré les progrès accomplis, nous demeurions un pays sous-développé dans les secteurs vitaux de l'éducation, de la santé, de l'agriculture et de la communication notamment. Les gens souffraient dans les villages éloignés, nous en étions conscients, il fallait aller vite. Or, depuis peu, l'argent du pétrole, qui si longtemps nous avait échappé, entrait dans les caisses de l'État. Le roi était optimiste et souhaitait me faire partager sa confiance.

« On ne peut pas tout faire pour tous du jour au lendemain, m'expliquait-il, mais nous aurons bientôt les moyens d'accélérer la croissance. »

L'avenir s'annonçait plein de promesses, pour le pays comme pour nous. Ma grossesse n'était pas révélée officiellement que déjà on s'impatientait, en Iran bien sûr, mais aussi à l'étranger. Tous les jours m'arrivaient au palais des petits chaussons bleus, ou différents cadeaux de bon augure, tel un fragment du voile d'un berceau qui n'avait jamais bercé que des garçons... La princesse Shams avait insisté pour faire venir de Suisse un médecin, le professeur de Watteville, qui, disait-on, pouvait donner certains conseils pour avoir un garçon plutôt qu'une fille. Il vint, mais par bonheur j'attendais déjà mon enfant! Une vieille couturière, qui avait travaillé pour ma famille, m'avait assuré que pour avoir un garçon il fallait écrire une prière sur le ventre avec de la terre bénite. J'ai lu dernièrement, dans un livre récemment paru en Iran, cette chose drôle et stupide : j'aurais eu un garçon grâce à un médecin iranien qui m'aurait concocté un régime à base de mandarines et d'oranges! Quarante ans après cette grossesse, on continue d'épiloguer, ce qui en dit long sur l'impatience et l'espoir qu'elle suscita.

Enfin, le 20 mars 1960, veille de Nowrouz, le porte-parole de la Cour fut autorisé à annoncer l'heureux événement. Selon la règle, nous avions patienté trois mois avant de parler. À cette époque, l'échographie n'existant pas, les médecins étaient incapables de voir le sexe de l'enfant, on en était réduit à émettre des hypothèses plus ou moins fantaisistes en fonction de la forme du ventre et du rythme cardiaque du bébé. L'impatience crût sensiblement en Iran et les expéditions de chaussons bleus et autres présages encourageants redoublèrent. Et comme toujours chez nous, les rumeurs les plus invraisemblables circulèrent. On prétendit par exemple que je n'étais pas vraiment enceinte et que je mettais un coussin sur mon ventre. Le Parti communiste Toudeh et ses émules étaient généralement à l'origine de ce genre de désinformation. On dit aussi que le Shâh n'était pas le père parce que, affirma-t-on, il ne pouvait pas avoir d'enfant. Plus tard, la rumeur courut que mon fils était muet, et il fallut pour la faire taire que la télévision diffusât un film où l'on voyait le petit prince babiller dans le bureau de son père. Alors, on lança l'idée que j'étais allée accoucher dans le grand hôpital populaire du sud de la ville pour pouvoir échanger la fille que j'aurais mise au monde contre un garçon...

Reza naquit le 31 octobre 1960, peu avant midi. J'avais décidé d'accoucher à l'Institut de la protection des mères et nouveau-nés, situé au sud de Téhéran, dans les quartiers populaires. Construit par Reza Shâh, cet hôpital accueillait gratuitement les femmes les plus défavorisées. Mon mari y avait consenti, et c'est lui-même qui prit le volant pour m'y conduire quand les premières douleurs apparurent. Très vite, la famille nous rejoignit.

Que c'était un garçon, je crois que tout l'hôpital le sut avant moi. Sur la fin, on avait dû m'endormir, et l'anesthésiste y était allé un peu fort (ce qui avait rendu furieux le médecin qui m'accouchait, le professeur Jahan Shâh Saleh) car, à mon réveil, les couloirs bruissaient déjà de l'événement. On devait me raconter plus tard que tout le monde courait en tous sens pour annoncer la nouvelle au roi et que ma mère, inquiète, demandait en vain à tous ces gens : « Comment va ma fille ? Vous avez des nouvelles ? »

Quand j'ouvris les yeux, le roi était à mon chevet, il me tenait la main.

— Veux-tu savoir? me dit-il doucement.

— Oui.

— C'est un garçon!

J'ai éclaté en sanglots.

Trois jours plus tard, la photo officielle de Reza fut prise et on voit combien il ressemblait déjà à son père. Auprès de lui figurent le professeur Jahan Shâh Saleh et la pédiatre, Lioussa Pirnia, qui devait nous accompagner jusque dans l'exil.

Des milliers de personnes s'étaient massées depuis l'aube devant les grilles de l'hôpital. Depuis plusieurs jours, des journalistes iraniens et étrangers y campaient déjà. Dès l'annonce par le médecin accoucheur que la dynastie Pahlavi avait enfin un héritier, vingt et un coups de canon furent tirés. La foule grossit encore aux portes de l'hôpital, à tel point que mon mari, qui voulait aller prier à Shâh Abdol-Azim, un lieu saint, et se recueillir sur la tombe de son père, ne parvint pas à atteindre le mausolée et dut y renoncer provisoirement. Aussitôt qu'elle reconnut sa voiture, la foule déborda la sécurité et déferla autour de lui. Il devait me raconter qu'il n'avait jamais assisté à un tel élan de joie, de chaleur collective. Les gens riaient, pleuraient, ils auraient voulu l'embrasser et, pris entre le désir de le fêter et celui de lui ouvrir le passage, ils en vinrent à soulever sa voiture! Au même moment, dans tout le pays, les Iraniens descendaient dans les rues pour célébrer l'événement. On se mit partout à offrir des sucreries qu'on avait confectionnées secrètement dans chaque famille. On dansa dans les rues de Téhéran, de Tabriz, de Chiraz, et pour moi qui découvrais ces images de liesse dans les journaux, c'était une émotion inouïe. Songer que la cause de cette allégresse était ce petit garçon qui respirait paisiblement là, contre moi.

La nouvelle fit évidemment le tour du monde, mais une fois encore la palme de la bienvenue revint à la France dont un quotidien eut l'idée de titrer en persan : « *Pessar Ast!* » (« C'est un garçon! »)

Je reçus quelques jours plus tard un hommage magnifique du peuple de Téhéran. Sachant que je quittais l'hôpital pour regagner le palais, les gens s'étaient disposés tout au long du parcours et ils avaient répandu des tapis et des fleurs sur la chaussée et dressé ici et là des arcs de triomphe.

Je demandai au chauffeur de conduire doucement, pour me permettre de saluer, j'aurais voulu dire à chacun combien je lui étais reconnaissante de sa présence, de son affection.

8.

L'arrivée de Reza nous lia plus étroitement l'un à l'autre. C'était une telle joie, cet enfant! J'aurais accueilli une fille avec les mêmes sanglots, mais que ce fût un garçon ajoutait l'apaisement au bonheur de mon mari. Notre amour y trouva aussitôt une harmonie nouvelle, libérée de l'attente, plus légère, plus confiante aussi en l'avenir.

En quelques semaines, je vis le roi se métamorphoser. Lui si pudique, si réservé, ne cherchait pas à cacher la tendresse et l'émotion que lui inspirait son fils. Comme j'allaitais Reza, il s'échappait, entre deux audiences, pour assister à la tétée. Il s'assurait qu'il buvait bien, se faisait répéter sa taille et son poids par la gouvernante française, Jeanne Guillon, que nous avions engagée, lui recommandait une attention particulière contre tel ou tel microbe dont les journaux parlaient. Sa grande angoisse était que son fils ne soit pas aussi élancé qu'il l'espérait. « Farah, me demandait-il, pourquoi ses jambes sont-elles si arquées, et si petites? C'est normal, tu es sûre? » Je devais le lui rappeler, bien plus tard, quand Reza, haut d'un mètre quatre-vingt-trois, le dépasserait.

Autour de lui s'organisa désormais notre vie de famille. Je me souviens de l'émotion du roi, et de la mienne, lorsque Reza fit ses premiers pas dans le jardin du palais. Le vendredi, jour de congé, nous nous échappions parfois tous les trois vers la campagne, au-dessus de Shemirân, si le temps le permettait. Le roi se roulait dans l'herbe avec son fils, lui inventait toutes sortes de jeux. Ils partageaient déjà l'amour des voitures, des avions surtout. Je me rappelle qu'en regagnant Téhéran, le soir, Reza s'impatientait parfois, et que pour le calmer il suffisait de lui dire que nous allions bientôt passer devant un cinéma qui s'appelait Le Moulin Rouge. Les ailes du moulin le fascinaient, comme le fascineront plus tard les hélices des avions. Dans le palais même, il s'immobilisait souvent devant les ventilateurs. « S'il te plaît, disait-il, fais tourner ! » Et ses yeux s'illuminaient de plaisir.

Puis nous nous inquiétâmes : il semblait incapable de rouler les « r » comme on le fait en persan. Pour un futur souverain, appelé à s'exprimer publiquement, c'était ennuyeux. Avait-il une malformation de la langue ? Des mois durant je lui fis répéter « Rrrreza », « darrria » (mer), « derrrakht » (arbre), avant de réaliser qu'en fait de malformation il prononçait tout simplement les « r » à la française, comme sa nouvelle gouvernante, Joëlle Fouyet. On découvrit ensuite qu'il était gaucher, à l'instar de son illustre grand-père Reza Shâh. Mais cette similitude ne suffit pas à rassurer le médecin de mon mari, un militaire, le général Abdol Karim Ayadi.

— Ça n'est pas bien que le prince héritier soit gaucher, me répétait-il, il faut lui faire passer cette habitude...

Et moi :

— Mais non, ça n'a aucune importance. Le jour où il devra faire le salut militaire, eh bien, il le fera de la main droite !

Le médecin n'était pas convaincu ; mon mari souriait.

Le roi était plus gai, plus enclin à rire, malgré un emploi du temps très lourd. Quant à moi, reine, et désormais mère, j'ai dû m'éclipser à plusieurs reprises en pleine réception officielle pour aller discrètement allaiter mon bébé, parfois en robe de soirée et coiffée de mon diadème.

Comment décrire notre vie en ce temps-là ? Levé de bonne heure, le roi réservait généralement le petit déjeuner à la lecture de la presse iranienne et étrangère et aux différents rapports qui lui parvenaient dans de petites valises fermées à clé. Puis il gagnait son bureau, situé dans le palais de Marbre, de l'autre côté d'une petite place. Nous nous retrouvions pour le déjeuner, qui devait au fil des années devenir une rencontre de travail, mais qui au début de notre mariage était encore un moment de détente. À quatorze heures, il écoutait les informations, c'était sacré, rien n'aurait pu l'en dissuader, puis il s'imposait une sieste, brève, avant de reprendre ses audiences. Il gardait un moment, le soir, avant le dîner, pour parcourir les journaux de nouveau et pour faire un peu de sport – haltères ou poids –, ensuite son valet le massait et nous dînions. Plus tard, pendant son massage, Reza puis ses frère et sœurs vinrent souvent s'allonger près de lui, et le roi leur grattait affectueusement le dos ou la nuque.

Le lundi soir était réservé à la famille élargie. Dès mon arrivée au palais, je m'étais employée à restaurer les liens qu'entretenait le roi avec certains de ses frères et sœurs et autres membres de sa famille, que de vieilles querelles avaient parfois éloignés au fil des années, et également à favoriser les relations du souverain avec ma propre famille. En bonne Iranienne, j'ai le respect des liens familiaux, des traditions, et cela a toujours balayé dans mon esprit les inévitables malentendus ou malveillances.

La journée du vendredi était plus particulièrement réservée aux amis. S'y ajoutaient naturellement les dîners officiels ou de travail. Mais, malgré tout, nous nous retrouvions certains soirs en tête-à-tête, et je me rappelle combien le roi et moi appréciions ces rares moments d'intimité.

« Parle-moi de ta journée », me demandait-il.

Parfois, ce que j'avais à lui dire n'était pas drôle, mais à cette époque-là j'en étais encore à organiser mon bureau et, bien souvent, ce que je vivais pouvait être assez risible. Et puis j'ai toujours adoré raconter des histoires, mettre en scène les petites aventures du quotidien. Enfant, je parvenais à soûler mon cousin Reza. Quand il n'en pouvait plus de mes bavardages, il s'enfuyait, et je me vois encore lui courant après pour le forcer à m'écouter. Le roi ne se lassait pas, lui. Pendant toute cette période, je l'ai beaucoup fait rire. Je lui rapportais notamment certaines conversations que j'avais eues dans la journée et, sachant que cela l'amusait, j'y mêlais les anecdotes.

Nous terminions fréquemment ces soirées de liberté par un film. Une salle de projection avait été aménagée dans un sous-sol du palais. Mon mari aimait Charlie Chaplin, Laurel et Hardy, ou encore Jerry Lewis et Bob Hope. Dans toute notre vie, je ne l'ai jamais vu rire d'aussi bon cœur que devant les clowneries de Charlot. Il se tordait comme un enfant, et en moi-même je me disais : c'est bien qu'il ait cet espace minuscule pour se distraire, se laisser aller, il travaille tellement le reste du temps !... Je riais de plaisir de le voir se détendre, bien plus que des mimiques des comédiens, qui ne m'ont jamais transportée. Jeune fille, mes amies s'amusaient même de me voir impassible tandis qu'elles pouffaient. Les seuls qui m'ont vraiment fait rire, et jusqu'à aujourd'hui, ce sont Louis de Funès, Bill Cosby, Mel Brooks, Arham Sadr, Parviz Sayyad et Chabadji « Khanoum »... Le roi et moi aimions aussi les films historiques et les films de guerre pour l'aspect héroïque de certains personnages.

Sur le plan politique, l'avenir semblait également sourire à mon mari, après ces années 50 tellement difficiles. L'économie était repartie de l'avant grâce au compromis trouvé sur la nationalisation du pétrole. Pour la première fois, le gouvernement pouvait investir les revenus de notre sous-sol dans l'équipement du pays. Le roi m'en parlait avec exaltation, regrettant d'avoir dû se battre près de vingt ans pour arriver à ce résultat. Mais cette fois nous y étions : jamais, depuis la grande période de Reza Shâh, l'Iran n'avait ouvert de tels chantiers. À la charnière des années 1950-1960, la construction des premiers grands barrages fut lancée, ainsi que celle de canaux d'irrigation, de centrales hydroélectriques et d'usines d'engrais chimiques. On entreprit de tripler le réseau de voies ferrées, d'asphalter 5 000 kilomètres de routes, de créer 30 000 kilomètres de voies secondaires. Un pipeline transiranien de 2 400 kilomètres fut mis en service, etc. Le roi estimait qu'il aurait bientôt les moyens d'initier la révolution douce qu'il imaginait pour faire sortir le pays du sous-développement. Il réfléchissait à cette révolution depuis l'époque de ses études en Suisse. Le premier pilier devait en être évidemment la réforme agraire, qui se heurtait à de multiples résistances.

Dès 1941, désirant signifier qu'il fallait en finir avec les immenses domaines privés pendant que les petits paysans vivaient difficilement, mon mari avait transféré au gouvernement ses propres terres pour qu'elles soient distribuées. En 1955, une Banque de crédit et de reconstruction agricole avait été fondée à son initiative : 200 000 hectares de terre appartenant au domaine public avaient pu être répartis entre 42 000 cultivateurs. Ça n'était qu'un début ; néanmoins, ce début avait ulcéré les grands propriétaires parmi lesquels figuraient les religieux qui tiraient de leurs terres l'essentiel de leurs ressources. Affronter le clergé chiite, dont l'influence était immense à travers tout le pays, n'était pas la moindre des difficultés. Le roi en était conscient. Mais il savait aussi que le progrès, l'ouverture à la démocratie qu'il souhaitait impliquaient obligatoirement un changement des mentalités. La révolution qu'il envisageait devait être également culturelle. Il ne la réussirait, disait-il, qu'avec la confiance du pays, d'une majorité du peuple, et en ce début des années 60 il avait le sentiment d'avoir cette confiance. L'enthousiasme qu'avait suscité la naissance du prince héritier ne pouvait que le renforcer dans cette impression.

Le 11 octobre 1961, nous nous envolâmes pour un voyage officiel de trois jours en France. Mon mari avait une très forte admiration pour le général de Gaulle. De tous les chefs d'État vivants, il était certainement celui qui incarnait le mieux à ses yeux l'idée qu'il se faisait de sa mission : un patriotisme exigeant, allié à une grande clairvoyance. « Lorsque le général de Gaulle passa par Téhéran pour se rendre à Moscou, en 1942, devait-il écrire dans ses Mémoires, j'étais un tout jeune souverain. Dès le premier instant, je fus subjugué par sa personnalité hors du commun. En l'écoutant parler de la France, j'entendais comme l'écho des ambitions que je nourrissais pour ma patrie : la retrouver indépendante à l'intérieur de ses frontières. Il avait une éloquence sourde qui rendait contagieuse sa foi dans l'avenir de son pays. »

Rencontrer de nouveau le Général, au moment où mon mari s'apprêtait à entraîner l'Iran dans une mutation décisive pour son avenir, avait donc valeur de symbole pour lui. D'autant plus qu'entre les deux hommes l'estime était désormais réciproque. Le Général appréciait les efforts engagés pour redresser le pays et, jusqu'à sa mort, il manifesta au roi son soutien. Bien plus tard, alors que la Révolution islamique avait réduit à néant des décennies de progrès, son fils, l'amiral Philippe de Gaulle, évoqua élégamment les liens qu'avait entretenus son père avec le roi en se faisant filmer, pour une interview télévisée, auprès d'un portrait de mon mari ostensiblement disposé derrière lui. Je lui en suis reconnaissante, car il le fit dans une période où bien peu eurent le courage d'exprimer leur opinion.

Quant à moi, j'étais extrêmement impatiente et émue de retrouver Paris. Bien avant mon arrivée, la presse française rappelait à longueur de colonnes que j'avais quitté le pays deux ans auparavant « petite étudiante en architecture », et que j'y revenais « reine, et jeune maman ». Cependant, au-delà du conte de fées soigneusement entretenu, demeurait cette affection entre de nombreux Français et moi qui me donnait un peu le sentiment de reprendre ma place au sein d'une famille d'adoption.

Le Général et Mme de Gaulle confortèrent cette impression en ajoutant au faste de leur accueil une tendresse particulière, et presque maternelle, pour la souveraine encore balbutiante que j'étais. Des années plus tard, on me rapporta que le Général, à qui l'on demandait : « De toutes les épouses de chefs d'État que vous avez rencontrées, quelle est celle que vous préférez ? », avait répondu : « Farah ! » « Et Jackie Kennedy ? » lui avait-on dit. « Elle est également très jolie, avait-il rétorqué, mais Farah est espiègle, cela lui donne une place particulière. »

Mon mari eut un long entretien avec le Général, pendant que Mme de Gaulle me faisait les honneurs du palais de l'Élysée. André Malraux, dont je n'avais pas oublié la belle dédicace, accepta de me guider à travers certains des grands musées parisiens. Je revis avec plaisir notre ambassadeur, Nassrollah Entezam, qui m'avait accueillie à l'ambassade en mars 1959 lorsque le roi, de passage à Paris, avait souhaité rencontrer quelques étudiants iraniens...

Les autorités françaises avaient voulu que notre visite coïncidât avec l'inauguration de l'exposition d'art iranien organisée à Paris pour célébrer sept mille ans d'histoire de notre peuple. Ce fut sûrement un des moments les plus forts de ce voyage, celui où le roi, si attaché à la civilisation et à la culture iraniennes, signifia clairement sa vision de l'avenir à travers l'évocation de son père, Reza Shâh :

« Jamais aucun homme n'aima et ne crut en son pays comme mon père. Il était si exclusivement dévoué à la patrie qu'il était persuadé que la culture persane surpassait les autres cultures, à tous égards. Pourtant, aucun homme, jamais, ne mit autant de zèle à réformer son pays, à vouloir le rajeunir, le moderniser, ce qui paraît en contradiction avec son amour de la culture persane. Mon père admirait le grand passé de la Perse ; il désirait sauvegarder ceux de nos anciens usages qui n'étaient pas incompatibles avec le progrès. Mais il était convaincu que l'intégrité du territoire et de la nation, aussi bien que le bonheur du peuple, rendait nécessaire une occidentalisation rapide... »

Les germes de cette révolution douce que préparait le roi étaient contenus dans ces quelques phrases. Les germes des oppositions de toutes sortes qu'il lui faudrait vaincre y étaient également sous-entendus. Personne ne s'y trompa, et je garde en mémoire cette phrase d'Édouard Sablier, alors éditorialiste au journal *Le Monde*, qui sonnait comme une espèce de vœu aux accents gaulliens : « Quand on a dompté le conquérant grec, triomphé de la puissance romaine, assimilé son vainqueur, survécu au Mongol, contenu l'Empire ottoman et, cas presque unique dans les annales contemporaines, desserré l'étreinte de l'Armée rouge sur une province – l'Azerbaïdjan – pratiquement perdue, que peut-on craindre de l'avenir ? »

Six mois plus tard, je fis l'expérience aux États-Unis d'un accueil bien différent. Nous étions invités par le président Kennedy, nouvellement élu, et j'étais ravie de ce voyage – je rêvais tout simplement de connaître l'Amérique. Pour mon mari, qui avait reçu le président Eisenhower à Téhéran en décembre 1959, ce séjour avait pour objectif de sonder son successeur et d'établir les premiers jalons d'une relation importante pour notre économie. Le roi avait traditionnellement plus d'affinités avec les républicains qu'avec les démocrates, mais il ne doutait pas de convaincre Kennedy du bien-fondé de la politique qu'il menait. Les Kennedy furent extrêmement chaleureux – Jackie m'entraînant familièrement à travers toute la Maison Blanche, puis plus tard dans une longue promenade dans le parc où je la revois encore aujourd'hui poussant le petit John-John dans sa voiture d'enfant. Cependant, les États-Unis hébergeaient un grand nombre d'étudiants iraniens, boursiers pour la plupart, ce qui ne les empêchait pas d'adhérer aux mouvements opposés à la monarchie, de sorte qu'il y eut des manifestations.

Je conserve de ce voyage le souvenir oppressant de ces manifestants qui hurlaient des slogans hostiles au roi. Ils étaient partout, à quelques mètres de nous parfois, au point que mon mari devait forcer la voix s'il avait à s'exprimer. Du matin au soir ils ne cessaient de crier, et jusque sous les fenêtres de notre hôtel.

Je devais constamment dominer mon anxiété pour n'en rien laisser paraître – surtout en présence de journalistes –, mais à l'intérieur de moi c'était une tempête. J'entendais les revendications des étudiants. Certes, un long chemin restait à parcourir, mais beaucoup avait été fait – ces jeunes Iraniens, paradoxalement, en étaient la preuve vivante puisqu'ils étaient pour la plupart financés par cet État qu'ils vilipendaient –, beaucoup allait être prochainement entrepris, et ils ne se rendaient pas compte d'où nous venions, dans quelle misère était le pays avant que Reza Shâh n'en prît la tête. Ils ne se rendaient pas non plus compte du chemin qu'avaient dû parcourir les Américains avant d'en arriver au niveau d'aisance et de démocratie qu'ils découvraient.

Ce premier voyage aux États-Unis demeura en tout cas comme un traumatisme dans ma mémoire. Quelques années plus tard, je refuserai d'y accompagner de nouveau mon mari en voyage officiel. Travaillant alors douze heures par jour pour le bien-être des Iraniens, je lui dirai : « Si c'est encore pour me faire injurier, je suis plus utile ici, à Téhéran. » Je ne me doutais pas, naturellement, que, vingt ans plus tard, ces mêmes manifestants viendraient hurler et prier pour la mort du roi sous les fenêtres du New York Hospital où mon mari, exilé, luttait contre la maladie...

Cependant, cette mauvaise impression ne doit pas occulter le souvenir de l'accueil que nous reçûmes des États-Unis, et de quelques visites passionnantes – celle du Metropolitan, celle du chantier du Lincoln Center ou celle encore des studios de Hollywood où un chaleureux déjeuner nous fut offert en présence, notamment, de Gregory Peck, Red Shelton, Danny Kaye, Ginger Rogers et George Cukor. Certaines rencontres inoubliables aussi, en particulier avec Walt Disney, qui nous offrit des dessins originaux pour Reza. C'est au cours de ce voyage que nous nous liâmes avec Lyndon Johnson, à l'époque vice-président, dont l'épouse, la fille et le gendre ont conservé un lien avec moi jusqu'à ce jour. Alors novice en anglais, je me souviens du mal que j'éprouvais à comprendre le vice-président dont l'accent texan était mémorable ! Et puis nous visitâmes la Californie ; là, je découvris combien les Américains pouvaient être amicaux et cordiaux, cela me réconforta.

C'est durant cette même année 1962, où certains étudiants iraniens le conspuaient à Washington, que le roi acheva d'élaborer les six premières grandes réformes de ce qu'il baptisa la « Révolution blanche ». Blanche parce que cette révolution devait faire de l'Iran un pays moderne sans qu'une goutte de sang soit versée.

En tête de ce programme figurait bien sûr la réforme agraire tant espérée par les petits paysans, tant redoutée par les grands propriétaires. Je l'ai dit, malgré les incitations du roi, ces der-

119

niers n'avaient rien cédé et, au milieu du XXᵉ siècle en Iran, 95 % des terres arables demeuraient entre les mains de quelques privilégiés alors que notre paysannerie n'avait rien à envier aux serfs du Moyen Âge en Europe. Ça ne pouvait plus durer et la loi allait désormais contraindre les propriétaires de plusieurs villages à n'en conserver qu'un seul et à vendre les autres au gouvernement pour distribution aux paysans (en Iran, où n'existait pas alors de cadastre, le village était l'unité de mesure utilisée, bien que les villages fussent de tailles variables). Deux ans après la promulgation de la loi de réforme agraire, 8 200 villages sur les 18 000 pris en compte auront déjà été répartis entre 300 000 familles. Et le mouvement devait se poursuivre en dépit de l'opposition violente qu'il suscita chez les religieux, dont je parlerai plus loin.

Deuxième mesure : pour financer la réforme agraire, il fut décidé de privatiser un certain nombre d'entreprises d'État. Le roi escomptait que les riches Iraniens, notamment les grands propriétaires, prendraient le parti de réinvestir leurs fortunes dans ces entreprises mises sur le marché. Cela se fit, mais très lentement, l'élite économique iranienne se montrant frileuse et manifestement peu encline à soutenir les efforts de modernisation du souverain.

Troisième mesure : nationalisation des forêts et pâturages – un complément indispensable à la réforme agraire.

Quatrième mesure, celle-ci en faveur des ouvriers : participation des ouvriers aux bénéfices de leur entreprise ; 20 % des actions furent réservées aux ouvriers et aux cadres.

Cinquième mesure qui allait, elle aussi, se révéler lourde de conséquences : ouverture aux femmes du droit de vote et du droit de se présenter aux élections. Une partie du clergé, radicale et obscurantiste, devait rapidement s'en offusquer. En 1936, Reza Shâh, qui souhaitait vivement donner aux femmes les mêmes droits qu'aux hommes, s'était déjà attiré les foudres des religieux en interdisant le port du voile et, circonstance aggravante mais bien dans la nature de cet homme de fer, en ordonnant à la police d'arracher aux récalcitrantes leur tchador

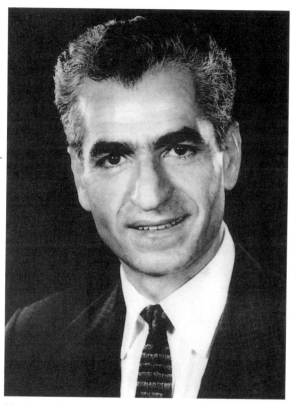
Ma photo préférée du roi.

Dans les bras de mon père, qui m'adorait et qui avait tellement peur de me perdre quand j'étais toute petite.

Mon père, Sohrab Diba, élève officier de Saint-Cyr, en France.

TÉHÉRAN (PERSE)

Mon grand-père paternel, Mehdi Diba Choaeddoleh (assis), vers 1870.

Ma photo préférée
de mes parents, au milieu
des années 1930.

Avec mon cousin
Reza Ghotbi,
qui partagea
mon enfance
et fut pour moi
ce frère que je
n'ai jamais eu.

J'ai trois ou quatre ans,
et quand je regarde cette
photo aujourd'hui,
j'ai l'impression de voir
ma petite-fille Iman.

J'aimais ces vacances à Zandjan
chez la sœur de mon père,
ma tante Aziz. J'ai découvert là
le monde rural.

À l'École italienne de Téhéran, ma première école (je suis debout à gauche de l'arbre).

Je porte le numéro 10 et je suis capitaine de l'équipe de basket de Téhéran, qui décrochera le titre de champion. Depuis, j'ai une sympathie particulière pour tous les sportifs qui jouent sous le numéro 10.

Ma vocation de cheftaine me permettra d'effectuer mon premier voyage à Paris pour des camps de formation. Ces petits louveteaux sont devenus des hommes accomplis et certains me donnent aujourd'hui encore de leurs nouvelles.

Ma carte d'étudiante à l'École spéciale d'architecture (ESA de Paris), renouvelée pour la rentrée 1959, que je n'ai jamais faite, au profit d'une netrée dns un autre univers…

La seule photo que je possède de ma chambre d'étudiante à la cité universitaire de Paris. Au début de chaque mois, je m'offrais un bouquet de fleurs que je choyais pour qu'il dure !

Mes fiançailles
avec le Shâh d'Iran
éveillèrent une grande
curiosité chez les Français.
Ici, au théâtre à Paris,
en novembre 1959.

« Je répondis aussitôt "oui" avec une allégresse et une fougue qui firent sourire et murmurer autour de nous. »

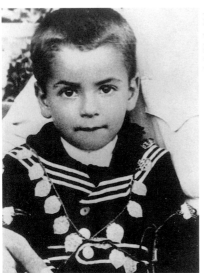

Mon futur mari,
le cou ceint
de médailles religieuses
pour sa protection.
Leila, dans sa petite
enfance, avait ses traits.

Reza Shâh le Grand entouré de ses enfants. De droite à gauche : le prince Ali-Reza, la princesse Shams, la princesse Ashraf, Mohammad Reza, le prince héritier (mon futur mari), et le prince Gholam-Reza.

Reza Shâh le Grand
accompagné
de mon futur mari,
le prince héritier,
qu'il associait
à toutes ses activités.

7 janvier 1936. La reine mère et ses deux filles, les princesses Ashraf et Shams, sortant pour la première fois en public sans le voile. Ce jour marquera celui de l'émancipation des femmes.

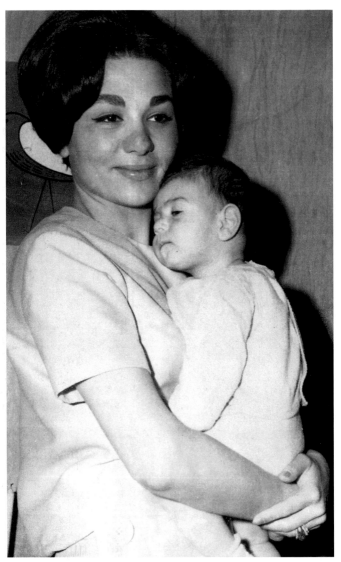

Notre fils aîné Reza est né le 31 octobre 1960. En quittant la maternité, l'hommage émouvant et joyeux du peuple de Téhéran au prince héritier m'avait émue aux larmes.

Farahnaz, née le 12 mars 1963, dans les bras de son père.

Ali-Reza, notre troisième enfant, né le 28 avril 1966, sous le regard bienveillant de la reine mère Taj ol Molouk.

« La naissance de Leila, le 27 mars 1970, marqua l'accomplissement de notre rêve familial. Nous voulions quatre enfants, Dieu nous les avait donnés... »

Reza parmi
ses camarades,
lors d'un camp scout
au bord de la mer
Caspienne...

... et accueillant son père
au retour d'un voyage.

Les premiers pas de Leila vers les mains tendues de son père qui était si fier d'elle, dans le parc du palais de Niâvarân.

L'incontournable photo officielle.

Reza aux commandes d'un jet : la fierté de son père, également pilote !

Pour le premier vol en solo d'Ali-Reza (en combinaison), toute la famille se déplaça. Ses sœurs et son frère étaient aussi émus que nous.

Nous venons de fêter l'anniversaire de Farahnaz, qui veut nous montrer l'un des livres qu'elle a reçus. Comme d'habitude, nous avons mille problèmes à discuter et nous la laissons patienter.

(il avait appliqué la mesure à sa propre famille et présenté la reine mère et ses deux filles coiffées de chapeaux et sans voiles). Il n'était nullement question, cette fois, d'une mesure pouvant être vécue comme une atteinte à la pudeur, mais bien au contraire d'une marque élémentaire de respect pour les femmes. Elles allaient enfin devenir des citoyennes à part entière. Quant au tchador, mon mari avait depuis longtemps aboli la règle édictée par son père et laissé chacune libre de le porter ou non.

Enfin, sixième mesure, essentielle pour le développement du pays : création d'une « armée du savoir », formée de conscrits bacheliers dont la mission sera de participer à l'alphabétisation des campagnes. Il faut se souvenir qu'au début des années 60, l'Iran comptait 80 % d'analphabètes! Or comment rattraper ce retard vertigineux, alors que le nombre d'instituteurs que nous formions à cette époque suffisait à peine à pourvoir aux besoins des villes? L'idée d'utiliser les jeunes conscrits pour cette œuvre titanesque, et ô combien gratifiante, se révéla une idée de génie qui suscita rapidement l'attention mondiale. Dix ans plus tard, l'Iran avait pratiquement comblé ce handicap terrible grâce à ces soldats motivés et à l'Organisation de lutte contre l'analphabétisme : le pays ne comprenait plus alors que 20 % d'analphabètes, nous avions inversé la proportion.

Devant le succès incontestable de la méthode, le roi devait rapidement l'étendre en créant, à partir de 1964, une « armée de l'hygiène » constituée d'étudiants en médecine ou en dentisterie chargés d'apporter dans les villages les premiers soins, et surtout d'enseigner les règles élémentaires de prévention; puis une « armée du développement et de la reconstruction » appelée à enseigner aux agriculteurs des méthodes d'exploitation moderne.

Tous ces jeunes devaient naturellement bénéficier d'une bonne formation avant d'être envoyés sur le terrain, et ils porteraient un uniforme de façon à être aisément identifiables.

Le roi, le gouvernement et tous les responsables avaient parfaitement conscience des difficultés qu'ils allaient rencontrer pour faire appliquer ce premier train de réformes. Nous en par lions énormément et, au fond de moi, j'étais extrêmement fière d'être l'épouse d'un homme qui mettait au service de son peuple ce courage et cette clairvoyance. Je l'admirais, je le sentais sur le point d'écrire des pages essentielles de notre histoire et c'était exaltant parce que j'étais certaine qu'il voyait juste, certaine de son dévouement total à l'Iran. Cette fierté allait de pair avec un profond bonheur : j'attendais à ce moment-là notre deuxième enfant dont la naissance était prévue pour le mois de mars 1963. J'avais le sentiment de vivre intensément, passionnément, le sentiment que ma vie privée et ma vie publique se conjuguaient en parfaite harmonie autour de ce souverain aimant, généreux et fort. « Je suis moi-même un soldat de la Révolution ! » avais-je d'ailleurs déclaré lors d'un voyage dans une ville du sud de l'Iran.

Mon mari avait décidé de soumettre ces mesures au peuple par voie de référendum. Le recours au référendum, apanage des démocraties modernes, signifiait clairement que nous changions d'époque : l'absolutisme de Reza Shâh avait été nécessaire – inévitable – pour sortir rapidement le pays de l'arriérisme où il végétait sous la dynastie Qâjâr, nous entrions désormais dans une ère de plus grande écoute des citoyens. Mon mari voulait progressivement mener l'Iran vers une monarchie démocratique et ouverte. La vie ne lui avait laissé le temps que de parcourir la première moitié du chemin.

Né en 1878 à Alasht, dans le Mâzandarân, d'un père officier, celui qui s'appelait alors Reza Khân s'était engagé à dix-huit ans dans la brigade cosaque. Sa force de caractère avait rapidement impressionné tant les officiers britanniques que russes qui se disputaient au début du siècle le pouvoir et l'influence sur la Perse. Colonel en 1919, Reza Khân se bat contre les bolcheviks qui menacent d'annexer les provinces nord du pays, le Guilan notamment. Mais, à l'arrière, l'Iran ne cesse de se déliter : le pouvoir central est inexistant, bandits et notables se partagent les provinces ; quant à la justice, elle est entièrement entre les mains du clergé. Pour le patriote qu'est Reza Khân, c'est un spectacle déchirant.

Il se fait nommer ministre de la Guerre par le dernier des Qâjârs, Ahmad Shâh. Là, il entreprend de réorganiser l'armée – préalable au rétablissement de l'autorité sur le pays. Mais Ahmad Shâh, qui passe alors plus de temps en Europe qu'à Téhéran, ne semble aucunement motivé pour prendre en main le pouvoir que lui tend son ministre de la Guerre. De retour en Iran, il repart pour l'Europe. Dans le même temps, Mustafa Kemal Atatürk s'emploie à faire de la Turquie voisine un État fort et moderne. Reza Khân a pour lui une admiration grandissante – bientôt les deux hommes noueront des liens d'estime et d'amitié. Atatürk est incontestablement un exemple à suivre pour l'officier cosaque devenu généralissime de l'armée d'un pays à l'abandon. C'est dans ces conditions que, le 31 octobre 1925, le Parlement vote la déchéance d'Ahmad Shâh. Il y a urgence. Une Assemblée constituante est aussitôt élue qui remet la couronne à l'unanimité, moins quatre voix, au premier des Pahlavi. Reza Khân souhaitait personnellement l'instauration d'une république, mais c'est le clergé qui poussa à ce qu'il devînt roi parce que la monarchie et la religion étaient alors les deux piliers de la société iranienne.

Devenu Reza Shâh, il choisit ce nom symbolique de Pahlavi qui désignait la langue et l'écriture sous la dynastie des Parthes (250 av. J.-C. – 226 apr. J.-C.).

On doit à cet homme exceptionnel, qui durant tout son règne continua de vivre en militaire – il couchait sur un matelas à même le sol, se levait à cinq heures du matin, et n'aimait pas les flatteurs –, d'avoir refait l'unité de l'Iran. J'ai dit plus haut quelques-unes de ses réalisations, et notamment le chemin de fer transiranien. Il fut aussi celui qui instaura l'enseignement primaire obligatoire, celui qui multiplia les hôpitaux et développa l'université (il envoya notamment les premiers étudiants boursiers en Occident et, parmi ceux-ci, Mehdi Bâzargân, qui devait devenir plus tard le Premier ministre de Khomeyni...). Reza Shâh fut en outre l'inventeur de notre justice, celui qui voulut que l'Iran ait un code civil et une législation pénale à l'instar des grandes démocraties.

Cela naturellement aboutit à retirer au clergé non seulement l'un des outils de son autorité sur le peuple, mais aussi une source importante de revenus (à travers les actes notariés). Durant son règne, 90 % des religieux perdirent leurs fonctions judiciaires et le statut social qui accompagnait cet exercice. Les mollahs, bien sûr, exprimèrent leur mécontentement – ils devaient par la suite s'opposer constamment à toutes les idées de réforme. Le premier des Pahlavi n'en était pas moins musulman pratiquant. Mais, comme le disait mon mari, « il était trop croyant pour considérer Dieu comme une sorte d'agent électoral supérieur, ou d'ingénieur en chef des puits de pétrole ».

On racontait beaucoup d'anecdotes sur cet homme exceptionnel, toutes révélatrices d'un caractère entier et peu sensible à la flagornerie. Lors d'un voyage dans le Guilan, un jeune homme accourt vers lui, se prosterne et demande à être nommé gardien du sanctuaire d'imam Reza, tout simplement parce que ces gardiens ne faisaient rien et n'en recevaient pas moins un salaire. Alors Reza Shâh, se tournant vers ceux qui l'accompagnent : « Attrapez tout de suite cet homme et envoyez-le au service militaire ! » Une autre fois, visitant le chantier d'un palais en construction, il s'immobilise devant un ouvrier appliqué à sculpter une tête de lion dans un plafond en stuc : « Ton animal a l'œil de travers, remarque-t-il. — Si tu avais autant de poids sur le dos que lui, rétorque l'ouvrier qui ne l'a pas reconnu, toi aussi tu aurais les yeux de travers. » On dit que le roi éclata de rire, et qu'il s'arrangea ensuite pour que cet ouvrier fût promu.

La Révolution blanche poursuivait et approfondissait l'œuvre entreprise quarante ans plus tôt par cette force de la nature qu'était Reza Shâh. Pour être certain de demeurer maître de sa politique et ne pas risquer une fracture sociale, le roi appela à la tête du gouvernement l'un de ses plus proches conseillers, qui avait toute sa confiance, Assadollah Alam. Issu d'une famille de notables du Birdjand, homme de grande valeur rompu à la vie politique, Alam connaissait parfaitement la mentalité iranienne de son époque et il avait cette qualité rare de ne pas cacher la vérité au roi. À la veille d'une dure bataille, il est important de s'entourer de gens exigeants et lucides. Assadollah Alam, qui par la suite sera nommé ministre de la Cour, restera au côté du roi et de moi-même jusqu'à sa mort, en 1978, des suites d'un cancer.

9.

Quelques jours avant le référendum, le roi s'adressa solennellement à la nation. Il avait pesé chaque terme de son discours, m'avait priée de le lui lire à haute voix et, à plusieurs reprises, m'avait interrompue afin d'apporter certaines corrections. Il avait la certitude de servir les intérêts du peuple profond et je ressentais son émotion derrière les mots. Je la partageais, j'étais avec lui de toute la force de mes sentiments. Plus tard, l'entendant prononcer ce discours, je m'inquiétai, me demandant comment le peuple allait accueillir cette révolution.

« Si j'ai décidé de soumettre directement ces réformes au libre suffrage du peuple, dit-il, c'est afin que nul ne puisse jamais faire revivre le régime d'esclavage auquel nos paysans étaient astreints ; afin qu'une minorité ne puisse plus jamais exploiter les richesses de la nation à son seul profit ; afin que, jamais plus, les intérêts privés d'un individu, ou d'un groupe d'individus, ne puissent détruire ou altérer les effets de ces transformations révolutionnaires. »

Le 26 janvier 1963, le peuple approuva massivement les principes fondateurs de la Révolution blanche. Les femmes n'avaient pas encore le droit de vote, mais le ministre qui avait en charge la réforme agraire, Hassan Arsandjani, les avait encouragées à se montrer et à aller voter, même si leurs voix ne pourraient être comptabilisées, de sorte qu'elles ouvrirent des bureaux de vote particuliers. La presse révéla quelques jours plus tard qu'elles s'étaient largement prononcées en faveur des réformes. En ce qui concerne le scrutin officiel, on parla à juste titre de plébiscite. L'engagement des Iraniens permettait de lancer avec optimisme le IIIe plan de développement (1963-1968). « Mon but final, avait ajouté le roi, est d'amener en vingt ans l'Iran au niveau de civilisation et de progrès qui sera alors celui des pays les plus développés. Nous avons aujourd'hui un retard qui a diminué de moitié depuis dix ans, mais c'est cette seconde tranche de notre retard qui sera la plus difficile à combler. »

Durant les cinq années qui suivirent, l'Iran fit le bond en avant le plus remarquable de son histoire avec une croissance de 8,8 %, qui dépassa les prévisions les plus optimistes. Des réalisations indispensables à la croissance furent achevées, tels les grands barrages de Karaj, du Sefid-Roude et du Dez, tandis que des projets industriels également incontournables étaient lancés, comme les usines de tracteurs de Tabriz ou de moteurs d'Arâk. À côté des usines, on veilla à édifier les structures nécessaires à ceux qui allaient y travailler : logements, bien sûr, mais également écoles, crèches, dispensaires, etc. Dans la même période, le pays se dota des outils économiques et sociaux qui devaient permettre son essor futur. Le Centre de statistiques de l'Iran fut créé, le système bancaire modernisé. On assista au lancement de pôles industriels en parallèle à la naissance d'universités. Le réseau routier et les équipements hydroélectriques crûrent considérablement.

Tout cela se fit avec le soutien du peuple, avec la participation de milliers d'Iraniens qui s'engagèrent dans ce combat comme de véritables pionniers, corps et âmes, sans compter ni la fatigue ni le temps, et sans intérêt pécuniaire. Mais cela se fit aussi contre la volonté d'une partie du clergé qui tenta, dès les premiers mois, de soulever dans plusieurs villes des mouvements insurrectionnels. Les religieux les plus réactionnaires trouvèrent un soutien auprès des communistes dont l'ambition demeurait de renverser la monarchie.

« L'alliance maudite du rouge et du noir », remarquait le roi.

Peu avant le référendum, un religieux dont nous n'avions jamais entendu parler, un certain Ruhollâh Khomeyni, avait écrit au souverain pour protester, avec déférence, contre le droit de vote accordé aux femmes. Il traduisait l'opinion profonde de la quasi-totalité des religieux. Que répondre à des hommes qui niaient aux femmes l'intelligence et le droit de s'exprimer sur la vie du pays ? Que nous, les femmes, valions mieux que des chèvres ? Que nous n'étions plus au Moyen Âge ? À quoi bon ? Le roi pariait sur l'élan irrésistible de l'intelligence contre l'arriérisme et l'obscurantisme.

Des protestations de plus en plus violentes s'élevèrent cependant des villes saintes, et notamment de Qom. Outre le droit de vote aux femmes, les religieux, je l'ai dit, étaient contre la réforme agraire qui allait les priver des revenus de leurs vastes domaines et ils trouvaient comme alliés dans ce combat les grands propriétaires terriens. À plus long terme, le clergé vivait aussi comme une menace l'Armée du savoir, car ces jeunes bacheliers allaient déferler dans les campagnes et, en dispensant la culture, soustraire inévitablement les esprits à l'unique influence des mollahs. Seul l'immobilisme semblait véritablement convenir à notre clergé. Plus tard, néanmoins, lors de mes voyages à travers l'Iran, je constaterai que les gens eux-mêmes réclamaient la venue dans leur village des soldats de l'Armée du savoir.

À l'occasion du Nouvel An, le 21 mars 1963, la police dut intervenir à Qom pour réprimer l'agitation. Le roi redoutait que le sang ne coulât, mais il était déterminé, et il avait en son Premier ministre, Assadollah Alam, un allié décidé à ne pas se laisser intimider par la « réaction noire ». Le 1er avril, mon mari s'envola pour un bref pèlerinage au mausolée de l'imam Reza à Machhad – je venais d'accoucher de notre fille Farahnaz et je ne pus l'accompagner. En réponse aux discours de bienvenue, il rappela les commandements sacrés du Coran et stigmatisa l'interprétation qui en était faite par certains « au profit de leurs propres poches et en contradiction avec les principes d'égalité et de fraternité du Livre saint ».

« Ces gens-là, reprit-il, entravent la marche vers le progrès et le développement du pays. Heureusement, le peuple iranien connaît bien les réactionnaires. Si nécessaire, nous les désignerons. »

Ils se désignèrent eux-mêmes, et notamment le plus enflammé d'entre eux, Ruhollâh Khomeyni, qui avait perdu sa déférence pour tenir des discours enragés contre le progrès et l'ouverture au monde, résumés dans sa bouche à une « occidentalisation du pays ». Au début du mois de juin, l'agitation culmina et un policier fut tué par la foule dans la ville sainte de Machhad où le roi s'était rendu deux mois plus tôt. À Téhéran et à Chiraz, en particulier, des émeutiers incendièrent des installations industrielles et les magasins furent l'objet de multiples pillages. En réaction, le gouvernement décida de faire arrêter Khomeyni. La tension était perceptible jusque dans notre environnement immédiat ; le roi nous fit rejoindre plus tôt cette année-là le palais de Saad-Abad, à Shemirân, loin du centre-ville. La Garde avait revêtu la tenue de combat tandis que je serrais dans mes bras notre petite Farahnaz, alors âgée seulement de trois mois.

L'agitation culmina après l'arrestation de Khomeyni et, pressentant quel danger courait alors le pays, le Premier ministre Alam obtint du roi qu'il lui confie provisoirement l'autorité sur l'armée. Il en réunit les responsables dans son bureau pour les avertir que la ville de Téhéran pouvait être prise par les insurgés. L'armée reçut du Premier ministre l'autorisation de tirer en cas de péril majeur et au nom de la sauvegarde de l'Iran. Assadollah Alam, souhaitant protéger le souverain, avait pris sur lui la responsabilité du rétablissement de l'ordre, disant clairement que, s'il échouait, il en assumerait les conséquences. Il réussit, mais il y eut trente morts à Téhéran et près de cinquante à travers tout le pays.

Le bruit courut que Ruhollâh Khomeyni risquait la peine de mort. Le Premier ministre était partisan, pour le moins, d'une condamnation. C'est le chef de la Savak (l'Organisation de sécurité et de renseignements du pays), le général Hassan Pâkravân, homme de grande culture, intelligent et humain (il devait occuper plus tard le poste d'ambassadeur en France), qui vint auprès du roi plaider la clémence. Son opinion était qu'il fallait calmer les esprits, laisser le clergé se faire petit à petit aux réformes et s'en tenir pour l'heure à exiler Khomeyni. Le roi y consentit. « Il ne fut ni condamné ni même jugé, nota-t-il dans ses Mémoires. On le pria simplement d'aller exercer ailleurs son éloquence incendiaire. »

Expulsé vers la Turquie, le religieux demanda par la suite au roi la permission de s'installer en Irak, d'où il poursuivit son lent travail de sape. L'une des premières personnes qu'il devait faire assassiner lors de son retour à Téhéran, après la Révolution islamique, fut le général Pâkravân, qui lui avait sauvé la vie. La nouvelle nous parvint alors que nous nous trouvions en exil aux Bahamas. Cela me bouleversa profondément. Le général et son épouse étaient très proches de nous et ils avaient été des amis de mes parents.

L'échec des émeutes réactionnaires de 1963 et les débuts de la Révolution blanche furent salués dans toutes les démocraties. Le *New York Times*, notamment, écrivit que le roi avait « fait front avec les ouvriers et les paysans contre les conservateurs et les traditionalistes ».

Farahnaz naquit le 12 mars 1963, au début des événements. Je la mis au monde dans l'enceinte du palais. On avait fait aménager un cabinet dentaire dans l'un des sous-sols – on le transforma pour l'occasion en salle d'accouchement. Je me rappelle l'onde de bonheur qui me submergea quand je sus que nous avions une fille ! Émotion contagieuse : en l'apprenant, la princesse Ashraf et ma belle-fille, la princesse Shahnaz, crièrent si fort qu'elles firent chanceler dans l'escalier un monsieur charmant qui m'apportait le Coran...

Le roi et notre fils aîné Reza prirent ensemble Farahnaz dans leurs bras. Mon mari était très heureux d'avoir une fille et c'est amusant parce que, réciproquement, j'ai alors noté dans le carnet de Farahnaz : « Prédiction de son horoscope : très grand amour pour son papa. » Et, de fait, Farahnaz eut un culte particulier pour son père, qui le lui rendit bien ; tous les deux s'entendirent merveilleusement.

Notre famille s'agrandissait, et le petit prince héritier Reza allait avoir trois ans. Sa scolarisation nous avait beaucoup préoccupés : fallait-il le mettre à l'école publique, comme n'importe quel enfant, ou l'isoler ? Il nous apparut très vite que la première solution était inconcevable : objet de curiosité et de vénération partout où il allait, Reza ne pourrait trouver sa place dans l'école du quartier où les professeurs, malgré nos recommandations, le traiteraient avec des égards particuliers. Quant aux enfants, ils étaient excités et fascinés aussitôt qu'il se présentait. Et Reza ne comprenait pas. Je me souviens de son étonnement, un jour où nous visitions ensemble une école, en constatant que tous les enfants lui couraient derrière et s'immobilisaient aussitôt qu'il s'arrêtait... Pour autant, nous ne souhaitions pas le couper de sa génération. Il fut donc décidé de créer un jardin d'enfants à l'intérieur du palais qui accueillerait des petits de son âge issus de la famille ou des enfants que nos proches nous recommanderaient.

Reza puis Farahnaz, Ali-Reza et Leila devaient tous les quatre profiter de ce système scolaire sur mesure, en même temps sélectif et ouvert. Du point de vue affectif, cela avait aussi l'avantage de les maintenir près de nous, au contraire de beaucoup d'enfants de familles régnantes qui étaient envoyés pour toute leur scolarité dans de prestigieuses écoles privées d'Europe ou des États-Unis.

Dans son jeune âge, mon mari avait eu des précepteurs, puis il avait vécu cet exil scolaire et l'on devinait, malgré sa pudeur, qu'il en avait un peu souffert. Il ne souhaitait pas imposer cette expérience à ses propres enfants. À onze ans seulement, il avait dû quitter les siens pour rejoindre l'école suisse du Rosey, à Rolle, au bord du lac Léman. Outre son frère cadet, Ali-Reza, qui l'accompagnait, il avait demandé à partir avec un de ses amis, Hossein Fardoust, un enfant d'origine modeste, qui fit donc toutes ses études auprès de lui et qui demeura proche de mon mari durant tout son règne [1].

---

1. Devenu général, Hossein Fardoust fut nommé par le roi à la tête du Bureau spécial de renseignements. Il avait la confiance et l'oreille du souverain, mais il devait trahir cette longue amitié en offrant ses services au régime islamiste.

Rejoindre la Suisse représentait à l'époque un très long voyage. Ils embarquèrent à destination de Bakou depuis Bandar-Pahlavi, petit port de la mer Caspienne. De là, ils traversèrent toute l'Europe en train. « Je veux que mon fils grandisse comme n'importe quel autre garçon et apprenne à se tenir droit sur ses deux pieds », avait fait savoir Reza Shâh au Rosey. Il passa cinq longues années là-bas et ne put grandir *exactement* comme les autres garçons, pour la bonne raison qu'il était appelé à devenir roi.

« J'étais comme un prisonnier, écrivit-il plus tard. Pendant leurs heures de temps libre, mes camarades se rendaient en bande en ville, mais je n'étais pas autorisé à les accompagner. Durant les vacances de Noël et de Nouvel An, ils participaient à des bals et à des réceptions organisés dans les hôtels proches du Rosey, mais je n'avais pas le droit de me joindre à eux. Mes amis s'amusaient, riaient et dansaient pendant que je restais seul assis dans ma chambre. J'avais une radio et un gramophone pour me tenir compagnie, mais cela ne pouvait pas compenser tous les amusements auxquels mes camarades avaient le droit de participer. Je crois que c'était assez injuste. »

Ses rares distractions se résumèrent à la pratique du football et du hockey sur glace.

« Lorsque je rentrai, en 1936, écrivit-il encore, je ne reconnus rien : Bandar-Pahlavi était une ville moderne, occidentale. Téhéran, dont les vieux murs d'enceinte avaient été rasés sur ordre de mon père, commençait à prendre l'allure d'une capitale européenne. »

De son adolescence en Europe, il devait rapporter cependant cet état d'esprit qui fonda la Révolution blanche. « Ces années ont été les plus importantes de toute ma vie, dira-t-il plus tard, négligeant la mélancolie qui les accompagna : j'y ai appris ce qu'est la démocratie. »

Et en Iran, comme partout ailleurs, promouvoir une idée a un prix. Le 10 avril 1964, alors que nous venions de fêter le premier anniversaire de Farahnaz et les trois ans et demi de Reza, mon mari et mon fils échappèrent de justesse à un attentat. Chaque matin, Reza accompagnait son père jusqu'au palais de Marbre où se trouvait son bureau. Ils avaient coutume d'y aller à pied en se tenant par la main. Puis, du bureau du roi, quelqu'un emmenait Reza au jardin d'enfants tout proche. Le matin du 10 avril, Reza, exceptionnellement, ne suivit pas son père – du fait de l'arrivée d'un nouvel enfant dans sa classe, sa gouvernante avait demandé qu'il soit présent un peu plus tôt pour accueillir le petit. Le roi partit donc seul, et en voiture, malgré la brièveté du trajet.

Dès qu'il apparut, un des soldats qui montait la garde commença à tirer sur sa voiture. D'après le témoignage du valet et des autres personnes de la Sécurité, mon mari descendit de sa voiture comme s'il ne se passait rien et entra dans le hall du bâtiment. Or, durant tout ce temps, le soldat continuait de lui tirer dessus! Les deux gardes, habituellement disposés de part et d'autre de la porte du palais de Marbre, s'étaient enfuis dès le premier coup de feu. Le valet tenta de fermer les portes aussitôt le roi entré, et il fut blessé à la main. Le tireur s'engouffra alors derrière mon mari qui, sans rien manifester, pénétrait à ce moment dans son bureau. Mais, entre-temps, ses gardes du corps, à l'intérieur du palais, avaient réalisé ce qui se passait et s'étaient mis à riposter. Un violent échange de coups de feu eut lieu au cours duquel deux hommes de la Sécurité périrent – les sergents Ayat Lashgari et Mohammad Ali Babaian – tandis que le tueur était abattu. On constata alors qu'une balle avait transpercé la porte du bureau du roi pour aller se loger derrière le siège qu'il aurait dû occuper.

J'étais à cet instant-là en train de me maquiller devant ma glace pour une réunion de travail qui débutait dix minutes plus tard.

Le téléphone sonna, c'était la reine mère qui habitait dans l'enceinte du palais de Marbre.

— Oh! mon Dieu, Farah *djoûne* (Farah chérie)!

Sa voix était méconnaissable.

— Qu'est-ce qu'il y a, Mamy?

— On a tiré sur le roi!

Alors elle se mit à sangloter, incapable d'ajouter quoi que ce fût, et moi j'étais en train de mourir, de mourir... Elle pleurait, elle ne me disait pas s'il était vivant ou mort, et je suffoquais. Je dus faire un effort terrible pour articuler :

— Mais lui... lui... Comment...?

— Il est vivant, grâce à Dieu...

J'ai raccroché et me suis remise à me maquiller comme un automate. Avant de courir auprès de lui.

Il était parfaitement calme et donnait des consignes à l'officier de la Sécurité.

À quel malheur épouvantable venions-nous d'échapper, si le souverain s'était présenté à pied devant cet assassin, tenant la petite main de Reza dans la sienne?

Plus tard, le roi demanda qu'on lui amène au palais privé Ekhtessassi un des complices du tireur qui venait d'être arrêté. J'aperçus cet homme du haut de la galerie, les mains liées derrière le dos. Mon mari lui parlait doucement. Il était très jeune, silencieux et confus. C'était une scène émouvante, j'eus pitié de lui, et j'en voulus à tous ceux qui l'avaient entraîné dans cette folie.

Il apparut que les jeunes impliqués dans cet attentat avaient été approchés, puis endoctrinés, par un groupe d'extrême gauche proche du Toudeh. L'un des membres du mouvement, Parviz Nikkhah, fut condamné à dix ans de prison, puis gracié par mon mari. Le roi disait souvent qu'il pouvait pardonner à ceux qui en voulaient à sa vie, mais non à ceux qui menaçaient la sécurité et l'intégrité du pays. Libéré, Parviz Nikkhah se rallia à la monarchie et, par la suite, il travailla à la télévision iranienne, ce qui lui valut d'être condamné à mort et exécuté au tout début de la Révolution islamique, à l'instigation, me rapporta-t-on, de ses anciens camarades du Toudeh.

Bien des années plus tard, un de ses amis me relata ce témoignage de Nikkhah sur sa période de militant communiste : « La Savak concentrait toute son attention sur les communistes et négligeait complètement les religieux. Quand j'allais dans les villages pour endoctriner les paysans, les gens me dénonçaient tout de suite à la Sécurité, tandis que les religieux pouvaient dire ce qu'ils voulaient contre la monarchie, ils n'avaient jamais aucun ennui. »

Quinze ans plus tôt, le 4 février 1949, le roi avait déjà survécu à un attentat. Il venait présider ce jour-là les cérémonies commémorant la fondation de l'université de Téhéran et il devait ensuite remettre leurs diplômes à certains étudiants. Il était un peu plus de quinze heures lorsqu'il prit la tête du cortège officiel. Comme d'habitude en ces circonstances, une meute de photographes se pressait à quelques pas de lui. Soudain, l'un d'entre eux se détacha du groupe et, avec une arme dissimulée dans son appareil photo, fit feu à plusieurs reprises sur le roi, à moins de trois mètres.

« Trois balles firent voler ma casquette, m'effleurant le crâne, racontera le souverain. La quatrième m'atteignit à la pommette droite, fit basculer ma tête et ressortit sous le nez. Je n'avais pas quitté des yeux mon agresseur et je compris qu'il allait tirer encore une fois. J'eus le temps de me retourner, m'inclinant légèrement, de sorte que la balle que j'aurais dû recevoir en plein cœur me toucha à l'épaule. Il lui restait encore une balle mais l'arme s'enraya. » Mon mari me précisa que l'homme lui jeta alors au visage son revolver.

Il fut abattu alors par les chefs de la police nationale et de la police militaire, qui tirèrent ensemble. Probablement tétanisés, aucun d'eux n'avait tenté de s'interposer pendant les coups de feu. Le tireur s'appelait Nasser Fakhr Araï et l'on découvrit qu'il était membre du Toudeh. On apprit que la veille de l'attentat, pour lui permettre de figurer parmi les journalistes et ainsi d'approcher le roi de tout près, il avait reçu une carte de presse au nom d'une publication religieuse, *Le Drapeau de l'islam*. En 1951, deux ans après avoir tenté d'assassiner le roi, ces mêmes terroristes parvinrent à tuer son Premier ministre, le général Haj-Ali Razmârâ, un homme remarquable qui avait participé à la libération de l'Azerbaïdjan comme chef d'état-major.

Non seulement le roi ne pouvait être soupçonné d'apostasie, mais il voyait la main bienveillante de Dieu derrière les échecs à répétition des assauts de la mort, sous quelque forme qu'elle se présentât. Enfant, il aurait dû mourir de la typhoïde, quelques mois après le couronnement de son père. Après quarante jours d'une fièvre terrible, les médecins annoncèrent sa fin et l'on raconte que ce fut la seule fois où l'inflexible Reza Shâh, qui adorait plus que tout ce fils, céda aux larmes. Au milieu de la nuit, il fit venir un religieux et lui demanda de prier pour la guérison de son enfant. « Le lendemain, la fièvre tomba, racontait mon mari, et je guéris rapidement. »

Quelques années plus tard, alors qu'il se rendait à cheval à Emamzadeh-Davoud, un lieu de pèlerinage dans la montagne, il fit une chute à grande allure, sa tête heurtant violemment un rocher, et les gens de sa suite le crurent mort durant quelques minutes. Mais il se releva après une brève inconscience, curieusement indemne. Là encore, il dira qu'il eut le sentiment d'être sauvé par sa foi

Pilote, il n'expliquait pas autrement qu'il ait survécu à un crash aux commandes d'un Tiger moth, un petit biplace. Il se rendait près d'Ispahan pour visiter les travaux d'aménagement d'une rivière, accompagné du général commandant la division de cette ville, quand un moteur tomba en panne. Raconté par lui, la suite m'a longtemps donné des frissons d'effroi : « Il fallait que je me pose au plus tôt. Un coup d'œil à la ronde me montra que ce ne serait pas facile. Nous nous trouvions face à un village : à ma droite une montagne, à ma gauche des champs fraîchement labourés sur lesquels il ne pouvait être question de me poser.

« Je me résous donc à virer sur ma droite en gardant une vitesse suffisante pour ne pas tomber. Soudain, je m'aperçois que la montagne est coupée par un grand ravin. Je tire alors sur le balai et, d'extrême justesse, nous passons. Il ne me restait pas autre chose à faire que de me poser sur le flanc de la montagne, ce que je fis. À peine avais-je pris contact avec le sol que je me vis face à un rocher. Impossible de l'éviter. Le train d'atterrissage fut arraché et l'appareil poursuivit sa course sur le ventre, ce qui eut pour effet de la ralentir fort opportunément. Une minute plus tard, l'hélice heurta un autre rocher et l'appareil culbuta.

« Mon compagnon de voyage et moi-même, nous nous retrouvâmes pendus, la tête en bas. Non sans difficulté, nous nous débarrassâmes de nos sangles. Le général était verdâtre. »

Mon mari avait la certitude qu'il ne mourrait pas tant que sa mission sur terre ne serait pas achevée, et cela explique sans doute pourquoi il ne chercha même pas à se garder des balles lors du second attentat de 1964, au seuil de son bureau, dans l'enceinte du palais de Marbre. Il était homme de foi.

10.

Oui, je me considérais moi-même comme un soldat de notre révolution, parce que je croyais de toutes mes forces en la justesse de la voie tracée par mon mari. Nous avions été un pays sous-développé et, bien que née dans un milieu privilégié, j'avais le souvenir de ce qu'était la pauvreté de l'Iran dans mon enfance. Vingt ans plus tard, nous méritions l'appellation de « pays en voie de développement » – les Occidentaux ne mesurent pas l'espoir et la fierté que dissimule ce simple changement sémantique – et cela, nous le devions à la ferme volonté du souverain et de tant d'Iraniens d'avancer malgré le poids des mentalités et une opposition intérieure – la « réaction rouge » des communistes alliée à la « réaction noire » du clergé – ainsi que mille obstacles extérieurs, dont la nationalisation du pétrole, arrachée aux Britanniques, demeure le symbole le plus éloquent. Je pensais en effet, comme le répétait mon mari, qu'en poursuivant notre effort avec le même acharnement nous atteindrions, au milieu des années 80, un niveau économique comparable à celui de la Corée du Sud.

Dès lors, comme n'importe quelle personne de bonne volonté, je voulais aider partout où ma position me permettait d'intervenir, pour appuyer des initiatives, impulser des projets, écarter des obstacles. Depuis le premier jour, mon mari m'avait encouragée en ce sens, il avait été mon guide et mon soutien. Il souhaitait que je sois à son côté, que je travaille au bien du pays.

Comment? C'était à moi de sentir les choses, de trouver ma place. Il y a sûrement cent façons de pratiquer le métier de reine, en fonction de la personnalité de chacune – et de la personnalité du monarque, naturellement. La mienne me portait à m'investir corps et âme, non seulement par loyauté envers l'homme que j'aimais, mais aussi par amour pour mon pays. Je crois que ma famille m'a très tôt transmis son amour de l'Iran, son désir de servir également, et que ces sentiments, que mon père avait lui-même appris de son propre père, étaient devenus pour moi une seconde nature. À mon tour, je voulais être utile à mon pays, et je n'aurais pas pu rêver meilleure situation pour servir que celle que m'offrait le roi.

La naissance de Reza, puis celle de Farahnaz, m'avaient un peu détachée des activités de mon bureau. Mais le temps était loin où je tâtonnais et peinais à m'organiser, où je m'ennuyais même, certains jours. Mon bureau s'était considérablement étoffé, et mon emploi du temps était si chargé que parfois je parvenais difficilement à libérer une heure pour déjeuner en tête-à-tête avec mon mari. Il m'arrivait trop souvent de sauter le repas. En fait, tout ce qui concernait l'Iran me concernait! Je n'aurais pas pu dire que tel sujet ne m'intéressait pas, tous m'intéressaient, pour peu que j'eusse le sentiment de pouvoir apporter un bien-être quelconque. Évidemment, le roi et le gouvernement travaillaient énormément, mais j'apportais de temps en temps un regard de femme et de mère sur certains dossiers, et les choses se dénouaient peut-être plus facilement dans certains cas grâce à mon intervention. Parfois aussi ma présence ou mon soutien permettait de dépasser certains obstacles bureaucratiques, je me faisais l'avocate auprès du roi ou du gouvernement de certains projets que l'on me présentait et en lesquels je croyais.

Ce fut en particulier le cas pour le secours aux lépreux et l'offensive que nous allions mener contre la lèpre. J'avais entendu évoquer pour la première fois cette maladie à l'école Jeanne-d'Arc où nous avions reçu un Français, Raoul Follereau, très engagé contre ce fléau. J'ignorais alors que la lèpre sévissait en Iran. J'avais été si bouleversée que, le soir, je n'avais parlé que de cela à ma mère. Quelques jours plus tard, j'avais lu *Soledad aux yeux verts*, l'histoire d'une jeune femme atteinte de ce mal et reléguée dans une île réservée aux lépreux. Je n'imaginais pas qu'il pût exister plus grand malheur que celui-ci : être chassé du monde, banni, exilé, parce qu'on a eu le malheur de contracter cette épouvantable maladie.

Peu de temps après mon mariage, le docteur Abdolhossein Radji, ancien ministre de la Santé, chercha à me rencontrer. Je le reçus. Il vint accompagné de Mme Ozra Ziaï. L'un et l'autre, des êtres admirables. Ils me demandèrent si je voulais bien accepter la présidence de l'Association d'aide aux lépreux qui existait déjà. J'y consentis immédiatement, bien sûr. Ainsi, dix ans à peine après le choc qu'avait été la conférence de M. Follereau, le destin lui faisait écho en m'offrant les moyens d'agir, et non plus seulement de compatir.

Dans le cadre de cette présidence, je décidai rapidement de visiter le centre des lépreux de Tabriz (un autre se trouvait à Machhad). Et là, ce fut pour moi un second choc, bien plus violent que le premier. Pour la première fois, je voyais ces visages défigurés, troués, en cendres, et au milieu de ce désastre l'infinie détresse des regards... Les moins atteints survivaient dans des bâtiments corrects, mais les autres étaient confinés au fond de petites pièces sombres d'où se dégageait une odeur terrible. On leur avait apporté des gâteaux et je vis soudain l'homme qui me guidait prendre ces gâteaux et les leur jeter comme à des chiens. Je crois que jamais, de ma vie, je n'eus un tel sentiment d'humiliation, d'horreur. Je m'écriai :

— Mais enfin, comment pouvez-vous ? Comment osez-vous ? Ce sont des êtres humains !

Le pauvre homme était confus. Il y avait une telle peur de la contagion !

Je rencontrai aussitôt après les quelques personnes qui se dévouaient à ces malheureux : des médecins iraniens et étrangers, le docteur Marcel Baltazar en particulier, un Français, directeur de l'Institut Pasteur de Téhéran, mais également des religieuses et des prêtres chrétiens (je devais plus tard constater qu'aucun de nos religieux musulmans ne travaillait dans ces établissements).

À la suite de cette visite, nous entamâmes avec les spécialistes une réflexion sur ce qu'on pouvait entreprendre pour améliorer le sort de ces malades et leur rendre une place digne de ce nom parmi nous.

Il se révéla d'abord que nos médecins n'avaient pas la formation nécessaire pour dépister la lèpre au début – ils prenaient cela pour une forme d'eczéma ou une quelconque maladie de peau –, de sorte qu'ils perdaient l'opportunité d'enrayer l'affection, or des médicaments existaient. Notre première initiative fut donc d'élaborer un programme de dépistage et d'enseignement pour les étudiants en médecine et ceux qui exerçaient déjà.

Puis on lança une étude pour déterminer dans quelles régions du pays apparaissait le mal, et pourquoi, de façon à dépêcher làbas des médecins informés et vigilants. La France nous aida efficacement pour cette étude en nous envoyant une équipe d'experts constituée d'épidémiologistes, de géographes et de médecins hospitaliers dans le cadre d'un accord de coopération technique.

Parallèlement à cela, on réfléchit à la meilleure façon d'intégrer les malades et, à plus forte raison, ceux qui ne l'étaient plus mais n'en présentaient pas moins les marques de la lèpre – les « blanchis », selon l'expression consacrée. L'idéal eût été à nos yeux qu'ils fussent admis dans les hôpitaux généraux – on m'avait expliqué que la lèpre est beaucoup moins contagieuse qu'on ne l'imagine –, or les médecins eux-mêmes avaient peur. On se heurta donc à une forte opposition et cela nous amena à multiplier les réunions d'information. À la fin des années 70, nous étions parvenus à ouvrir certains hôpitaux aux lépreux.

Nous renonçâmes, en revanche, à l'idée d'inciter les personnes guéries à réintégrer leur village, comme le prône l'Organisation mondiale de la santé. Les experts de Genève ne pouvaient pas ressentir l'effroi que suscite cette maladie dans une petite communauté rurale. Lorsqu'un membre d'une famille est atteint, c'est toute la famille qui doit fuir... Cela nous amena à entreprendre la construction d'un village entièrement réservé aux personnes guéries et à leurs familles.

Je demandai au roi s'il pouvait nous faire don d'un terrain, sur ses terres personnelles, et il y consentit. Nous reçûmes ainsi dans la province du Gorgan de quoi implanter une communauté de plus d'un millier d'âmes. Durant les années 70, Beh Kadeh comptait trois cents maisons, un hôpital de quinze lits, une école primaire, un cinéma, une gendarmerie, un restaurant, une usine, une menuiserie, des entrepôts agricoles, plusieurs puits, des potagers, etc. Ce village était tellement réussi que l'intégration se fit dans l'autre sens : ce furent les habitants des bourgs voisins qui y vinrent, de plus en plus nombreux, pour y travailler ou profiter du restaurant ou du cinéma.

L'Histoire ne nous laissa pas le temps de construire d'autres Beh Kadeh, mais je crois qu'en vingt ans nous parvînmes à sensibiliser le cœur des Iraniens au sort des lépreux et des personnes guéries. Je garde particulièrement en mémoire, à cet égard, le film que réalisa sur les lépreux une de nos grandes poétesses, Forough Farrokhzad, *La maison est noire*, qui contribua considérablement à toucher l'opinion publique. Durant toutes ces années, je visitai régulièrement les lieux d'hébergement des malades et c'était chaque fois bouleversant. Les femmes m'embrassaient, touchaient mon visage puis le leur, comme si j'avais le pouvoir de les guérir. J'avais parfois bien du mal à dissimuler mon émotion devant tant de souffrance et d'attente.

Enfin, dans ces mêmes années, nous reçûmes le concours de médecins extraordinaires, pakistanais, indiens, suisses et français, qui vinrent gratuitement refaire les visages de certains de nos anciens malades, leur arranger le nez, leur implanter des cils et des sourcils, et souvent aussi leur ouvrir les mains que la maladie laisse recroquevillées. Jamais je n'oublierai la joie de cet homme dont le visage avait été opéré et qui m'annonçait son prochain mariage. Il était si heureux! Tout en l'écoutant me raconter son sauvetage, je bénissais intérieurement les chirurgiens qui avaient accompli ce miracle.

Une des choses qui m'a le plus touchée, récemment, m'est venue précisément de l'un de ces anciens malades dont le sort m'avait tellement préoccupée. À un médecin iranien de l'OMS qui l'avait rencontré – et m'a rapporté le message –, il a glissé à l'oreille : « Si vous voyez la dame, dites-lui bonjour. Nous ne l'oublions pas. » Certains mots ont un pouvoir réparateur, comme un baume sur une blessure. Ceux-là m'ont donné le courage d'espérer qu'un jour la vérité sera dite.

Au fond de moi, je pense qu'une graine plantée avec amour ne disparaît jamais.

Les bibliothèques pour enfants furent une de ces graines. L'aventure démarra par la visite d'une de mes amies d'enfance, Lili Amir-Arjomand, qui rentrait des États-Unis où elle venait de terminer des études de bibliothécaire. Nous nous vîmes de façon informelle et l'idée d'apporter de quoi lire aux petits Iraniens jaillit au fil de la conversation. Dans notre enfance, nous avions croisé peu de livres pour notre âge. On nous racontait des contes anciens, il y avait cette tradition de l'oral, mais ces contes, pour la plupart, n'étaient pas écrits. Quant à ces histoires illustrées contemporaines, comme il en existait en Occident, il ne fallait pas y songer. Un seul auteur nous avait bercés de ses récits, M. Sobhi, qui chaque matin à la radio racontait une histoire à l'intention des écoliers en débutant par « Bonjour, les enfants! » (« *Batcheha salam!* »). Quelques épisodes avaient été imprimés et notre univers littéraire se limitait à cela – c'était vraiment très pauvre.

Nous imaginâmes l'ouverture culturelle extraordinaire que nous pourrions apporter aux enfants si nous parvenions à introduire le livre dans leur vie quotidienne. Le livre est sûrement l'outil qui permet le mieux de se projeter dans l'avenir à travers d'autres destins. Et toute vie nouvelle ne commencet-elle pas par s'incarner dans le rêve ? Oui, si nous arrivions à faire lire nos enfants, nous les aiderions à accepter plus légèrement les idées modernes, à acquérir le sens de l'éthique et des responsabilités.

La première chose à faire, avant d'entreprendre quoi que ce soit, était de tester l'intérêt des écoliers. Nous décidâmes que Lili, Homa Zâhedi, députée au Parlement, et deux autres bénévoles iraient dans les quartiers populaires du sud de Téhéran avec quelques caisses de livres pour observer la réaction des enfants. Elle fut au-delà de ce que nous attendions : ils se disputèrent ces histoires illustrées comme s'il s'était agi de sucreries.

À partir de là, l'« Organisation pour le développement intellectuel des enfants et des jeunes adultes » fut créée, et nous entreprîmes d'aller tirer les sonnettes. Nous allions avoir besoin de beaucoup d'argent, il était donc important d'associer à notre projet quelques « locomotives », tels les ministères de l'Éducation et de la Culture. Nous reçûmes le soutien de l'un et de l'autre. Sollicitée, la Société nationale iranienne des pétroles accepta également de nous aider. Il ne restait plus qu'à s'attacher la caution des éditeurs – qui furent évidemment enthousiastes –, d'artistes, d'universitaires et de plusieurs personnes privées susceptibles de nous épauler financièrement et intellectuellement. En ce dernier domaine, deux jeunes experts américains vinrent mettre leurs compétences à notre service. Aujourd'hui encore, l'un d'eux, Dan, qui vit en Californie, m'envoie chaque année pour Nowrouz un petit sachet de graines de fleurs en souvenir de ces autres graines – ces livres, ces bibliothèques – que nous avons plantées ensemble.

Pour édifier notre première bibliothèque pour enfants, nous choisîmes naturellement Téhéran qui comptait le plus grand nombre de lecteurs potentiels. Architecte en herbe, et de cœur, je veillai personnellement à l'esthétique de ce bâtiment, comme à tous ceux que nous construirions plus tard – ils devaient exprimer le côté ludique de la lecture. Nous choisîmes d'implanter celui-ci au milieu d'un parc de telle façon que les

144

enfants puissent passer aisément des jeux de plein air aux livres, et inversement. Je tenais à préserver l'intégrité des parcs, et les seules dérogations accordées le furent au bénéfice de ces bibliothèques et, plus tard, des musées et des théâtres. La bibliothèque pour enfants de Téhéran, comme les suivantes, devait être évidemment accessible gratuitement à tous, de la maternelle à l'âge de seize ans. Cela nous contraignit à trouver pour l'animer des personnes aux talents divers. Pour les tout-petits, il nous fallait de véritables puéricultrices, doublées de conteuses, et nous dûmes les former. Pour les plus âgés, nous voulions des gens capables de conseiller, et donc suffisamment passionnés pour avoir eux-mêmes beaucoup lu.

Restait l'essentiel : les livres. Il fallait les créer, ou les traduire, puisqu'il n'en existait pas. Convaincre nos écrivains d'écrire pour un jeune lectorat ne fut pas trop compliqué. Dénicher des illustrateurs, en revanche, se révéla difficile. Nous avions de très bons peintres, mais nous n'avions pas cette culture du dessin pour enfants. Il fallait donc innover. En la matière, la Tchécoslovaquie faisait un travail remarquable et plusieurs de nos artistes partirent là-bas s'initier. Ils y apprirent par la même occasion la technique des dessins animés et cela nous permit, plus tard, de fonder un Festival international du film pour enfants et de remporter quelques palmes et prix.

Par plaisir, mais aussi, symboliquement, pour montrer mon implication dans cette entreprise, je traduisis et j'illustrai moi-même *La Petite Sirène* d'Andersen. Reza devait alors avoir deux ou trois ans et c'était un grand bonheur d'imaginer qu'il serait bientôt en âge de découvrir ce texte et mes dessins – le livre comprenait également deux disques pour ceux qui ne lisaient pas encore. Naturellement, comme il portait mon nom, il se vendit très bien, et les recettes nous servirent à financer, au moins en partie, la publication d'autres livres.

Parmi ceux-ci, certains avaient sûrement d'autres opinions politiques que les nôtres, mais je ne le savais pas toujours. Ce fut pour moi l'occasion d'être confrontée à l'exercice de la démocratie dans un pays où certaines idéologies – comme le communisme – étaient bannies. Des auteurs, probablement proches de différents mouvements de gauche, nous apportaient des textes éloquents où il était question, par exemple, d'un lion extrêmement méchant dont les petits oiseaux parvenaient à se débarrasser à force de vaillance et de solidarité... Le comité éditorial hésitait à les publier – nous connaissions le goût des communistes pour l'endoctrinement – et, finalement, on venait me demander mon avis. J'étais favorable à la liberté d'expression, persuadée que, plus nous allions de l'avant, plus les Iraniens seraient capables de juger par eux-mêmes de ce qui était bon pour eux, ou mauvais. Et puis j'avais parfaitement conscience de l'exploitation qui serait faite d'un refus de notre part.

Cela se produisit à propos d'un livre au message transparent, *Le Petit Poisson noir*. Il racontait l'histoire d'un petit poisson qui nageait obstinément à contre-courant. L'organisation hésita à publier ce texte, jugeant qu'il était difficile de cautionner un tel message, puis elle donna son accord et le livre parut. Mais cela se sut, et du coup ce petit poisson noir fut paré de toutes les vertus de la résistance. Il devint le symbole de l'opposition à la monarchie, si bien que, quand son auteur mourut, la rumeur colporta qu'il avait été tué par la police secrète... On lui avait donné, sans le vouloir, à ce poisson noir, un retentissement qu'il n'aurait sûrement pas connu si on l'avait laissé vivre sa vie depuis le premier jour.

D'une façon générale, je m'impliquais beaucoup dans la création de ces livres pour la jeunesse. Je regardais les maquettes, les dessins, j'écoutais les cassettes.

L'organisation construisit plusieurs bibliothèques dans les principales villes du pays et, devant l'engouement des enfants, nous décidâmes rapidement d'y introduire des cours d'initiation à la musique et des ateliers d'artisanat et de théâtre. Ardavan Mofid, qui était un merveilleux conteur, prit en charge le théâtre, et c'est lui qui devait diriger plus tard le théâtre ambulant. L'expression orale et corporelle prolongeait naturellement la découverte de la lecture. Elle permettait d'incarner le rêve et ajoutait une dimension ludique à l'exercice. Les enfants se déguisaient, se maquillaient, et même pour ceux qui n'osaient pas, le seul fait de regarder les autres les aidait à sortir d'eux-mêmes. Enfin, des ateliers de cinéma furent ouverts où l'on apprenait aux enfants à filmer en 8 mm et où on les sensibilisait au cinéma [1]. Le Festival du film pour enfants devait donner une nouvelle dimension à cette expérience.

Mais notre grande ambition était de toucher les campagnes, jusqu'aux villages les plus reculés, et pour cela l'organisation créa les bibliothèques ambulantes. Selon le relief des régions, et l'état des routes, nous les installâmes à bord de camionnettes, de jeeps, ou même sur le dos de mules, si les mules seules passaient. Au bout de quelques jours, ou parfois une fois par mois seulement tant la route était longue, nos bibliothécaires passaient ramasser les livres et en donner de nouveaux.

Les bibliothèques ambulantes travaillèrent bientôt en symbiose avec les jeunes instituteurs de l'Armée du savoir qui, eux aussi, atteignaient les villages les plus reculés. Si bien que, de plus en plus, nous assistions à ces scènes porteuses d'espoir : des enfants en train de lire au sein de foyers où le père et la mère étaient illettrés. Nous avions également un théâtre ambulant, je l'ai évoqué plus haut, qui allait de village en village. Beaucoup d'Occidentaux qui venaient en Iran pour les festivals jalousaient cette initiative.

Mon engagement auprès des organisations non gouvernementales pour l'éducation, la santé, la culture, le sport, etc., m'avait permis de comprendre comment exercer au mieux mon métier de reine. Au début, bouleversée par les centaines de lettres qui m'arrivaient au palais, j'avais sincèrement cru pouvoir aider tout le monde, soulager les situations les plus désespérées et les plus inextricables. De temps en temps,

---

1. Le grand cinéaste Abbas Kiarostami démarrera sa carrière dans ces ateliers.

j'offrais de mon argent personnel ; je mis un certain temps à accepter l'inutilité de ce saupoudrage. On ne pouvait partager mon budget, qui était très serré, à l'infini, et l'argent de l'État lui-même n'était pas inépuisable. N'écouter que son cœur aboutissait à faire la charité, mais la charité ne changeait rien fondamentalement à la situation des gens. Si je voulais être utile, je devais concentrer mon énergie sur quelques dossiers qui réclamaient plus d'attention et les porter à leur terme.

Au milieu des années 60, cinq ans après mon mariage, j'eus enfin le sentiment d'avoir trouvé mes marques. C'est alors que le roi et son nouveau Premier ministre, Amir Abbas Hoveyda, décidèrent de me nommer régente.

Cela signifiait qu'en cas de décès du souverain, et jusqu'à la majorité de Reza, ses vingt ans, le destin de l'Iran reposerait sur mes épaules. Pas une seconde il ne me vint à l'esprit que cela pût arriver. Pas une seconde... J'avais vingt-huit ans, mon mari seulement quarante-six, et j'attendais notre troisième enfant. Nous étions profondément heureux, plus optimistes que jamais quant à l'avenir du pays, le roi ne souffrait d'aucun mal particulier et Dieu semblait le protéger efficacement des fanatiques qui voulaient sa mort.

Je reçus donc cette décision comme un hommage purement formel, même si elle fut officiellement ratifiée par le Parlement. Elle était à mes yeux la preuve de l'estime que me portait mon mari, de la confiance qu'il avait en moi. J'en étais secrètement fière, et comblée.

Puis je perçus la portée symbolique de ce geste : l'homme qui avait incité le pays à donner le droit de vote aux femmes venait de remettre potentiellement les rênes de l'Iran à l'une d'entre elles ! C'était une initiative remarquable dans un pays musulman. J'appris d'ailleurs que certains députés s'étaient vivement opposés à cette nouvelle révolution des mœurs... Quelques mois plus tard, le roi devait aller plus loin encore en décidant de me couronner à son côté lors de son sacre. Il n'y avait pas d'exemple d'un tel honneur dans la longue histoire de la Perse.

148

« La femme, expliqua-t-il alors au pays, est aujourd'hui en Iran totalement différente de ce qu'elle fut il y a quelques siècles, ou même quelques décades seulement. Ayant accès à tout, elle a également accès à la couronne. En outre, l'Impératrice a joué un tel rôle ces dernières années parmi son peuple, elle a été un tel soutien pour moi et a rempli sa tâche avec une telle ferveur et une telle passion qu'elle a largement mérité cette dignité. Oui, elle a beaucoup fait, pour tous et pour toutes, inlassablement, et elle fera encore beaucoup, car notre tâche est longue. »

11.

Bien que régnant depuis un quart de siècle, mon mari avait constamment repoussé les cérémonies de son sacre. À ceux qui le pressaient de ceindre la couronne, il répondait avec gravité qu'il le ferait le jour où il sentirait le pays résolument engagé dans la voie du progrès mais qu'en attendant il n'éprouvait pas de fierté particulière à être couronné devant un peuple encore pauvre et en partie illettré. À partir de l'année 1965, constatant les premiers effets de la Révolution blanche, et surtout la mobilisation et l'engouement qu'elle avait suscités à travers tout l'Iran, le roi commença d'envisager officiellement son couronnement. D'autant plus que Reza, le prince héritier, qui allait avoir sept ans, pouvait être associé désormais à ce geste hautement symbolique, comme le souhaitait mon mari.

La naissance de notre troisième enfant – Ali-Reza – étant prévue au printemps 1966, les cérémonies du couronnement furent en définitive reportées au 26 octobre 1967, date anniversaire du roi qui fêterait ainsi simultanément ses quarante-huit ans.

Dans son esprit, son sacre devait être un événement partagé par tous les Iraniens, puisqu'il marquerait l'ouverture d'une ère nouvelle; il était donc essentiel de lui donner un large retentissement. Un « Comité du couronnement » fut installé pour organiser ce jour historique et sa présidence fut confiée à un ancien compagnon de Reza Shâh, un homme qui avait soutenu

fendant la foule silencieuse. Une petite chaise avait été disposée pour lui à la gauche du trône, il s'y asseyait et patientait. Puis à mon tour j'apparaissais, accompagnée de jeunes filles qui portaient ma traîne, escortée de dames d'honneur. Le roi venait en dernier. Suivait son couronnement, puis le mien, et je devais pour cela m'agenouiller devant lui. En me couronnant, il devait prendre garde à ne pas écraser mon chignon et, plus que tout, à assujettir élégamment le joyau.

Nous entreprîmes donc de répéter chacun de ces gestes que le peuple iranien et, au-delà de lui, des millions de téléspectateurs observeraient le jour dit. Reza le fit de son côté avec sa gouvernante. Elle devait me raconter plus tard qu'il se montra très excité au début de la répétition, courant ici et là, jusqu'au moment où elle eut l'idée de l'habiller de l'uniforme qu'il porterait pour la cérémonie. Alors, aussitôt, me dit-elle, il prit conscience de son rôle et fut exceptionnel.

Ces répétitions furent pour moi l'occasion d'intervenir pour tenter de dissiper les différents problèmes de préséance qui se posaient entre les frères et sœurs du roi, ainsi qu'entre mes dames d'honneur, et qui risquaient d'engendrer rancœurs et conflits si nous n'y prenions garde. Ces querelles agaçaient profondément le roi, et elles me minaient secrètement, mais il fallait les apaiser, je le fis. En revanche, le choix de la musique qui accompagnerait le couronnement fut l'occasion de moments merveilleux. Durant des dîners chez la reine mère, le ministre de la Culture, Mehrdad Pahlbod, nous fit auditionner différentes créations de compositeurs iraniens, et mon mari et moi tombâmes finalement d'accord sur des mouvements qui alliaient émotion et solennité.

Plus la date approchait, plus j'étais épuisée, car tout cela s'ajoutait à mon travail quotidien qui, en temps normal, me laissait déjà peu de temps pour respirer. Je maigris donc et je me souviens que le roi en plaisanta affectueusement un soir : « Tu l'as fait exprès, me dit-il, pour avoir les joues creuses et les pommettes saillantes le jour du sacre ! » Il savait que je n'aimais guère les joues rondes et pleines de la jeune fille qu'il avait demandée en mariage huit ans plus tôt...

Une foule dense et colorée se pressait tout au long des avenues que nous allions emprunter, ce 26 octobre, pour gagner le Golestan C'était une belle journée ensoleillée. À notre apparition, les gens se mirent à scander joyeusement : « *Djavid Shâh! Zendeh bad Shahbanou!* » (« Vive le Shâh! Vive la Shahbanou! »)

Je scrutais les visages depuis ce carrosse d'un autre temps que tiraient lentement huit chevaux, et tous étaient lumineux, ouverts. Mes compatriotes m'avaient généreusement accordé leur affection, dès le premier jour, mais à présent nous nous connaissions et j'espérais avoir su, par mon travail, leur manifester à mon tour que je les aimais. En tout cas, un véritable lien semblait exister désormais entre eux et moi, j'en eus la conviction ce matin-là en recevant leurs saluts, leurs baisers, et en les leur rendant de tout mon cœur. « L'impératrice a beaucoup fait, et elle fera encore beaucoup car notre tâche est encore longue », avait dit le roi. Je repensais avec bonheur à ces propos : oui, un long chemin restait à parcourir, mais la confiance était là, manifeste, et nous disposions du temps et du courage pour entreprendre...

Le trajet à travers le centre de Téhéran fut magnifique, plein de fleurs et de rires. Le petit prince suivait dans son carrosse, le commandant de la Garde impériale, le général Mohsen Hachemi-Nejad, à son côté, déclenchant un enthousiasme juvénile parmi la foule. Il avait sagement écouté mes recommandations, appris à saluer la foule, patiemment répété les gestes qu'il devait accomplir, mais j'étais inquiète car il s'était réveillé enrhumé et légèrement fiévreux. Premier à pénétrer dans le fastueux Golestan, sous les caméras du monde entier, il fut un modèle de sérieux et d'émotion contenue. La presse internationale devait écrire qu'il fut, par son comportement, « l'étoile » de cette cérémonie. Et en effet, en me repassant le film de l'événement quelques jours plus tard, j'en aurai les larmes aux yeux.

154

Mon entrée, puis celle du roi, se firent également sans une fausse note. J'eus le temps d'adresser un discret sourire à ma petite Farahnaz qui se tenait très sagement à la droite du trône parmi la famille. Mon mari avait voulu que la cérémonie revêtît un caractère strictement iranien, et c'est pourquoi les souverains étrangers et chefs d'État n'avaient pas été invités, à l'exception du prince Karim Agha Khân et de la bégum Ommeh Habibeh, en raison des liens historiques de respect et d'affection qui nous unissaient à eux – liens qui devaient se prolonger durant l'exil. Mais, naturellement, les ambassadeurs de tous les pays représentés à Téhéran étaient là. En revanche, la reine mère n'avait pas souhaité être présente, la rumeur prétendit qu'elle était morte, que nous voulions le cacher. Simplement, elle n'assistait à aucune manifestation officielle.

À la sonnerie des trompettes, le sacre commença. L'imam djom-é l'ouvrit par une prière, puis présenta le Coran au roi, qui le baisa. Alors, on apporta les ornements impériaux et mon mari se para successivement du sabre et du manteau qu'avait portés son père. On lui tendit la couronne, il la saisit fermement et s'en coiffa, cependant que le canon grondait à l'extérieur.

Un instant plus tard, le roi s'assit sur le trône qui lui était dévolu, et il lut cette profession de foi qui revêt aujourd'hui, après les souffrances qu'a endurées l'Iran, un écho déchirant :

« Je remercie Dieu qui m'a permis de rendre à mon pays et à mon peuple tous les services qu'il était en mon pouvoir de leur rendre. Je demande à Dieu qu'il m'accorde le pouvoir de continuer à servir comme je l'ai fait jusqu'à présent. Le but unique de ma vie est l'honneur et la gloire de mon peuple et de mon pays. Je n'ai qu'une seule espérance : préserver l'indépendance et la souveraineté de l'Iran et faire progresser le peuple iranien. Pour atteindre ce but, je serais prêt, s'il le fallait, à offrir ma vie.

« Que Dieu tout-puissant me permette de transmettre aux générations futures un pays heureux, une société prospère, et que mon fils, le prince héritier, demeure lui aussi sous la protection divine dans l'accomplissement de la lourde tâche qui lui reviendra. »

Puis ce fut mon tour. Je vins m'agenouiller aux pieds du roi et, quand il eut posé la couronne sur ma tête, il me sembla qu'il venait de consacrer toutes les femmes iraniennes. Quatre ans plus tôt seulement, assimilées dans un même article de loi aux handicapés mentaux, nous n'avions même pas le droit élémentaire de désigner nos représentants ! Cette couronne effaçait des siècles d'humiliation ; plus sûrement que toutes les lois, elle affirmait, solennellement, l'égalité de l'homme et de la femme.

Je ne quémandais aucun pouvoir supplémentaire et je ne me sentis pas le lendemain plus importante qu'auparavant, ça n'est pas dans ma nature. Le pouvoir ne m'était précieux que dans la mesure où il me permettait d'agir pour améliorer la situation des Iraniens ; pour moi, personnellement, je n'avais aucun désir de puissance. Je me souviens qu'à l'issue d'un film qu'il m'avait consacré, un journaliste américain avait eu ce commentaire : « Elle n'appartient pas à ce monde. » Sur le coup, je n'avais pas bien compris ce qu'il voulait dire, j'étais trop dans l'action, dans l'impatience permanente d'agir. Je ne l'ai compris que beaucoup plus tard, en exil, quand quelques personnes ont cherché à caricaturer mon rôle et à me présenter comme intéressée par le pouvoir. Peut-être est-ce une attitude normale que de rechercher la puissance et l'argent. Moi, je n'y ai pas songé un instant.

Un an et demi avant ce jour historique, le 28 avril 1966, j'avais donné le jour à Ali-Reza. « Il ressemble beaucoup à son papa, il aura le teint clair », écrivis-je le surlendemain dans son carnet d'enfant. Dieu nous comblait : après Reza, si conscient des responsabilités qui l'attendaient et dont le sérieux forçait le respect de tous, après la romantique et généreuse Farahnaz qui aimait se pencher sur les problèmes des déshérités et passer des heures dans la nature, il venait de nous envoyer le plus espiègle des petits garçons. Nous ne le savions pas encore, naturellement, mais nous n'allions pas tarder à le découvrir.

Au contraire de Farahnaz qui s'était exprimée très tôt dans un adorable jargon, Ali-Reza prit son temps, mais quand il se décida à parler, ce fut tout de suite dans une langue impeccable, et avec un sens de l'humour qui devait régulièrement nous faire pouffer. «Les gens vont dire : qu'est-ce que c'est que cette majesté en robe de chambre ?» me lança-t-il un matin, comme il me pressait de m'habiller pour partir au parc. Un autre jour, alors qu'il déjeunait et que nous bavardions autour de lui, une de mes cousines lui vola une frite dans son assiette. On le vit se retourner et chercher des yeux le serveur. «Alain, lui dit-il, voulez-vous apporter une fourchette pour Mlle Jaleh, s'il vous plaît.»

Il avait à peine trois ans à ce moment-là et il voulait qu'on l'appelât soit Toutoune, comme l'avait surnommé sa gouvernante française, soit «Pilote», parce que son rêve était de piloter ces avions de chasse américains Phantom qui le fascinaient.

— Toutoune, tu es vilain !

— Non, je suis Pilote, rétorquait-il.

On était en pleine époque hippie, et un soir je l'entendis répondre à sa gouvernante, qui tentait vainement de l'entraîner vers la baignoire :

— Je ne veux pas aller au bain, je veux rester un hippie sale !

Un autre jour, en plein dîner, il nous sortit que, lui, il aimait «l'amour libre»...

Quelques mois plus tard, il fit son entrée en maternelle au lycée Razi, celui-là même où j'avais obtenu mon bac, mais le lycée s'était considérablement développé entre-temps, au point d'emménager dans de nouveaux locaux, au nord de Téhéran. Il s'était agrandi, en particulier, pour accueillir les plus jeunes (et Ali-Reza en bénéficia, au contraire de ses deux aînés dont la scolarité, après le jardin d'enfants, se poursuivit un temps au palais). L'expérience lui plut à tel point que, le soir du premier jour, il refusa de quitter l'école et dit au chauffeur qui l'attendait de rentrer sans lui.

Sa maîtresse l'aimait beaucoup, mais elle avait parfois du mal à se faire respecter, ou à garder son sérieux. Il était très inventif, très amateur de bêtises. Je me souviens qu'un jour on frisa le drame.

— Tête de bourrique! lui lança-t-il, comme elle avait dû le gronder pour la énième fois.

— Au coin, Ali-Reza, tu es puni!

— Je vais le dire à maman.

— C'est ça. Eh bien, on va lui téléphoner tout de suite, si tu veux.

Ces histoires enfantines amusaient autant le roi que moi. Nous nous les racontions dans nos rares moments d'intimité et je voyais le visage de mon mari se détendre et s'éclairer comme par miracle. Il adorait que les enfants le rejoignent lorsqu'il faisait ses exercices physiques en fin d'après-midi, je l'ai dit. Ils bavardaient, riaient ensemble et, bien souvent, ça dégénérait en chahut. Ali-Reza lui montait sur le dos pour jouer au cheval, ou les grands lançaient des coussins et pendant un quart d'heure c'était une bataille de polochons.

Un ministre, Abdol-Madjid Madjidi, me raconta qu'un après-midi, en plein conseil avec le roi, il le vit soudain tourner le regard vers la porte qui avait grincé. « Le souverain avait cessé de m'écouter, je me tus donc, en attendant qu'il veuille bien revenir vers moi. Mais au lieu de cela, je le vis sourire – il était soudain à mille lieux de nos affaires. Alors, à mon tour, je me tournai vers la porte : la petite princesse Farahnaz se tenait dans l'embrasure, elle attendait que son papa la prie d'entrer, et il y avait une telle tendresse entre eux deux que c'est moi qui me levai discrètement pour les laisser. »

Les enfants sentaient le pouvoir qu'ils avaient sur leur père et, de son côté, mon mari avait l'art de les mettre en joie, de renouer en quelques phrases une complicité interrompue par de très longues journées de travail, quand ça n'était pas par un voyage officiel. «Tu sais mieux que moi parler aux enfants», lui disais-je. C'était au point que, lorsque nous surgissions pendant leur dîner pour les embrasser avant de rejoindre telle ou telle réception, à sa seule vue les gouvernantes perdaient toute autorité. On aurait dit que pendant le laps de temps où il se tenait avec eux, les règles de discipline étaient brusquement abolies. Je revois encore Ali-Reza, contraint par sa nounou d'avaler ses épinards, et les recrachant en éclatant de rire à l'entrée de son père... C'était ennuyeux, j'essayais ensuite de réconforter ces dames qui se donnaient du mal pour enseigner la discipline à nos enfants, mais en même temps j'étais tellement heureuse qu'existe cette entente entre eux et leur papa... Cela aussi était un don du ciel.

Mon mari admettait que les gouvernantes fussent sévères, mais il ne tolérait pas l'agressivité ou les injustices. Je me rappelle sa colère, un soir, comme il avait découvert Farahnaz en pleurs, consignée dans sa chambre... J'étais encore dans mon bureau et je le vis entrer, blême, tenant sa fille dans les bras.

— Tu vas tout de suite mettre cette gouvernante dehors! Tout de suite!

Il pouvait comprendre qu'on sorte de ses gonds face aux bêtises d'Ali-Reza, mais il ne supportait pas l'injustice. Farahnaz était si douce, si attentive aux autres déjà, qu'il lui avait été insupportable de la voir avec ce chagrin.

Il entretenait avec chacun une complicité particulière. L'amour de la nature et le côté garçon manqué de Farahnaz l'enchantaient. Plus grande, elle s'amusait à grimper les marches du palais à moto, au grand dam des gens du protocole qui craignaient évidemment qu'elle ne dérange le roi. Mais lui sortait de son bureau en souriant, et invariablement il disait : « Laissez-la, laissez-la... », et pendant un instant il la regardait faire ses acrobaties. Chez ses garçons, il était secrètement fier de retrouver tous les signes de sa propre passion pour les voitures de sport et les avions.

— Regarde Reza, me confiait-il, son poignet est à peine plus gros que mon pouce et déjà il conduit merveilleusement.

Plus tard, il aurait avec Leila, notre quatrième enfant, des conversations sur la sécheresse qui le souciait tant. En l'embrassant, avant de dormir, il lui dirait couramment : « Prie pour qu'il pleuve, Leila *djoûne*. » La sécheresse, si dramatique pour notre agriculture... « J'aime quand le ciel est lourd », répétait souvent ma petite Leila, disparue aujourd'hui. Et je songeais en moi-même avec beaucoup d'émotion : « Son papa lui a transmis son amour de la pluie. Pour toujours. »

L'arrivée d'Ali-Reza nous contraignit à envisager sérieusement de déménager. Le palais Ekhtessassi où nous habitions depuis notre mariage était cette fois nettement trop petit pour nous héberger tous. Il ne comptait que deux chambres à coucher, l'une pour le roi, l'autre pour moi. Nous avions installé Reza dans une villa attenante. Pour accueillir Farahnaz, nous avions dû ajouter un étage supplémentaire à cette villa. Il n'était pas possible de renouveler l'opération pour Ali-Reza, aussi lui donnai-je mon bureau, voisin de nos chambres à coucher. Mais ça ne pouvait pas durer ainsi. Nous étouffions, au sens figuré comme au sens propre d'ailleurs, car ce palais Ekhtessassi, qui au temps de Reza Shâh était un oasis d'air pur et de verdure, s'était retrouvé au fil des décennies et de la croissance galopante de Téhéran, en plein centre-ville, cerné en permanence par le flot bruyant et polluant des voitures. En outre, le jardin n'était pas très grand.

À plusieurs reprises, déjà, nous avions songé à emménager dans le palais de Niâvarân, puis, l'un et l'autre pris par nos tâches, nous en avions repoussé l'idée. Construit au début des années 60 pour héberger les hôtes de passage, ce palais avait l'immense avantage d'être situé sur les pentes de l'Alborz, à dix-sept cents mètres d'altitude, bien au-dessus donc des convulsions enfumées du centre-ville et, de surcroît, au milieu d'un beau parc... Je le visitai et nous entreprîmes aussitôt les quelques travaux indispensables à l'accueil des enfants qui allaient grandir là, et à l'organisation des réceptions inhérentes à la mission d'un chef d'État.

Dans mon souci permanent de ne pas trop dépenser pour nous, alors que je passais une partie de mes journées à chercher de l'argent pour tel ou tel organisme que je présidais, je renonçai à faire installer l'air climatisé, d'autant que, l'été, nous nous installions généralement dans le palais de Saad-Abad qui était plus frais. C'était une bêtise, l'architecte me l'avait laissé entendre, mais je m'étais entêtée, satisfaite au fond de nous priver de ce luxe. Le palais étant très mal isolé thermiquement, nous devions y souffrir de la chaleur, ce qui donnerait l'occasion au roi de se moquer affectueusement de mon « sens excessif du devoir ».

Je préférais Niâvarân à Saad-Abad, qui était sombre, triste, et dont le vieux parc était un peu étouffant... Niâvarân était moderne, lumineux. Au sud, on disposait d'une vue magnifique sur la ville ; au nord, on embrassait les monts Alborz et, à l'est, on apercevait le volcan Damavend et sa calotte de neige. Cela dit, Niâvarân était fonctionnel et chaleureux, mais il n'avait pas l'éclat des palais royaux qu'on imagine en Europe. Je me rappelle d'ailleurs l'étonnement de l'écrivain Lesley Blanch lorsque je l'y reçus pour le livre qu'elle devait me consacrer [1] :

« La première impression est surprenante, écrira-t-elle, car, en termes de splendeur ou même de taille, il n'a pas grand-chose à voir avec les palais européens. Il ne possède ni la légendaire grandeur de Windsor, ni la taille et la perfection étudiée de Versailles, ni même l'aura romantique du palais de Louis II de Bavière. Il est intéressant parce qu'il se veut une version simplifiée et contemporaine d'un mode de vie royal. Ce vaste cube, dont la façade qui donne sur l'entrée est curieusement dépourvue de fenêtres, est très modeste pour être le cadre de vie quotidien d'un souverain aussi puissant que le Shâh-in-Shâh, et son portique d'entrée n'est pas spécialement impressionnant. En revanche, si l'extérieur ne présente aucun caractère particulièrement imposant, l'intérieur est agréablement personnel et accueillant. En hauteur, sur les quatre côtés de la pièce carrée qui forme le hall d'entrée, court une galerie qui mène aux appartements privés. Les appartements d'apparat sont installés au rez-de-chaussée. »

J'aimais beaucoup ma bibliothèque privée que j'avais fait construire dans une aile adjacente au palais. C'était le seul endroit qui avait été conçu exactement selon mes vœux et décoré selon mes goûts. Une galerie ouverte courait également à l'étage. Sculptures, objets modernes et anciens s'y mêlaient.

---

1. *Farah Shahbanou of Iran, op. cit.*

J'avais rassemblé dans cette vaste pièce très lumineuse les œuvres qui m'avaient le plus touchée, celles d'écrivains du anciens, et puis des toiles et des sculptures d'artistes contemporains iraniens, tels Zenderoudi, Oveissi, Mohasses et Tanâvoli, qui côtoyaient ainsi des œuvres d'Andy Warhol, de César et d'Arnaldo Pomodoro. Quant au parc, ses hauts platanes me ramenaient à mes vacances d'enfant dans ce village de Shemirân que la ville avait à présent rattrapé.

Les bureaux de mon mari furent installés au palais Jahan Nema, une ancienne demeure de la dynastie Qâjâr, dont je fis refaire les salles de réception, au sous-sol, dans le style pur de cette période, par des centaines d'artisans et d'artistes. Depuis le palais, situé dans l'enceinte du parc, l'on embrassait toute la ville en contrebas. C'est de là que le souverain devait assister, douze ans plus tard, au soulèvement d'un peuple au bien duquel il avait consacré toute son énergie.

12.

Mes deux premiers enfants mis au monde, j'entrepris de voyager seule à travers le pays. Je voulais rencontrer les gens dans les provinces les plus reculées, pour avoir une meilleure compréhension de leurs attentes, de leurs problèmes, voir tout ce qui avait été fait par le gouvernement et par les différentes organisations non gouvernementales, dont celles que je présidais, pour mieux connaître aussi mon pays, mes compatriotes et leurs diverses cultures. À Téhéran, bien que submergée de rapports, je ne pouvais encore toucher la réalité du doigt, m'entretenir directement avec les paysans, les ouvriers, les fonctionnaires, tous ces gens qui travaillaient loin de la capitale pour le développement du pays.

La Révolution blanche était en marche, elle suscitait des espoirs supplémentaires, d'inévitables frustrations, et ces voyages étaient pour moi l'occasion de recueillir ces multiples réactions et d'en faire part au roi. Lui aussi voyageait, mais je disposais de plus de temps que lui, qui devait se partager entre les affaires internationales et la politique intérieure. Je me considérais en outre comme sa meilleure ambassadrice pour lui rapporter fidèlement ce qu'on disait loin de Téhéran et ce qu'était réellement la vie dans les provinces. Dans tous les pays, c'est le même phénomène : certains ministres et fonctionnaires aiment à rapporter plutôt le bon côté des choses et préfèrent souvent cacher telle ou telle vérité de peur de froisser le premier personnage de l'État. Et puis ce qui va bien les valoriser, et valorise leur fonction, tandis que le contraire peut éventuellement les mettre en cause. Moi, je pouvais tout dire, et il était de mon devoir de le faire, tant vis-à-vis de mes compatriotes que de mon mari.

Le choix de me rendre dans telle région plutôt que dans telle autre dépendait en grande partie du courrier que je recevais — quatre-vingt mille lettres par mois en moyenne, que dépouillait mon bureau — et de ce que me confiaient les personnes que je rencontrais. De mon désir aussi, bien sûr, de visiter une région que je ne connaissais pas. Ou de l'avis du roi, ou encore de celui du gouvernement. Les gens avaient rapidement compris que j'étais attentive à leurs souffrances et ils n'hésitaient pas à me solliciter. L'analyse des lettres permettait de sérier les problèmes et d'établir les attentes selon les régions. J'en parlais ensuite aux ministres concernés et, si je sentais qu'en effet ma venue sur place pouvait être bénéfique pour tout le monde, je lançais la préparation de mon déplacement. Les ministres impliqués m'accompagnaient généralement, ainsi que les directeurs des ONG et des universitaires experts en tel ou tel domaine intéressant la province où nous nous rendions. J'avais aussi toujours à mon côté mon chef de cabinet, Karim Pacha Bahadori, qui organisait tout, auquel devait succéder plus tard Houchang Nahavandi.

Malgré la fatigue et les émotions, je peux dire aujourd'hui que ces rencontres avec mes compatriotes d'Azerbaïdjan au Khorasan, du Guilan au golfe Persique, du Kurdistan au Baloutchistan, sans oublier ceux des plateaux désertiques du Centre, figurent parmi les plus beaux souvenirs de ma vie de reine. L'émotion était là d'emblée, dès mon entrée dans ces villages ou ces villes. On avait mis généralement à ma disposition une voiture découverte pour que la foule pût me voir, me saluer, et réciproquement. Bien des gens qui s'étaient massés le long des rues, sur mon passage, m'avaient écrit pour me demander de venir. Maintenant, j'étais là. Non seulement ils laissaient exploser leur joie, mais ils voulaient me toucher, m'embrasser.

D'autres entendaient me remettre une lettre en main propre, car c'est une coutume de donner directement sa requête au roi ou à la reine, et puis ils n'avaient peut-être pas confiance dans les fonctionnaires de l'administration pour me transmettre leur courrier.

Cela occasionnait chaque fois ces mêmes scènes émouvantes qui en même temps me broyaient le cœur : ils se jetaient sur ma voiture, bravant la vitesse et surtout les motards de la Garde impériale qui m'escortaient, pour avoir une chance de m'approcher de tout près. Je suppliais le chauffeur de rouler au pas – j'avais tellement peur de provoquer un accident –, mais la Sécurité de son côté redoutait qu'un fanatique quelconque n'en profite pour m'agresser. Pour dissuader les gens de sortir du rang, les motards faisaient hurler leurs moteurs, et ces rugissements incessants pendant de longs trajets, plusieurs jours durant, associés à ma crainte permanente d'un accident, me décrochaient le cœur littéralement. À tel point que je finis par demander à la Garde de changer de motos... Plus sérieusement, comprenant que beaucoup étaient prêts à risquer leur vie pour me donner leurs lettres, je priai par la suite des femmes de mon entourage de me précéder, ou de me suivre, à bord de jeeps découvertes, à seule fin de ramasser les lettres. Petit à petit, cela se sut, et les villageois, confiants, remirent plus sereinement leurs courriers à ces dames.

Les hommes de la Sécurité avaient énormément de mal à supporter ma façon de voyager. Aussitôt descendue de voiture, je souhaitais parler vraiment avec la population qui m'attendait, prendre le temps d'écouter les uns et les autres et, invariablement, des femmes se jetaient à mon cou, m'embrassaient, me pressaient contre elles. Empêcher les policiers de les ceinturer, leur ordonner, parfois vivement, de me laisser faire ma tâche comme je l'entendais, me demandait une énergie constante. Le soir, je m'excusais auprès d'eux, j'essayais de leur expliquer combien étaient importants pour moi ces échanges informels, directs, sincères. Je leur disais :

— Je peux comprendre que vous protégiez le roi de cette façon, on ne peut pas prendre le risque qu'il lui arrive quoi que ce soit, mais moi c'est différent, je ne suis pas indispensable à l'avenir du pays et si je dois mourir assassinée, eh bien, je préfère que ça soit dans l'exercice de ma fonction. Par pitié, laissez-moi exercer mon métier comme je le veux...

Ils acquiesçaient, mais le lendemain ils recommençaient et je me remettais en colère... J'imagine que c'est le même phénomène dans tous les pays avec les services de sécurité.

Ensuite, je présidais des réunions de travail avec le gouverneur, les maires, les représentants de telle ou telle catégorie de la population. Quand les ministres étaient là, ils entendaient de leurs propres oreilles, mais je demandais de toute façon à mon chef de cabinet de tout noter. Ici, ils sollicitaient l'eau potable, l'ouverture d'une route ; là, un bâtiment scolaire digne de ce nom et un bain public ; ailleurs encore, une antenne médicale. Ce qui me bouleversait chaque fois, c'est qu'en dépit de leur dénuement je percevais leur amour pour le roi, et ils me manifestaient également une grande affection. Ils me priaient de transmettre au souverain combien ils pensaient à lui. J'avais le sentiment qu'ils étaient conscients de l'engagement total du roi pour l'Iran, conscients qu'il faisait l'impossible pour les soulager mais qu'on ne pouvait pas combler du jour au lendemain un retard de plusieurs siècles.

Jamais, durant ces voyages, je n'entendis s'exprimer l'opposition des religieux à l'émancipation de la femme, ou à la réforme agraire. Partout ces mollahs [1], qui devaient plus tard plonger le pays dans la guerre et l'obscurantisme, m'accueillirent avec des mots élogieux pour mes œuvres sociales, et des sourires que je croyais sincères. Certains l'étaient sans doute. Les chefs religieux chiites ne me serraient pas la main, mais les sunnites le faisaient. Tous me sollicitaient surtout pour la restauration des Lieux saints. Ils connaissaient l'intérêt que je portais à ces sanctuaires, où j'éprouvais le désir de me recueillir.

Selon les régions, je me déplaçais à bord d'un petit avion à hélices, d'un hélicoptère, en voiture, ou même en bus si les

---

1. Les représentants des minorités religieuses étaient également présents pour m'accueillir lors de ces voyages.

routes le permettaient. Nous touchions parfois des villages encore si démunis que des mères profitaient de mon passage pour me demander un secours immédiat. Plusieurs fois, je pus ainsi mettre l'hélicoptère ou l'avion à disposition de ces mamans pour transporter vers l'hôpital le plus proche un fils malade, un mari blessé, ou un enfant handicapé. J'étais consciente, naturellement, qu'après mon départ le même dénuement prévaudrait. Mais au moins l'espoir était là : les jeunes conscrits des différentes armées gagnaient peu à peu tout le pays, et nous formions de plus en plus de médecins.

Il m'arrivait de partir pour plus de dix jours, comme en Azerbaïdjan et au Kurdistan, faisant halte dans chaque village ou presque. Apprenant que j'allais passer, les gens accouraient au bord des petites routes pour me saluer. Parfois, je baissais seulement la glace pour agiter le bras, mais souvent leur joie était si touchante que je demandais au chauffeur de s'arrêter un instant. Alors, je ne parvenais plus à repartir, ils avaient mille choses à me dire, ils ne pouvaient pas entendre qu'on m'attendait plus loin, que mon emploi du temps était extrêmement chargé... Et plus loin, en effet, la foule était là, les visages lumineux, les familles en habits de fête, et ces échanges pleins de sympathie et de mots justes reprenaient.

Rencontres, réunions de travail, visites se succédaient toute la journée. Et je devais impérativement demeurer disponible, attentive, à l'écoute du moindre détail. J'étais si épuisée parfois que je m'allongeais par terre pendant cinq ou dix minutes, les jambes au mur, pour faire circuler le sang et recouvrer un peu d'énergie. Cela me permettait de prendre mieux conscience de ce qu'enduraient les femmes de ces villages qui, en plus de toutes leurs difficultés, devaient parfois marcher plusieurs kilomètres pour aller chercher de l'eau. Grâce à Dieu, j'avais la santé pour mener ces marathons.

Le soir, s'il n'y avait pas de réception officielle, je dînais avec les personnes qui m'accompagnaient, nous tirions les leçons de tous ces échanges et ensuite nous nous détendions. Souvent, connaissant mon goût pour la poésie et la musique, le gouverneur organisait un dîner dans un jardin ou au bord d'une rivière, et assis sur des tapis nous écoutions des personnes nous lire Hafez, Ferdowsi ou un autre de nos merveilleux poètes. Ou nous écoutions la musique traditionnelle de la région. Cela ravissait également le directeur du Lion-et-Soleil rouge, le docteur Hossein Khatibi, qui la plupart du temps m'accompagnait car la Croix-Rouge iranienne avait des centres pratiquement partout [1].

Le docteur Khatibi était un homme extraordinaire, très cultivé, capable de réciter de mémoire des poèmes qui louaient la beauté des régions que nous traversions, ou qui illustraient merveilleusement les situations que nous vivions. Le ministre des Finances et futur Premier ministre, Jamshid Amouzegâr, qui se joignait parfois à nous, avait le même talent étonnant. D'autres soirs, je proposais ces jeux de société que j'aimais beaucoup, comme les devinettes. Et alors je voyais ces messieurs tellement sérieux, le général de la place, le ministre de l'Agriculture, le gouverneur, se décontracter complètement, retrouver leurs réflexes d'enfants et pouffer de rire. J'étais la première à m'amuser. Le travail en commun, l'enthousiasme, la fatigue créaient cette complicité qui abolissait momentanément les règles protocolaires.

J'aimais l'imprévu dans ces voyages, ce qui surgissait sans qu'on s'y attende, car alors j'avais la certitude d'atteindre l'Iran profond. Quand je me déplaçais en hélicoptère et que nous survolions un village, une oasis, un paysage qui soudain provoquait en moi une émotion particulière, je demandais au pilote de se poser. Une fois, encore en Azerbaïdjan, j'avais dû insister pour qu'il atterrisse en bordure d'un lac teinté d'une grande poésie. L'endroit était absolument désert et le pilote ne comprenait pas ce qui m'y attirait. Or à peine étions-nous posés que nous vîmes accourir des collines des femmes, des enfants, et puis des cavaliers. Nous étions, les uns et les autres, éblouis de nous découvrir là. Eux n'en croyaient pas leurs yeux : j'étais véritable-

---

1. La princesse Shams, sœur du roi, présidait le Lion-et-Soleil rouge.

ment tombée du ciel dans le dernier lieu où l'on m'aurait attendue! Et moi, j'étais si heureuse de cette rencontre laissée aux bons soins du hasard... Un quart d'heure plus tôt, ni eux ni moi ne la préparions, et à présent nous étions face à face. Certains hommes s'agenouillèrent, mais les femmes pour la plupart laissèrent éclater leur joie. Ce fut un moment magnifique qui effaça d'un coup toutes les fatigues. Elles m'embrassèrent, me pressèrent sur leur cœur comme si j'étais l'une d'entre elles de retour au pays. Beaucoup me recouvraient la tête de leur voile, dans ce geste familier de chez nous, et leur salive sur mes joues était comme une marque vivante de leur affection.

Une autre fois, dans le Guilan, comme nous survolions des bâtiments en construction, le gouverneur qui m'accompagnait me glissa à l'oreille :

— Ici, nous avons fait une ferme modèle pour l'élevage des vers à soie, avec l'aide des Japonais.

— Eh bien, allons voir !

— Mais ça n'est pas prévu, Majesté, personne ne nous attend...

— Justement, les gens sont là, en train de travailler, faisons-leur cette surprise !

L'hélicoptère se pose, tant bien que mal, à proximité de la ferme. Et soudain, les gens réalisent que je suis dedans. Aussitôt, c'est une incroyable ruée vers nous, hommes et femmes affluent de partout. Entre-temps, un ouvrier nous a prêté sa jeep pour nous permettre de gagner la ferme. Mais maintenant, une foule en délire se presse autour de la voiture, ce sont des cris de joie – « Vive le roi ! Vive le roi ! » –, des mains qui se tendent, si bien que nous ne pouvons ni avancer ni reculer. Debout, couvert comme moi de la poussière blanche qu'a soulevée l'hélicoptère, le pauvre gouverneur s'égosille en vain. Les gens ne sont manifestement pas pressés de nous voir partir, trop heureux de me retenir là. Déjà, nous échangeons quelques mots et, une fois encore, j'entends leur affection et je veux moi aussi leur dire combien ils me sont chers, leur dire que je transmettrai leurs salutations et leurs vœux au roi. Enfin, le pilote convainc quelques hommes de se joindre au gouverneur pour nous ouvrir la route. Nous avançons pas à pas au milieu d'une marée humaine où je ne distingue que des visages épanouis, amis. Parvenus aux bâtiments, on tente d'en fermer les grilles derrière moi pour éviter que toute la population ne s'y engouffre. Peine perdue : aussitôt closes, les grilles s'effondrent sous la poussée de la foule...

En moi-même, je commence à me dire que le gouverneur avait peut-être raison de me mettre en garde contre les aléas d'une escale non préparée. Je n'ai pas peur pour moi, mais pour eux, dont le nombre et l'exaltation ne cessent de croître. Du coup, j'écourte ma visite et, en prenant mille précautions, nous parvenons à regagner l'hélicoptère. Mais là, impossible de décoller. Ils se pressent jusque sous les pales, inconscients du danger. Le gouverneur les supplie de reculer ; eux, comme au spectacle, continuent de scander le nom du roi.

Alors, debout sur le marchepied de l'appareil, je raconte ce moment que nous venons de vivre ensemble, je leur dis combien leurs sentiments me touchent, combien j'aimerais pouvoir multiplier ces échanges naturels, être plus souvent dans les villages, parmi les familles, dans les usines... « Et maintenant, je vous demande de reculer et de vous asseoir, qu'aucun accident ne vienne assombrir cette rencontre. »

Ils ont compris, ils obéissent, et nous décollons au-dessus d'une forêt de bras et de foulards qui s'agitent en tous sens.

La vérité de ces moments m'était précieuse, ils justifiaient le travail acharné, parfois décourageant et ingrat, que mon mari menait à Téhéran. Ils étaient la preuve que chacune des initiatives du gouvernement finissait par atteindre son but lointain, puisque ces gens croyaient en leur souverain.

Je garde le souvenir ému de certaines de ces rencontres insolites. Un jour, je conduisais moi-même une petite jeep, simplement accompagnée d'une collaboratrice et de quelques gardes dans une autre voiture. Nous dépassons une femme qui marchait au bord de la route, assez lourdement chargée. Je m'arrête et lui demande si je peux la déposer quelque part. Elle ne me reconnaît pas et nous pouvons bavarder simplement. Elle me raconte les difficultés de sa vie, avec gravité mais sans amertume. Nous étions à Babol, au nord du pays. Après un moment, elle s'enquiert de savoir où je vais, qui je suis. Je le lui dis, naturellement, et cette femme qui souffrait encore de la pauvreté au quotidien – nous étions au milieu des années 60 – me prend la main avec une telle chaleur, une telle ferveur, que ce geste vaut tous les mots qu'elle ne trouvait pas. Elle n'avait pas de maison et je devais l'aider peu après à en acheter une.

Une autre fois, j'entre par hasard dans une minuscule boutique de bonbons dans la ville de Dezful. C'est un soir, je n'ai qu'une amie avec moi (deux hommes de la Sécurité nous suivent) et, simplement habillées, nous pouvons passer pour des citadines en vacances. La marchande de bonbons raconte sans difficulté sa vie déjà longue. Elle a travaillé dans un hammam, connu l'insécurité des débuts de la dynastie, et soudain elle dit : « Je remercie chaque jour Dieu et notre roi de nous avoir apporté la sécurité, chaque matin, je viens travailler très tôt et jamais personne ne m'inquiète... » Alors, un de ses voisins entre, un jeune sergent qui habite au-dessus de la boutique. Pendant un moment, il nous écoute et, brusquement, il me reconnaît. Il est confus, notre hôtesse aussi bien sûr, mais je m'efforce de conserver le ton simple et familier que nous avions un instant plus tôt. Petit à petit, le jeune homme se laisse aller à parler, si bien qu'il en vient à me demander si j'accepterais de prendre une tasse de thé chez lui.

— Avec beaucoup de plaisir, dis-je

C'est une pièce unique où sa femme et ses enfants dorment sur un matelas à même le sol. Il réveille sa jeune épouse. Ça n'est sûrement pas une situation facile d'être ainsi tirée du sommeil pour m'accueillir. Mais nous nous embrassons et je m'assois avec eux autour du samovar. Elle parle des enfants, lui parle volontiers de son travail dans l'armée. Ils sont l'un et l'autre d'Azerbaïdjan et aimeraient pouvoir y retourner. Voilà au moins un vœu que j'ai le pouvoir d'exaucer sans remuer ciel et terre...

Un autre soir, alors que je me trouve à Racht, je frappe au hasard à la porte d'une maison. Là, tout de suite, on me reconnaît, et c'est aussitôt l'excitation. En quelques minutes, la nouvelle fait le tour du village et bientôt les gens enjambent les palissades et se pressent sous le porche. Chacun veut me dire ce qu'il a sur le cœur, ce qui ne va pas, ce qu'il faudrait faire, et ceux qui n'osent pas parler accourent avec des lettres... L'un veut envoyer son fils faire des études à l'étranger et me demande de lui obtenir une bourse. Un jeune homme insiste pour me voir en privé : il se pique à l'héroïne et me supplie de le faire hospitaliser. Une femme n'en peut plus de la violence de son mari...

Les gens connaissaient aussi l'intérêt que je portais à notre patrimoine et, au cours de chaque visite, ils tâchaient de m'entraîner vers des trésors enfouis que même les spécialistes du ministère de la Culture ignoraient. Je visitais le bazar et on me disait : « Farah, Farah, venez par là... » Ou : « Shahbanou, venez voir dans quel état est la tombe de notre poète... Il faut faire quelque chose, il faut nous aider à la restaurer... » Je sentais combien c'était important de faire ce geste, parce que ce poète était la fierté de leur petite ville, le symbole culturel qui les unissait et dont ils souhaitaient transmettre le respect à leurs enfants.

Parfois, si nous n'étions pas trop loin du désert, je demandais à y aller le soir. Le désert est un lieu de grâce, de méditation, en marge du monde, et, après l'intensité des journées, j'avais besoin de son silence pour retrouver une certaine sérénité. On faisait un feu et on regardait inlassablement l'immensité du ciel, le spectacle féerique des étoiles qui, dans le désert, et seulement là, semblent soudain s'abîmer à quelques centaines de mètres du voyageur... Un de mes grands regrets est de n'avoir pas pris le temps de traverser ce désert à dos de chameau, comme j'en rêvais, et d'accompagner les nomades pendant quelques jours au fil de leur transhumance. Je me disais que j'aurais le loisir de le faire plus tard et, année après année, je repoussais ce projet... On aspirait constamment à trouver la fraîcheur, les paysages verdoyants, et aujourd'hui, vivant aux États-Unis et en Europe, les montagnes rocheuses et arides du désert me manquent cruellement. Même la poussière et les mouches me manquent. Même l'odeur de l'essence, si présente en Iran, me manque.

J'aurais voulu pouvoir revêtir en certaines occasions le costume traditionnel des régions que je visitais. J'en ai eu constamment le désir, mais je n'ai pas osé, par crainte peut-être que cela ne soit mal interprété. Aujourd'hui, je me dis que m'habiller comme toutes ces femmes qui me fêtaient aurait été la plus belle façon de leur signifier combien je me sentais l'une d'entre elles, combien je me sentais iranienne... On ne se sépare jamais de ce sentiment d'appartenance à une communauté et chaque jour, dans l'exil, tel ou tel détail de la vie quotidienne vient douloureusement me rappeler que je ne suis plus parmi les miens, que mes racines sont restées en Iran. Le bruissement des ailes d'un pigeon dans une cour d'immeuble me ramène à Téhéran, comme les parfums du chèvrefeuille, du lilas, attrapés au hasard d'une promenade... Un morceau de fromage blanc sur une tranche de pain avec une feuille de menthe, ou quelques abricots qu'une amie me rapporte de chez nous me précipitent dans une indicible nostalgie. Et le thé brûlant absorbé en croquant des mûres !... Quand ces mûres ont séché au soleil, elles gardent un peu de sable qui crisse sous la dent. J'ai croqué récemment de ces petits fruits de chez nous que le roi et moi aimions tellement, l'un renfermait du sable justement et j'ai bien cru m'être cassé une dent, mais, dans le même temps, une onde de bonheur m'a submergée à l'idée que je venais d'avaler un peu de terre d'Iran...

Je rentrais de ces voyages pleine d'énergie et de confiance en l'avenir. Tous ces Iraniens si dignes malgré les difficultés, si intègres, si clairvoyants aussi sur ce qu'il convenait d'entreprendre, étaient des exemples de courage. Il me suffisait de repenser à telle ou telle femme rencontrée, à tel ou tel père de famille, ouvrier, paysan, soldat, pour retrouver le sourire.

La place des femmes dans notre société, et en particulier au sein de la famille, me préoccupa constamment. Beaucoup d'entre elles militaient depuis des années pour la reconnaissance de leurs droits. Je pense en particulier à Hadjar Tarbiate qui se battit pour la condition féminine sous Reza Shâh, ou encore à Mahnaz Afkhani qui fut la première ministre de la Condition féminine. À présent, nous étions l'un des rares pays musulmans à disposer d'une législation faisant de la femme l'égale de l'homme, mais on sait combien le fossé peut être profond entre l'esprit des lois et la pratique !

Certes, les femmes avaient le droit de vote et celui d'être élues, celui de faire des études, d'accéder à l'université et d'entrer dans la carrière de leur choix, mais que signifiaient ces ouvertures loin des villes, dans une société rurale encore en grande partie illettrée et traditionnelle ? Aux yeux de bon nombre de paysans, elles ne signifiaient rien encore. Dans la plupart des villages, le mollah demeurait la seule autorité morale et les efforts du gouvernement, relayés par les différentes associations de défense des droits de la femme, pour faire entendre une autre voix se heurtaient à de grandes difficultés. Les jeunes filles voulaient aller à l'école, les femmes attendaient ces réformes, mais les hommes traînaient les pieds. Dans ce contexte ô combien difficile, les femmes, de plus en plus nombreuses, prirent l'habitude de se tourner vers moi. En me nommant régente, puis en me couronnant, le roi leur avait clairement indiqué le chemin, et il leur était sûrement plus facile de confier leurs souffrances à une autre femme plutôt que de se plaindre au souverain lui-même, ou aux agents de l'administration.

Beaucoup me confiaient leur détresse, en tête-à-tête ou par courrier, d'avoir été rejetées au profit d'une épouse plus jeune. Que devaient-elles faire ? En théorie, elles auraient pu exiger le divorce, la polygamie étant désormais interdite. Mais les choses n'étaient pas si claires car, sous la pression des religieux, le législateur avait dû maintenir une forme restreinte de polygamie : si la première épouse ne pouvait pas avoir d'enfant, ou si elle était gravement malade, le mari pouvait prendre une seconde femme avec l'accord de la première...

Le divorce, en dépit de la loi, avait bien du mal à servir également les deux sexes. Longtemps, il avait été le seul apanage de l'homme qui pouvait répudier sa femme sans que celle-ci soit même consultée. La malheureuse apprenait souvent par un simple courrier que son mariage avait été rompu. Désormais, la femme pouvait également demander le divorce, et la loi avait institué des tribunaux familiaux où les deux époux étaient en théorie admis à s'expliquer. Or que pouvaient les tribunaux contre le sentiment de la toute-puissance des hommes qu'exprimaient la plupart de mes interlocutrices ?

En outre, tout n'avait pas été réformé, et par exemple la loi continuait d'exiger que la femme disposât d'une autorisation écrite de son mari pour voyager, exactement comme un enfant mineur. On imagine dans quelle situation humiliante, ou grotesque, cela plaçait certaines femmes professeurs d'université, avocates ou ingénieurs... J'en parlais à mon mari, aux ministres concernés, mais c'était un des multiples sujets de friction avec les religieux qui voyaient là une façon de maintenir juridiquement la dépendance de la femme... Nous voulions aller de l'avant, j'y tenais particulièrement pour les femmes ; toutefois, nous devions être attentifs aux mentalités, veiller à ne pas bouleverser violemment des habitudes solidement ancrées, attentifs à ne pas choquer, et j'essayais de proposer des aménagements pour chaque situation. Beaucoup d'autres femmes œuvraient dans le même sens, et en particulier la princesse Ashraf qui fédérait les associations féminines et fit beaucoup pour le respect des femmes.

L'Armée du savoir, constituée au départ de conscrits volontaires pour partir enseigner dans les campagnes, accueillit bientôt autant d'étudiantes que d'hommes. L'idée m'en avait été suggérée par des jeunes filles au cours d'un déjeuner à l'université Pahlavi de Chiraz. « Pourquoi ne pourrions-nous pas, nous aussi, participer à l'alphabétisation ? » me dirent-elles. Elles avaient raison, doublement raison, car dans certaines régions nous nous heurtions alors au refus des parents d'envoyer leurs filles à l'école si le professeur était un homme. L'Armée féminine du savoir, dont mon mari accepta l'idée avec enthousiasme, devait nous permettre de résoudre notamment cette difficulté.

Je dis notamment, car ces jeunes femmes nous servirent également de relais lorsqu'on tenta de faire entrer le planning familial dans les mentalités. Le gouvernement avait consulté les religieux et ils s'y étaient opposés, avant d'y consentir par une fatwa. Au lendemain de la Révolution islamique, cependant, ils devaient supprimer le planning familial, prétendant que le roi avait fait cela dans le seul but de diminuer le nombre de musulmans... Puis, devant la montée inquiétante des naissances, ils rétablirent le planning familial. Mais revenons à notre époque : le consentement des religieux obtenu, il restait à faire l'essentiel : convaincre les populations rurales que la régulation des naissances leur apporterait une vie meilleure, ainsi qu'à tout le pays. Les circonstances les poussaient à penser exactement le contraire : plus nous faisons d'enfants, assuraient-ils, plus nous avons de main-d'œuvre. Certains me disaient aussi : ils feront des soldats pour le prince héritier. Ils n'envisageaient ni les progrès de la mécanisation ni un avenir différent pour leurs enfants grâce à la scolarisation en marche et aux progrès en matière de santé et d'assurance sociale.

C'était à nous de le leur faire comprendre, à nous de les informer. Pour l'heure, la mortalité infantile semblait plutôt plaider en leur faveur – alors qu'elle devait rapidement diminuer grâce à l'Armée de l'hygiène, à l'implantation de dispensaires, à la vaccination et à l'alimentation gratuite dans les écoles. La menace de la polygamie allait dans le même sens, les femmes accouchant chaque année de crainte que le mari n'allât, sinon, prendre une deuxième épouse... On le voit, les explications sur la modernisation du pays étaient absolument indispensables.

176

Une des femmes qui a beaucoup œuvré pour faire évoluer les mentalités fut, sans aucun doute, Mme Farrokhrou Parsa, ministre de l'Éducation nationale. Sa propre mère avait été une des pionnières de l'émancipation des femmes. J'avais connu Mme Farrokhrou Parsa à l'école Jeanne-d'Arc où elle avait été mon professeur de sciences naturelles. Elle était par ailleurs médecin, profondément convaincue par cette double mission d'éduquer et de soigner. Devenue reine, mon amitié et mon estime pour elle se renforcèrent à l'épreuve du travail. J'évoque aujourd'hui sa mémoire avec émotion et chagrin. Sachant le rôle qu'elle avait joué, pour le respect des femmes en particulier, les mollahs la condamnèrent à mort et la fusillèrent d'une façon que je ne peux décrire sans éprouver un sentiment de honte – honte que des Iraniens aient pu faire cela : ils l'enfermèrent dans un sac de jute pour que, tombant sous les balles, son corps ne pût pas exciter la convoitise de ses assassins... Des milliers de femmes furent exécutées de cette façon et certaines, qui étaient vierges, furent violées auparavant, parce que les vierges, disent les textes religieux, vont au paradis [1]

Le malheur des orphelins fut une autre de mes tâches. J'avais pris la présidence de l'organisation qui avait en charge ces enfants – nous en comptions près de dix mille à travers tout le pays – et, outre la directrice, Fatemeh Khozeimé Alam, ma principale collaboratrice était ma mère. Cette organisation, qui existait depuis de nombreuses années, ne possédait pas suffisamment de centres dans les différentes régions du pays pour les héberger tous, et notre première préoccupation fut d'en construire. Puis nous nous rendîmes compte qu'à l'exception des directrices, les femmes qui travaillaient dans ces centres n'avaient pas de formation particulière. Les enfants étaient nourris et vêtus, bien soignés, mais ils n'étaient pas suffisamment soutenus psychologiquement.

---

1 Voir en annexe la situation des femmes en Iran sous la monarchie.

Nous entreprîmes donc de former des jeunes au métier d'éducatrice et d'éducateur. La France nous apporta une aide précieuse pour créer une école spécialisée. Et beaucoup de bénévoles, à travers tout le pays, nous offrirent leur concours pour prendre en charge certains enfants, pour les gâter un peu. D'autres Iraniens, plus fortunés, nous firent don de terrains ou de bâtiments pour subvenir à nos besoins, qui étaient immenses.

À chacune de mes visites à ces enfants, je sentais combien ils avaient besoin qu'on les reconnaisse en tant qu'individus, qu'on les distingue du groupe. Les petites filles couraient vers moi et me disaient : « Je m'appelle Unetelle. » Or l'uniforme les rendait tous semblables et, bien souvent, les petits garçons étaient tondus à cause des poux. Leurs regards me déchiraient le cœur. Il fallait abandonner l'uniforme, faire comprendre au personnel que chaque enfant est un être à part qui a besoin de respect pour s'épanouir. C'était un changement de mentalité qui nécessitait de patients efforts d'explication.

Au début, lorsque j'arrivais dans certains centres, je sentais parfois qu'on avait tout arrangé pour me recevoir, tout nettoyé, et soigneusement caché ce qui n'allait pas, jusqu'aux enfants malades ou en pleine détresse, qu'on préférait soustraire à mon regard. C'était compréhensible, mais cela nous valut quelques échanges vifs parfois. « Si je prends la peine de voyager, de venir de si loin, disais-je au personnel, ce n'est pas pour que vous me dissimuliez les situations les plus douloureuses, ou ce qui ne fonctionne pas. Je suis là pour vous aider et donc je veux voir, au contraire, vos difficultés quotidiennes. Et puis vis-à-vis des enfants c'est très mauvais... Pensez-vous qu'ils ne voient pas que vous me mentez ? » Leur faire entendre que, toute reine que je fusse, j'avais besoin, pour prendre les bonnes décisions, de me frotter à la réalité, cela aussi était un changement de mentalité.

Lorsque nous parvînmes, après quelques années, à posséder des foyers dignes de ce nom où les enfants étaient aussi épanouis qu'ils pouvaient l'être – ils étaient scolarisés comme les autres et la suppression de l'uniforme avait facilité leur intégration –, nous envisageâmes l'étape suivante : créer des centres de vacances qui leur permettraient de découvrir une autre région du pays et, surtout, les activités culturelles et sportives auxquelles ils n'avaient pas eu droit jusqu'à présent. Une fois de plus, j'allai tirer les sonnettes. Un monsieur nous offrit un terrain magnifique à Shemirân, non loin du palais de Niâvarân, et avec l'argent recueilli nous pûmes construire nos deux premiers sites de vacances, l'un sur ce terrain, l'autre au bord de la mer Caspienne.

Je veillai personnellement à l'architecture et aux aménagements intérieurs de ces bâtiments. Les architectes que nous avions retenus étaient sensibles et très concernés par les enfants. Je garde en mémoire nos discussions passionnées sur chaque détail : la bonne proportion des chambres, la couleur des lits, l'exposition de la cuisine de façon qu'en épluchant les pommes de terre le cuisinier pût également profiter du spectacle de la mer, etc. Pour la plupart, ils me le confirmèrent à chacune de mes visites, les enfants voyaient la mer pour la première fois.

Pour les enfants abandonnés à la naissance, nous avions des centres spécifiques, à Téhéran et dans certaines villes. Les femmes de l'organisation qui le souhaitaient prenaient en charge affectivement un ou deux nouveau-nés. Ma mère avait *ses* enfants sur lesquels elle veillait, comme elle avait veillé sur moi. Quand une occasion se présentait de les donner en adoption à des couples iraniens, ou même étrangers, nous en discutions, nous faisions prendre des renseignements sur les éventuels adoptants et, si ces renseignements étaient bons, nous accordions l'adoption. Nous nous disions : « Si ces petits ont la chance d'aller vivre dans une famille suisse, norvégienne ou danoise, pourquoi la leur refuser ? » Et la directrice de l'organisation, qui était très impliquée, restait en contact avec les parents adoptants.

Plusieurs d'entre eux, devenus européens, m'ont écrit après la Révolution islamique et, avec certains, j'ai correspondu. La plupart sont de jeunes adultes épanouis et heureux aujourd'hui, et cependant, dans un petit coin d'eux-mêmes, ils se sentent

179

encore iraniens. Certains ont très envie de connaître leur pays, d'autres rêvent secrètement de retrouver leurs parents. Je suis le lien qui les attache à cet Iran dont ils n'ont aucun souvenir, un lien maternel, et cela me touche infiniment.

Néanmoins, la grande majorité des enfants abandonnés à la naissance restaient en Iran. Nous tâchions de les aider du mieux possible à entrer dans l'âge adulte. À certains nous fournissions provisoirement des logements, à Téhéran ou ailleurs, à d'autres nous trouvions du travail. Tout le monde faisait un effort. Et quand l'un ou l'une d'entre eux se mariait, c'était une fête.

Le sort des enfants défavorisés préoccupait gouvernements et responsables politiques depuis longtemps. J'avais accepté la présidence de la Société nationale de protection de l'enfance qui avait été créée bien des années plus tôt. Cette organisation possédait un centre pour les handicapés mentaux et menait des recherches pour découvrir les causes de ces retards. Bien souvent, la consanguinité en était la raison et, à cet égard, je garde en mémoire le travail remarquable de la sénatrice Mehr Anguiz Manoutchehrian, qui fit adopter une loi contraignant les jeunes fiancés à passer un examen médical avant le mariage. Cette même femme fut à l'origine de la création des tribunaux pour enfants, et d'une loi sur les prisons interdisant d'incarcérer dans le même espace mineurs et adultes.

Pour les non-voyants, plusieurs écoles avaient été ouvertes pour leur apprendre à lire et à écrire, puis pour faire découvrir la musique à ceux qui avaient des dispositions particulières. Je visitais régulièrement ces centres et j'étais en admiration devant le dévouement et la compétence de tous les professeurs. Notre objectif était évidemment de permettre à ces jeunes de dénicher un travail malgré leur handicap. Beaucoup d'entre eux furent embauchés avec succès comme téléphonistes. La même tâche était menée à l'égard des non-entendants. Un centre avait été inauguré à Téhéran pour leur apprendre à parler grâce à des éducateurs spécialisés. Puis certains d'entre eux purent trouver à s'employer dans les industries les plus bruyantes, ce qui montrait que la société pouvait avoir besoin d'eux.

À tous les jeunes, handicapés ou non, nous voulions donner les moyens de faire du sport – j'étais, entre autres, présidente de la Fédération sportive des non-entendants. Le gouvernement et le roi croyaient beaucoup aux vertus du sport et ils étaient attentifs à ce que chaque ville possédât les équipements indispensables.

13.

La naissance de Leila, le 27 mars 1970, marqua l'accomplissement de notre rêve familial. Nous voulions quatre enfants, Dieu nous les avait donnés, idéalement partagés entre filles et garçons. « Je sens que mon quatrième enfant sera une fille, le roi et moi-même voulons l'appeler Leila », avais-je déclaré dans une interview au tout début de ma grossesse. J'avais conservé cet entretien et, après la naissance de ma petite fille, au comble du bonheur, je l'ai collé dans son carnet. Il s'y trouve encore. Quelques pages plus loin, au 27 mars 1971, pour son premier anniversaire, je peux lire ces quelques mots écrits de ma main : « Caractère adorable, souriante, sociale, fronce le nez pour rire. Rit aux éclats... »

En dépit d'emplois du temps invraisemblables, nous étions parvenus à construire plus ou moins une vie familiale. Elle avait démarré dix ans plus tôt dans l'éblouissement de se découvrir mutuellement amoureux, dans nos goûts communs et le rire partagé, et elle s'était épanouie avec la naissance de Reza qui, en rassérénant le roi sur l'avenir de la dynastie, lui avait ouvert les portes d'un bonheur plein et serein.

Les vacances furent salvatrices pour nous, elles m'apparaissent aujourd'hui comme des escales miraculeuses au milieu d'un océan constamment déchaîné. Enfin, nous nous retrouvions dans une intimité relativement protégée des soucis, des attentes des uns et des autres, de l'intrusion incessante des affaires de l'Iran et du monde dans notre vie quotidienne. Je dis « relativement » car je n'ai jamais vu mon mari, que ce fût au bord de la mer ou aux sports d'hiver, passer une journée sans consacrer tel ou tel moment à une réunion de travail avec le Premier ministre, ou avec les gens de son cabinet, quand il ne recevait pas une personnalité de passage. Et de toute façon, il travaillait tous les matins.

Au fond, nous n'avons jamais pu vivre comme une famille normale, ni consacrer aux enfants autant de temps qu'on l'aurait voulu. Les enfants m'en font aujourd'hui la remarque, avec une certaine compréhension pour nos responsabilités, et si je pouvais revivre ma vie, je leur accorderais plus de temps, à eux comme à mon mari. Pour une mère, le bonheur et l'épanouissement de ses enfants sont les choses les plus importantes, et si j'ai un conseil à donner aux femmes, c'est celui-ci : Quand ce n'est pas essentiel, laissez le travail de côté et soyez disponible pour vos enfants. À la tête d'une multitude d'organisations, j'ai le sentiment d'avoir contribué au bien-être de mes compatriotes – et, ce faisant, je pensais aussi à l'avenir de mes propres enfants dans ce pays –, mais cela ne saurait remplacer l'affection de tous les jours et la disponibilité que j'aurais tellement aimé pouvoir leur donner.

Au début de notre mariage, nous allions en vacances à Babol, sur les bords de la mer Caspienne. Il y avait là un petit palais ancien et très pittoresque, datant de Reza Shâh et situé au milieu d'un parc comme je les aime, foisonnant, débordant de cette végétation propre au Guilan et au Mâzandarân, roseaux, orangers, citronniers... J'aimais m'y promener, y rêver, m'y perdre. Le roi, lui, montait à cheval. Nous jouions ensemble à la pétanque et, le soir, c'étaient ces jeux de société, ces devinettes parfois stupides mais tellement drôles. J'aimais le voir rire, lui, toute l'année si grave et si soucieux. Nous y allions en train, pour une quinzaine de jours, à l'occasion des vacances du Nouvel An iranien, le 21 mars.

L'été, nous nous rendions pour un mois dans une sorte de bungalow sur pilotis à Now Shahr, toujours sur la mer

Caspienne. Cette maison-là n'avait rien d'un palais, elle ne comptait qu'une chambre à coucher, un petit salon dans lequel le roi recevait ses collaborateurs ou ses hôtes, une salle à manger et une véranda couverte où nous déjeunions et où parfois, le soir, nous regardions un film. Il y avait aussi une petite chambre pour la Sécurité et quelques cabines de bain. Non, ça n'était vraiment pas un palais, mais c'est là que nous avons vécu les meilleurs moments de notre vie, là que nous avons été le plus heureux.

Je me rappelle encore l'étonnement du professeur Flandrin, le médecin français du roi, lorsqu'il découvrit notre résidence d'été... Il devait plus tard la décrire en ces termes [1] : « Une petite crique encaissée fermait le port de Now Shahr, sur la gauche de laquelle on entrait après avoir passé un poste, tenu par la Garde impériale quand le monarque était présent : au bout du quai, on arrivait à une bâtisse en bois sans étage, les pieds dans l'eau, comme un local assez banal de maître nageur d'une quelconque plage normande. La première fois que je m'y rendis, c'est là que je vis S.M. au matin, me recevant en maillot de bain et couvert d'un peignoir, dans une pièce aux sièges de bois recouverts de coussins tout à fait simples. Il y avait là peut-être deux ou trois pièces, dont une chambre, tout ceci en accès direct sur l'eau, avec un canot automobile et toutes les facilités pour pratiquer le ski nautique. Bien sûr, je crus d'abord que c'était là le simple local de départ pour ce sport, puis je compris que tout ce que je voyais était et résumait la résidence des vacances princières, plutôt spartiate, et bien loin du château de Chambord. »

C'est vrai, ça n'était qu'une assez pitoyable bâtisse, tout y était de guingois, jusqu'à mon propre lit dont je devais prendre garde de ne pas tomber, et pourtant nous retrouvions là le plaisir simple de partager le quotidien, d'être ensemble.

Comme il n'y avait pas de place pour les enfants, ils logeaient dans une maison sur le littoral. Ali-Reza passa même un été

---

1. Lettres inédites au professeur Jean Bernard, novembre 1987-janvier 1988.

dans une caravane. Quant aux membres de la famille, oncles et tantes, cousins, cousines et amis, ils devaient se rabattre sur les hôtels.

Les journées étaient entièrement vouées aux plaisirs de la mer, et au ski nautique en particulier. Notre exemple et professeur était un de mes beaux-frères, commandant en chef de l'armée de l'air, le général Mohammad Khatami, grand sportif et toujours prêt à tenter l'impossible. Après le monoski et le tremplin, il nous avait initiés au vol, suspendus à ces parachutes ascendants qui vous maintiennent vingt ou trente mètres au-dessus de l'eau! Now Shahr est un port qui accueillait à l'époque beaucoup de cargos soviétiques, la mer n'était pas très propre, mais nous n'étions pas difficiles. Quand j'y songe, aujourd'hui, je me demande comment nous ne sommes pas tous tombés malades.

Plus tard, pour le Nouvel An iranien, nous avons un peu délaissé la mer Caspienne au profit de l'île de Kish dans le golfe Persique, île pratiquement sauvage, magnifique, qui n'hébergeait qu'une petite population locale et un bazar. Le seul bâtiment moderne était à cette époque la station radar qu'avait installée l'armée de l'air. L'intention du gouvernement était de développer l'urbanisation de Kish, puis d'en faire un port franc pour attirer la riche clientèle des Émirats qui venait chez nous pour chasser, mais préférait le Liban pour les autres loisirs. Une première résidence fut construite pour nous, suivie d'un hôtel, d'un casino, d'autres villas et d'un bazar moderne. L'architecture était contemporaine, mais elle épousait bien la physionomie de l'île et l'ancien village fut restauré.

Les enfants avaient grandi et Kish offrait un site idéal pour pratiquer toutes sortes de loisirs sportifs. Nous y découvrîmes ensemble la plongée. Reza et moi étions fascinés par les couleurs et l'harmonie de ce monde sous-marin, et en même temps j'avais une appréhension constante des requins et des serpents de mer. Nous les croisions parfois d'assez près... Mon mari, de son côté, partait pour de grandes randonnées à cheval avec son fils aîné, et parfois avec Farahnaz, très bonne cavalière malgré son jeune âge. Il aimait également la moto et, petit à petit, j'y pris goût moi aussi. J'avais commencé par un scooter, puis je passai à une véritable moto. Avec quelques amis, nous en vînmes même à organiser des courses. La vitesse me grisait, mais je n'étais sans doute pas une pilote extraordinaire et il arriva un jour ce à quoi on pouvait s'attendre : je partis dans le décor, la moto d'un côté et moi de l'autre.

Il n'est pas habituel qu'une souveraine offre ce genre de spectacle et je me rappelle la consternation de mon officier de sécurité. J'étais sonnée, je ne parvenais pas à me redresser, et lui ne songeait, de façon risible, qu'à mon image. « Relevez-vous, Majesté, je vous en prie, me suppliait-il, ça n'est pas bien que les gens vous voient dans cette position ! » De fait, un petit attroupement s'était formé. Comme je devais le lui expliquer un peu plus tard en le priant de m'excuser, les souverains n'en demeurent pas moins des femmes et des hommes dotés d'un cœur et vulnérables aux chocs. Il acquiesça, mais je ne suis pas certaine qu'il me crût. Bien après la Révolution islamique, le lieu de mon accident fut surnommé « le virage de Farah ».

Les vacances à Kish offraient au roi l'occasion de se pencher de plus près sur le fonctionnement de cette région du Golfe. Il rencontrait les représentants de l'administration, visitait les installations de la marine militaire, les implantations industrielles sur le littoral, et pouvait également juger de l'état des pêcheries et de l'agriculture. Le ministre de la Cour, M. Alam, pensait qu'il était important que le roi possédât des résidences dans différentes régions du pays et pût y passer quelques jours, cela pour lui permettre d'inspecter régulièrement les installations de l'État et, dans le même temps, de motiver les autorités locales.

Nous passions donc nos vacances du Nouvel An dans le golfe Persique ; quant aux vacances d'hiver, nous avions le choix entre skier sur les sommets, au-dessus de Téhéran, ou en Suisse, à Saint-Moritz. J'étais opposée à l'idée de posséder quelque résidence que ce fût hors des frontières de l'Iran, opposée aussi à l'idée d'aller prendre nos vacances à l'étranger. À l'heure où nous appelions le pays à se mobiliser pour rattraper son retard, je trouvais maladroit, et peu solidaire, de nous en échapper pour profiter des avantages de l'Europe. La seule exception que je m'autorisai fut Saint-Moritz, deux semaines par an. J'aimais skier dans nos montagnes, naturellement, mais à aucun moment je ne pouvais me laisser aller et me décontracter comme à Saint-Moritz où l'on se mêlait éventuellement aux autres vacanciers. Chez nous, même en combinaison de ski, j'étais malgré moi en représentation, soumise à chaque instant à la curiosité des autres, quand je n'étais pas filmée ou photographiée par nos journalistes...

Et puis, dès lors que nous étions en Iran, je me sentais responsable de tout, du bon fonctionnement de la station au moral des skieurs, de même que de la tenue des employés du remonte-pente, de l'état des pistes et des conditions de vie des habitants. C'était pour moi une tension permanente, comme un prolongement de mon travail. Je me revois, par exemple, veillant à ce que les gens ne se bousculent pas dans la queue, et aussi à ce que mes gardes du corps ne s'arrangent pas, d'une façon ou d'une autre, pour me faire passer devant tout le monde... Oui, Saint-Moritz était une oasis, et j'avais besoin de ce bref décrochage pour tenir mon rôle avec énergie tout le restant de l'année. Nous cessâmes cependant d'y aller à partir de l'hiver 1976, parce que les autorités suisses nous firent savoir qu'elles étaient inquiètes pour notre sécurité. Inquiétude fondée, je devais l'apprendre bien plus tard, après la Révolution islamique : un projet d'attentat contre le roi avait été envisagé par certains responsables du Parti communiste en liaison avec l'extrême gauche terroriste européenne.

Bien sûr, en marge de ces vacances en famille, les enfants avaient leurs propres activités. Très tôt, Reza était entré chez les scouts – le bon souvenir de mes années à la tête des louveteaux avait certainement compté dans notre décision, et puis le roi présidait le mouvement des scouts d'Iran. Reza adorait partir en camp, vivre sous la tente, et les veillées autour du feu. Lui qui avait sans doute secrètement souffert d'être distingué des autres enfants de son âge, observé comme un phénomène, était traité chez les scouts à l'égal des autres. Simplement, sa présence imposait une surveillance policière qui, du coup, prenait en charge toute la troupe. Ce genre de protection était malheureusement indispensable. En 1973, Reza et moi devions échapper de peu à une tentative d'enlèvement alors que nous participions au Festival du film pour enfants. Une dizaine de personnes furent arrêtées, il s'agissait d'un complot monté par l'extrême gauche.

Reza partageait les passions de son père et, après la conduite automobile, il passa aux avions. Il n'avait pas encore treize ans quand son instructeur le jugea capable de piloter seul un Beechcraft F-33C Bonanza. Mon beau-frère, commandant en chef de l'armée de l'air, confirma l'avis de l'instructeur : Reza était parfaitement capable d'embarquer pour un vol en solo. J'étais très inquiète à cette perspective. En même temps, j'étais consciente que ni mon beau-frère ni le moniteur n'auraient pris le moindre risque : s'ils donnaient leur accord pour ce vol, c'est qu'ils étaient absolument sûrs de lui et d'eux-mêmes. Oui, j'en étais convaincue, tout en sachant qu'en matière humaine il demeure toujours une part d'imprévu, à plus forte raison dans l'esprit encore fragile d'un enfant de treize ans. Qu'arriverait-il s'il paniquait soudain ou si, pour une raison ou pour une autre, il perdait le contrôle de son appareil ? Mon beau-frère écartait mes angoisses d'un revers de main – lui-même avait fait voler son propre fils à l'âge de douze ans et demi et cela s'était remarquablement bien passé.

Nous en parlâmes longuement en tête-à-tête avec mon mari. Reza demandait ardemment à faire ce vol et, puisque son cousin germain l'avait fait avant lui, nous n'avions aucune raison de le lui interdire. Le seul argument que nous aurions pu invoquer tenait à sa situation : en tant que prince héritier, il n'avait pas le droit de mettre sa vie en danger. D'un commun accord, nous renonçâmes à cela : Reza se pliait déjà, avec un sens du devoir exceptionnel, à toutes les obligations que lui imposait son rang, il aurait été injuste de le priver de cet exploit sous ce prétexte. Le roi jugea que le débat était clos et donna son autorisation.

L'épreuve fut fixée au surlendemain sur la base militaire. Mon mari, comme à son habitude, apparut grave et serein au petit déjeuner. Parvenus sur la base, nous découvrîmes le petit avion, et puis Reza se présenta en combinaison de vol. Pour moi, c'était une émotion insoutenable de songer qu'il allait décoller seul ! Je tentai de n'en rien laisser paraître. Il me sourit, salua solennellement son père, et disparut jusqu'au cou dans l'habitacle. En fait, dès les premières secondes, sa maîtrise nous rassura. Il s'éleva sans à-coups, avec beaucoup de grâce, et je sentis que mon mari se détendait. Tout son vol fut mené avec la même élégance, comme un ballet cent fois répété, et quand enfin je le vis se positionner en bout de piste pour atterrir, je dus me mordre les joues pour ne pas pleurer. Le roi, lui, arborait ce discret sourire qui trahissait sa fierté, son plaisir secret.

L'histoire de nos fils et des avions ne faisait que commencer, pour le bonheur de leur père, et je ne dirais pas pour mon malheur car j'aimais les entendre échanger leurs impressions, mais ce fut toujours au prix de beaucoup d'angoisse. À seize ans, Reza entreprit de se lancer seul aux commandes d'un avion de chasse américain F-5. Ce premier vol en solo sur un avion à réaction eut lieu à Vahdati, la base militaire de Dezful. Mon mari ne put être présent, mais moi si, bien plus inquiète encore que pour son premier vol trois ans plus tôt. Il réussit toutes les manœuvres merveilleusement, et chacun des officiers qui m'entouraient ainsi que son moniteur l'applaudirent chaleureusement à l'atterrissage. Mais il n'en reçut pas moins un seau d'eau sur la tête, comme le veut la tradition, à sa descente d'avion !

Reza devait ensuite être breveté sur Boeing 707, 737 et 727, ainsi que sur Falcon 20. Il était d'usage, lorsqu'un chef d'État venait en visite officielle en Iran, de faire escorter son appareil par nos avions de chasse dès l'instant où il pénétrait dans notre espace aérien. Je garde en mémoire l'intense fierté de mon mari le jour où Reza se joignit à l'escorte pour accueillir le roi Hussein de Jordanie, et à l'instant en particulier où ce dernier découvrit que le prince héritier venait de voler à son côté...

Puis Ali-Reza, à l'âge de douze ans, prit place à son tour dans le cockpit d'un Beechcraft Bonanza. Pour son premier vol, toute la famille se déplaça. Ses sœurs et son frère étaient aussi émus que nous, chacun sentait bien le côté initiatique de l'épreuve, l'impossibilité d'y échapper, en même temps que la nécessité absolue de la dominer. Ali-Reza était si jeune, si menu, qu'il avait fallu lester son avion avec des sacs de sable. Le vol avait été parfaitement réussi, mais au moment d'atterrir son appareil piqua légèrement du nez. Je me souviens de n'avoir pu retenir une exclamation – « Oh! mon Dieu! » – mais déjà son moniteur, qui restait en contact radio permanent avec lui depuis le sol, lui avait signalé sa mauvaise position, et avec beaucoup de sang-froid Ali-Reza redressa son appareil avant de le poser en souplesse.

En grandissant, Ali-Reza n'avait rien perdu de son espièglerie et de son humour. Il était connu dans le palais pour ses bêtises. Très aimé aussi, parce que c'était toujours drôle. À cinq ou six ans, en pleine réception, il s'était fait surprendre, en pyjama, en train de lancer des boulettes de pain sur la tête des invités depuis les coursives qui dominaient le hall d'entrée! Il est vrai que ses deux aînés l'avaient fait avant lui... À peu près au même âge, comme on refaisait l'étanchéité des terrasses, il s'était plongé jusqu'au cou, et avec délectation, dans un tonneau de goudron... À l'école, il avait également fait scandale en crevant méthodiquement tous les ballons de basket. Choquée, la directrice avait réuni les élèves pour organiser une sorte de procès afin que chacun comprenne combien c'était grave. Mais quand elle lui avait demandé pourquoi il avait troué les ballons, il avait déclenché l'hilarité générale en répliquant : « Personne ne m'avait dit de ne pas les crever! » Vers neuf ou dix ans, sa curiosité pour les armes avait forcé tous les officiers du palais à cacher leur revolver dans un tiroir de leur bureau.

Reza et Ali-Reza m'avaient donné beaucoup d'émotion, avec leur passion pour les avions, mais inconsciemment je devais penser que c'était inévitable de la part de garçons – comme un bien, ou un mal nécessaire, je ne sais pas – car, lorsque Farahnaz me demanda la permission de sauter en parachute, je refusai catégoriquement. Je trouvais qu'on avait assez de deux pilotes à la maison (trois avec mon mari), sans avoir en plus une parachutiste ! Avec le recul du temps, je m'en veux. D'une certaine façon, Farahnaz a payé pour ses frères. J'avais vraiment trop peur, les filles au moins ne me feraient pas trembler ! Farahnaz attendit donc ses trente-cinq ans pour sauter en parachute. Sans ma permission, mais avec les conseils d'Ali-Reza qui pratiquait alors le parachutisme à ouverture différée. Il l'encouragea à sauter en tandem pour limiter les risques.

Elle et, plus tard, Leila me donnaient cette tendresse que les garçons se gardaient bien de laisser transparaître. Je ressentais le besoin de câliner mes enfants, de les prendre dans mes bras, et Farahnaz appréciait. C'était une petite fille conciliante, constamment souriante, étonnamment généreuse, toujours très attentionnée avec le personnel du palais, les gens qui travaillaient pour nous, comme si elle avait eu conscience de leurs difficultés. Dans la rue, s'il lui arrivait de croiser des gens démunis, ou tristes, elle ne restait jamais indifférente, je la sentais émue et troublée. Enfant, elle se postait souvent devant les grilles du palais qui donnaient sur un parc public et elle observait les promeneurs, les enfants, les familles. Elle devait m'avouer qu'elle essaya même à plusieurs reprises de s'enfuir pour aller jouer avec les jeunes de son âge.

Bien plus tard, alors que nous étions exilés et que Farahnaz se trouvait en Suisse, un jeune homme l'aborda dans la rue pour lui dire, avec beaucoup de respect et d'émotion :

« Vous êtes la princesse Farahnaz, n'est-ce pas ? Je me souviens bien de vous, j'étais un des petits garçons avec lesquels vous parliez derrière les grilles du palais... »

Oui, on percevait chez elle le désir constant de se mêler aux autres. Cela se confirma par la suite : après avoir fait des études de psychologie, elle passa son diplôme d'assistante sociale. La détresse n'a jamais cessé de l'émouvoir. À New York, dans les années 80, elle nouait des liens avec les clochards du quartier et leur apportait des vêtements. J'entends même encore Leila lui lancer, à la fois incrédule et amusée : « Tu sais, Farahnaz, j'ai vu un bonhomme dans la rue avec ton pull-over... » Reza, de son côté, souriait tendrement. « Tu as le complexe de Mère Teresa », lui disait-il.

Devenue femme, elle chercha à partir vers les pays les plus pauvres, au service de telle ou telle ONG, mais jamais elle n'y réussit, à cause de son nom. Un responsable de l'Unicef refusa même de la recevoir lorsqu'il apprit qu'elle s'appelait Pahlavi. Cela la blessa profondément et me plongea, moi, dans une grande tristesse : en quoi Farahnaz avait-elle démérité ? N'avait-elle donc pas le droit d'aider son prochain sous prétexte qu'elle était la fille du Shâh d'Iran ?

En attendant de secourir ses semblables, Farahnaz, enfant, ouvrait son cœur aux animaux. Elle pouvait passer des heures à toiletter son chien, à caresser ses souris – ma mère n'osait jamais entrer dans la salle de bains de Farahnaz parce que c'est dans cette pièce qu'elle les avait installées ! Dans un coin reculé du parc, nous avions conservé quelques vaches qu'elle aimait aussi et puis, à intervalles réguliers, nous arrivait à sa grande joie un nouveau pensionnaire, cadeau d'un chef d'État. Ainsi, à un moment, nous eûmes un petit lion de Thoiry, offert à Reza par le parc, et qui enchantait autant le roi que Farahnaz. Je me souviens également d'un renard qui n'apparaissait qu'aux heures des repas et était presque apprivoisé.

Mon mari se laissait plus facilement aller à la tendresse avec ses filles qu'avec ses garçons, qu'au fond de lui il devait souhaiter à son image. Farahnaz, qui avait pour lui une affection et une admiration sans bornes, le comblait. J'aimais les entendre bavarder tous les deux, elle l'interrogeait sur tel ou tel de ses visiteurs qu'elle avait croisé et son père lui expliquait qui était cet homme. Farahnaz acquiesçait gravement.

L'arrivée de Leila nous replongea tous dans l'émerveillement des débuts de la vie. Le roi venait de fêter ses cinquante ans, le pays s'éveillait résolument, jamais il ne s'était trouvé dans une situation aussi prometteuse ; cette quatrième enfant, pensons-nous, connaîtrait donc l'Iran que nous voulions pour demain : moderne et ouvert sur le monde.

14.

Enfant, mon mari avait connu l'Iran sous le pouvoir économique et politique de puissances étrangères, en tête desquelles caracolait la Grande-Bretagne, qui exploitait notre pétrole. Il avait assisté à la restauration de l'identité nationale, menée d'une volonté de fer par son père, Reza Shâh. Cependant, lorsqu'il lui succéda en septembre 1941, tout semblait à recommencer, puisque à la faveur de la Seconde Guerre mondiale les troupes britanniques et soviétiques venaient d'envahir l'Iran... Qui se souciait, sur l'échiquier international, de ce souverain de vingt et un ans, sans expérience, et régnant sur un pays dont les Alliés avaient fait une base arrière pour soutenir l'effort de guerre de l'URSS ?

Au XIXe siècle, et jusqu'au début du XXe, la Russie tsariste avait disputé à l'Empire britannique son hégémonie sur l'Iran. Cinquante ans plus tard, la Russie étant devenue l'URSS, on aurait pu craindre que le dépeçage de notre pays ne reprît comme au plus noir de la dynastie Qâjâr. Or l'Azerbaïdjan, qu'avait occupé le Toudeh avec le soutien de l'URSS, fut récupéré par les armes dès 1946. Quant à l'exploitation de notre pétrole, elle nous revint enfin en 1954, à l'issue d'un mémorable bras de fer contre les intérêts britanniques. Dès lors, le roi pouvait entreprendre de sortir le pays du sous-développement. Il le fit en lançant par référendum sa Révolution blanche en 1963. Mais il le fit aussi en sillonnant le monde pour nouer des alliances avec de nombreux pays, grands ou petits, capitalistes ou communistes, dans le souci permanent de développer notre économie et de donner à l'Iran une place respectée dans le concert des nations.

Ces périples auxquels je participais, d'un tout autre style que mes voyages à l'intérieur de l'Iran qui chaque fois me bouleversèrent, me firent toucher du doigt l'univers feutré de la diplomatie. Du fait de mon caractère, j'étais évidemment plus attirée par les échanges débordants et chaleureux que j'avais avec les Iraniens dans nos provinces, mais je n'en conserve pas moins des souvenirs impressionnants de l'étranger.

Paradoxalement, c'est peut-être en URSS que nous nous rendîmes le plus souvent, chez ce voisin ombrageux avec lequel les relations ne cessèrent jamais d'osciller entre chaud et froid. Lors de mon premier voyage à Moscou et à Leningrad au début des années 60, on nous fit visiter des lieux historiques, notamment des palais où avaient vécu les tsars. Et je me rappelle avoir pensé : « Si un jour nous étions chassés d'Iran, est-ce qu'on ferait visiter nos chambres à coucher, nos salons, comme on le fait ici ? Est-ce qu'on étalerait ainsi notre vie privée au nez des curieux ? »

Au contraire des dirigeants chinois qui, lorsqu'ils me reçurent, évitèrent avec élégance de me confronter aux vestiges de leurs derniers empereurs, les Soviétiques semblaient prendre plaisir à nous présenter les palais de Nicolas II, et jusqu'aux lieux d'exécution de ses collaborateurs. Or la situation intérieure iranienne était encore fragile, la Révolution blanche commençait tout juste, les activistes de la gauche extrémiste et certains féodaux contestaient la politique du régime, de sorte que cette insistance un peu perverse des Soviétiques ravivait notre constante inquiétude à leur égard. Mais dans les années 70, j'étais si certaine que nous étions sur la bonne voie, je sentais mon mari si confiant en l'avenir du pays, que les allusions répétées des Soviétiques cessèrent complètement de me troubler. Or c'est précisément dans ce contexte favorable à l'Iran qu'enfla l'agitation, jusqu'à provoquer notre départ... Aujourd'hui, comme j'en avais eu le sinistre pressentiment, les autorités islamiques ouvrent aux visiteurs certaines des résidences où nous vécûmes en famille, et notamment celles de Saad-Abad et de Niâvarân...

Mon histoire personnelle me portait à m'intéresser à la Russie. Je l'ai dit, mon père avait fait une partie de ses études à Saint-Pétersbourg, il parlait couramment le russe et, de son côté, mon grand-père avait été consul d'Iran en Géorgie puis, passionné d'art et d'archéologie, il avait fait des recherches à Leningrad dans les années 30 et une de ses études se trouve aujourd'hui au musée de l'Ermitage. Cependant, en dépit de ces bonnes dispositions qui me poussèrent à apprendre le russe à mon tour, nos premières sorties officielles en URSS me déprimèrent profondément.

Je n'étais jamais allée dans aucun pays communiste, je découvrais avec un peu d'effroi ces avenues vides et, sur les rares visages anonymes que nous croisions, une tristesse ou un mutisme particulier, que je n'avais pas observé ailleurs. Et puis, aussitôt en voiture ou en petit cercle, cette impossibilité de parler normalement de tout et de rien comme on le faisait dans les autres pays. Ici, c'était aussitôt une propagande effrénée, pas un mot qui ne fût à la gloire du régime. Tant d'immeubles construits, tant d'arbres plantés, tant d'écoles : j'attendais désespérément une note d'humour, ou de légèreté, qui jamais ne venait. J'avais le sentiment d'être entourée de robots et, au fil des heures, des jours, cela finissait par m'écraser le cœur. Mon mari le supportait bien mieux que moi et, le soir, nous tâchions d'en plaisanter. Au fond de moi, je me demandais s'il était envisageable que la Russie redevînt un jour un État non communiste, ce qui nous permettrait d'avoir de véritables relations amicales. J'aimais tellement ce pays, sa langue, sa musique, sa littérature, son histoire...

Nous habitions au Kremlin, assez peu libres de nos mouvements, et, comme nous étions persuadés d'être écoutés, nous sortions dans les jardins pour bavarder. Parfois, à l'intérieur, nous entendions des bruits bizarres, et notre ambassadeur, Ahmad Mir Fendereski, qui avait beaucoup d'humour et parlait le russe à merveille, prétendait que c'étaient les gens du KGB qui tournaient fébrilement les pages du dictionnaire... Une fois, durant un voyage semi-privé, j'eus la preuve qu'ils enregistraient nos conversations. J'avais dit à quelqu'un de mon entourage : « C'est étonnant, ce pays, ils ont des palais merveilleux, mais ils n'ont pas l'idée d'y mettre de jolis meubles. » Or, le lendemain, dans la conversation, une des dames me glissa, en me regardant drôlement : « Vous savez, nous n'avons pas malheureusement une décoration exceptionnelle, mais tout est très propre ! » J'étais un peu gênée, et en même temps cela me fit sourire.

Quand ils s'essayaient à l'humour, les dirigeants eux-mêmes étaient lugubres. Je me rappelle d'une soirée à l'Opéra au côté d'Alekseï Kossyguine. C'était *Le Lac des cygnes*. Quand le cygne noir apparut, Kossyguine se pencha vers nous et dit avec un sourire pincé :

— On dirait l'OTAN, n'est-ce pas ?

« Plutôt le pacte de Varsovie », fus-je tentée de lui répondre, mais, bien sûr, je ne dis rien.

En août 1968, en revanche, quand les troupes du pacte de Varsovie écrasèrent le Printemps de Prague, je manifestai clairement ma colère devant mon mari. Nous nous trouvions de nouveau en voyage officiel à Moscou. L'initiative des Soviétiques m'apparut honteuse, inhumaine, d'autant plus que j'avais beaucoup de sympathie pour la Tchécoslovaquie. « Je ne peux pas supporter de rester un jour de plus à faire des sourires à ces gens-là, comme si nous étions les meilleurs amis du monde ! » dis-je à mon mari. J'étais extrêmement touchée. Il comprit et me laissa libre de procéder comme je l'entendais. Je prétendis que ma belle-sœur était malade et m'envolai pour Paris. Je me rappelle, dans l'avion, m'être de nouveau surprise à rêver d'une improbable révolution qui jetterait à terre cette dictature du communisme sur la moitié de l'Europe.

L'évolution du bloc de l'Est était une des grandes préoccupations du roi. Bien qu'appartenant au camp adverse, nous partagions avec l'URSS deux mille cinq cents kilomètres de frontières et, de ce fait, mon mari cherchait constamment à privilégier ce qui pouvait nous rapprocher plutôt que ce qui nous éloignait, cela en dépit des constantes perfidies ou provocations de Moscou. Khrouchtchev, dont on vantait pourtant l'esprit d'ouverture, n'avait-il pas dit que l'Iran tomberait un jour « comme une pomme mûre » dans les mains de l'URSS ? Malgré cela, nous parvenions à travailler ensemble, et l'extraordinaire aciérie d'Ispahan, construite par les Soviétiques, en est la meilleure preuve (nos alliés, à l'Ouest, avaient toujours refusé de nous aider dans ce domaine)...

La Russie demeurait néanmoins un pays mythique dans mon esprit et, après plusieurs de ces voyages officiels étrangement dépourvus d'âme – pour nuancer, je dois tout de même dire ici que nous eûmes chaque fois des échanges chaleureux et humains avec des personnes privées, des artistes notamment –, je demandai à mon mari s'il n'était pas envisageable d'organiser un voyage « privé » où je pourrais être plus libre d'aller et venir. En outre, les visites officielles avaient lieu systématiquement durant les mois chauds et je voulais découvrir la Russie sous la neige, l'éternelle et légendaire Russie...

Le Kremlin donna son accord et j'atterris donc à Moscou au milieu de l'hiver, accompagnée par quelques proches, dont ma mère – le roi n'était pas présent. J'étais heureuse, tellement heureuse que le soir, vers minuit, j'emmenai notre groupe à travers les rues enneigées de la ville. Les Russes qui veillaient à notre sécurité nous prirent pour des fous, il n'y avait plus un chat dehors...

Le lendemain, nous visitâmes la petite ville de Zagorsk, près de Moscou, dont les églises ont été heureusement préservées. Très vite, les gens surent qui nous étions – même en déplacement privé, nous ne pouvions pas passer longtemps inaperçus avec la Sécurité qui nous encadrait – et je revois encore les sourires émerveillés des vieilles femmes dans l'une de ces églises où nous étions entrés. Elles se poussaient pour nous approcher et je les entendais s'exclamer et murmurer : « Oh ! mon Dieu, laissez-nous regarder une reine vivante ! » J'avais amélioré mon russe, et comme j'avais un bon accent les gens s'imaginaient que je comprenais tout, ce qui était malheureusement exagéré... Dans l'une de ces églises, nous pûmes écouter une chorale. Les chants de l'Église orthodoxe sont extrêmement émouvants ; nous avions les larmes aux yeux. Pour moi, c'était brusquement comme de me retrouver dans la Russie de Tolstoï... Ensuite, les religieux nous invitèrent à déjeuner.

À Leningrad, nous n'avions jamais connu une telle ambiance. Mes amis pouvaient enfin plaisanter, rire librement. De mon côté, même plus détendue, je devais naturellement toujours mesurer mes actes et mes paroles... Je pus retrouver les traces de mon grand-père, imaginer mon père arpentant à quinze ans les ruelles de l'ancienne Saint-Pétersbourg, de l'école militaire « Alexandrovski Kadetski Corpus » aux quais de la Neva où il avait sa chambre. Puis, alors que nous visitions le palais d'Été des tsars, l'envie me prit d'aller voir un ou deux villages de la campagne alentour à bord d'une de ces légendaires troïkas qu'on ne croise plus guère aujourd'hui. La troïka était ostensiblement un symbole de la Russie tsariste – les autorités ne verraient-elles pas d'un mauvais œil que la reine d'Iran arpentât le territoire soviétique tirée par trois chevaux à la façon des seigneurs d'autrefois ? Non, les Soviétiques étaient à ce moment-là si bien disposés à l'égard de l'Iran que nous eûmes notre troïka et tous les sésames nécessaires. En revanche, jamais je ne parvins à me rendre sur la tombe de Tchaïkovski. L'auteur du *Lac des cygnes* est un de mes compositeurs préférés et je souhaitais depuis longtemps me recueillir sur sa sépulture. On trouva mille prétextes pour m'empêcher d'y aller et je n'eus pas d'explication à ce refus.

On m'opposa la même résistance lorsque je demandai à écouter de la musique tzigane. Mais cette fois nous savions bien pourquoi : les Tziganes étaient considérés comme récalcitrants à l'idéologie communiste, et leur musique, pleine de nostalgie, comme un vestige dégradant d'un passé contre-révolutionnaire. Notre ambassadeur à Moscou parvint néanmoins à organiser cette soirée musicale, dans nos murs, mais en présence de plusieurs représentants du Kremlin. Le groupe qui joua pour nous devait avoir conscience d'exprimer la détresse et l'errance de tout un peuple, car l'émotion était palpable dans chaque note. À la fin, la chanteuse vint vers moi et me prit les mains avec une telle ferveur, en souhaitant que « Dieu [me] protège » ainsi que mon mari et mes enfants, que j'eus peur pour elle. Les Soviétiques étaient manifestement mécontents et le regard glacial que lança à cette femme un des généraux présents me fit froid dans le dos...

Durant ce voyage, nous visitâmes la capitale du Tadjikistan, Douchanbe, qui avait un grand intérêt pour moi car les Tadjiks parlent persan. Puis nous gagnâmes Bakou, capitale de l'Azerbaïdjan soviétique, frontalière de notre province d'Azerbaïdjan. Les Azerbaïdjanais soviétiques savaient que mon père était originaire de cette région et je sentais que cela créait entre nous une affinité particulière. On percevait une grande curiosité chez les gens de la rue à notre égard, un désir de nous interroger, d'apprendre comment cela se passait réellement en Iran, et de toute évidence les autorités soviétiques souhaitaient éviter ces contacts, ces discussions informelles. Sous prétexte de sécurité, elles nous coupaient de la population avec un empressement un peu suspect.

Nous eûmes un début d'explication de ce zèle en visitant une exposition d'aquarelles et de dessins. Certains représentaient des agriculteurs labourant à l'aide de chars à bœufs carrément moyenâgeux, et dessus on avait inscrit ce commentaire lapidaire en forme de légende : « De l'autre côté de la frontière... » Les gens n'étaient pas vraiment dupes, et ils l'étaient d'autant moins que l'Azerbaïdjan soviétique avait accueilli en 1946 de nombreux Iraniens communistes qui avaient fui l'Iran quand nous en avions chassé les troupes de Jafar Pishevari, soutenues par Staline. Or certains de ces Iraniens, revenus des idéaux communistes, désiraient maintenant retourner en Iran pour retrouver les leurs, et la liberté qu'ils n'avaient plus. Ils essayaient de nous approcher, de me remettre des lettres pour obtenir la permission de rentrer.

Je devais, par la suite, attirer l'attention du roi sur la situation de ces personnes. Inévitablement, le gouvernement nourrissait une grande suspicion à leur égard. Étaient-elles réellement repenties ? N'allaient-elles pas travailler clandestinement pour le compte des Soviétiques ? Ou rejoindre tel ou tel courant d'extrême gauche qui rêvait d'abattre la monarchie ? Plus tard, il fut décidé de délimiter une zone frontalière où elles seraient autorisées à séjourner pour y retrouver leur famille, en attendant un retour définitif. Aujourd'hui, le régime communiste tombé, quelques anciens militants du Toudeh ont écrit, ou dit, combien leur vie avait été lamentable, eux qui avaient espéré découvrir le paradis de l'autre côté de la frontière...

Nous entretenions des relations avec tous les pays du bloc communiste et nous fûmes donc reçus dans chacun d'eux (à l'exception de l'Albanie, de Cuba et de l'Allemagne de l'Est dont nous déclinâmes l'invitation, fin 1977, en raison des tensions en Iran). Pour moi, ces visites étaient assez pénibles car elles étaient entachées d'une grande hypocrisie. Nous étions parfaitement conscients de tout le mal que ces gens pensaient de la monarchie et, de notre côté, nous avions suffisamment lutté contre l'hégémonie soviétique pour nourrir à l'encontre des communistes une grande méfiance. En arrivant en Tchécoslovaquie, par exemple, nous savions, en dépit des fleurs et du tapis rouge, que ce pays hébergeait une radio qui soutenait le Toudeh iranien et nous insultait quotidiennement. Il en allait de même en URSS où ma traductrice, qui se prénommait Dagmara, et avec laquelle j'avais sympathisé, s'exprimait régulièrement à la radio contre l'Iran. Gênée, elle s'en excusa auprès de moi et me dit qu'elle ne pouvait pas faire autrement, qu'elle avait reçu des ordres.

Tous les dirigeants des pays communistes avaient la même façon mécanique et sans âme d'évoquer les « grandes réalisations du socialisme », et il fallait feindre de s'extasier devant les cheminées d'usine, les cités-dortoirs sinistres... Les rues dépeuplées, les magasins vides trahissaient pourtant la détresse dans laquelle vivaient ces populations. Je souffrais de voir combien le mot « camarade » et une familiarité de façade servaient à dissimuler l'inégalitarisme profond de régimes qui se prétendaient au service des ouvriers. Les dirigeants montaient par exemple ostensiblement à côté de leur chauffeur et se faisaient appeler « camarade », mais le regard du chauffeur disait l'effroi qui l'habitait. Je songeais au mien, qui n'avait certes pas ces familiarités mais dont je connaissais l'épouse et les enfants, et qui n'hésitait pas à me demander mon aide s'il rencontrait une difficulté quelconque.

Pour attraper quelques mots sincères, il fallait attendre que les membres du Parti s'éclipsassent. Je me souviens ainsi d'une soirée en Tchécoslovaquie, après l'invasion soviétique de l'été 1968. Les dirigeants partirent, et soudain les gens se mirent à plaisanter.

— Majesté, me dit mon voisin, connaissez-vous la dernière histoire qui court les rues de Prague ?

— Non, racontez.

— Deux hommes discutent à la terrasse d'un bar. Soudain, une voiture passe. « Oh ! quelle belle voiture russe ! » s'exclame l'un. Alors l'autre : « Voyons, ça n'est pas une voiture russe ! Tu ne connais pas la marque de cette voiture ? — Si, je la connais, rétorque le premier, mais toi, je ne te connais pas... »

En Tchécoslovaquie, j'eus la joie de retrouver un vieil iranologue, le professeur Rypka, qui avait travaillé en Iran avec mon grand-père. J'avais encore à Téhéran une photo des deux hommes sur le site de Persépolis. Des liens historiques existaient entre les deux pays, tissés par les rois Qâjârs qui appréciaient les eaux thermales de la Tchécoslovaquie et avaient laissé trace de leur passage, à Karlovy Vary notamment, l'ancienne Karlsbad, où l'on trouve des lustres iraniens en cristal et des tapis persans. Je songeai avec soulagement que le communisme, malgré sa rage destructrice, n'avait pu effacer toutes les empreintes du passé.

Je suis retournée à Prague après la chute du mur de Berlin. Je m'y trouvais notamment le jour de l'élection de Václav Havel. Sur le pont Charles, on vendait pour un ou deux dollars tous les insignes qui avaient fait la gloire de l'Armée rouge. C'était d'une cruelle ironie, et infiniment triste pour les hommes qui avaient mérité ces décorations, mais on ne pouvait s'empêcher d'éprouver un sentiment de justice : ces Praguois, écrasés et humiliés en 1968, bradaient à présent les médailles de leurs envahisseurs pour le prix d'un paquet de cigarettes... De la même façon, on avait suspendu, dans la rue principale de Prague, les portraits de tous les anciens chefs des partis du bloc communiste, comme des proscrits. « Tiens, avais-je dit en plaisantant à mon hôte en les découvrant, vous avez exposé mes amis. » Et, en effet, je les avais tous rencontrés...

Mais ça me réchauffait le cœur de retrouver, ici et là dans ces pays, des marques de l'influence de la Perse à travers le monde. Ainsi, à Cracovie, où l'enseignement d'Avicenne en médecine avait été dispensé, nous tombâmes sur des manuscrits qu'on lui attribuait. En Pologne encore, je vis des tapis persans tissés d'or et d'argent qui avaient été commandés à l'Iran par les rois de Pologne et qu'on appelait alors chez nous « tapis polonais ». Je ne peux cependant évoquer ce voyage en Pologne sans que me revienne l'horreur que j'ai éprouvée lors de la visite du camp de concentration d'Auschwitz.

En Nouvelle-Zélande, une surprise plus touchante encore nous attendait : en marge de la réception officielle, à l'aéroport, un groupe d'une centaine de Polonais brandissait des fleurs et des banderoles de « bienvenue au Shâh d'Iran ». Ces gens voulaient remercier le roi de les avoir accueillis trente ans plus tôt. En 1945, en effet, mon mari avait ouvert les frontières à de nombreux Polonais fuyant les troupes de Staline. Beaucoup s'étaient implantés chez nous après avoir épousé un Iranien, une Iranienne. D'autres étaient partis s'installer en Nouvelle-Zélande. Mais ils n'avaient pas oublié.

En septembre 1972 m'incomba la responsabilité d'officialiser la renaissance de notre relation avec la Chine, pour contrebalancer l'influence grandissante de l'Union soviétique. La route de la soie avait longtemps symbolisé à elle seule les liens commerciaux entre l'Iran et la Chine, brutalement interrompus par la révolution de Mao Tsé-toung. Le roi souhaitait ardemment rétablir des relations diplomatiques avec ce grand pays de l'Est. En 1970, il avait envoyé à Pékin un émissaire d'importance, sa propre sœur, la princesse Ashraf, alors présidente de la Commission des droits de l'homme aux Nations unies. Les dirigeants chinois s'étaient montrés favorablement disposés à de nouvelles initiatives et, lorsqu'en 1971, la Chine fut admise à l'ONU, la princesse Ashraf fut la première à convier la délégation chinoise à un déjeuner à l'ambassade d'Iran aux Nations unies.

Le roi se serait volontiers rendu lui-même à Pékin, mais il restait un obstacle d'ordre protocolaire : le président Mao Tsé-toung, souffrant, ne pouvait l'accueillir. C'est dans ce contexte que me revint la mission de conduire notre délégation pour un voyage officiel de dix jours.

C'était très exaltant. Aux siècles passés, les hasards de l'Histoire avaient parfois rapproché nos deux peuples. Ainsi, des princes sassanides s'étaient réfugiés en Chine pour fuir l'invasion arabe. Plus récemment, la Chine avait importé nos tapis et, de notre côté, nous étions allés jusque là-bas pour en rapporter les précieux vers à soie, le thé, les porcelaines. D'une certaine façon, je venais rouvrir ces routes anciennes que le temps, petit à petit, avait effacées de nos cartes. Et jamais je n'avais été entourée comme pour ce voyage : le Premier ministre, Amir Abbas Hoveyda, était à mon côté, ainsi que plusieurs ministres, dont Abdol Azim Valian, ministre des Coopératives et des Affaires rurales, et Mme Farrokhrou Parsa, ministre de l'Éducation nationale, qui avait été mon professeur à Jeanne-d'Arc et dont j'ai évoqué plus haut la fin tragique au début de la Révolution islamique. Quelques personnes de la Cour et de mon cabinet étaient également présentes, mon chef de cabinet, Karim Pacha Bahadori, ainsi que ma mère, mon cousin Reza Ghotbi, devenu directeur de la télévision nationale iranienne, et Shodja Eddine Shafa, vice-ministre de la Cour.

Le Premier ministre, M. Chou En-lai, m'attendait à notre descente d'avion. Et tout autour de nous des milliers de jeunes, en habits colorés, le visage resplendissant, agitaient des banderoles et chantaient. J'imaginai que c'était là la réception officielle, mais j'étais loin du compte. Parvenus place Tian'anmen, on me pria de monter dans une voiture découverte et je m'aperçus alors que des milliers d'hommes et de femmes, tous habillés du même uniforme gris, et de jeunes enfants en tenues colorées, les uns et les autres brandissant des banderoles, s'étaient massés

203

tout au long de l'avenue que nous allions emprunter. Je n'en croyais pas mes yeux! Nous nous engageâmes sur cette avenue et aussitôt démarrèrent chants et musique – des orchestres, d'énormes tambours avaient été disposés à intervalles réguliers. Bientôt, je compris que toute la ville avait été mobilisée pour nous, car cette foule était présente sur des kilomètres, également dense, également souriante. Les Chinois me dirent que seul Hô Chi Minh avait été reçu avec un tel faste.

Le soir, le premier dîner officiel fut à la hauteur de cette réception inouïe : plus d'un millier de personnes avaient été conviées et disposées autour d'une multitude de tables rondes chargées de plats colorés qui se révélèrent délicieux. J'étais à la droite de M. Chou En-lai. Il fit référence à l'amitié ancienne entre nos deux pays, glissant avec délicatesse sur nos divergences politiques actuelles, et je pensais en moi-même : « Depuis quand n'a-t-il pas prononcé ce mot d'"impératrice", ce mot inévitablement honni dans son esprit, lui qui a participé à la Longue Marche de Mao ? » J'avais de mon côté retravaillé jusqu'à la dernière minute mon propre discours, intimement persuadée que la sincérité, les aveux du cœur sont seuls capables d'effacer les clivages dogmatiques.

En Chine, comme en Iran, nous luttions depuis un demi-siècle pour sortir nos pays respectifs de l'arriérisme et du sous-développement. Nous avions emprunté pour cela des voies bien différentes, mais nous partagions cette même ambition. J'eus le sentiment qu'au-delà des sourires protocolaires, des applaudissements de circonstance, un courant chaleureux commençait de circuler entre nous. L'élégance intellectuelle de M. Chou En-lai ainsi que sa grande courtoisie me touchèrent tout au long de cette réception. Avec un sourire amusé, il tenta même de m'enseigner l'usage des baguettes... Plus tard, on me dit que ce fut l'un des rares dîners officiels qu'aucun invité ne quitta au milieu des discours pour manifester son mécontentement.

La suite devait me confirmer cette première impression. En dépit d'un emploi du temps extrêmement chargé où visites d'usines, de fermes modèles, de musées alternaient avec rencontres politiques et réceptions, un bon climat s'installa, non dénué d'humour parfois. À la vérité, nous étions tous heureux d'être en Chine, sincèrement curieux des méthodes employées, des innovations, et charmés par l'hospitalité des dirigeants à tous les niveaux. Nous habitions dans une villa pleine de poésie, nichée au fond d'un jardin délicatement fleuri, et je garde un souvenir ému de l'accueil qui m'y fut réservé le premier soir. Une dame d'un certain âge, dont la douceur du regard contrastait avec la sévérité de l'uniforme, me fit l'honneur des lieux. Chaque pièce avait été apprêtée avec un soin particulier et mon hôtesse, manifestement, avait veillé à tous les détails. Je m'émerveillais, et cela visiblement la touchait. À la fin seulement, je compris que c'était Mme Chou En-lai en personne.

Cependant, partout où nous allions, nous rencontrions cette même ferveur mécanique envers Mao, ce même culte de la personnalité. Dans une école, une usine, on félicitait une jeune femme ou un ouvrier et ils rétorquaient l'un et l'autre la même phrase au mot près : « Je le fais pour mon pays, pour Mao, le Soleil de Pékin ! » Dans les écoles, les enfants nous accueillaient en chantant, le poing levé, et il était encore question du « Soleil de Pékin ». Nous étions bien sûr conscients du formidable conditionnement que cela avait nécessité, mais derrière ces slogans n'en subsistaient pas moins un appétit de vivre, une confiance évidente en l'avenir. C'était en même temps effrayant et troublant.

L'une des choses les plus impressionnantes auxquelles nous assistâmes fut une opération chirurgicale sous anesthésie par acupuncture, à Shanghai. Les chirurgiens ouvrirent sous nos yeux la boîte crânienne d'un patient qui, durant toute l'intervention, demeura parfaitement conscient, les yeux ouverts, capable de parler. À plusieurs reprises, on le pria même de manger, exclusivement de la banane. Comment était-ce possible ? Nous étions fascinés. L'opération finie, les chirurgiens tentèrent de répondre à nos questions. Ils nous avouèrent qu'ils n'avaient pas toutes les explications scientifiques dont nous rêvions, l'acupuncture étant d'origine empirique. Alors, un homme du Comité révolutionnaire eut cette réponse : « Il faut poser la question aux masses. » Nous nous regardâmes avec effarement et la conversation en resta là.

Nos hôtes n'en demeuraient pas moins d'une délicatesse remarquable. Ainsi, quand nous visitions certains musées où étaient exposés des objets ayant appartenu à leurs anciens empereurs, prenaient-ils soin, au contraire des Soviétiques, de nous faire passer rapidement devant les vitrines susceptibles de nous mettre dans l'embarras. Jamais ils ne firent la moindre allusion désagréable et, lorsque je rencontrai Mme Mao autour d'une tasse de thé, la même retenue présida à notre entretien. Cela ne m'empêcha pas d'imaginer en moi-même combien cette femme peu souriante devait me détester...

Un des moments les plus émouvants de ce long voyage fut celui où j'appelai mon mari depuis Sian, d'où partait autrefois la route de la soie. Ainsi, symboliquement, la route était-elle rétablie entre la Chine et l'Iran. Le roi perçut mon émotion et la partagea.

Puis ce fut le retour. À l'instant où le pilote annonça que nous entrions dans notre espace aérien, nous nous mîmes tous à applaudir sans nous être donné le mot. Malgré tout, nous étions soulagés de retrouver notre pays.

Le président du Parti communiste chinois, Hua Kouo-fong, devait être la dernière personnalité à se rendre en visite officielle à Téhéran sous la monarchie. Je me rappelle que son arrivée coïncida avec l'apparition du portrait de l'âyatollâh Khomeyni à la une du quotidien *Keyhan*. À tort ou à raison, je vécus la venue de M. Hua Kouo-fong durant ces jours dramatiques comme un geste de soutien au roi.

15.

Au début des années 60, le roi avait rejeté l'idée qui lui avait été suggérée par l'un de ses conseillers culturels, Shodja Eddine Shafa, grand érudit de l'histoire de l'Iran, de célébrer la fondation de l'Empire perse par Cyrus le Grand, vingt-cinq siècles plus tôt (entre 550 et 530 av. J.-C.). « Trop tôt, nous verrons cela plus tard », avait-il tranché. Il souhaitait alors que rien ne vînt distraire le pays de la Révolution blanche qu'il s'apprêtait à lancer. Dix années plus tard, largement sorti du sous-développement, l'Iran lui sembla enfin mûr pour cette célébration.

Il n'était pas seul à le penser. Dans les capitales du monde entier, on louait le bond en avant phénoménal accompli en une décennie. « Aujourd'hui, écrit en octobre 1971 dans le courrier de l'Unesco l'universitaire Peter Avery, professeur à Cambridge, l'Iran moderne a des ressources, il a retrouvé la confiance en soi perdue dans la servitude au cours de la période de domination et d'exploitation étrangères : elle avait commencé en 1722 quand la dynastie Safavide perdit le pouvoir et elle caractérisa tout le XIXe siècle et les premières années du XXe lorsque l'expansionnisme britannique et russe étrangla l'Iran, qui manqua d'en périr. Maintenant, l'Iran commande à nouveau le respect sur la scène internationale. Il peut jouer, et joue, un rôle véritable dans les affaires mondiales. Comme membre des Nations unies, il montre la route à suivre à d'autres pays en voie de développement. Il est devenu le terrain de rencontres idéal pour préparer des accords internationaux et débattre de problèmes de l'heure, comme l'alimentation, le développement agricole, l'analphabétisme, les droits de la femme. Une fois de plus, il est le centre où convergent idées et techniques. »

Le journaliste français Édouard Sablier, qui rentre d'un long voyage à travers tout le pays, publie à la même époque dans *Atlas* ce portrait de l'Iran dont les premières lignes prennent, avec le recul du temps, un caractère étonnamment prémonitoire :

« Voici un pays en plein essor. Les villes ont poussé comme des morilles au lendemain d'orage. Partout des chantiers, des routes en éclosion. Des immeubles de quinze étages cernent le cœur de la capitale ; depuis longtemps, villas et pavillons ont recouvert les pentes autrefois aristocratiques de Shemirân.

« En vingt ans, Téhéran est passé de huit cent mille à trois millions d'habitants. Son parc automobile, en croissance continue, provoque les plus beaux embouteillages qu'il m'ait été donné de voir. Et peu de véhicules ont plus de dix ans d'âge.

« Sans égaler Téhéran, les autres villes d'Iran se développent à un rythme rapide. Tabriz, Chiraz, Ahvaz, Ispahan sont devenues des centres industriels. Partout les boutiques sont bien garnies, les passants convenablement vêtus. Le niveau de vie ne cesse de monter ; la croissance industrielle suit un taux dépassé seulement par le Japon.

« En politique extérieure, la règle d'or est l'indépendance nationale. L'Iran, certes, au même degré que l'Europe occidentale, est dans l'orbite américaine. Mais son gouvernement conserve l'initiative dans sa diplomatie courante. Les relations avec l'URSS sont excellentes ; en ce moment, elles se développent même avec la Chine.

« Le nationalisme persan a de quoi se réjouir. Le golfe Persique devient peu à peu une sphère d'influence pour Téhéran. À Koweït, à Bahreïn, dans tous les Émirats et même en Arabie Saoudite, on constate aujourd'hui l'existence d'un "parti iranien", comme au temps des Grands Rois le monde hellénique connaissait le "parti perse".

« Tout cela, c'est l'actif. Les Iraniens de toute classe que j'ai pu rencontrer en conviennent généralement, encore qu'avec plus ou moins de réticence. Je n'ai plus revu de ces inconditionnels qui, autrefois, faisaient à toute occasion le procès du régime. J'ai même rencontré des Iraniens heureux.

« Mais l'impression générale est empreinte d'une certaine morosité. Bien entendu, une nation ne peut se développer sans connaître, en cours de route, les inconvénients, les malaises, les frustrations qui marquent nos temps modernes. C'est pourquoi le cheminement de ce vaste pays se heurte, comme partout, à l'incompréhension des uns, à la résistance de castes et de clans qui ne veulent pas mourir, à l'impatience de jeunes qui estiment trop long le processus en cours. »

La « résistance » des uns – religieux et grands propriétaires terriens –, l'impatience des autres – étudiants et intellectuels –, bien que contradictoires, alimenteront ensemble, à partir de 1976-1977, le mécontentement croissant qui aboutira à notre départ et à l'avènement de la République islamique. Mais en 1971, ces réactions n'inquiètent pas le roi ; il les juge normales dans un pays en pleine mutation et il parie sur les fruits du progrès pour débloquer la société, satisfaire les attentes et réconcilier les extrêmes.

Dans son esprit, célébrer la fondation de l'Empire perse a essentiellement pour objet de rassembler la nation autour de son identité restaurée, de sa fierté retrouvée, après deux siècles d'humiliation et de grande pauvreté. Il attend de cette fête, hautement symbolique, qu'elle permette à chacun de dépasser les petites frustrations quotidiennes pour découvrir « d'où nous venons et où nous allons ».

En ce qui me concerne, je prends le train en marche. Lorsque le roi donne son accord pour l'organisation des différentes manifestations, je m'apprête à mettre au monde Leila, notre quatrième enfant, et cet événement me contraint à ralentir pendant quelque temps le rythme de mes activités.

Un comité d'organisation est aussitôt désigné. Le site retenu pour les célébrations ne souffre aucune discussion : ce sera bien évidemment Persépolis, première cité royale de l'Empire perse achéménide où demeurent les vestiges du palais de Darius Ier, successeur éclairé du Grand Cyrus.

Très vite, les choses prennent une ampleur internationale, puisqu'il est question de recevoir à Persépolis les souverains et chefs d'État du monde entier. Or le site est en plein désert, sans commodité d'aucune sorte, et à plus de soixante kilomètres de la première ville, Chiraz...

Nous sommes à moins d'une année des festivités, prévues à la mi-octobre 1971, lorsque le comité d'organisation me demande de prendre sa présidence. Si je l'accepte, c'est que j'adhère profondément au dessein de mon mari, et je l'exprime publiquement : « Il faut, dis-je alors, qu'on se donne la main, qu'on s'unisse, pour prouver que l'époque actuelle, l'ère Pahlavi, est une période de renaissance de la civilisation iranienne. » Mais ce que je découvre heurte précisément ma sensibilité d'Iranienne : on a déjà sollicité d'innombrables fournisseurs étrangers, parmi les plus luxueux, quand nous aurions peut-être pu nous adresser à des Iraniens dans certains domaines...

Au fond, tout cela me blesse. Comment en est-on arrivé là ? Est-il encore possible de revenir en arrière ? On me rétorque que les délais ont imposé le recours au savoir-faire européen, que les entreprises iraniennes sont encore trop balbutiantes pour assurer qualitativement, et dans les temps, de tels marchés.

— Eh bien, attendons qu'elles ne soient plus balbutiantes, dis-je, donnons-nous le temps de faire correctement les choses. On a attendu deux mille cinq cents ans, on peut bien encore patienter quelques années !

Mais il est trop tard, en réalité, je le comprends vite et je suis inquiète car, connaissant les journalistes, je me doute qu'ils vont prendre ce prétexte pour critiquer, et que cet arbre-là cachera bientôt le reste de la forêt, c'est-à-dire tout ce que les fêtes de Persépolis vont apporter à l'Iran, tant en infrastructures à l'intérieur qu'en rayonnement à l'extérieur. Je n'ai plus alors qu'à assumer les choix qui ont été faits.

Parmi toutes les tâches qui me reviennent dans la préparation des festivités, celle-ci sera la plus pénible, la plus décourageante aussi, parce que petit à petit, et comme je m'y attendais, va s'élever d'Occident un vent de critiques acerbes contre les dépenses « somptuaires » engagées. Les journalistes vont enfourcher ce cheval de bataille et y revenir inlassablement. Quelle est donc cette monarchie qui s'habille chez Lanvin et mange chez Maxim's quand son peuple manque encore parfois de pain et d'écoles ? Démagogique et caricaturale, mais largement exploitée, et naturellement reprise en écho par l'opposition iranienne, cette image va partiellement pervertir le sens des célébrations de Persépolis. Je m'attacherai systématiquement à expliquer aux correspondants étrangers combien il est injuste de nous faire ce procès après tant d'années d'efforts en direction des plus démunis, efforts unanimement salués dans les chancelleries du monde entier, et combien il est injuste de ne retenir que cela de célébrations marquant le réveil de l'Iran.

Le procès est d'autant plus immérité que la plus grande partie de l'argent dépensé l'est pour des équipements qui vont considérablement enrichir le patrimoine iranien : les deux mille cinq cents écoles inaugurées à cette occasion, les villages électrifiés, les hôtels construits, les routes asphaltées ne quitteront pas le pays au lendemain des cérémonies. Enfin, en termes de relations publiques, nous y gagnons une gigantesque campagne de presse absolument gratuite. Des comités pour les célébrations sont créés dans les principales capitales du monde. Dans toutes ces villes se tiennent des expositions sur la culture et l'art iraniens, des concerts, des conférences. S'il nous avait fallu payer pour tous les films, tous les livres et articles sur l'Iran diffusés pendant cette période, pour les reportages retransmis sur les télévisions et les radios du monde, cela nous aurait coûté des millions de dollars ! Nombreux sont les gens qui ne savaient probablement pas situer l'Iran sur une carte en 1970 et qui ont découvert ainsi son histoire et sa géographie. Qui saurait chiffrer les bénéfices que nous en avons retiré par la suite, grâce en particulier au développement du tourisme ?

Mais le pli est pris, jusqu'au bout le côté négatif l'emportera dans la presse internationale sur tout ce que les fêtes de Persépolis ont apporté au cœur des Iraniens, et je parle là d'un sentiment de fierté, de reconnaissance, qui, celui-ci, n'est pas chiffrable !

Sans doute est-ce la première fois dans la longue histoire de l'Iran que monarques et chefs d'État vont honorer de leur présence conjointe la capitale historique de la Perse. Les invitations lancées, les réponses positives s'accumulent rapidement sur le bureau du ministre de la Cour, Assadollah Alam. On attend les souverains du Danemark, de Jordanie, de Norvège, du Népal, de Belgique. La reine Élisabeth d'Angleterre sera représentée par son époux, le prince Philip, et sa fille, la princesse Anne ; de même pour la reine Juliana des Pays-Bas dont l'époux, le prince Bernard, sera présent. L'empereur d'Éthiopie, Hailé Sélassié, fera le déplacement, ainsi que les émirs du Qatar, du Koweït, de Bahreïn, le sultan Kabous d'Oman, le président des Émirats arabes unis, Sheikh Zayed, les princes de Monaco et du Liechtenstein, les grands-ducs du Luxembourg, le prince Juan Carlos et la princesse Sophie d'Espagne, le prince héritier Charles Gustave, représentant le roi de Suède, le roi Constantin de Grèce et son épouse, la reine Anne-Marie, ainsi que le prince Michel de Grèce et son épouse Marina, Victor-Emmanuel de Savoie, la princesse Belquis d'Afghanistan et son époux, Sardar Abdol Wali... Les chefs d'État et de gouvernement sont plus nombreux encore, puisque se déplaceront les présidents de Finlande, d'Inde, de Turquie, du Pakistan, de Yougoslavie, d'Autriche, de Bulgarie, de Pologne, de Roumanie, du Sénégal. Les États-Unis seront représentés par leur vice-président, Spiro Agnew, l'URSS par M. Podgorny, et la France par son Premier ministre, Jacques Chaban-Delmas, qu'accompagnera son épouse.

Pendant qu'ouvriers et ingénieurs travaillent à édifier le camp de toile qui abritera durant trois jours ces personnages illustres, chaque section du comité d'organisation s'attelle à sa tâche : les uns veillent à la mise en place d'un système de sécurité tentaculaire, les autres à l'organisation des déplacements entre Chiraz et Persépolis, d'autres encore aux multiples questions protocolaires... Je dois, quant à moi, avoir un œil sur tout, en plus de l'accueil systématique de tous les journalistes qui passent en éclaireurs à Téhéran et à Persépolis. Chaque épouse de chef d'État devra être aidée et guidée durant son séjour par une dame d'honneur s'exprimant dans sa langue et parfaitement rompue aux règles protocolaires. Il faut découvrir ces femmes et les former. Il en va de même pour les aides de camp qui se mettront au service des souverains et présidents. C'est un des mille problèmes que nous devons régler.

Pour les cadeaux que remporteront les invités, le comité a eu l'idée de commander à des artistes d'Azerbaïdjan des tapis dont le motif central sera un portrait du chef d'État. À cela, nous ajouterons une copie de l'Édit de Cyrus le Grand, découvert à Babylone sur un cylindre de terre cuite et conservé au British Museum. Cette initiative me remplit de fierté car, à travers ce texte destiné aux vaincus de Babylone, Cyrus ébauche les fondements de ce qui deviendra, vingt-cinq siècles plus tard, la Déclaration des droits de l'homme. Il interdit le pillage, ordonne la libération des prisonniers, la reconstruction des maisons et, faisant preuve d'une étonnante tolérance religieuse pour l'époque, il exige le respect de tous les dieux et institue l'égalité entre tous par la suppression de l'esclavage. Se référant à ses préceptes, ses successeurs renverront les Juifs à Jérusalem et les autoriseront à reconstruire leur temple [1].

Oui, je suis fière que ce « cylindre de terre », fondement des principes humanistes de la Grande Perse, soit ainsi « réactualisé » aux yeux du monde. Nos religieux y verront, eux, un motif de vexation supplémentaire, soupçonnant le roi de chercher à minimiser l'islam, adopté par les Iraniens après l'invasion arabe (en 637 apr. J.-C.). C'est oublier que la Perse existait bien avant cette invasion et que, vaincue, elle sut transformer sa défaite en victoire. La littérature, la philosophie, l'administration de la cité, la médecine et l'art persans allaient en effet constituer les éléments essentiels de la civilisation islamique, dès les premiers temps de la

---

1. Texte publié en annexe.

conquête, et les Iraniens porteraient l'islam vers l'Asie de l'Est sans violence et sans effusion de sang.

Aux yeux des religieux les plus intégristes, les cérémonies elles-mêmes durent amplifier encore ce côté vexatoire – sans que nous en ayons clairement conscience – puisqu'elles s'ouvrirent, le 12 octobre 1971, devant le tombeau de Cyrus le Grand, par cet hommage de mon mari prononcé d'une voix altérée par l'émotion :

« Cyrus, grand roi, roi des rois, le Shahinshah d'Iran et mon peuple, nous te saluons !

« Au moment où l'Iran renoue des liens avec l'Histoire, nous venons ici témoigner de l'immense gratitude de tout un peuple envers toi, immortel héros de l'Histoire, fondateur du plus vieil Empire du monde, grand libérateur, digne fils de l'humanité. »

En signe de tolérance et d'ouverture, les représentants de toutes les religions du monde avaient été conviés à cet hommage : catholiques, méthodistes, zoroastriens, orthodoxes, mormons, shintoïstes, bouddhistes, sikhs, juifs, représentants des Indiens d'Amérique et, bien entendu, musulmans. Parmi ces derniers, aucun n'élèvera ce jour-là la moindre réserve. Seuls les bahaïs ne furent pas invités pour ne pas froisser les musulmans qui ne reconnaissent pas cette religion [1].

Aujourd'hui, plus de vingt ans après la Révolution islamique, le souverain n'est plus là pour veiller à la pérennité de cet héritage, mais l'identité iranienne, incarnée par notre peuple, est

---

1. Un autre aspect de ces festivités fut le Congrès international des iranologues, qui se tint à Chiraz du 14 au 16 octobre 1971, avec la participation de plus de trois cents savants iraniens et étrangers spécialistes de l'histoire et de la civilisation iraniennes. Ils nous furent présentés, à mon mari et à moi-même, le soir de l'inauguration et nous leur fîmes part de notre gratitude pour les services qu'ils rendaient à la culture iranienne. Le Congrès était entièrement consacré à l'histoire de l'Iran, plus particulièrement à Cyrus le Grand. Un millier d'études avaient été collectées par le secrétariat du Congrès auprès de savants du monde entier, constituant ainsi l'étude la plus complète sur Cyrus. Malheureusement, nous apprîmes plus tard qu'elle avait été réduite à néant par les Gardiens de la Révolution islamique dès les premiers jours de leur arrivée au pouvoir.

toujours bien présente et je sais qu'elle survivra à l'obscurantisme.

L'accueil des invités occupe l'essentiel de la journée du lendemain, 13 octobre. Le ballet des avions, attendus à Chiraz, a été réglé au quart d'heure près. Les frères du roi, ou des membres du gouvernement, sont chargés de recevoir les hôtes à leur descente d'avion. Les personnalités sont ensuite conduites en voiture sous escorte jusqu'à Persépolis, où nous les recevons officiellement. « Au nom de l'Impératrice et en mon nom propre, dit le roi, je vous souhaite la bienvenue en Iran à l'occasion du deux mille cinq centième anniversaire de notre monarchie. » Notre hôte est alors invité à monter sur un podium avec le roi pour entendre l'hymne national de son pays interprété par la Garde impériale. Puis l'officier responsable des présentations décline les noms et titres de la personnalité honorée et la prie de passer en revue la Garde.

Je reste admirative pour cet officier chargé des présentations, le major Karim Shams, qui ne commit pas une erreur au fil de ces heures épuisantes, ni dans la prononciation des noms ni dans la déclinaison de titres souvent extrêmement complexes. Le soir, je le pris à part pour le féliciter. Il était exténué mais très ému, et heureux d'avoir si bien rempli sa tâche.

En prévision de ces journées, et pour la première fois de ma vie, j'ai demandé à mon médecin de me prescrire des tranquillisants. Submergée de travail, angoissée, j'ai énormément maigri durant les derniers mois et je redoute aussi qu'un incident ne vienne gâcher la fête. Tous les Iraniens le craignent, ce qui crée entre nous un esprit d'entraide, de solidarité jamais observé jusqu'à présent. Je vois certains de nos ministres, des personnalités de la Cour, des généraux, d'autres officiers, des ambassadeurs, tous d'ordinaire très à cheval sur leurs prérogatives, porter les valises de tel ou tel, ou dormir par terre pour offrir leur chambre à un invité imprévu. Des dames, membres de familles illustres, secondent des femmes de chambre débordées. Tout le monde s'y met, spontanément, jusqu'à Reza, que j'aperçois un matin en train de livrer des petits déjeuners à l'arrière des tentes.

La journée du 14 octobre s'ouvre par le défilé évoquant les armées de toutes les époques de l'Iran. Mille sept cent vingt-quatre soldats sont mobilisés pour cette parade conduite par le général Fathollah Minbashian. Lesley Blanch en fera cette jolie description dans le livre qu'elle me consacrera :

« Les courtes barbes frisées des Mèdes et des Perses ; les petites barbes pointues des Safavides ou les fières moustaches des troupes Qâjârs ; les boucliers, lances, fanions, sabres et dagues, tout était là. Sous un soleil brûlant, mais abrités par des parasols, au pied des colonnes en ruine témoins de la puissance de Cyrus, les invités assistèrent à cet impressionnant défilé. Des fantassins achéménides, des guerriers parthes, la cavalerie de Xerxès, des litières, des chariots, des chars cuirassés, des chameaux bactriens... L'aviation, les nouveaux contingents féminins des forces armées... Ils étaient tous à Persépolis ; tous attestaient la gloire de l'Iran, passée et présente. »

L'après-midi est réservé à la visite du site, pour ceux qui ne craignent pas le soleil, le soir a lieu le dîner de gala.

Le dîner est servi sous une tente longue de soixante-huit mètres et large de vingt-quatre, plantée au milieu du camp. Nous connaissons pratiquement tous les souverains et chefs d'État ou de gouvernement présents, mais certains mieux que d'autres, quand ils ne sont pas devenus de véritables amis, comme le roi Hussein de Jordanie chez qui nous nous rendons régulièrement en visite privée, ou les souverains de Grèce, de Belgique, d'Afghanistan, et aussi, naturellement, le roi Hassan II du Maroc, auquel mon mari est très lié et qui, retenu, a envoyé son frère, le prince Mulay Abdallah, accompagné de son épouse, la princesse Lamia. En dépit du protocole, le plaisir de se voir est bien réel, et ce plaisir va au-delà du cercle des amis. Ainsi, j'ai déjà croisé Nikolaï Podgorny et, au fil du dîner, je trouve l'occasion à plusieurs reprises d'échanger quelques mots en russe avec lui, et même de plaisanter. D'ailleurs, beaucoup plaisantent autour de nous. On me rapportera plus tard cette anecdote : comme le prince Rainier de Monaco s'étonne d'être assis entre le prince Philip d'Angleterre et le prince Bernard des Pays-Bas – nous n'avions pas suffisamment de femmes pour respecter l'alternance –, le prince Philip lui aurait rétorqué : « N'avez-vous pas remarqué, cher ami, que nous sommes les deux seules reines mâles de l'assemblée ? »

D'autres profitent de cette opportunité pour engager des discussions moins légères qui se prolongeront le lendemain après-midi à la cafétéria dans une ambiance de club, déten-due, chaleureuse, mais de toute évidence studieuse. Des hommes ou des femmes qui n'auraient jamais pu s'adresser la parole officiellement du fait de leurs divergences politiques trouvent là l'occasion d'échanger leurs points de vue loin de la presse.

Pour nous, les allers et retours de la scène aux coulisses se poursuivent inlassablement. Il faut sans cesse s'assurer qu'on garde le moral en cuisine, donner un coup de main, réconfor-ter les uns, prévenir les catastrophes. Avant le dîner, on me fait discrètement appeler. J'accours et je découvre le chef pâtissier en larmes : son gâteau s'est brisé pendant le trajet ! Vite, le consoler, trouver le moyen de recoller ce qui peut l'être et puis, finalement, essayer d'en rire ! Allons, on le présentera de biais, personne ne verra rien, et l'essentiel, n'est-ce pas, c'est tout l'amour de bien faire que recèle ce gâteau et, cela, les invités ne pourront pas le rater...

La soirée s'achève par un spectacle son et lumière suivi d'un feu d'artifice. C'est très réussi, grandiose, et cependant, encore une fois, l'inquiétude est là : pourvu que les tirs n'affolent pas les dizaines de chevaux et de buffles qui ont défilé le matin ! Si l'un commence à ruer, à s'agiter, le troupeau entier pourrait s'y mettre, et ces bêtes affolées déferler sur les invités.

La troisième et dernière journée est moins protocolaire, lais-sée à l'appréciation de chacun. Certains partent en excursion

dans le désert, la plupart en profitent pour converser discrètement avec l'un ou l'autre. Le vice-président américain Spiro
Agnew reçoit Constantin de Grèce, en exil depuis le coup
d'État des colonels d'avril 1967. Mon mari s'entretient longuement avec les présidents Podgorny et Sunay de Turquie.
L'empereur Hailé Sélassié reçoit le président Tito de Yougoslavie. Le roi Hussein réunit quelques souverains arabes pour une
conférence entre amis...

La soirée, elle, est iranienne. Enfin! Nous avons mobilisé
pour cet événement les artistes et artisans de toutes les régions
du pays. Musiciens, peintres, tisserands, cuisiniers ont répondu
à notre invitation : ce dîner doit être l'occasion de faire découvrir à tous la richesse culturelle iranienne, en commençant par
sa cuisine et son artisanat. Relancer ce dernier secteur, en particulier l'exportation des tapis fabriqués à la main dans les
villages, était une de nos ambitions. Je tentais régulièrement de
convaincre les hôteliers du pays de meubler leurs chambres avec
des objets de l'artisanat iranien. Cette fois, nous allions recourir
aux souverains et chefs d'État pour faire connaître nos artisans
dans le monde entier!

Certains de nos hôtes repartiront dès le lendemain, d'autres
voudront visiter telle ou telle ville, ou voir la mer Caspienne,
et ils prolongeront leur séjour. Les cérémonies se clôtu-
rèrent officiellement, en présence de ceux qui le souhaitaient, par l'inauguration du stadium Arya Mehr de cent mille
places, à Téhéran, et du mémorial de l'Histoire de l'Iran, le
Shahyad, arc de triomphe moderne construit à l'ouest de la
capitale iranienne. Un feu d'artifice final fut tiré à cette occasion et, sur une ultime photo, on me voit nettement pousser un
ouf de soulagement.

16.

L'une de mes préoccupations grandissantes durant la seconde moitié des années 60 fut de ne pas oublier la culture dans le train du progrès. Le roi souhaitait que le pays évolue vers la démocratie une fois rattrapé son retard économique, or il n'y a pas à mes yeux de meilleur stimulant pour une démocratie que l'expression culturelle. Il fallait, d'une part, aider nos artistes, les valoriser, les faire mieux connaître en Iran comme à l'étranger, d'autre part, ouvrir nos frontières aux créateurs des autres pays.

Je demandai à mon cousin Reza Ghotbi de réfléchir avec moi sur ce thème, et c'est ainsi que surgit l'idée de créer un grand festival international des arts. D'emblée, notre ambition fut que ce festival accueille non seulement les expressions traditionnelles et ancestrales d'Iran et d'ailleurs – tout en évitant le côté frelaté et folkloro-touristique de ce genre –, mais également la création contemporaine théâtrale et musicale.

Le ministère de la Culture adhéra à ce projet et nous réunîmes rapidement un comité fondateur constitué d'écrivains, d'artistes, de journalistes et de responsables du gouvernement. La première décision à prendre était d'ordre géographique : où se tiendrait ce festival ? Le choix de Chiraz fit l'unanimité. Sa proximité avec le site de Persépolis, dont nous imaginions déjà le parti que sauraient en tirer les gens de théâtre, sa proximité avec le désert, aussi, nous apparurent de bon augure. Et puis

Chiraz a ses lettres de noblesse : cité des deux poètes préférés du peuple iranien, Saadi (1207-1291) et Hâfez (1324-1389), dont elle héberge les mausolées, elle fut longtemps considérée comme la capitale littéraire de la Perse. Oasis de verdure et de culture, écrin des roses, des rossignols et de l'amour, oui, Chiraz, mieux qu'aucune autre ville, saurait inspirer la création... Plus prosaïquement, elle comptait déjà plusieurs hôtels – dont le nombre allait être multiplié grâce aux fêtes de Persépolis – et surtout une cité universitaire dont les chambres pourraient être mises à contribution.

Le Festival de Chiraz était né sur le papier, il restait maintenant à faire l'essentiel : rameuter les artistes, non seulement à travers le monde, mais encore à travers l'Iran. Nous connaissions une grande partie de ce qu'était la production artistique de l'Iran dans les années 60, mais nous voulions partir à la recherche de productions méconnues. L'équipe du Festival, conduite par Farrokh Ghaffari, son futur directeur, lança donc des pionniers sur les chemins les plus éloignés de Téhéran, et ce que ramenèrent ces gens reste pour nous, aujourd'hui encore, une cause d'émerveillement et une raison d'espérer en l'avenir de notre pays. Dans les villages les plus reculés, les plus déshérités, partout, avaient survécu, ou avaient éclos, des conteurs, des groupes musicaux, de petites troupes de théâtre ou de marionnettes, et naturellement des poètes... Nous nous révélions détenteurs de ces trésors, avec des styles particuliers selon les régions. C'était à nous maintenant d'en établir la carte et de choisir qui inviter, sur quels critères. Nous avions l'embarras du choix.

La même démarche fut entreprise en direction du monde. Des membres du comité, dont Farrokh Ghaffari et Bijan Saffari, partirent vers l'Asie et l'Europe observer ce qui se faisait dans d'autres festivals. Pour la musique contemporaine, le Festival de Royan, en France, nous fut précieux, et pour le théâtre, le Festival international de Nancy se révéla une mine. Nous découvrîmes là, notamment, Bob Wilson, qui devait venir à Chiraz parmi beaucoup d'autres.

Enfin, en septembre 1967, nous inaugurâmes timidement notre première grande manifestation culturelle. Nous avions choisi septembre pour permettre aux étudiants, encore en vacances ce mois-là, d'y participer. Et puis c'est la période la plus clémente en Iran, il ne fait ni trop chaud ni trop froid. La participation de Yehudi Menuhin entraînera beaucoup d'autres.

L'année suivante, Yannis Xenakis et Artur Rubinstein vinrent jouer à Chiraz. Et, en 1969, nous connûmes un premier rayonnement international grâce au thème retenu cette année-là – « les instruments de percussion dans le monde » – qui nous amena le *tombak* persan, le *mridangan* hindou, le *gamelan* de Bali, le tambour du Rwanda et beaucoup d'autres. Yannis Xenakis revint et le compositeur italien Bruno Maderna fit le voyage. À partir de là, le Festival connut un succès croissant jusqu'à sa dernière édition, en 1977 [1].

Si j'étais à l'origine de sa création, je m'en tins par la suite à l'inaugurer, et à profiter de quelques représentations au début, puis à la fin. J'aurais voulu tout voir, mais mon emploi du temps me l'interdisait. Par bonheur, la manifestation échappa à une quelconque tutelle gouvernementale ou administrative et prit son envol sous la seule responsabilité d'un comité où siégeaient des artistes à l'esprit libre et ouvert. J'adorais l'ambiance qui y régnait, les gens étaient manifestement tous heureux d'être là, on sentait la soif des Iraniens de découvrir la musique ou le théâtre de tel autre continent, leur propre théâtre aussi, et l'émerveillement des artistes d'être aussi chaleureusement reçus. La ville de Chiraz tout entière se mobilisait pour que chaque invité se sente chez soi. Tout le monde mettait du sien, gouverneur, maire, chef de l'armée... Moi-même, je n'hésitais pas à trimbaler des chaises s'il en manquait ici ou là, à tirer des bancs, à donner un coup de main.

Les artistes avaient la liberté de monter leur spectacle où ils le voulaient, ils n'avaient qu'à demander et le comité se mettait en quatre pour leur ouvrir les portes, leur fournir voitures,

---

1. En 1976, nous avons créé le *Dialogue des civilisations*, organisation dont l'objectif était d'établir un échange fructueux entre les cultures à l'échelle mondiale. Le premier séminaire s'est tenu en 1978 en Iran, avec la participation de pays européens, du Japon et de l'Égypte.

camions, matériel. En 1972, événement, je crois, majeur dans l'histoire du théâtre, Robert Wilson vint mettre en scène un spectacle de cent soixante-huit heures, sept jours et sept nuits sans interruption, dans les collines qui surplombent Chiraz, Ka Mountain. D'autres choisirent le tombeau de Cyrus, dans le désert, ou le caravansérail qui se trouve dans le bazar, ou une maison ancienne qu'ils avaient repérée en ville, ou encore un des nombreux parcs. *Alice au pays des merveilles* fut créé dans un hangar à melons et je le vis, assise par terre sur un tapis. En 1971, Peter Brook vint monter *Orghast* de Ted Hughes à Persépolis. Cela faillit tourner au drame, et cette fois ma présence fut utile pour arranger les choses. Je devais voir le spectacle et je pris donc la route peut-être une ou deux heures après M. Brook. Mais soudain, un attroupement nous intrigua. Le chauffeur de notre autobus ralentit, s'arrêta. De la foule surgit alors le ministre de l'Éducation, Manoutchehr Gandji, livide :

— Majesté, vous tombez bien. M. Brook est hors de lui et veut repartir immédiatement pour l'Europe. Il annule la représentation.

Un soldat au poste de garde a refusé de le laisser passer.

— Où est M. Brook ?

— Dans ce petit café, là-bas. Il ne veut rien entendre.

— Je voudrais lui parler.

Un instant plus tard, je le vis surgir, furieux.

— Monsieur Brook, c'est un simple soldat qui a cru bien faire. Il ne vous a pas reconnu, ça n'est pas de sa faute, c'est de la nôtre. Il ne faut pas nous en vouloir.

Il se taisait, impénétrable. Alors je repris, avec une pointe d'humour :

— Monsieur Brook, c'est moi qui suis en train de me comporter comme un artiste, et vous comme une reine ?

Il me fixa et soudain son visage s'illumina.

— C'est une jolie image ! Eh bien, reprenons chacun notre rôle, si vous le voulez bien...

En 1974, Maurice Béjart, devenu depuis un amoureux de l'Iran, vint avec une œuvre créée spécialement pour le Festival,

Golestan, du nom du chef-d'œuvre de Saadi. Sachant cela, j'avais demandé à mon mari de faire le déplacement jusqu'à Chiraz.

Dès les premières notes, nous fûmes éblouis : il s'était inspiré pour le début de musiques traditionnelles du Baloutchistan, province de l'extrême sud-est du pays. Ses danseurs apparurent et ce spectacle, sous la voûte étoilée de Persépolis, fut sûrement l'un des moments les plus forts de l'histoire du Festival. Il s'achevait sur des notes de musique traditionnelle iranienne avec la voix merveilleuse de Razavi déclamant des poèmes de Rumi. Maurice Béjart revint en 1977, la dernière année. Puis la Révolution islamique balaya notre collaboration, mais quand nous nous revîmes à New York, au milieu des années 80, ce fut avec une telle émotion que nous ne pûmes, ni lui ni moi, retenir nos larmes.

En 1975, le théâtre nô nous honora de sa présence. Événement culturel sans précédent : jamais ce théâtre n'était sorti du Japon ! Ils avaient accepté de venir parce qu'on leur avait assuré que j'assisterais à la représentation. J'étais assez souvent avec mes enfants, les deux aînés surtout, Reza et Farahnaz, que certains spectacles intéressaient. Or, le soir de la première du nô, seule ma petite Leila m'accompagnait. Elle n'avait que cinq ans mais elle demeura attentive et adorablement concentrée durant toute la représentation. L'étrange beauté du nô nous captiva l'une comme l'autre.

À côté de ces événements internationaux renaissait le théâtre iranien [1], et je pense là en particulier à des metteurs en scène tels que Arby Ovanessian, Bijan Mofid, Abbas Naalbandian ou encore Parviz Sayyad. Plusieurs troupes de jeunes comédiens, stimulés par le Festival, travaillaient toute l'année à des spectacles qu'ils venaient présenter à Chiraz. Des musiciens, comme Ali Asghar Bahari ou Hassan Kassaï, et des chanteurs tels que Taj Esfahani et Siavoush Shadjarian, de leur côté, exhumaient des mélodies traditionnelles et nous nous réunissions le soir pour les écouter autour du mausolée de Hâfez, dans ce jardin merveilleux. Il y avait des bancs, des tapis, des coussins et,

---

1. Le Ta'zieh, théâtre religieux, fut présenté pour la première fois dans le cadre d'un festival international.

comme la nuit tombait, on avait disposé de part et d'autre du chemin des petites bougies. Les gens s'asseyaient là, et jusque dans la rue tellement il venait de monde ! Ces soirées étaient mes préférées, visiteurs étrangers et iraniens se retrouvaient côte à côte, en communion profonde, avec ce sentiment doux et fort d'assister à la renaissance d'un secret de notre âme.

Bien plus tard, Mahmoud, un pilote de chasse qui devait participer à la guerre contre l'Irak, puis s'exiler aux États-Unis, me confia :

— Mon affection pour vous, Majesté, date du Festival de Chiraz, d'une veillée autour du tombeau de Hâfez. J'étais dans la rue, assis sur le trottoir, à écouter nos musiques traditionnelles. À un moment, je me suis relevé et je vous ai aperçue : vous étiez parmi la foule, devant, et vous aviez l'air si heureuse d'être là, avec nous. En marge de ce que vous représentiez officiellement, j'ai senti à ce moment-là combien nous étions proches, combien nos racines culturelles nous unissaient.

Beaucoup de jeunes m'ont avoué par la suite que sans le Festival ils n'auraient probablement jamais eu l'idée d'entreprendre des études de cinéma, de théâtre ou de musique. Ils avaient découvert leur vocation à Chiraz en se frottant à des créations d'Iran et d'ailleurs.

L'essentiel du Festival était voué aux arts traditionnels d'Iran et d'ailleurs, mais Chiraz fut aussi un laboratoire d'idées susceptibles de bousculer un peu les esprits, au point que certains iront jusqu'à prétendre que le Festival fit le lit de la réaction islamique et fut donc une des causes du renversement de la monarchie.

Une seule pièce, semble-t-il, jouée par une troupe hongroise, choqua plusieurs personnes. Je ne vis pas le spectacle incriminé, mais les membres de l'opposition qui cherchaient des prétextes pour critiquer, les membres de la sécurité qui n'appréciaient pas toujours la liberté d'action des directeurs du Festival, ainsi que des personnes malveillantes à mon égard, montèrent l'incident en épingle, surtout après la Révolution.

Il est vraisemblable que le Festival fut le lieu d'expression de courants politiques. Certaines troupes étrangères ne cachaient pas leur opposition au roi et, de façon assez provocatrice, prétendaient plaider pour une libéralisation du régime. Une troupe américaine, « Bread and Puppet », par exemple, monta son spectacle sous les murs d'une forteresse de Chiraz symbolisant l'univers carcéral. Nous les laissions libres de jouer comme elles l'entendaient et de dénoncer ce qu'elles voulaient, même si cela déplaisait à quelques personnes de la Sécurité. Des artistes iraniens profitaient de cette opportunité pour distiller des critiques contre la monarchie, nous les laissions également faire. Le lendemain des représentations, des tables rondes étaient organisées à l'université en présence des auteurs. On me rapporta qu'un jour, Grotowski, metteur en scène polonais, invité à l'une de ces tables rondes, fut pris à partie par un étudiant iranien qui lui demanda s'il avait conscience qu'en participant à ce Festival il cautionnait une « dictature ». « Si vous aviez foi en ce que vous dites, lui rétorqua en substance Grotowski, vous seriez sur la montagne, là-bas, avec une mitraillette, plutôt qu'ici à parler tranquillement avec moi. »

Certains journalistes européens arrivaient également à Chiraz très remontés contre la monarchie, et prêts à en découdre. Comme ils connaissaient mon investissement dans la culture, ils demandaient souvent à me rencontrer et, invariablement, nos entretiens démarraient par des questions agressives. Je prenais le temps d'expliquer la pensée du roi, de rappeler le retard qu'avait pris l'Iran par rapport à l'Europe, d'inviter mes interlocuteurs à ne comparer que ce qui pouvait l'être et, petit à petit, je percevais qu'ils me comprenaient. Nous avions d'interminables discussions, parfois jusqu'à deux ou trois heures du matin, assis dans le jardin de Baghé Eram (jardin du paradis), autour de ces petites bougies dont les lueurs vacillaient au vent tiède du désert tout proche. D'année en année, nous nous retrouvions et plusieurs de ces journalistes devinrent même des amis.

Aux yeux de quelques ministres et conseillers du roi, le Festival de Chiraz n'en symbolisa pas moins mon désir d'ouverture.

Ainsi Assadollah Alam, ministre de la Cour dont j'admirais la culture et l'intelligence, me reprocha-t-il dans ses Mémoires mes « idées libérales mal placées » (tout en louant, ailleurs, mon influence modératrice). Beaucoup, comme lui, crurent distinguer une certaine divergence entre la ligne politique suivie par le roi et la mienne. En réalité, mon mari et moi n'avions aucune divergence sur le fond. Il estimait que le sursaut économique de l'Iran était encore trop fragile pour survivre à une libéralisation totale de la société, une libéralisation à l'occidentale. « Le pays a encore besoin d'une décennie de stabilité pour s'en sortir, disait-il, mais je veux que mon fils règne différemment de moi. » Il avait l'espoir de léguer à Reza un État mûr pour la démocratie. Nous en parlions souvent, je comprenais dans quelle course contre la montre il était engagé, et c'est pourquoi ça me faisait si mal d'entendre à l'extérieur ou à l'intérieur des frontières qu'il n'y avait pas de liberté en Iran, ni liberté politique ni liberté d'opinion. Injustes procès faits au roi. Combien de temps fallut-il à la France, à partir de 1789, ou aux États-Unis, pour entrer dans les eaux calmes de la démocratie ? Près d'un siècle. Et on demandait à l'Iran de passer sans transition du Moyen Âge au raffinement démocratique de l'Europe contemporaine... Dans ce contexte, il me sembla que ma mission devait être celle d'une ambassadrice de bonne volonté entre les attentes de certains et le roi. Je savais les impératifs du souverain, j'admirais sa ténacité, son courage, mais je me rendais compte aussi des frustrations d'une partie de nos intellectuels et de nos hommes politiques, de leur découragement face à une fermeté dont ils ne saisissaient pas bien l'utilité.

Les gens n'ignoraient pas dans quel état d'esprit je travaillais et ils n'hésitaient pas à m'écrire, ou à demander à me rencontrer. Parfois, c'étaient des artistes que j'avais croisés à Chiraz, ou des universitaires, des professeurs, des étudiants. Ils avaient écrit telle ou telle chose contre la monarchie, ou manifesté, et ils avaient maintenant des problèmes avec la police. Je me renseignais ; si ça n'était pas grave, je demandais au roi son concours, et il ne me le refusait pas – il était toujours prêt à passer l'éponge, à pardonner. Parfois aussi j'intervenais seule, et j'obtenais le plus souvent l'élargissement de la personne.

Bien souvent, la police commettait des excès de zèle, comme c'est le cas dans la plupart des pays en voie de développement où chacun cherche à exploiter le petit pouvoir qu'il a reçu. Et au lieu de servir le régime, cela le desservait. J'allais par exemple inaugurer une galerie d'art et les agents de la Savak créaient un incident, de telle sorte que, le lendemain, on parlait beaucoup plus de l'incident que de la nouvelle galerie. Ils demandaient la liste des invités, qu'on leur remettait naturellement. Mais le jour dit, ils interpellaient l'un d'entre eux, ou l'empêchaient d'entrer. Cela me plaçait dans une situation odieuse. Je leur disais : « Vous avez vu la liste et vous n'avez élevé aucune objection. Et maintenant que cette personne est là, vous lui causez des ennuis sous prétexte qu'elle a écrit ceci ou cela contre l'État ! Vous ne comprenez donc pas qu'en agissant ainsi vous la confortez dans son opposition ? » Alors, ils s'excusaient, prétendaient qu'ils l'avaient confondue avec une autre, mais le mal était fait.

La police agissait parfois sans aucun discernement. Je me souviens entre autres qu'au début des années 70 le peintre iranien Zendehroudi, déjà très connu et qui vivait en France, revint à Téhéran pour une exposition. Comme beaucoup d'artistes occidentaux à cette époque-là, il portait les cheveux longs. Eh bien, sous ce seul prétexte, on l'interpella dans la rue et on lui rasa la tête ! Cela me mit dans une colère folle et j'en parlai au roi, qui démit le chef de la police nationale qui avait pris cette initiative déshonorante.

Une autre fois, j'appris l'arrestation d'un chef d'entreprise que j'avais reçu au palais, parmi d'autres patrons, quelques jours plus tôt. Il m'avait fait part très librement de son opinion sur ce qui n'allait pas et, en particulier, sur la façon dont agissait le gouvernement qui, à cette période, tentait de contrôler la hausse des prix. À cet effet, des étudiants étaient envoyés dans le Bazar pour surveiller les commerçants. Ce chef d'entreprise, respecté, qui était lui-même très proche des gens du Bazar, m'avait dit combien cette méthode était mal vécue par les commerçants, combien cela les humiliait. J'avais bien compris, je l'avais remercié, et voilà que la police l'arrêtait, de telle sorte qu'il pouvait légitimement penser que je condamnais sa franchise ! J'étais furieuse, mortifiée, et je le dis au roi : « Ce n'est pas possible, un Iranien vient dans votre maison, prend le thé avec moi et m'ouvre son cœur, et le jour suivant les gens de la Savak viennent l'arrêter ! C'est très mal. Je reçois ces gens pour ensuite vous en parler et alléger votre tâche... Il est insupportable qu'ils aient ensuite des ennuis. » Le roi, naturellement, le fit immédiatement libérer, mais, là encore, le mal était fait.

Au zèle de la police répondait celui de l'administration. Ainsi le ministère de l'Information crut-il intelligent de censurer la publication d'un article pour excès de familiarité. La journaliste avait interviewé notre fille Farahnaz qui, parlant de nous, disait évidemment « papa et maman », comme elle désignait son frère aîné par son prénom plutôt que par ses titres. « Il est interdit de nommer ainsi les souverains », lui fit savoir le ministère. Par chance, la journaliste connaissait ma mère et l'appela. Nous nous trouvions alors en voyage officiel à l'étranger. Ma mère parvint à joindre mon mari, que ce genre de bêtise agaçait profondément. « Appelez le ministère, dit-il à son chef de cabinet, et demandez-leur de s'excuser auprès du journal. C'est ridicule ! »

Nous savions que ces comportements disparaîtraient petit à petit, grâce à l'ouverture de l'Iran sur le monde. En attendant, il fallait s'en tenir à expliquer, en essayant de ne pas choquer la susceptibilité des uns et des autres. Je garde en mémoire cette anecdote révélatrice. Un matin, le gouverneur d'une province m'appelle au palais.

— Majesté, me dit-il, la population d'un de nos villages s'apprête à inaugurer un petit bain public. Elle souhaite lui donner le nom du roi et je pense que cela n'est pas correct.

Je suis d'accord avec lui, c'est en effet grotesque. Un barrage ou une place publique, oui, peut-être, et encore, je ne souhaitais pas qu'on en abusât, mais un bain public, ça ne me paraissait pas opportun. J'ignore en quels termes le gouverneur signifia aux villageois d'avoir à trouver un autre nom ; toujours est-il que, quelques semaines plus tard, un rapport de la Savak parvint jusqu'au bureau de mon mari, jetant les plus graves suspicions sur ce gouverneur qui avait « refusé » qu'un bain public portât le patronyme du souverain... Le pauvre avait eu déjà quelques ennuis que mon mari dut prendre le temps de réparer. Il tentait d'en rire, mais au fond cela le blessait autant que moi. De tels comportements ne faisaient que nuire à la monarchie.

Les journalistes eux-mêmes avaient bien du mal à s'affranchir de ce climat, entretenu par le zèle exagéré de certains fonctionnaires du ministère de l'Information. Lors de mes voyages en province, ou à l'occasion de telle ou telle inauguration, je bavardais avec eux. Je leur disais : « Ne mettez pas partout ma photo. Nous sommes là pour ouvrir un nouvel hôpital, eh bien, parlez plutôt de l'hôpital que de moi, ça intéresse beaucoup plus les gens. Ils n'ont pas besoin de vous pour savoir si je suis une reine comme ceci, ou comme cela... Laissez-leur se faire par eux-mêmes une opinion. »

Ces photos de mon mari, partout, c'était également exagéré. Il était compréhensible que son portrait figurât en bonne place dans les institutions d'État – mais pas ailleurs. J'en avais parlé avec lui, il était tout à fait de mon avis. J'avais demandé à ce qu'on recensât tous les édifices et lieux portant nos noms de façon à en réduire le nombre. Dans tous les villages, la pression était forte. Utiliser le nom du roi leur paraissait plus facile pour obtenir telle ou telle subvention. Comment, disait-on, cette rue s'appelle Pahlavi et elle n'est même pas asphaltée ? Mon mari comptait sur le temps pour changer les mentalités, car dans cette bataille d'images nous nous heurtions également au rigorisme fruste de certains agents de la Savak.

Créée en 1957 pour combattre la subversion communiste dans les troubles années de la guerre froide, cette police avait alors parfaitement rempli son rôle. À l'époque, l'URSS et ses pays satellites, ainsi que certains pays arabes radicaux, entretenaient des agents en Iran pour fomenter des troubles. Il était indispensable de les prévenir et d'arrêter, si possible, les agitateurs. Le roi lui-même avait été victime de tentatives d'assassinat de la part de groupes islamiques radicaux proches des communistes, et trois de ses Premiers ministres furent assassinés par les fondamentalistes. Le Toudeh souhaitait ouvertement faire de l'Iran une République soviétique qui servirait les desseins du Kremlin et les fanatiques religieux, ce qui était difficile à imaginer, et mener le pays dans cette catastrophe aux dimensions mythologiques.

Certains agents de la Savak ont commis des abus sans doute et, dit-on, des actes indéfendables. S'en rendaient-ils compte ? Le malheur, c'est qu'en abusant de leur pouvoir, sans le vouloir peut-être, ils ont nui à l'autorité morale du roi et de la monarchie. Mais de nombreux membres de la Savak ont honnêtement contribué à la sécurité et à la stabilité du pays.

Dans les années 70, mon mari entreprit de réformer progressivement la mission de cette police. Un certain nombre de ses pouvoirs lui furent retirés au profit de la gendarmerie et de la police ordinaire.

Troisième Partie

Au printemps 1977, le professeur Abbas Safavian, recteur de l'université Melli de Téhéran, demanda à me rencontrer. Je me trouvais alors à Paris, et lui était également de passage dans la capitale française. Sa requête n'avait rien d'extraordinaire, nous nous connaissions bien, et le professeur m'entretenait régulièrement de tel ou tel problème concernant l'université. Je le vis donc, mais cette fois son propos me plongea dans une grande perplexité : il me pria de bien vouloir m'entretenir avec trois éminents médecins français, les professeurs Bernard, Milliez et Flandrin. Ce qu'ils avaient à me dire était un secret d'une telle importance, me précisa-t-il, qu'il était absolument exclu de les recevoir à notre ambassade, d'autant que personne ne devait être témoin de notre entrevue.

Dès le départ de M. Safavian, une sourde appréhension commença de m'habiter. Mais elle ne reposait sur rien : nos quatre enfants, régulièrement suivis, étaient en parfaite santé; quant au roi, bien qu'un peu fatigué par moments, il était étonnamment dynamique et vigoureux pour un homme de cinquante-sept ans.

Une de mes tantes possédait un studio à Paris et je fis savoir aux médecins français, par l'intermédiaire de M. Safavian, que je les attendrais dans cet appartement. En quittant l'ambassade d'Iran pour m'y rendre moi-même, je pris soin de me cacher au fond de la voiture, sachant que des journalistes pouvaient guetter mes allées et venues.

Je garde de cette rencontre un sentiment d'effroi glacial que le temps n'a pas effacé. Mes interlocuteurs me révélèrent que mon mari était atteint d'une maladie du sang, la maladie de Waldenström, me dirent-ils, une affection grave mais qui pouvait être soignée, sinon guérie. Par qui le mot cancer fut-il prononcé pour la première fois ? Peut-être par moi, sous la forme interrogative. On ne voulut pas trop m'alarmer, mais on m'assura qu'on avait les moyens de se battre, pied à pied, contre le mal. Et qu'en réalité on ne m'avait pas attendue pour engager le combat : les premiers symptômes dataient de l'automne 1973 !

Cette seconde révélation ajouta le désarroi au chagrin : depuis plus de trois ans, ces médecins soignaient donc mon mari, or j'avais été tenue à sa demande éloignée de ce drame. Cette entrevue elle-même avait été décidée en violation des consignes du roi, homme si courageux et si secret, par les médecins seuls, parce qu'ils estimaient que je pouvais jouer un rôle bénéfique auprès du malade.

En regagnant Téhéran, je pensais intensément au roi, à la famille que nous avions fondée depuis notre mariage, dix-huit ans plus tôt. La tristesse s'était figée au fond de moi, mais les médecins n'avaient pas découragé ma confiance, au contraire.

Toute l'histoire de cette maladie, je ne la découvris dans le détail que des années plus tard, à travers le récit que m'en confia le professeur Georges Flandrin, qui devait accompagner le roi jusqu'à son dernier souffle. Il avait écrit trois longues lettres au professeur Jean Bernard, son maître [1].

Lettres qui me bouleversèrent. Aucun document ne saurait mieux traduire l'émotion et la gravité de ces visites clandestines au roi qui commencèrent en mai 1974 et se poursuivirent

---

1. Lettres inédites au professeur Jean Bernard, *op. cit.*

jusqu'à notre départ en exil. Avec l'autorisation du professeur Flandrin, j'en donne ici de larges extraits. Elles révèlent le rôle essentiel que joua le ministre de la Cour dans la présentation au roi des médecins français. Assadollah Alam était en effet lui-même soigné pour une maladie du sang qui devait l'emporter en 1978.

« C'est donc le 1er mai 1974, écrit Georges Flandrin au professeur Jean Bernard, que nous sommes allés pour la première fois à Téhéran. Vous m'aviez contacté un dimanche soir chez moi et nous sommes partis un mardi matin, décommandant tous deux au dernier moment notre consultation externe de ce matin-là. "Tiens, Flandrin annule aussi sa consultation de mardi, comme le patron", avait remarqué votre secrétaire. Nous n'avions pu prendre nos précautions qu'au dernier moment, le lundi matin, après que vous m'eûtes expliqué dans votre bureau en quoi consistait notre déplacement. Le docteur Abbas Safavian vous avait demandé par téléphone de venir à Téhéran et de vous faire accompagner de votre "chef de laboratoire", selon l'ancienne terminologie qu'il utilisait. Il vous avait précisé que nous n'aurions "aucun contact avec la médecine locale et qu'il fallait avoir le matériel qui nous paraîtrait utile". Lorsque vous m'avez transmis cette information, je trouvais tout comme vous que c'était un vaste programme... en espérant encore que l'on nous cantonnerait au domaine de notre discipline, l'hématologie.

« Après avoir réfléchi, je vous répondis qu'à un certain niveau tout était possible, hormis d'emmener avec moi un microscope, et qu'il faudrait bien qu'on en trouve un sur place. L'expérience me montra que j'aurais pu, à la limite, accepter cette contrainte supplémentaire puisque, quelques mois plus tard, j'effectuais un voyage en Suisse avec un microscope dans mon bagage à main, sans attirer l'attention... Il faut dire qu'en 1974 les contrôles dans les aéroports n'avaient pas la rigueur qu'ils prirent depuis. Les avions pour Téhéran partaient encore de l'aéroport d'Orly et c'est là que nous nous trouvâmes le mardi matin, supputant sur les raisons de pareils mystères. Nous avions retiré la veille des billets *prepaid* de première classe et un peu bêtement, avant de monter dans l'avion, je vous dis : "Et si c'était une blague ?" À quoi vous m'avez répondu avec quelque bon sens : "Dans mon expérience, les blagues ne comportent pas le paiement d'un billet de première !" C'était ainsi le premier d'un des nombreux voyages Paris-Téhéran que je fis en votre compagnie. À l'aéroport Mehrabad, deux voitures à feux clignotants nous attendaient au bas de la passerelle, avec poignées de main de quelques messieurs inconnus dont nous allions ensuite revoir régulièrement le visage à nos arrivées. Au pavillon du gouvernement où on nous emmena, nous attendait le docteur Safavian qui nous accueillit. Safavian était professeur agrégé des universités françaises et, à l'époque, doyen d'une des facultés de médecine dont il devint le recteur par la suite. Safavian me serra la main en me disant : "Flandrin, vous ne me reconnaissez visiblement pas !" En deux mots, il m'aida à retrouver la mémoire. Nous avions été effectivement externes ensemble en 1957, chez le professeur Gilbert Dreyfus à l'hôpital de La Pitié. Safavian avait plus de mémoire que moi et peut-être avait-il plus changé. Après que nos passeports nous furent rendus, nous partîmes pour un grand hôtel de Téhéran, le Hilton, où aucune discrétion particulière ne semblait de mise. Dans notre chambre, Safavian nous expliqua que nous allions devoir examiner Son Excellence Assadollah Alam, ministre de la Cour. Vous connaissiez déjà son problème de santé car le professeur Milliez avait été amené à prendre antérieurement votre avis à son propos. Vous me fîtes remarquer en aparté que tant de mystères paraissaient disproportionnés pour ce problème simple et connu posé par le ministre. Nous avons ensuite rencontré M. Alam, qui nous informa alors que nous allions devoir rencontrer Sa Majesté le Shâh. Je me souviens très bien que le ministre de la Cour nous dit que nous allions devoir nous occuper de la santé de son "boss", c'est le mot qu'il employa avec son plus parfait sourire. De sa maison, nous fûmes donc conduits au palais de Niâvarân et introduits auprès de S.M.

« J'eus personnellement une sensation de déjà-vu, comme celle que l'on a avec certains paysages, et comme je l'ai ressentie en voyant pour la première fois Machu Picchu ou la Grande Muraille... Pour moi, j'étais dans le prévisible ; c'était bien l'homme attendu qui était devant nous, dans sa stature, dans son visage. Sa voix seule était une petite surprise ; utilisant un français parfait, elle était douce, sans aucun accent, mais avec un timbre très particulier, discrètement nasillard. À côté de son maître, un petit homme habillé en militaire, car il en avait plus l'habit que l'allure, le général Ayadi, médecin personnel de S.M. Nous nous assîmes tous autour d'une table et ce fut S.M. qui exposa son problème, nous expliquant comment quelques mois plus tôt, c'est-à-dire à la fin de 1973, alors qu'il était à l'île de Kish, il avait remarqué une voussure de son hypocondre gauche. Il s'était palpé lui-même et avait établi son "autodiagnostic", exact, de splénomégalie. De toutes les consultations ultérieures, cette première fut peut-être la plus curieuse. En réponse à l'une de vos questions, S.M., pour bien montrer qu'il se sentait sûr de son propre diagnostic anatomique, joignant le geste à la parole, ouvrit sa veste et souleva son gilet, puis mit ses doigts en crochets sous le gril costal gauche et inspira... selon les règles ! Nous pûmes ensuite examiner S.M. nous-mêmes ; il s'étendit sur un lit étroit enfoncé dans une sorte de loggia et surmonté d'une petite huile de Renoir. La rate était effectivement volumineuse, "isolée" selon notre jargon, sans adénopathie [1]. Nous étions devant un homme encore jeune ; S.M. avait cinquante-cinq ans (j'en avais quarante et vous-même soixante-sept alors). Au physique, c'était un sujet athlétique, et j'en fus étonné en passant le brassard pour prendre sa tension artérielle. L'examen clinique et les prélèvements nécessaires effectués, nous nous retirâmes dans un bureau proche de la chambre. Jusque-là, tout était relativement simple ; ensuite, il me fallut innover techniquement. [...] Je sortis donc de mon sac d'épaule qui me servait de bagage à main les outillages minuscules et variés permettant de compter plaquettes, globules blancs, hémoglobine, et de faire les colorations élé-

---

1. Nous avons volontairement conservé le vocabulaire médical du professeur Flandrin par souci d'exactitude devant l'Histoire. (N.D.E.)

mentaires sur les frottis de sang et de moelle. Vous vous souvenez sûrement aussi avec précision du bureau de S.M. où on nous installa pour ce travail. Au cours de mes trente-cinq voyages en Iran, dans les années qui suivirent, j'avais fini par me sentir bien dans cette pièce, à y avoir mes habitudes, avec le microscope et mon matériel, toujours bien rangés à leur place... C'était une pièce relativement petite, claire et ouverte sur les jardins du palais de Niâvarân, avec le rideau des grands platanes d'Orient qui filtraient la vive lumière de ce jour de printemps. Dans cette pièce, un bureau allait nous servir de paillasse de travail et nous y avions installé le microscope fourni par le général Ayadi. Ce bureau reposait sur un tapis, reproduction du plus célèbre et du plus ancien tapis persan, celui de Pazyryk avec sa fameuse bordure de chevaux. C'était dans ce laboratoire d'un nouveau genre qu'il me fallut opérer... sans faire de gouttes ni de taches ! Il me fallait de l'eau pour mes colorations et, pour la première fois de ma vie, je réalisai une coloration de Giemsa dans une salle de bains... Nous examinâmes l'un et l'autre les lames colorées sous le microscope. Comme on le sait, S.M. était atteint d'une hémopathie lymphoïde chronique dont nous portâmes le diagnostic à ce moment-là. Il s'agissait donc d'une variété un peu particulière de leucémie lymphoïde chronique à grosse rate. Dès nos premières constatations, nous tînmes au courant le général Ayadi. Le seul message qu'il retint fut le mot de leucémie et il déclara qu'il ne fallait absolument pas l'employer ; pour lui, il fallait dire à S.M. que tout allait très bien ! C'était quand même beaucoup nous demander, car nous venions de porter le diagnostic d'une hémopathie lymphoïde, certes chronique, mais malgré tout, à terme, maligne ! Il fallait en plus envisager un traitement que l'on ne pouvait guère prescrire sans quand même un peu s'expliquer. Au cours de cette première visite, nous n'avions pas encore le résultat de l'immunoélectrophorèse du sérum qui montra la présence d'un "pic monoclonal IgM" caractéristique de la maladie de Waldenström. L'état du patient n'étant pas alarmant, nous décidâmes d'adresser nos conclusions pratiques une fois revenus à Paris et une fois les examens vérifiés et complétés. Ultérieurement donc, l'ensemble des résultats en main, nous optâmes pour la terminologie de "maladie de Waldenström" tout en sachant bien que ce n'en était pas la forme typique évoluée, car le pic IgM était ici modeste. Nos raisons personnelles d'employer ce terme coïncidaient avec le souhait du général Ayadi de ne pas dramatiser la situation et nous adoptâmes là une attitude simplement conforme à celle que nous aurions prise pour tout autre malade.

« Sur le moment, après avoir quitté le palais, nos impressions étaient assez mitigées. Je me souviens que, de retour au Hilton, vous m'aviez fait la réflexion suivante : "Demain, les médecins américains seront consultés et ils seront ici à notre place." Comme quoi tout le monde peut se tromper, car votre prédiction ne fut pas confirmée par les faits. Nous avions en effet beaucoup à apprendre et nous n'avions pas compté avec la dimension personnelle et psychologique du patient. Vous faisant venir à Téhéran, et moi avec vous accessoirement, S.M. avait fait un choix délibéré et réfléchi. Il avait au minimum compris que sa splénomégalie signifiait : hémopathie, et il vous fit venir, via M. Alam. C'est à ce dernier que S.M. s'adressa après sa constatation de Kish, en lui disant : "Demande à tes médecins de Paris de venir." M. Alam me l'a raconté plus tard. Il semble tout à fait assuré que tout fut organisé entre S.M. et M. Alam pour que rien ne sorte d'un circuit extrêmement étroit, puisqu'à partir de 1974, S.M. ne consulta pratiquement plus d'autres médecins. Au début donc, cinq personnes étaient au courant ; le "noyau dur" était formé de vous-même et de moi : nous avions toutes les informations et la conscience précise des attendus du problème. Le général Ayadi était le troisième, il avait toutes les informations, mais il avait du mal à accepter les conclusions ; S.M. avait les informations, au niveau où nous étions parvenus à les lui transmettre, à travers le filtre Ayadi. Le cinquième était M. Alam, chef d'orchestre de notre action, mais à qui nous ne rendions pas compte précisément des résultats médicaux.

« De retour à Paris, et nos conclusions transmises, nous attendîmes du 1er mai à septembre 1974, sans que rien se passe.

Nous avions décidé, comme c'est de règle dans une situation médicale analogue, de commencer par une abstention thérapeutique sous surveillance. À notre commune surprise, il nous fut demandé de retourner à Téhéran le 18 septembre 1974. »

Entre ces deux dates, et plus précisément du 24 au 29 juin 1974, mon mari et moi effectuâmes une visite officielle en France à l'invitation du président de la République nouvellement élu, M. Valéry Giscard d'Estaing. Le président français nous accueillit magnifiquement, organisant une réception fastueuse dans les salons du palais de Versailles. Le roi était heureux et fier de la considération que tous les grands pays du monde portaient désormais à l'Iran. Nous pouvions mesurer l'œuvre accomplie en un demi-siècle, et les deux artisans de ce redressement spectaculaire étaient Reza Shâh et mon mari dont j'observais le triomphe avec un sentiment de gratitude, et de joie, sans me douter encore du mal qui commençait à le miner.

Jamais la situation du pays n'avait été aussi encourageante qu'en cette année 1974. De 73 millions de tonnes en 1963, notre production de pétrole brut était passée à 302 millions de tonnes, plaçant l'Iran au quatrième rang des pays producteurs, derrière les États-Unis, l'URSS et l'Arabie Saoudite. En 1973, sur les instructions personnelles du souverain, l'accord sur le pétrole de 1954 avait été entièrement refondu : désormais, toutes les infrastructures pétrolières, mais aussi toutes les activités d'exploitation – production et raffinement –, de vente et de recherche passaient sous le contrôle de notre compagnie nationale, les sociétés étrangères qui faisaient autrefois partie du consortium devenant acheteuses du pétrole iranien. Avec cet accord, les bases et les buts essentiels de la loi de nationalisation du pétrole étaient réalisés. Or le prix du brut venait d'être multiplié par quatre – le fameux « boom » des années 1973-1974 –, permettant un accroissement de nos revenus pétroliers de 64 % en un seul exercice.

Une telle progression nous permettait d'espérer une croissance annuelle de 26 % pour les quatre années à venir – des chiffres vertigineux, mais à la mesure de la modernisation promise au début des années 60. Cela était nettement perceptible à Téhéran, où investisseurs et hommes d'affaires affluaient de toutes les grandes capitales. Nos hôtels étaient pleins, certains visiteurs étaient prêts à louer une salle de bains pour passer la nuit. C'était la ruée vers l'or, on disait que désormais les dollars coulaient dans les ruisseaux de la capitale. Conséquence de cet emballement : les prix augmentèrent considérablement, les loyers en particulier. Ainsi, pendant que certains Iraniens s'enrichissaient, d'autres commençaient à souffrir de l'essor économique du pays.

Dans tous les domaines, nous avions fait d'immenses progrès, et l'espoir de rejoindre les pays développés paraissait à notre portée dans les dix ou quinze années à venir. Sur le plan du savoir, de 12 % de personnes sachant lire et écrire en 1962, nous passions à 70 %. Le nombre des écoles avait progressé de 7 900 à 21 900, permettant de scolariser plus de cinq millions d'enfants contre un million et demi en 1962. Huit universités et de nombreuses écoles supérieures et techniques avaient été créées dans les principales villes de province. Je garde en mémoire, comme un symbole de cette révolution culturelle, l'émotion de cette grand-mère qui vint me dire que désormais elle pouvait lire les lettres que lui envoyait son petit-fils de l'étranger, et lui répondre. Elle avait attendu plus de soixante ans ce « miracle » de l'alphabétisation.

Sur le plan industriel, tous les grands chantiers lancés au début des années 60 avaient été menés à bien, et en particulier le gazoduc transiranien, le terminal pétrolier de Khark, le plus grand du monde, l'aciérie d'Ispahan, l'usine d'aluminium d'Arâk, les complexes chimiques de Chiraz et d'Âbâdân, les barrages du Dez et du Kârun. L'agriculture, bénéficiaire de ces barrages par l'augmentation des terres irriguées, avait fait, elle aussi, un bond en avant. Quelques chiffres suffisent à en dire l'ampleur : tandis qu'entre 1957 et 1964 1 156 tracteurs seulement avaient été vendus, 3 000 unités le furent en 1968, et en 1973 on comptait plus de 30 000 tracteurs dans nos campagnes. Parallèlement, le secteur privé, très encouragé, était en plein essor. L'industrie automobile, les filatures, l'électroménager et beaucoup d'autres se développaient à pleine vitesse pour satisfaire les besoins nouveaux d'une population qui découvrait petit à petit le confort et les loisirs.

Oui, le roi avait toutes les raisons d'être satisfait, et optimiste : il était tout près de remplir l'engagement pris devant le pays en lançant, douze ans plus tôt, sa Révolution blanche. Et cette réussite, l'Iran la devait à chacun des siens, à ces hommes et ces femmes, ouvriers, ingénieurs, chercheurs, responsables politiques et élus, qui s'étaient engagés corps et âmes dans ce combat pour le développement, sans autre motivation que d'offrir à leurs enfants une existence meilleure, ouverte au progrès dans tous les domaines, santé, éducation, vie familiale...

Sur le plan culturel, le pays s'était remarquablement ouvert : les artistes iraniens s'exprimaient à présent dans le monde entier, nos peintres étaient exposés, nos poètes traduits, nos cinéastes reconnus et récompensés. À l'inverse, artistes et universitaires étrangers étaient sans cesse invités dans les grandes villes d'Iran. Cette reconnaissance des milieux artistiques et intellectuels, je la percevais de façon grandissante lors de mes voyages à l'étranger. On me recevait avec chaleur dans les universités, dans les cercles artistiques, et je sentais bien qu'à travers moi on voulait honorer les jeunes créateurs iraniens et la place donnée à la culture. À cet égard, la France rendit un hommage particulier à nos artistes, et à notre désir d'ouverture, en m'accueillant le 25 juin 1974 au sein de l'Académie des beaux-arts, dont je devins membre étranger. Je n'ai pas oublié ces mots de bienvenue du président de l'Académie :

« Les voyageurs qui ont visité l'Iran et se sont entretenus avec ses souverains déclarent, à leur retour dans leur pays d'origine, que Votre Majesté seconde avec un merveilleux à-propos son mari, le Shâh. Il en est ainsi dans l'œuvre gigantesque et si courageusement entreprise par lui, et par vous-même, pour faire de l'Iran un État moderne. » « Je suis certaine qu'à travers ma personne, avais-je répondu, ce sont tous mes collaborateurs, et l'ensemble du peuple iranien, que vous entendez honorer. Car, sans le concours des premiers et l'adhésion du second, l'animatrice que je suis n'aurait pas pu remplir la lourde tâche qui lui incombe. »

Dès le début de l'expansion économique, j'avais suggéré au Premier ministre, M. Hoveyda, de saisir cette opportunité pour acheter à l'extérieur de nos frontières des œuvres iraniennes susceptibles de témoigner de notre passé culturel. Le gouvernement s'y employa et cela nous permit bientôt de créer plusieurs musées, tel celui du tapis, ou encore le musée de Negarestan qui rassemble des œuvres de la période Qâjâr, le musée Reza Abassi pour les œuvres préislamiques et islamiques, le musée de Khoram Abad réunissant des bronzes du Luristân, ou le musée Abguineh qui héberge céramiques et verreries. Simultanément, le musée d'Art contemporain ainsi que trois centres culturels furent constitués.

À la tête de cet Iran en pleine effervescence à qui il consacrait toute sa vie, le roi avait-il conscience de la gravité de sa maladie ? Il ne semble pas s'en inquiéter, puisqu'il laisse passer l'été 1974 avant de répondre aux conclusions des médecins français en les priant de revenir le voir à Téhéran le 18 septembre. La veille, nous avons inauguré ensemble la deuxième Exposition internationale de Téhéran, et le jour même nous nous envolons pour un voyage officiel de trois semaines, exceptionnellement long, dans cinq pays différents : Singapour, l'Australie, la Nouvelle-Zélande, l'Indonésie et l'Inde. Ce 18 septembre, il dut recevoir ses médecins le matin tôt pendant que, de mon côté, j'étais occupée aux derniers préparatifs.

« Lors de ce second voyage, poursuit Georges Flandrin dans sa lettre au professeur Jean Bernard, nous n'étions plus deux médecins français, mais trois ; nous n'étions plus cinq personnes dans le secret, mais sept... ou huit ? Entre cette première et cette deuxième consultation en effet, le professeur Abbas Safavian, qui était entre autres le médecin de M. Alam, avait été mis dans la confidence, ce qui était rassurant car il apportait une compétence médicale sérieuse et nécessaire sur place. Safavian, avec une certaine logique interne, et peut-être pour ne pas avoir à supporter seul la responsabilité d'un tel secret, avait mis son maître français, le professeur Paul Milliez, dans la confidence lui aussi. Cela faisait sept ; le huitième, peut-être pas au courant de tout mais connaissant l'objet de nos visites, fut dès ce moment un proche de S.M. et de M. Alam qui nous recevait, voyage après voyage, dans sa somptueuse et discrète résidence du quartier de Shemirân. C'est là que nous nous trouvâmes, après la deuxième consultation au palais, vous-même, Paul Milliez, Abbas Safavian et moi. Je nous revois, marchant dans le jardin au soleil de ce dimanche matin, et discutant longuement pour fixer notre attitude. Safavian insistait pour que le secret soit étroitement gardé. Il redoutait particulièrement une imprudence verbale de S.M. qui, paraît-il, parlait volontiers de ses problèmes de santé et qui aurait pu, par inadvertance, mettre quelqu'un de son entourage dans le secret. Médicalement, le patient avait toujours une excellente forme physique, mais sa rate avait augmenté de volume. Nous décidâmes de commencer sans plus tarder le traitement adapté sous sa forme la plus classique, avec 6 mg quotidiens de Chlorambucil, avec la surveillance mensuelle habituelle de l'hémogramme. Nous pensions alors que notre tâche se limiterait là et que nous n'aurions pas à rentrer dans les détails pratiques concernant l'exécution de cette prescription simple. Il en fut tout autrement. Après notre départ, le patient ne reçut, semble-t-il, que huit jours de traitement ; un contrôle de l'hémogramme fut demandé par le général Ayadi après ce délai trop court, et il aurait montré (ce qui paraît fort douteux) une baisse déjà importante des globules blancs entraînant panique et arrêt du traitement ! Tant et si bien que nous ne revîmes S.M. pour la troisième fois que le 18 janvier 1975, apprenant seulement alors qu'il n'avait pas été traité !

« Cette troisième consultation eut lieu en présence à nouveau des mêmes médecins, Ayadi, Safavian, Milliez, vous et moi, mais cette fois-ci à Zurich. S.M. était en effet à cette époque-ci en Europe et venait de faire du ski à Saint-Moritz dont il était un habitué. Nous descendîmes à l'hôtel Baur au Lac, à Zurich, et nous montâmes voir le patient au Grand Hôtel Dolder. Je m'étais informé auparavant sur les possibilités matérielles que j'aurais sur place et je compris que le microscope de Téhéran ne figurait pas aux bagages. Je partis donc de Paris avec, démonté dans mon sac d'épaule, un petit microscope Carl Zeiss, réplique de celui que j'avais à Téhéran. Le patient était en forme, en grande forme même, car je lui fis répéter combien de fois en une journée il avait descendu la piste de la Diavolezza ; skieur moi-même, j'appréciais l'exploit, mais j'étais horrifié car sa rate était devenue énorme et on imagine ce qu'une mauvaise chute aurait pu entraîner ! Nous découvrions en effet que le traitement prescrit n'était pas appliqué, la splénomégalie s'était encore accrue et l'organe était maintenant nettement visible comme une voussure de l'hypocondre gauche. Il fallait absolument traiter et la prescription du Chlorambucil fut renouvelée. Du côté iranien, sur lequel devait reposer la surveillance, l'impasse était totale ; tant du côté d'Ayadi que de celui de Safavian, on nous expliqua qu'il n'y avait aucun moyen pour que les hémogrammes soient faits régulièrement et sérieusement tout en maintenant le secret. Je tentai bien de convaincre Safavian de se trouver une vieille tante ou un cousin fictif et de truquer les identités ; il me dit que c'était impossible et qu'il serait immédiatement percé à jour. Sans doute savait-il pertinemment ce qu'il disait, et la tentative malheureuse et désordonnée du premier contrôle laissé aux mains du général Ayadi ne nous engageait pas à recommencer l'essai. C'est bien à ce moment que se ferma sur moi le piège tendu par le destin. Les yeux de chacun se fixèrent sur moi et à ces yeux j'étais en train de devenir "l'homme de la situation". C'était aussi simple que cela... Tout était effectivement simple la première fois, et il paraissait difficile de ne pas accepter simplement : il me suffisait de revenir pour quelques heures à Zurich, un mois plus tard, pour effectuer ce contrôle, car S.M. restait encore un mois en Suisse... La suite, on verrait ! C'est ce que je fis, et c'est ce que l'on vit : le premier pas fait avec cette numération sanguine de Zurich, la logique interne du système me mit au pas cadencé pour Téhéran, 19 février 1975, 18 mars, 19 avril, 20 mai, 20 juin, 7 août, 13 septembre, 1er novembre, 14 décembre, etc.

« Parfois avec vous-même, parfois seul, je devins un habitué de Roissy et de Mehrabad les samedis matin, presque chaque mois jusqu'à mon dernier voyage à Téhéran, fin décembre 1978. Chaque fois le même rituel, la réunion de service sous votre direction à Saint-Louis le samedi matin de 9 heures à 10 h 30, visite en salle pour vous et passage au laboratoire pour moi, puis seul ou en votre compagnie, éclipse rapide vers midi, en voiture ou en taxi, direction Roissy, et en général le vol Air France Paris-Manille, via Téhéran, si possible premier rang pour ne pas être trop vu, si possible fenêtre de gauche pour voir le Bosphore et la Corne d'Or. Arrivée à Téhéran en général à la nuit, sorti le premier avec au bas de l'échelle les mêmes voitures clignotantes, les mêmes poignées de main et les mêmes visages souriants anonymes, les mêmes tasses de thé à répétition au pavillon du gouvernement en attendant le tampon sur le passeport. De là, une voiture au chauffeur sans parole, parfois changement de voiture en route, arrivée à la même maison, repas à la cuisine iranienne succulente, serviteurs mâles sans parole ni musique, insomnies dues aux rafales de thé de l'aéroport, et départ le dimanche matin à l'aube pour le palais. Retour rapide à la résidence, longue attente, lecture ou long ennui du dimanche car il aurait été imprudent de se montrer dehors, retour dans la nuit de dimanche et réapparition à Saint-Louis le lundi matin.

« Au palais, les entrevues étaient souvent brèves. Les examens biologiques effectués et les résultats transmis au général Ayadi, nous attendions que le patient en ait été informé, le plus souvent nous n'étions pas conviés à le revoir après pour commenter les résultats. Entre janvier 1975 et décembre 1975, l'évolution biologique se montra remarquablement favorable. La rate était rentrée dans ses limites anatomiques normales et les anomalies de l'hémogramme s'étaient corrigées, le pic monoclonal avait également totalement disparu du sérum. Malgré cette amélioration, et comme à l'ordinaire en pareil cas, le traitement était maintenu au même rythme et aux mêmes doses. Lors du contrôle de février 1976, j'étais allé seul voir S.M., alors en vacances d'hiver en Iran, dans une station de ski au nord de Téhéran. Je me souviens qu'en me voyant regarder par la fenêtre de sa chambre, le roi me demanda si j'avais envie d'aller skier, et il me proposa de me faire prêter un équipement. C'était très gentil, mais assez peu prudent, et je déclinai poliment son offre. Il me parut particulièrement détendu ce jour-là, ce qui d'ailleurs était plus souvent le cas lorsque j'étais seul. Je crois que vous l'impressionniez en réalité, ou que tout au moins avec une personnalité comme la vôtre il se tenait à une réserve quasi officielle qu'il perdit peu à peu, au cours du temps, avec moi. En votre absence, il me blaguait un peu, et au cours de l'année 1975, ayant dû apprendre par Safavian que j'avais été nommé agrégé, il m'accueillit, l'air moqueur, en me disant : "Alors, maintenant, il faut que je vous dise professeur !" Il s'amusait probablement de mes difficultés et de mes bévues dans l'application du protocole et de l'emploi de la troisième personne.

« Toujours est-il que, ce jour de février 1976, j'eus la mauvaise surprise de palper à nouveau sa rate et de voir circuler à nouveau dans son sang des cellules anormales, alors même qu'il était supposé être sous traitement. Je pensai donc à un échappement de la maladie qui allait nous obliger déjà à passer à un traitement plus agressif. Ce ne fut qu'une fausse alerte, l'histoire est la suivante : nous avions décidé de ne pas laisser apparaître le nom du Chlorambucil, ce qui aurait été le meilleur moyen de nous trahir ; de la seule présence de ce médicament pouvait être déduit immédiatement le diagnostic, au moins approximatif, du destinataire du produit. C'est Paul Milliez qui proposa la substitution avec une spécialité anodine, le Quinercyl, dont les comprimés blancs étaient proches de ceux du Chlorambucil. Le produit était fourni exclusivement par mes soins, et j'achetais à Paris les deux drogues, apportant à Téhéran le Chlorambucil dans des boîtes de Quinercyl, le mot Quinercyl étant utilisé dans nos comptes rendus par convention à la place de Chlorambucil. Notre subterfuge montra son efficacité et tout à la fois son effet pervers. Le fidèle valet de chambre de S.M., en vue d'un déplacement lointain et prolongé de son maître, se mit louablement en souci de l'approvisionnement dans le médicament qu'il faisait prendre chaque jour. Il acheta donc une réserve de vrai-faux médicament, c'est-à-dire du Quinercyl, et pendant plus de deux mois le patient puisa dans la réserve du vrai Quinercyl et suspendit, à son insu comme au nôtre, son traitement actif. Devant l'étonnement que nous avions manifesté à l'occasion de cet «échappement» si précoce de la maladie, Safavian, au terme d'une enquête attentive, et après avoir parlé avec le valet de chambre, comprit la méprise. En avril 1976, le vrai traitement était repris et en septembre 1976 une normalisation hématologique complète était à nouveau obtenue.

« Cette "fenêtre thérapeutique" involontaire eut en fin de compte un effet bénéfique très important pour la suite, et imprévisible. Jusqu'à la démonstration expérimentale de la dépendance évolutive vis-à-vis de ce médicament, S.M. était peu convaincue de l'effet réel de la thérapeutique que nous lui appliquions. Le roi avait sa propre opinion sur son état, et notamment sur la taille de sa rate qu'il pensait sentir augmenter, diminuer, et réapparaître au gré des sensations erronées de son autopalpation. Il pensait que ces variations supposées étaient indépendantes de notre traitement, ce qui avait engendré entre nous quelques échanges parfois un peu acides. J'avais dû lui dire une fois : "Majesté, en matière de rate, c'est moi qui détiens l'autorité !" Il en avait ri, mais semblait garder son opinion. C'était surtout l'apparence anodine de notre thérapeutique, résumée à ces trois petits comprimés avalés sans engendrer de désagrément, qui lui paraissait incompatible avec un pouvoir thérapeutique quelconque. De l'aveu du général Ayadi, grand pourvoyeur de drogues diverses, le patient avait eu toute sa vie l'habitude de prendre facilement divers médicaments, prescrits ou conseillés par l'un ou par l'autre, médecin ou pas, et il n'avait pas manqué dans sa vie de croiser le chemin des marchands d'Orvietan, intéressés ou pas, qui l'avaient alimenté en diverses pilules. Trois petits comprimés de plus ne l'impressionnaient donc guère. L'erreur du vrai-faux médicament lui fut expliquée, le faux-vrai médicament repris, la démonstration de son effet réel s'imposa à lui d'autant mieux que la rechute s'était accompagnée de fatigue, et la nouvelle rémission d'une sensation de mieux-être. Son esprit logique accepta cette démonstration et, depuis cet événement, S.M. adhéra toujours pleinement aux conseils que nous eûmes l'occasion de lui donner. »

Bien que ne sachant encore rien de la maladie du roi, je fus en effet témoin d'un symptôme qui m'inquiéta au début de l'année 1976, symptôme directement lié à l'abandon du Chlorambucil, comme je le découvris plus tard en lisant ces courriers du professeur Flandrin. Un matin, je m'aperçus que la lèvre supérieure de mon mari était anormalement gonflée. Consulté, le général Ayadi évoqua l'hypothèse d'une allergie et cela me rassura. Enfant, le souverain avait eu la fièvre typhoïde et la malaria, et ces maladies l'avaient laissé extrêmement fragile du foie. Il était allergique à certaines choses, notamment au poisson. Puis tout rentra dans l'ordre, et je cessai aussitôt de m'inquiéter.

Il est vrai qu'au milieu des années 70, sous l'effet de la croissance et de la multiplication des initiatives, nos activités avaient complètement débordé sur notre vie familiale, au point de nous priver d'une bonne partie de nos moments d'intimité. Nous souffrions, l'un comme l'autre, de ne plus suffisamment voir les enfants et, quand nous dînions en tête-à-tête, c'était encore pour évoquer tel ou tel projet qui avait pris du retard, ou tel courrier qui m'avait été adressé et qui confirmait qu'en dépit du rythme accéléré des progrès, les attentes étaient de plus en plus pressantes.

C'est en réalité paradoxalement durant ces années 1975-1976 que commença à se manifester un sourd mécontentement à travers tout le pays. J'en avais personnellement pris la mesure grâce aux conclusions d'une étude économique et sociale que le roi avait commandée à un groupe d'universitaires. Ces intellectuels, que présidait celui qui devint plus tard mon chef de cabinet, Houchang Nahavandi, lui-même recteur de l'université de Téhéran, avaient dressé un portrait contrasté de l'état d'esprit des Iraniens. Les gens, selon eux, se disaient certes conscients de l'amélioration de leurs conditions de vie en une génération, mais ils parlaient plus largement des déceptions, ou des frustrations, que ce bond en avant leur avait laissées.

La corruption, dont ils soupçonnaient la nouvelle classe dirigeante, alimentait pour partie cette espèce de désenchantement, de morosité. On prétendait qu'elle sévissait jusque dans notre entourage. J'entendais en effet diverses choses sur le comportement de certains qui m'offusquait et, régulièrement, j'en parlais au roi. J'avais le sentiment que ces rumeurs nous faisaient énormément de mal. Ni mon mari ni moi ne prêtions un quelconque intérêt à l'argent, et chaque fois que le roi fut informé qu'une malversation se préparait, à travers des passations de marchés notamment, je sais qu'il fit le nécessaire pour rétablir l'équité. Nous pensions que la Cour devait donner l'exemple d'une parfaite intégrité : ne pas échapper au contrôle des douanes sous le prétexte qu'on est ministre ou familier du roi, respecter les feux rouges comme n'importe quel citoyen. Le soupçon de corruption n'était pas nouveau ; en 1958, déjà, le souverain avait dû édicter un train d'ordonnances pour dissuader la corruption, réelle ou supposée, et ainsi rétablir la sérénité.

L'étude rédigée par Houchang Nahavandi à la demande du roi montrait que, par ailleurs, chaque réforme avait engendré de nouvelles vexations et dressé contre la monarchie telle ou telle catégorie sociale. La réforme agraire avait outragé nombre de grands propriétaires qui, depuis, multipliaient les intrigues à l'égard du roi, allant jusqu'à faire croire aux petits paysans que la loi aurait pu être plus généreuse encore. En redistribuant une partie des terres des religieux, cette même réforme agraire nous aliénait une part non négligeable du clergé. L'émancipation de la femme, l'ouverture aux autres cultures n'avaient fait qu'accroître l'hostilité des mollahs. Dans le même temps, la jeunesse, principale bénéficiaire de l'ouverture, réclamait plus de liberté d'opinion, d'expression – au grand scandale de nos religieux conservateurs –, et les plus violents contre la monarchie étaient précisément ces jeunes qui avaient profité du progrès pour partir étudier aux États-Unis ou en Europe. Enfin, à l'intérieur et à l'extérieur du pays, le Parti communiste clandestin, l'extrême gauche et les fondamentalistes religieux continuaient de recruter de jeunes idéalistes, ou des fanatiques, qui rêvaient de renverser le régime au profit d'un paradis mythique. Le rapport précisait qu'un fossé s'était creusé entre les intellectuels et la monarchie, et préconisait un rapprochement avec les religieux.

Ce rapport aurait sans doute mérité l'attention du gouvernement, il aurait pu inspirer ses réflexions. Le roi le transmit à l'exécutif, qui ne le prit peut-être pas suffisamment au sérieux. Il est vrai que de nombreux rapports arrivaient sur les bureaux des différents ministres concernés.

Cependant, je percevais, moi aussi, un certain malaise. Au cours de mes voyages, ou de mes visites dans tel ou tel établissement, j'étais toujours accueillie avec la même chaleur, mais les gens venaient à moi plus pour me confier leurs problèmes que leurs satisfactions. Je rapportais au roi ce que j'entendais, et bientôt je me fis la réflexion que je ne lui transmettais plus que des sujets de contrariété. Il travaillait énormément, nous nous retrouvions le soir, il était fatigué, et moi je n'avais que des mauvaises nouvelles à lui donner... Comme mon inquiétude ne semblait être partagée ni par son entourage ni par le gouvernement, je finis par me dire que je prenais tout trop à cœur, que j'étais trop idéaliste. Non, les rouages d'un État étaient complexes. Il fallait accepter une part d'imperfection.

Amir Abbas Hoveyda, Premier ministre depuis dix ans (il avait été nommé en 1965), bénéficiait de la confiance absolue du roi. De son amitié aussi. En ce qui me concerne, j'avais avec lui une relation de grande confiance, et d'amitié également. Il ne refusait jamais le concours du gouvernement aux organisations que je présidais pour les œuvres sociales et culturelles. À l'inverse, je le tenais au courant de ce que nous entreprenions. Au fil des années, M. Hoveyda et son épouse étaient ainsi entrés dans le cercle étroit de nos intimes. Nous allions volontiers chez eux et il nous est arrivé de nous rendre dans leur villa, au bord de la mer Caspienne, pour une visite ou un dîner.

Intelligent et très cultivé, M. Hoveyda se défiait des honneurs et des paillettes (il conduisait lui-même sa voiture, de marque iranienne), et il avait toutes les qualités requises pour faire un excellent chef de gouvernement : de grandes compétences dans tous les domaines, tant économiques que diplomatiques, alliées à une proximité naturelle avec le peuple et une grande intégrité personnelle. Il était l'un des rares hommes à posséder l'oreille du roi, au même titre que M. Alam, et de ce fait peut-être aurait-il pu utilement contribuer à rompre l'isolement dont mon mari fut victime, comme la plupart des souverains et chefs d'État ? Il adopta plutôt une attitude consistant à gommer certaines aspérités pour présenter au roi un bilan constamment rassurant de l'état du pays. Sous-estima-t-il l'importance des mécontentements ?

Néanmoins, avec le recul du temps, on mesure combien fut violent pour l'Iran le contrecoup de l'euphorie engendrée par la hausse du brut en 1974. Dès 1975, la situation se dégrade et nos prévisions tellement encourageantes doivent être révisées à la baisse. Deux facteurs au moins expliquent ce renversement de tendance. D'une part, les pays consommateurs de pétrole, l'Occident et le Japon, réduisent leurs importations au profit de sources d'énergie plus économiques. D'autre part, le prix des produits industriels et des denrées alimentaires, que l'Iran importe d'Occident, augmente considérablement du fait de l'inflation qui s'emballe dans ces pays. Nos recettes diminuent et nos dépenses ne cessent de croître. Dans ces conditions, nombre d'engagements et de promesses du gouvernement se retrouvent ajournés, voire annulés, et un climat de désillusion gagne progressivement différentes couches de la population.

Sur le moment, nous n'en eûmes pas clairement conscience. Pourtant, le mécontentement devait être perceptible, ici ou là, car durant l'année 1976 je fus surprise par l'ampleur des effectifs de sécurité autour de nous lorsque nous nous déplacions dans les provinces. La Sécurité entravait constamment mes contacts directs avec les gens, je l'ai dit, mais avec le temps la Garde avait acquis une certaine souplesse. Elle n'était plus de mise désormais.

Le 21 mars de cette même année 1976, nous célébrâmes le cinquantième anniversaire de la dynastie Pahlavi. Ce jour-là, particulièrement, je sentis que quelque chose avait changé entre le peuple et la monarchie, je le sentis sur ma peau, comme un souffle qui me glaça soudain. L'harmonie, la confiance me parurent entachées d'une ombre impalpable. Devant le mausolée de Reza Shâh, mon mari redit cependant son dévouement au peuple iranien, puis il eut ces mots qui me plongent, aujourd'hui, dans une infinie tristesse : « Nous sommes issus de ce peuple, nous sommes nés sur le sol sacré de l'Iran, et nous serons enterrés dans cette terre. »

Cette brusque évocation de sa mort avait-elle dans son esprit un lien avec cette maladie qu'il me cachait ? Le lendemain, nous partîmes pour quelques jours de repos sur l'île de Kish et c'est là, je crois, que le gonflement anormal de sa lèvre supérieure m'inquiéta, brièvement.

Dans les mois suivants, il prit une initiative qui, avec le recul, me paraît trahir l'inquiétude qui l'habitait : il entreprit de m'initier aux affaires du pays, au côté de notre fils aîné. Plusieurs fois par semaine, Reza et moi fûmes donc amenés à nous entretenir avec le Premier ministre, puis avec chacun des ministres sur les dossiers du moment. Nous reçûmes également les chefs des armées, les représentants des différentes institutions, et en particulier ceux du Parlement. Pour moi, c'était une situation pénible et délicate, car je n'imaginais pas une seconde de devoir lui succéder un jour, et en même temps je devais évidemment prendre très au sérieux cette « formation », et donc l'interroger comme s'il devait disparaître.

À l'instant où j'écris ces lignes, il me revient que le roi avait déjà fait un premier pas dans le même sens, trois ans plus tôt. Le 22 novembre 1973, selon mes archives, il avait en effet convoqué au palais le Premier ministre, les représentants du Parlement, les chefs de l'armée pour leur délivrer, en ma présence, une sorte de testament politique. « À tout moment, leur avait-il dit en substance, je peux disparaître. Si cela survenait, alors que le prince héritier n'a pas atteint l'âge légal pour me succéder, l'autorité reviendra à la reine et au Conseil de régence. Les forces armées devront demeurer loyales à la reine et, plus tard, au jeune roi. Les ordres peuvent émaner d'une femme, ou d'un homme à l'âge tendre : ils devront être obéis. Notre sécurité et notre vie en dépendent. » Aujourd'hui, le témoignage du professeur Flandrin éclaire d'un jour nouveau et grave cette première initiative : le roi venait vraisemblablement d'apprendre qu'il était atteint de la maladie de Waldenström.

Parfois, je m'inquiétais :

— J'espère que le bon Dieu ne le voudra pas, mais, si quelque chose t'arrive, que dois-je faire ? La première chose ?

Et lui, avec son imperceptible sourire :

— Tu sauras très bien te débrouiller...

Je souriais aussi. J'étais tellement sûre que ça ne se produirait jamais. Il était encore jeune, et Reza n'était pas si loin de ses vingt ans, l'âge requis pour monter sur le trône.

Ma mise au courant de la maladie du roi fut l'objet de longs débats entre les médecins, qui ne s'y résolurent que dans l'intérêt de leur patient.

Voici la mémoire qu'en a conservée le professeur Georges Flandrin :

« À cette époque, en dehors de M. Alam et du général Ayadi, Safavian était le seul Iranien avec qui nous pouvions discuter de l'ensemble des questions que nous posait ce problème du secret imposé. Un tel secret était pour lui beaucoup plus lourd à porter que pour nous, car il lui semblait évident qu'un jour ou l'autre il s'exposerait à subir des reproches, ne serait-ce que de la famille du patient, de ne s'être ouvert à personne de faits dont il mesurait les conséquences politiques éventuelles. Après que ce sujet fut maintes fois débattu entre nous, il nous sembla que la logique était d'informer l'épouse du patient. Cela ne manquait pas de soulever d'éventuelles objections, mais c'est la décision que nous prîmes. Avant de parler à Sa Majesté la Reine, qui n'était au courant de rien, nous avions fait quelques avances auprès de S.M. pour tenter de la convaincre de parler de son état de santé à son épouse, mais S.M. avait chaque fois éludé la question. Nous prenions donc là une décision peut-être contestable, car le secret médical doit pouvoir même s'appliquer aux proches d'un patient, ici en l'occurrence l'épouse. Ce qui nous poussa était ce qui nous apparaissait comme l'intérêt de sa santé. La suite des événements nous montra l'importance qu'eut S.M. la Reine dans la prise en charge du problème médical de son époux, notamment au début de l'exil et tant qu'elle eut le pouvoir de le faire. Dans la crainte bien prévisible d'une aggravation de la maladie, nous souhaitions que l'épouse soit informée, moralement et psychologiquement préparée à ce qui se passerait fatalement un jour. Nous avions donc un message bien lourd à transmettre, et de plus fallait-il le transmettre dans le plus absolu secret et... dans le dos, si je puis me permettre, du patient, de ses propres services secrets, des nôtres, voire de ceux de nos amis, voire de ceux qui ne l'étaient peut-être pas, bref, à l'abri de la curiosité de tous. Caractère aggravant de la situation, nous ne devions nous ouvrir de notre initiative ni auprès de S.M. ni auprès de Son Excellence Alam, notre sésame habituel à qui, pour une fois, nous n'allions pas demander d'ouvrir la porte.

« Abbas Safavian et moi-même dûmes monter le scénario d'une bien étrange et bien secrète rencontre. Paris avait été choisi comme seul lieu possible. Téhéran avait été exclu ; là-bas, en effet, hors de l'organisation Alam, il n'y avait point de salut pour le secret. Je demeurerai donc suffisamment vague sur les conditions de cette entrevue, dont vous vous souvenez sûrement, car elle fut chargée d'émotion. Nous étions là, tous les quatre, vous-même, M. Milliez, Safavian et moi. Les conditions demandées pour cette rencontre n'étaient pas ordinaires et S.M. la Reine ne savait pas encore précisément pourquoi nous souhaitions tellement la rencontrer, et surtout pourquoi dans de pareilles conditions. Safavian, qui était maintenant recteur à Téhéran, avait l'occasion de rencontrer la souveraine pour des raisons universitaires et il avait su la convaincre de l'importance de cette réunion. Vous vous souvenez sans doute mieux que moi de ce premier entretien avec S.M. la Reine, puisque ce fut d'abord vous-même, puis M. Milliez, qui donnèrent les informations que nous souhaitions délivrer, je ne fis que quelques commentaires à votre demande sur certains points précis de la surveillance médicale. Le message était rude à recevoir. Son époux, apparemment si bien portant, était sérieusement malade, il était atteint d'une affection sanguine, certes chronique, mais grave. Plus encore, il le savait, mais n'avait voulu se confier de rien. Tout cela en si peu de temps devait être compris, sinon accepté, puis gardé pour soi seul. Plus compliqué : comment allait-elle pouvoir dire à son époux qu'elle était maintenant au courant ? Le seul moyen était pour elle d'obtenir l'autorisation de parler "officiellement" avec les médecins français, sans avoir à dire qu'elle les avait vus secrètement. Elle finit par obtenir cela et lors de notre voyage suivant à Téhéran, au su de S.M., nous fûmes conviés à rencontrer la souveraine. Une personne de plus était maintenant dans le secret et le cercle des gens informés ne s'accrut plus jusqu'au moment de l'aggravation clinique aux Bahamas, et surtout à Mexico, à la veille du départ pour New York. »

Dans quelles circonstances est-ce que j'obtins, de retour à Téhéran en ce mois de juin 1977, que le roi me révélât sa maladie ? Je ne m'en souviens plus, mais j'y parvins effectivement. Il m'en parla en termes relativement anodins, m'indiquant qu'il avait un problème de plaquettes et de globules rouges, que les médicaments qu'il prenait corrigeaient cette anomalie. Le secret étant rompu entre nous, il n'hésita plus, dans les mois qui suivirent, à évoquer son affection. Mais il le faisait d'une façon relativement légère, me donnant le sentiment qu'il ne mesurait pas la gravité de sa maladie, ou que, la mesurant, il souhaitait m'en protéger. Il palpait sa rate en ma présence, remarquait : « Tiens, il me semble qu'elle est un peu gonflée aujourd'hui. Dis-moi ce que tu en penses. » J'essayais de me rendre compte par moi-même. Je disais : « Oui, un peu en effet... », ou : « Non, c'est mieux qu'hier. » Mais jamais nos conversations ne pouvaient aller au-delà de tels échanges insignifiants puisque j'étais censée ne rien savoir, à part ce qu'il avait bien voulu me dévoiler : un petit dérèglement dans la composition du sang. C'était donc très lourd pour moi, très triste ; je devais endurer seule cette angoisse qui m'écrasait le cœur avec le sentiment terrible de ne pas pouvoir l'aider. « Si seulement il acceptait que je sache tout, me disais-je, nous pourrions en parler librement, il ne serait pas seul à porter ce fardeau, je pourrais l'aider, lui transmettre un peu de mon énergie. »

J'écris cela, mais en même temps je continue d'ignorer, aujourd'hui encore, la conscience qu'il avait de son mal dans cette seconde moitié de l'année 1977, et durant l'année 1978. Pendant cette période, les médecins français sollicitèrent une nouvelle entrevue avec moi, cette fois au palais de Niâvarân. Ils me dirent qu'ils éprouvaient la nécessité de le mettre au courant de la gravité de sa maladie, et comme je manifestai un certain étonnement, croyant que le roi savait tout, ils m'avouèrent qu'ils n'avaient jamais prononcé devant lui le mot de « cancer » et s'en étaient tenus à cette appellation peu explicite pour un non-médecin de « maladie de Waldenström », ou de lymphome.

Si je les comprenais bien, j'en savais donc plus que mon mari. C'était me faire porter une responsabilité morale et politique considérable. Je leur dis qu'il fallait sans tarder révéler l'exacte réalité au souverain. « Il a la force et le courage de l'entendre, soulignai-je, et ses responsabilités commandent qu'il ait une vision juste de son état de santé. » J'ajoutai qu'il serait à mon sens plus facile pour lui d'endurer le choc aujourd'hui, alors qu'il était en bonne forme, que demain, lorsque ses forces déclineraient. À l'issue de cet entretien, les médecins m'assurèrent qu'ils allaient essayer de lui parler, mais quelques heures plus tard ils m'annoncèrent qu'ils avaient de nouveau renoncé à employer devant lui le terme de « cancer ».

Mais le roi n'avait-il pas compris ? Ce qu'il dit au président Giscard d'Estaing, qui le rencontre à Saint-Moritz durant l'hiver 1975, me conforte dans ce sentiment.

Comme le président français s'étonne du rythme accéléré de la croissance en Iran, mon mari lui confie, sans autre explication : « Mon problème, c'est que je n'ai pas le temps. Je ne resterai plus longtemps au pouvoir. Mon intention est de partir dans sept ou huit ans. J'aurai largement dépassé soixante ans. Je préférerais partir plus tôt, mais mon fils est encore trop jeune. J'attendrai qu'il soit prêt. Toutefois, je veux que l'essentiel ait été réalisé avant qu'il accède au pouvoir. Il aura beaucoup de difficultés au début. C'est à moi de réaliser la transformation de l'Iran. Je suis décidé à le faire. »

Il s'arrangea cependant pour ne pas me donner le sentiment qu'il était conscient de son état de santé, de sorte que je n'ai jamais cessé de m'interroger.

Les médecins également demeurèrent dans l'expectative, comme le révèle le professeur Flandrin dans sa longue correspondance avec Jean Bernard. Évoquant cet entretien, au cours duquel ils voulurent alerter le souverain, M. Flandrin écrit à son maître :

« Ce même matin, vous avez tenté de reprendre la conversation sur sa maladie, sur l'évolution possible, bien sûr avec toutes les précautions et les nuances que l'on doit aux patients. Le roi eut alors une réflexion qui, à mon sens, permet de totalement exclure qu'il n'eût pas bien réalisé ce que nous voulions lui faire comprendre. Son fils aîné était dans une école de l'armée de l'air américaine à ce moment. Il nous dit : "Je vous demande seulement de m'aider à maintenir ma santé deux ans, le temps que le prince héritier termine son année aux États-Unis et puisse passer un an à Téhéran."

« Beaucoup plus tard cependant, quand j'étais avec S.E. Alam dans son fief de Birdjand, dans les montagnes de l'est de l'Iran, ce dernier me parla longuement de lui-même et du roi. Sur la personnalité de son maître, il me décrivit des traits paradoxaux, mais sans doute également vrais. Il me dit un jour, par exemple : "C'est extraordinaire de penser que cet homme, parvenu à un tel degré de puissance, ait pu rester naïf à certains égards en faisant confiance aux propos de ses interlocuteurs." Et à l'inverse, il me dit aussi : "Habitué depuis l'enfance à être son personnage, le roi a une capacité étonnante à se contrôler et est capable de totalement masquer ce qu'il pense et ce qu'il sait." Il me confia qu'il avait souvent vérifié ce fait lorsque, sachant que le roi avait déjà eu une information et qu'il venait l'en informer, celui-ci était capable de ne rien laisser paraître. C'est pourquoi j'ai toujours pensé que nous ne pouvions pas nous fonder sur nos propres impressions pour savoir ce que le roi avait vraiment compris des informations que nous lui communiquions sur sa santé. »

Vraisemblablement conscient que le temps lui était désormais compté, mon mari entreprit de préparer le pays à sa succession. Il avait maintes fois répété que son fils n'aurait pas à gouverner comme lui ; que, héritant d'un pays enfin sorti du sous-développement, Reza aurait pour tâche d'ouvrir l'Iran à la démocratie. Au printemps 1977, cette libéralisation du régime commençait à être réclamée avec plus d'empressement par l'opposition politique comme par les intellectuels, et notamment par un journaliste qui soutint plus tard Khomeyni et les mollahs. Dans une lettre ouverte au souverain, il lui demandait notamment de régner suivant la Constitution et d'accorder au pays une liberté d'expression équivalente à celle que connaissaient l'Europe occidentale et les États-Unis. Chapour Bakhtiar et Mehdi Bâzargân prirent à leur tour la parole dans le même sens.

Le roi envisagea de précipiter l'ouverture. Pour signifier clairement au pays que le temps du changement était venu, au milieu de l'été 1977, il remplaça M. Hoveyda à la tête du gouvernement par un homme d'une grande honnêteté, brillant, cultivé, Jamshid Amouzegâr.

« Il passait, à juste titre, pour un homme parfaitement intègre, devait écrire mon mari dans ses Mémoires, et il était, de surcroît, le secrétaire général du parti de la Renaissance, ce qui lui permettait de compter sur l'appui de ce mouvement. Ma décision de changer de Premier ministre ne signifiait nullement que M. Hoveyda eût démérité. Bien au contraire, cet homme fin et cultivé avait été un bon serviteur de son pays pendant treize ans, mais le pouvoir use et lui-même avait favorablement envisagé de prendre quelque recul vis-à-vis des affaires de l'État. Pour bien marquer que je lui gardais toute ma confiance, je fis de lui mon ministre de la Cour, fonction qui me permettait de le garder auprès de moi et de m'entretenir quotidiennement avec lui. Je m'étais, dès la constitution du nouveau gouvernement, déclaré favorable au principe d'une libéralisation à condition qu'elle se fît sans entraîner la désintégration du pays. »

La tâche du nouveau Premier ministre était assurément délicate, car il allait devoir gérer l'ouverture, en même temps que la montée des mécontentements, due en particulier au désenchantement qui avait suivi le boom pétrolier. Le VIᵉ plan, si prometteur, devait être abandonné au profit d'une économie de rigueur qui risquait d'accroître la morosité.

Les revendications d'ouverture et de libéralisation du régime n'étaient pas nouvelles, mais elles avaient acquis plus de force avec l'arrivée à la Maison Blanche d'un président démocrate, Jimmy Carter, en novembre 1976. Le roi avait entretenu des relations étroites avec ses prédécesseurs républicains, et en particulier avec Richard Nixon, qui était demeuré un ami. Il avait le sentiment que l'administration républicaine comprenait les immenses difficultés qu'il rencontrait pour sortir l'Iran du sous-développement et qu'elle admettait que cela ne pût se faire sans une certaine autorité. Le chef de la diplomatie américaine, Henry Kissinger, qui connaissait bien l'Iran, avait une grande admiration pour l'œuvre accomplie en une décennie. Durant toute sa campagne, Jimmy Carter avait brandi, lui, le thème des droits de l'homme, de la liberté des peuples, sujet à caution dès lors qu'on ne prend pas en compte le contexte économique et culturel de chaque pays. Mais qu'importe, l'opposition iranienne avait vu en Carter un allié pour ses combats de demain, et le vent des revendications n'aurait sans doute pas soufflé avec cette force si un autre homme avait accédé à la Maison Blanche.

La nomination du nouveau Premier ministre n'apaisa pas les exigences d'ouverture et, en octobre 1977, l'Union des écrivains iraniens organisa à l'Institut Goethe de Téhéran, attaché à l'ambassade d'Allemagne, des soirées poétiques qui réunirent, au plus fort de ces manifestations, jusqu'à quinze mille personnes. Au-delà des mots, le message était clair : les intellectuels étaient impatients d'entrer dans une nouvelle ère.

En novembre, nous nous envolâmes pour une visite officielle aux États-Unis ; visite importante puisque mon mari allait s'entretenir pour la première fois avec le nouveau président. Le courant allait-il passer entre les deux hommes ? L'un accédait aux affaires, l'autre régnait depuis trente-sept ans...

Notre arrivée à la Maison Blanche fut un moment difficile. Des manifestants s'étaient massés derrière les cordons de sécurité, certains pour nous applaudir, d'autres pour nous insulter, et alors que les deux chefs d'État échangeaient leurs premiers mots sur la pelouse, devant un parterre de journalistes et de personnalités, de violentes bagarres éclatèrent entre les manifestants, de sorte que la police dut intervenir. Elle fit usage de gaz lacrymogènes. Les gaz arrivèrent jusqu'à nous et les téléspectateurs du monde entier purent ainsi assister à cette scène invraisemblable : le président des États-Unis et le souverain d'Iran toussant et s'essuyant les yeux sans pour autant interrompre leurs allocutions.

Ensuite, nous gagnâmes les salons. Le président Carter et son épouse nous prièrent d'oublier cet incident, ils étaient véritablement confus, mais je me dis en moi-même qu'au temps de Richard Nixon jamais les manifestants n'auraient été autorisés à s'approcher si près de nous. N'y avait-il pas là une volonté de la nouvelle administration de nous mettre dans l'embarras, de nous signifier que l'opposition avait désormais sa caution ? Les premiers entretiens entre mon mari et le président Carter tempérèrent cette impression désagréable. Le roi, qui était très en forme ce jour-là, exposa longuement sa vision des rapports de force à travers le monde, puis il parla du rôle qu'entendait y tenir l'Iran. Le président et ses conseillers devaient plus tard avouer qu'ils furent convaincus, et impressionnés, par les analyses du souverain. Le soir même, Jimmy Carter se livra d'ailleurs à un vibrant éloge de mon mari, qui, ne s'y attendant pas, en fut ému. Il devait confier le lendemain aux journalistes que cette première journée lui avait apporté « des larmes le matin et des larmes le soir ».

À l'extérieur toutefois, les manifestations hostiles continuèrent, jusque sous nos fenêtres. Les manifestants semblaient avoir obtenu notre programme privé. J'eus ainsi la mauvaise surprise, alors que je me présentais devant une clinique, dans l'état du Minnesota, pour y subir des examens médicaux, d'y découvrir une vingtaine d'opposants brandissant des banderoles hostiles à la monarchie. Bien plus tard, un compatriote qui se trouvait alors dans l'opposition me confirma qu'en effet l'administration américaine leur avait communiqué des renseignements qui auraient dû rester confidentiels.

C'est au cours de ce voyage officiel que je découvris avec stupéfaction le portrait d'un de nos religieux agité par un groupe d'étudiants. Ces derniers réclamaient plus de liberté, ce que je pouvais comprendre, mais je ne voyais pas comment un mollah pouvait symboliser à leurs yeux l'ouverture, la modernité. Si une catégorie sociale avait fortement contribué à enrayer les efforts d'ouverture du roi, c'était bien la partie la plus conservatrice du clergé ! Du droit de vote accordé aux femmes à la réforme agraire, en passant par l'alphabétisation, mon mari s'était constamment heurté à l'opposition de certains religieux (mais il entretenait avec d'autres de très bons rapports, en particulier avec les âyatollâhs Behbahâni et Khonsari). Ils avaient régné sur les esprits durant des siècles et voyaient dans le progrès, dans l'ouverture au monde extérieur, une menace pour leur hégémonie.

Je demandai donc qui était ce mollah adulé par nos jeunes manifestants et dont le regard ombrageux ne me disait rien. « L'âyatollâh Ruhollâh Khomeyni », me répondit-on. Son nom évoquait un lointain souvenir dans ma mémoire. Après avoir tenu des discours enflammés contre l'émancipation des femmes et soulevé des foules de fidèles contre la Révolution blanche, il avait été arrêté, gracié par le roi, puis exilé. Depuis plus de dix ans, il ne vivait pas en Iran, et si je n'avais pas été témoin de sa réapparition dans les rues de New York, ainsi brandi par les étudiants, j'aurais sûrement affirmé que le pays l'avait oublié, comme je l'avais oublié moi-même.

Quelques semaines plus tard, le président Carter et son épouse, en voyage vers New Delhi, firent escale à Téhéran pour y fêter avec nous la nouvelle année 1978. Cette initiative traduisait à elle seule la forte impression qu'avait faite le roi sur le nouveau président américain. Après avoir accueilli fraîchement l'élection d'un démocrate, mon mari trouvait de bon augure la sollicitude que lui manifestait M. Carter.

Nous reçûmes donc le couple américain à dîner le 31 décembre 1977 au palais de Niâvarân, et je ne peux oublier la confiance qu'exprima le roi en l'avenir, à la veille de cette année 1978 qui devait se révéler si dramatique.

— Dans notre pays, selon la tradition ancienne, remarqua-t-il, la visite du premier hôte de l'année nouvelle est un présage pour l'année entière. Et si l'année nouvelle se célèbre habituellement par l'arrivée du printemps, notre hôte de ce soir est une personne dont l'activité et la bonne volonté sont telles que nous considérons sa visite comme un présage tout à fait excellent.

Alors, Jimmy Carter se leva et prononça ces mots extrêmement élogieux pour la monarchie. Jamais aucun président américain n'avait adressé au souverain semblable compliment :

— L'Iran, dit-il, dont le Shâh préside si remarquablement à la destinée, est une île de stabilité dans l'une des régions les plus troublées du monde. C'est là un grand hommage à vous-même, Votre Majesté, à la grandeur de la tâche que vous accomplissez en Iran, et au respect, à l'admiration et à l'amour que votre peuple vous porte...

« En circulant dans les belles rues de Téhéran aujourd'hui, avec le Shâh, nous avons vu littéralement des milliers de citoyens iraniens rassemblés le long des rues pour me manifester leur amitié. Et j'ai vu aussi des centaines, peut-être même des milliers de citoyens américains venus accueillir leur président dans cette nation qui a su les adopter et où ils se sentent chez eux...

« Votre peuple et les dirigeants de nos deux nations partagent le même profond attachement à la cause des droits de l'homme.

« Aucune autre nation du globe n'est aussi proche de nous dans l'organisation militaire de notre sécurité mutuelle. Aucune autre nation n'est en consultation aussi étroite avec nous sur les problèmes régionaux qui nous concernent les uns et les autres. Il n'existe aucun autre chef d'État avec qui je me sente plus en amitié, et pour qui j'éprouve plus de gratitude. »

Le roi Hussein de Jordanie était arrivé à Téhéran deux jours plus tôt pour y rencontrer mon mari et il avait prolongé son séjour pour s'entretenir avec le président Carter. Après le dîner officiel, il nous rejoignit donc dans la bibliothèque où nous avions convié le couple Carter à célébrer avec nous plus intimement le Nouvel An. Je garde un beau souvenir de cette soirée qui fut paisible, amicale et chaleureuse. Le roi Hussein, le président Carter et mon mari purent bavarder simplement et, ce faisant, apprendre à se connaître, cependant que Reza se préoccupait de la musique.

Un an plus tard, nous quittions l'Iran et, le 4 novembre 1979, moins de deux ans après cette rencontre, les Gardiens de la Révolution islamique violaient l'extraterritorialité de l'ambassade américaine à Téhéran pour prendre en otages les soixante-six ressortissants américains qui s'y trouvaient.

Les premières manifestations éclatèrent le 7 janvier 1978 dans la ville sainte de Qom. Ce jour-là, les étudiants en théologie prirent prétexte d'un article insultant l'âyatollâh Khomeyni, publié dans le quotidien *Ettelâ'ât*, pour descendre dans la rue. Qom est la ville où avait enseigné l'âyatollâh jusqu'en 1963. Cette année-là, des émeutes y avaient eu lieu, à son instigation, pour protester contre les réformes adoptées par référendum. Depuis son départ en exil, nous l'apprîmes plus tard, certains de ses anciens élèves entretenaient sa légende. Cet article, qui le traînait dans la boue, tombait donc parfaitement bien pour ses fidèles : ils pouvaient crier au blasphème et appeler à la mobilisation en son nom.

Très vite, le mouvement dégénéra et, le 9 janvier, les manifestants s'attaquèrent aux édifices publics. Ils saccagèrent tout ce qui symbolisait à leurs yeux la modernité : les cinémas, les restaurants, les écoles de jeunes filles. La police dut intervenir et le rétablissement du calme se solda par la mort de huit personnes : six dans le camp des protestataires, deux dans celui des forces de l'ordre.

« À partir de ce moment-là, écrira le roi dans ses Mémoires, la "tactique des deuils" permit à ceux qui manipulaient les foules de les mobiliser tous les quarante jours pour de nouvelles manifestations qui, en raison de leur violence, auraient toutes les chances de dégénérer en nouvelles émeutes, faisant de nouvelles victimes. Ainsi serait portée au paroxysme la colère de populations crédules et fanatisées à la fois. Selon la tradition musulmane, en effet, les parents et amis d'un mort doivent se recueillir sur sa tombe quarante jours plus tard. Je ne pense pas qu'on ait ailleurs exploité d'une manière aussi éhontée, et à des fins politiques, la mort d'autrui. »

Les 18 et 19 février, quarante jours donc après les événements dramatiques de Qom, et sous prétexte de célébrer le deuil des victimes, des manifestations considérables furent organisées à Tabriz, capitale de l'Azerbaïdjan. Pour la première fois, l'opposition politique, les étudiants et le Bazar se joignirent aux religieux pour réclamer plus de liberté d'expression et des augmentations de salaires. Cette coalition était inexplicable à nos yeux : comment des gens qui réclamaient une « occidentalisation » plus rapide du régime et de la société pouvaient-ils défiler au côté de mollahs et de théologiens en herbe qui demandaient exactement le contraire : le retour aux stricts principes religieux, la fermeture de l'Iran à l'influence culturelle de l'Ouest « immoral », le voile obligatoire pour les femmes, etc. ? De nouveau, les protestations tournèrent à l'émeute. Les manifestants saccagèrent et incendièrent tout ce qui symbolisait la « corruption » au regard des mollahs – cinémas, débits de boissons, boutiques de luxe – ainsi que les édifices d'État comme le palais de la jeunesse et le siège du parti politique Rastâkhiz. Débordée par ce déferlement de haine et de violence, la police dut appeler l'armée en renfort et, de nouveau encore, les affrontements se soldèrent par des morts dans les deux camps. L'armée était parfaitement entraînée pour la défense du pays, mais elle n'avait pas été formée pour des opérations de police urbaine. Il me revient, à cet égard, que l'administration américaine nous avait compliqué la tâche en refusant de nous livrer des balles en caoutchouc et du gaz lacrymogène.

Sortant pour la première fois ouvertement de la clandestinité, l'âyatollâh Khomeyni, alors réfugié en Irak, se félicita de ce drame par ces mots, dont le cynisme me remplit d'effroi : « Notre mouvement n'est encore qu'une plante fragile qui a besoin du sang des martyrs pour devenir un arbre fort. » Qu'avait donc dans le cœur cet homme pour souhaiter la mort des siens ?

Le 29 mars 1978, sous prétexte de célébrer le deuil des victimes de Tabriz, de nouvelles manifestations se déroulèrent dans plusieurs villes, et notamment à Téhéran. Mon mari avait donné des consignes strictes aux responsables des forces de l'ordre, armée et police, pour qu'ils évitent à tout prix une troisième effusion de sang. Mais il fallait des « martyrs », et on en fabriqua.

« Le cynisme des agitateurs ne connut pas de limites, dira plus tard le roi. On m'a rapporté le cas de gens décédés de mort naturelle, de maladie, ou qui avaient péri dans un accident et dont les corps avaient été récupérés à leur arrivée dans les cimetières, hissés sur les épaules de quelques meneurs qui s'en allaient, ensuite, les promener à travers la ville en vociférant : "Voilà une victime du régime ! Encore un crime de la Savak !" »

Informations que confortent ces propos de Mohsen Rezâ'i, commandant de l'Armée des Gardiens de la Révolution islamique, résumant la stratégie insurrectionnelle employée durant toute l'année 1978 :

« Organisation de fausses funérailles pour être répercutées par les médias, les cercueils devaient contenir des armes, surtout blanches, immédiatement utilisables en cas d'intervention des forces de l'ordre. Mise en place des pleureurs et des pleureuses permanents dans les cimetières comme arme politico-religieuse pour le triomphe de la Révolution. Utilisation de vêtements tachés de rouge comme armes psychologique, politique et de propagande afin d'ameuter le peuple et de frapper l'opinion. »

Des témoins me rapportèrent qu'ils avaient vu, à l'université, un groupe d'étudiants « fabriquer » un « martyr » : l'un d'entre eux s'allongea sur une civière, on le recouvrit d'un drap blanc sur lequel on versa un bocal de sang. Puis ils hissèrent la civière sur leurs épaules et ils partirent à travers les rues en hurlant : « Ils ont tué ! Ils ont tué ! » D'une façon générale, nous avions le sentiment qu'ils étaient remarquablement organisés et efficacement soutenus financièrement : les manifestations étaient parfaitement préparées et encadrées, et rien ne manquait, ni les mégaphones, ni les masques, ni les talkies-walkies, ni bientôt les armes.

Au fil des semaines, il devint évident que « libéraux » et gens de gauche, dont beaucoup n'avaient rien en commun avec les mollahs, collaient à leur mouvement pour accéder à la grande masse de la population. Ainsi la religion était-elle instrumentalisée sans vergogne pour soulever le peuple, par les communistes notamment, dont l'un des objectifs, s'ils parve-

naient au pouvoir, était d'interdire la pratique religieuse...
Chaque composante de cette coalition révolutionnaire hétéro-
clite – religieux, libéraux, marxistes – avait pour le moment un
intérêt opportuniste à s'allier avec les autres, mais il sautait aux
yeux que, s'ils arrivaient un jour aux commandes du pays, chacun n'aurait de cesse d'éliminer ses anciens associés. Ce qui se
produisit, en effet.

Pour l'heure, néanmoins, la coalition tenait, et elle trouva
bientôt le renfort régulier des commerçants du Bazar, cette
moyenne bourgeoisie religieuse, fortunée et extrêmement
influente dans les villes. Les bâzâris avaient largement profité du
boom pétrolier et, plus généralement, de la croissance économique pour s'enrichir. Pénalisés par la politique de rigueur du
gouvernement Amouzegâr, et mécontents des nouvelles mesures
anti-corruption qui gênaient leurs affaires, ils basculèrent dans
le camp de l'âyatollâh Khomeyni, certains lui apportant un
large soutien financier, comme on le découvrit par la suite.

Manipulée par ces stratèges aux intérêts divergents, la jeunesse offrit ingénument sa force et son rayonnement à ces gens
sans scrupules. « Il leur fallait des troupes, écrira le roi ; ils les
trouvèrent dans les universités et, bientôt, jusque dans les
écoles. C'est à une véritable intoxication de notre jeunesse qu'ils
s'étaient attelés. Avec succès, malheureusement. Certes, je
n'attends pas de la jeunesse qu'elle se montre conservatrice.
Dans tous les pays, elle se porte vers les idéaux qui lui paraissent
les plus généreux. Au nom de la justice, on peut lui faire faire de
grandes choses. Mais aussi les pires. »

Témoin de ces manifestations à répétition qui gagnaient
chaque fois en ampleur, j'oscillais entre incrédulité et anxiété.
Le plus incompréhensible était que tout ce que la monarchie
avait fait de positif pour l'Iran était décrit d'un seul coup
comme négatif par les médias occidentaux. Ceux-là mêmes qui
avaient encensé le roi au début des années 1970 stigmatisaient
maintenant son œuvre. Et ces journalistes si sourcilleux quant
au respect des libertés semblaient voir en l'âyatollâh Khomeyni
l'incarnation du triomphe de l'esprit sur le matériel, tandis

qu'un philosophe iranien parlait d'un nouveau Gandhi ! Pour nous qui connaissions les sentiments profonds et les ambitions de cet homme, cela dépassait l'entendement.

« L'erreur que j'ai faite, dira plus tard le roi, c'est de n'avoir pas utilisé nos propres médias pour lutter contre cette intoxication incessante. »

L'élite intellectuelle et politique du pays demanda à me voir et je reçus toutes ces personnes dans le secret espoir d'aider mon mari. Universitaires, anciens leaders politiques, sociologues, religieux, journalistes se succédèrent dans mon bureau. Eux aussi étaient abasourdis par le tour qu'avaient pris les événements. Quand j'en venais à leur poser la question concrète de ce qu'il fallait faire, selon eux, pour calmer les esprits et reprendre l'initiative, la réponse était toujours la même : « Il faut que le roi appelle auprès de lui une personnalité incontestable. Quelqu'un de populaire, d'honnête, d'intelligent, qui fasse l'unanimité sur son nom. » J'acquiesçais, puis je disais : « À qui pensez-vous ? » Et invariablement mes interlocuteurs me citaient de grands disparus. « J'entends bien, mais, parmi les vivants, à qui songeriez-vous ? » Et là, je ne recueillais qu'un long silence. L'opposition avait décrédibilisé toute la classe politique au fil des années à force d'accuser les uns de corruption, les autres d'être les soutiens des États-Unis ou de l'Angleterre...

Durant ces rencontres, un ancien ministre, amer et apeuré, me reprocha avec une agressivité mal contenue d'avoir contribué à exaspérer les religieux en transformant Chiraz, lieu de culture, en un lieu de perdition. « Monsieur le ministre, est-ce tout ce que j'ai fait durant vingt ans ? » lui répondis-je, et alors il ne sut que bredouiller, s'excuser, pour finalement, le lendemain, m'envoyer un Coran. Les gens avaient perdu confiance et ils commençaient à perdre la tête.

Au fil de mes activités dans les hôpitaux, les écoles, les bibliothèques, j'éprouvais la dégradation du climat. Il était loin désormais le temps où je pouvais échapper à la Sécurité pour aller au-devant de foules ferventes. À présent, je percevais nettement que ça n'allait plus. Les uns me recevaient avec des mots d'encouragement, les autres se tenaient à l'écart et je sentais leur hostilité. Avec ceux-là, le dialogue était donc rompu et c'était extrêmement angoissant. Je regagnais le palais en cherchant désespérément un moyen de rétablir la confiance.

Silencieux et grave, le roi n'en continuait pas moins de travailler du matin au soir. Il avait maigri, semblait affaibli, et cela m'inquiétait plus que tout. Fallait-il attribuer cette dégradation au progrès de la maladie ou au souci que lui causait le pays ? Chaque nouvelle manifestation de violence l'atteignait profondément. « Mais pourquoi ? Pourquoi ? » répétait-il, ne comprenant pas comment ce peuple avec lequel il s'était si longtemps senti en communion avait pu soudain céder aux prophéties confuses d'un religieux obscurantiste...

Le grand âyatollâh Kâzem Shariat-Madâri partageait le désarroi de mon mari. Il n'approuvait pas le fanatisme de Khomeyni et il adressait des messages au roi lui demandant de faire arrêter les religieux les plus extrémistes dont il donnait les noms. Il estimait que le mouvement populaire s'épuiserait une fois ces personnes réduites au silence. J'avais vu cette liste et je me souviens que le nom de Sadegh Khalkhâli y figurait. Le roi ne consentit pas à ces arrestations, songeant plutôt à une solution politique qui permettrait de renouer le dialogue.

En juin, trois personnalités du Front national, Chapour Bakhtiar, Dâriush Foruhar et Karim Sandjabi, un professeur d'université, publièrent une lettre ouverte au roi pour lui demander de nouveau de régner selon la Constitution. Ils réclamaient la fin du parti unique instauré en 1974, la liberté de la presse, la libération des prisonniers politiques et la nomination d'un gouvernement choisi parmi les élus d'une majorité désignée par le peuple. Cette façon de s'adresser publiquement au souverain était nouvelle, cela ne se faisait pas en Iran, et j'eus alors nettement le sentiment que ces personnes agissaient ainsi parce qu'elles avaient le soutien des États-Unis, de la nouvelle administration Carter. Mais ça n'était pas tout : à lire ces trois hommes, on aurait dit que la monarchie n'avait rien accompli de positif pour l'Iran, alors que le pays avait fait au cours des vingt dernières années un incontestable bond en avant dans tous les domaines. Chapour Bakhtiar serait le dernier chef de gouvernement nommé par le roi. Les deux autres signataires de cette lettre ouverte devaient rallier Khomeyni, avant de finir leurs jours tragiquement. Dâriush Foruhar, un temps ministre sous la République islamique avant de rejoindre l'opposition, fut assassiné avec son épouse dans des conditions atroces. Karim Sandjabi est mort en exil.

Après de nouveaux affrontements à Qom en mai, puis dans la ville sainte de Machhad en juillet pour le deuil des « martyrs » de Qom, le roi décida d'accélérer encore la libéralisation et, le 5 août 1978, à l'occasion de la journée de la Constitution, il annonça la tenue d'élections législatives ouvertes à toutes les formations politiques pour le printemps 1980. L'opposition n'en demandait pas plus, cela aurait dû combler ses vœux, mais ce geste fut interprété comme un signe de faiblesse du souverain et aussitôt exploité par les leaders révolutionnaires.

Le 11 août, de nouveaux affrontements éclatèrent à Ispahan et la loi martiale fut proclamée dans la ville.

C'est alors que survint la catastrophe du cinéma Rex à Âbâdân, sans aucun doute destinée à radicaliser la colère, à susciter la haine, et à marquer un point de non-retour dans la désintégration du pays. Le 19 août, le film venait de débuter dans le plus grand cinéma d'Âbâdân quand le feu s'y déclara. Quatre cents personnes périrent brûlées vives... Ne me doutant pas de l'exploitation politique qui allait être faite de ce drame, j'appelai immédiatement le Premier ministre, M. Amouzegâr, pour l'informer de mon intention de me rendre à Âbâdân auprès des victimes et de leurs familles. Il m'en dissuada, et j'eus soudain le sentiment en l'écoutant qu'il avait perdu confiance, confiance en ce que le roi et moi représentions de force et de concorde pour le pays. Je sentis qu'il n'avait plus la même image de moi, cette image qui m'avait permis, vingt ans durant, de dialoguer sincèrement avec tous les Iraniens. Il eut probablement raison de me détourner de ce voyage puisque, dans les heures qui suivirent, l'âyatollâh Khomeyni, franchissant les limites de l'insoutenable, accusa le gouvernement d'être à l'origine de cette monstruosité.

Depuis le début des troubles, près de cinquante cinémas avaient été incendiés par les islamistes. Si le sinistre du Rex était d'origine criminelle, il y avait tout lieu de penser que c'était encore l'œuvre des mêmes fanatiques. L'enquête devait le confirmer, mais l'auteur – un jeune homme de dix-neuf ans, membre du commando « Jamchid » spécialisé dans les opérations de sabotage – se réfugia en Irak, puis fut sauvé par la Révolution islamique. En attendant, la mise en cause du régime dans ce drame épouvantable enflamma les esprits contre la monarchie.

« À la fin du mois d'août, écrira mon mari dans ses Mémoires, le chef de la Sécurité, le général Moghadam, vint me trouver à la suite d'un entretien qu'il avait eu avec une importante personnalité religieuse que je ne peux évidemment pas nommer. Il me rapporta les propos de son interlocuteur. Je les résume : "Sire, je vous en conjure, faites quelque chose de spectaculaire. Il y va de l'intérêt de tous !" Le général Moghadam me répéta plusieurs fois l'adjectif employé par le dignitaire qu'il avait rencontré : quelque chose de *spectaculaire*! Je ne pouvais rester indifférent à un tel message, mais dans la situation où nous nous trouvions à ce moment-là, que pouvions-nous faire de spectaculaire ? Il m'apparut que seul un changement de gouvernement pouvait répondre à cette attente, un gouvernement auquel je laisserais la plus entière liberté d'action. »

Le désignation du nouveau Premier ministre préoccupa le roi, qui s'en ouvrit devant moi. Il fallait un homme d'action, moderne et tolérant, pour élargir l'assise du gouvernement, moralement irréprochable, et je proposai mon ancien chef de cabinet, Houchang Nahavandi. Économiste, formé en France, homme de décision, M. Nahavandi, qui avait été recteur de l'université de Téhéran, comptait beaucoup d'amis parmi les intellectuels. Enfin, il avait toujours voulu devenir Premier ministre, m'avait-on dit.

Le roi lui préféra Ja'far Sharif-Emâmi. M. Sharif-Emâmi avait une grande expérience de la vie politique pour avoir déjà conduit le gouvernement et présidé le Sénat durant quinze ans. Il avait par ailleurs de nombreux contacts au sein du clergé. Cependant, sa première déclaration au pays fut pour dire qu'il n'était plus le « Sharif-Emâmi du passé », ce qui n'était pas très adroit.

Le changement de gouvernement ne produisit pas l'électrochoc escompté et, le jeudi 7 septembre, la fin du ramadan fut le prétexte à une nouvelle manifestation dans les rues de Téhéran. Pour la première fois, les insurgés réclamèrent le départ du roi et le retour de l'âyatollâh Khomeyni. Comme un appel était lancé à recommencer le lendemain dans toutes les grandes villes du pays, le nouveau gouvernement prit dans la nuit la décision d'instaurer la loi martiale dans onze villes, dont Téhéran, qui fut placée sous le commandement du général Oveissi.

Quand je l'appris, je fus immédiatement inquiète et je m'enquis auprès du roi de quelle façon les gens allaient être prévenus de la loi martiale. Cette dernière impliquant l'interdiction de manifester et le couvre-feu, c'était une question fondamentale. Si le gouvernement ne se donnait pas les moyens d'aviser la population, les gens risquaient de se retrouver le lendemain illégalement dans la rue, sans en avoir conscience, face aux troupes du général Oveissi qui n'avait pas la réputation d'être laxiste. Il me fut répondu que la nouvelle allait être diffusée par radio, dans des flashes spéciaux, toutes les demi-heures.

L'information, en réalité, ne fut connue qu'à partir du vendredi, tôt le matin, alors que des centaines de manifestants étaient déjà en route et que beaucoup d'autres, n'ayant pas quitté la rue depuis la veille, ne pouvaient être avertis. Les uns et les autres, s'ils avaient su, seraient-ils restés ou rentrés chez eux ? Une minorité d'entre eux peut-être, et ceux-là au moins auraient été protégés. Car ce vendredi 8 septembre, ce « vendredi noir », comme le baptisèrent les révolutionnaires, devait être un jour de malheur pour notre pays.

L'armée, qui attendait les manifestants place Jâleh, au sud-est de Téhéran, avait reçu des consignes strictes du général Oveissi. L'affrontement était d'autant plus imparable que des deux côtés on était armés – des francs-tireurs palestiniens en tenues camouflées, noyés dans la foule et perchés sur les toits, firent feu sur nos soldats, qui ripostèrent. Il y eut cent vingt et un tués parmi les insurgés et soixante-dix dans les rangs des forces de l'ordre...

Le soir même, comme pour confirmer que l'Iran s'enfonçait dans le plus sombre des cauchemars, la terre trembla violemment à Tabas, dans la province du Khorasan, à l'est de l'Iran, faisant deux mille sept cents morts ! Je connaissais bien Tabas, petite ville classée monument historique et dont j'avais suivi la restauration.

J'eus le sentiment physique de chanceler sous les coups. Mon Dieu, quand cela s'arrêterait-il ? Les souffrances endurées marquaient profondément le visage de mon mari. Il estima que dans la tension actuelle il ne pouvait quitter Téhéran et je décidai donc de me rendre seule auprès des sinistrés de Tabas. J'en parlai au Premier ministre, qui me demanda d'attendre un peu. Jamais, en l'écoutant, je n'avais ressenti à ce point la fragilité du pouvoir et dans quelle crise de confiance il se trouvait plongé : M. Sharif-Emâmi ne savait pas comment je serais accueillie, il doutait des réactions de la population. En réalité, le gouvernement avait perdu ses antennes, il était abreuvé d'opinions divergentes provenant des politiques, des militaires et des religieux.

Je m'envolai pour Tabas le cœur serré. Les religieux étaient déjà sur place, très organisés, ils avaient apporté des secours en plus de ceux diligentés par le Lion-et-Soleil rouge. Je dus affronter le mécontentement, et même la colère, de tous ces gens qui souffraient. Une rumeur, évidemment mensongère, avait été lancée, prétendant que le roi avait autorisé les Américains à faire des explosions souterraines à proximité de Tabas, ce qui expliquait le séisme. Certains disaient aussi que la catastrophe était due à la colère de Dieu ! Je passai une journée sur place, essayant d'aider comme je le pouvais et de calmer les esprits. Des personnalités locales en profitèrent pour m'exprimer leur désarroi.

Dans les jours qui suivirent ce terrible vendredi, les manifestations continuèrent. Le roi avait déjà répondu favorablement aux revendications d'ouverture, il fallait maintenant que le calme revînt pour que la libéralisation du régime se concrétisât. Rien ne pouvait être mis en place dans ce désordre. Or, de toute évidence, les responsables de l'insurrection n'avaient aucun désir de voir s'appliquer les réformes obtenues et, en particulier, les élections promises.

« Il est évident, écrira plus tard le roi, que, si la loi martiale avait été appliquée dans toute sa rigueur, les tribunaux auraient dû siéger jour et nuit. En fait, la loi martiale ne fut rien de plus qu'un avertissement qui n'inquiéta guère les fauteurs de troubles. Nos soldats n'ouvrirent le feu que sur des incendiaires, des pillards, ou des membres de commandos armés.

« Les ordres donnés à ces commandos partaient des mosquées, et c'est des mosquées que s'organisaient les liaisons. On vit alors les agitateurs déclarer qu'il n'y avait pas d'incompatibilité entre l'islamisme intégriste et le socialisme de type soviétique. Cette thèse surprenante avait été importée chez nous par les Combattants du peuple (Modjahedin-e-Khalq), entraînés au Liban et en Libye.

« La presse de gauche, dans les pays occidentaux, évoquait le régime effroyable qui n'était point celui des terroristes mais celui qui, selon elle, aurait été instauré par la police et la Savak. À en croire ces mêmes journaux, plus de cent mille opposants se trouvaient encore dans les prisons du Shâh. La réalité est celle-ci : le nombre de prisonniers politiques n'a jamais dépassé 3 164. En novembre 1978, ils n'étaient plus que trois cents, tous dotés de dossiers criminels.

« Il est évident que la situation prérévolutionnaire dans laquelle nous nous trouvions avait été soigneusement élaborée. Dans les villes les plus importantes où la loi martiale demeurait en vigueur, des groupes de harcèlement avaient été constitués. Ces unités étaient dotées d'armes automatiques et d'explosifs, l'indispensable panoplie pour la guérilla urbaine.

« Bientôt, l'ordre leur fut donné de s'attaquer aux ambassades et aux services gouvernementaux. Il s'agissait d'amener le pays au bord du chaos, le plus rapidement possible. »

Comme toujours, mon mari consultait, cherchant à renouer les liens avec les différentes communautés du pays. Beaucoup de ses interlocuteurs lui conseillaient la force, ce qu'il refusait, rappelant qu'un souverain ne peut ouvrir le feu sur son peuple sans perdre sa légitimité.

C'est dans ce contexte qu'il décida de s'adresser au pays, avec le cœur plutôt qu'avec la raison, puisque les manifestants étaient devenus sourds à la raison. Le roi fut émouvant, allant jusqu'à reconnaître qu'il avait commis des erreurs et, sur le moment, j'eus la conviction qu'il allait être compris, entendu. En réalité, son allocution fut immédiatement interprétée comme un nouvel aveu de faiblesse. Épuisés par la tension qui durait depuis des mois, nous n'étions sans doute plus à même de mesurer la violence et la détermination de nos adversaires. Nous tendions la main à des gens qui nous avaient déjà condamnés à mort.

En octobre, j'écrivis ces quelques lignes dans un de mes carnets personnels : « J'ai le sentiment qu'il n'y a plus d'espoir. Il faut se battre sur tous les fronts. Non pas que la situation soit si mauvaise aujourd'hui, mais je suis pessimiste. Et si fatiguée! Je continue à faire ce que je peux. Je dois me garder forte, c'est la seule façon de tenir...

« Je suis inquiète pour les enfants. »

Et un peu plus loin : « Nous devons parvenir à dialoguer avec les gens, il n'y a pas d'autre solution. Mais on dirait que nous tous, Iraniens, sommes devenus fous, que nous avons la fièvre, que nous divaguons. Du matin au soir, je suis au téléphone, je prends des renseignements, je transmets des informations, nous faisons des plans. Quand la fièvre retombera, n'y aura-t-il pas une voie pour sortir de ce cauchemar? »

C'est durant ce mois d'octobre si difficile que je reçus une lettre très amicale de Mme Carter. L'épouse du président américain me rappelait son affection, et cela me toucha.

Le dimanche 5 novembre , des milliers de manifestants déferlèrent sur Téhéran. Meurtri par les morts de la place Jâleh, deux mois plus tôt, le roi avait cette fois ordonné aux forces de l'ordre de contenir les émeutiers, mais de n'ouvrir le feu qu'en cas d'absolue nécessité. Soldats et policiers furent débordés et les insurgés saccagèrent tout sur leur passage : cinémas, banques, établissements publics. Le ministère de l'Information fut pillé et l'ambassade de Grande-Bretagne en partie détruite par le feu. L'ambassade des États-Unis, protégée par l'armée, échappa de peu au même sort.

Le soir même, Ja'far Sharif-Emâmi offrit sa démission au souverain, qui l'accepta.

À la mi-octobre, la raffinerie d'Âbâdân s'était mise en grève et, depuis Neauphle-le-Château, dans la banlieue parisienne où il avait trouvé refuge, l'âyatollâh Khomeyni appelait maintenant à la désobéissance civile et à la grève générale, relayé par les médias français et par la BBC en persan (le gouvernement français avait consulté mon mari avant d'accorder l'asile à Khomeyni, et le roi avait répondu favorablement, pensant que le religieux serait moins nuisible en France qu'en Libye ou en Algérie). La radio anglaise diffusait avec beaucoup de zèle tous ses messages. « La BBC est ma voix », convenait d'ailleurs l'hôte de Neauphle-le-Château. En 1941, cette même radio avait fait campagne durant huit mois pour le départ de Reza Shâh, et le souverain était effectivement parti, de sorte que les Iraniens, s'en souvenant, disaient en cet automne 1978 : « Si la BBC fait campagne contre le Shâh, c'est la fin de la monarchie. » La menace d'une paralysie du pays incita en tout cas le roi à former un gouvernement militaire. Il fallait à tout prix empêcher l'économie de s'effondrer et remettre le pays au travail.

Le choix du général capable de conjurer ce péril fut l'objet de consultations. Certains pressaient mon mari d'appeler le général Oveissi, connu pour sa rigueur. Je n'y étais pas favorable, mais la décision appartenait au roi, qui connaissait ses généraux et agissait toujours dans le seul intérêt du pays.

Mon mari choisit finalement le général Golam Reza Azhâri, chef de l'état-major général, qui fut nommé à la tête d'un gouvernement provisoire pour laisser au roi le temps d'élaborer une solution politique. Le général Azhâri, homme de réflexion et de grande culture, était considéré comme un modéré ouvert au dialogue. L'une de ses premières initiatives fut de faire arrêter l'ancien Premier ministre, M. Hoveyda, dont la mise à l'écart était réclamée par beaucoup, jusque dans l'armée [1]. Il pensait que le procès de M. Hoveyda permettrait de lever les malentendus qui alimentaient l'agitation.

« Je n'étais pas très convaincu du bien-fondé de cette analyse, écrira mon mari, mais M. Hoveyda, pour lequel mon estime était demeurée entière, était l'une des cibles favorites de l'opposition. En fait, c'est moi que l'on cherchait à atteindre à travers lui. »

Oui, mon mari ne voulait pas de cette arrestation, elle heurtait tout son être. La décision en fut prise au cours d'une réunion à laquelle participaient plusieurs personnalités civiles et militaires. Tous étaient favorables à l'interpellation de M. Hoveyda, et le roi finit par se ranger à l'avis général. Un peu plus tard, il me dit que la personne qu'il avait eue au téléphone durant cette réunion était le général Moghadam, chef de la Sécurité, et que celui-ci lui avait confié qu'à son sens « l'arrestation de M. Hoveyda était plus importante que le pain du soir ».

Présente à cette assemblée, je ne pris pas la parole pour m'opposer à la détention de M. Hoveyda qui, pourtant, me brisait le cœur. Le sentiment général était qu'il fallait tenter l'impossible pour sauvegarder le pays dans cet ouragan qui risquait de l'emporter, et les responsables politiques et militaires estimaient que M. Hoveyda pouvait se défendre et sortir la tête haute de ce procès.

Aujourd'hui, la mort épouvantable d'Amir Abbas Hoveyda, assassiné en prison par la République islamique, m'apparaît comme une tragédie, mais personne ne pouvait supposer que son incarcération, au dessein strictement politique et décidée dans un climat de grande confusion, se terminerait de cette façon.

---

1. Plusieurs ministres avaient déjà été arrêtés sous le gouvernement Sharif-Emâmi et d'autres le furent en même temps que M. Hoveyda.

L'imprévisible cruauté de l'Histoire ne soulage cependant en rien mon chagrin.

L'arrivée d'un général à la tête du gouvernement eut immédiatement un effet bénéfique. Le travail reprit à la raffinerie d'Âbâdân, les manifestations cessèrent comme par enchantement et, durant quelques jours, les rues de Téhéran recouvrèrent un aspect presque normal. La grève générale, qu'avait commandée l'âyatollâh Khomeyni pour le 12 novembre, fut un échec.

À travers ces semaines terribles, je pus néanmoins mesurer combien était dramatique l'influence de ce religieux sur les esprits [1]. Deux jeunes militaires qui avaient rallié la cause des mollahs, le sergent Abedi et le soldat Salamatbakhsh, ouvrirent un jour le feu sur un groupe d'officiers qui se trouvaient au mess de la garnison de la Garde impériale. On m'informa que plusieurs d'entre eux étaient grièvement atteints (il y eut treize morts et trente-six blessés) et j'allai immédiatement sur place aider et réconforter comme je le pouvais. C'était bouleversant. Je ne peux pas oublier, en particulier, la loyauté du regard d'un de ces hommes dont je tins la main froide et qui devait mourir quelques heures plus tard... Les tireurs furent abattus, et on me communiqua une copie de la dernière lettre que le soldat Salamatbakhsh avait adressée à sa femme avant l'attentat. « J'ai fait cela sur l'ordre de l'âyatollâh Khomeyni, écrivait-il, et j'irai au paradis. Mais ne t'inquiète pas, je ne vais pas regarder les Houris (les anges féminins, les vierges), je t'attendrai là-haut. »

Durant cette même période, les opposants conquirent certainement de nombreux esprits simples, ou naïfs, en publiant la liste d'une centaine de personnalités favorables à la monarchie (officiers supérieurs, hommes d'affaires, politiciens) et en indi-

---

1. Le 18 novembre 1978, je partis en compagnie de ma fille Farahnaz et mon fils Ali-Reza pour Karbala et Nadjaf, en Irak, les deux Lieux saints vénérés des chiites, pour y rencontrer le grand âyatollâh Khoï, dont l'influence était importante sur la communauté chiite. Il me reçut dans une petite chambre où il vivait très simplement, et me confia une bague en cornaline pour le roi, sur laquelle étaient gravées des prières, en me demandant de bien vouloir lui dire qu'il prierait pour lui et pour son succès au service de l'islam et de l'Iran.

quant combien d'argent chacune d'entre elles aurait sorti du pays. Les chiffres, évidemment tous fantaisistes, étaient suffisamment extravagants pour enflammer l'opinion. Le nouveau Premier ministre, cherchant à désamorcer rapidement cette nouvelle intoxication, répliqua par un communiqué annonçant qu'il interdisait aux personnalités citées de quitter le territoire! C'était tomber dans le piège, donner crédit à ce qui n'était qu'un mensonge, et l'effet fut évidemment désastreux [1]...

Le répit consécutif à l'arrivée du général Azhâri fut de courte durée. Au début du mois de deuil de Moharram, le 3 décembre, le pays s'embrasa de nouveau. De Neauphle-le-Château, l'âyatollâh Khomeyni était en effet parvenu à inonder l'Iran de ses discours enflammés gravés sur cassettes [2]. Maintenant, dans des milliers de foyers, on écoutait religieusement, comme de véritables admonestations divines, les appels de cet homme fanatique à tout détruire jusqu'à l'instauration d'un nouvel ordre islamique. Les soirs voulus par l'âyatollâh, à vingt heures précises, les gens commencèrent à monter sur les toits pour clamer ensemble : *Allâh-o-akbar!* (Allâh est le plus grand!) Pour moi, depuis ma plus petite enfance, cette prière avait un effet apaisant, or je me fis la réflexion que désormais, pour la population, ce serait un mot guerrier et angoissant, et mon sang se glaçait en l'entendant. Les hommes qui ont réussi cela, me dis-je, à transformer une prière en un cri de haine, ces hommes font du tort à la religion.

---

1. Dans la même idée de mensonge, une cassette apparut un jour sur laquelle on entendait le Shâh, lors d'une réunion avec ses conseillers militaires, donner l'ordre de tirer sur la population et de garder du pétrole en réserve pour Israël. J'ai écouté moi-même cette cassette : un imitateur par fait prononçait les phrases incriminées, le reste étant extrait de véritables allocutions de mon mari. Nous envoyâmes la cassette dans un laboratoire américain pour analyse, mais quand la preuve de la supercherie arriva, le mal était fait...

2. Khomeyni avait à sa disposition plusieurs lignes téléphoniques. Ses cassettes enregistrées à Paris arrivaient à Téhéran par Air France ou via l'Allemagne de l'Est.

Les 10 et 11 décembre, pour Tâsuâ et Ashurâ, jours anniversaires du martyre de l'imam Hossein, l'âyatollâh Khomeyni appela à des manifestations dans tout le pays. Une nouvelle fois se posa la question de savoir comment réagir. La loi martiale étant en vigueur, le général Oveissi plaida pour interdire la rue aux émeutiers. Il se dit prêt à engager une épreuve de force mais, fidèle à son éthique, mon mari refusa. L'armée retira donc ses chars du centre de Téhéran, ne maintenant qu'une présence discrète aux abords des bâtiments publics, et la foule occupa la ville, scandant, durant deux jours, des slogans visant à renverser la monarchie. Pour la première fois, on entendit les émeutiers réclamer l'instauration d'une République islamique.

« Alors commencèrent les grèves qui devaient mettre le pays à genoux, se souviendra le roi. Coupures d'électricité plusieurs heures par jour, grève des transports, de l'eau, du pétrole ; puis des banques, des ministères, de tous les secteurs clés qui, les uns après les autres ou tous à la fois, s'enrayaient, paralysant la vie de la nation, jetant dans les rues des foules désœuvrées, aigrissant les humeurs. Les ouvriers et les autres grévistes avaient été menacés dans leur personne, ou dans leur famille, par des meneurs. Nous savons très bien qu'il suffit de cinq ou six personnes placées au cœur des grandes centrales électriques pour que le courant vienne à manquer. Nous savons très bien qu'il en va de même aux centres de pompage du pétrole. Ce petit nombre explique que la grève insurrectionnelle ait pu être parfaitement coordonnée. »

À la fin du mois de décembre, le général Azhâri, qui était Premier ministre depuis seulement six semaines, dut abandonner ses fonctions, victime d'un infarctus. Le pays était alors complètement paralysé et au bord de l'asphyxie : depuis le 26 décembre, nos exportations de pétrole étaient interrompues, plus un baril ne sortait d'Iran.

Le roi songea alors à appeler à la tête du gouvernement Gholam Hossein Saddighi, qui avait été ministre de l'Intérieur de Mohammad Mossadegh et qui jouissait d'un grand respect dans tous les milieux. M. Saddighi accepta, mais il demanda deux semaines pour former son gouvernement, ce qui était beaucoup trop long dans la situation dramatique que connaissait le pays.

C'est dans ce contexte que les généraux Oveissi et Moghadam, qui dirigeait la Sécurité, cherchèrent à me rencontrer. Ils me dirent que la situation était extrêmement grave et que, de leur point de vue, si le roi ne désignait pas un nouveau Premier ministre dans les deux ou trois jours, il était à craindre que les révolutionnaires ne prissent le palais d'assaut. Ils suggérèrent le nom de Chapour Bakhtiar, m'indiquant qu'à leur sens celui-ci accepterait. Je rapportai leurs propos au roi. Mon mari n'était pas opposé à ce choix, le leader du Front national représentant la fraction de l'opposition fidèle à la Constitution. Certaines personnes avaient déjà approché M. Bakhtiar, mais il était apparu que, pour une première rencontre, celui-ci ne souhaitait pas venir au palais. Je proposai donc à mon mari de le voir moi-même, chez ma tante, Louise Ghotbi, qui était de la famille Bakhtiar. Le roi me donna son accord et l'entretien eut lieu. Je ne connaissais pas M. Bakhtiar, qui me parla d'emblée de manque de liberté et de corruption. Je lui fis valoir que le pays était en grand danger. Il m'indiqua qu'une de ses conditions, pour consentir à conduire le gouvernement, serait la libération de Karim Sandjabi, un de ses proches à la tête du Front national. Je rapportai notre conversation au roi, qui fit libérer M. Sandjabi, dont la première initiative fut de glorifier Khomeyni avant de s'envoler pour Neauphle-le-Château...

Ce préalable levé, M. Bakhtiar vint au palais.

« Je le reçus donc, racontera mon mari, et je crois bien que c'est le général Moghadam lui-même qui le conduisit chez moi, un soir, au palais de Niâvarân, en dehors des heures d'audience habituelles. Nous eûmes une longue conversation. M. Bakhtiar multiplia les démonstrations de fidélité à la cause monarchique et entreprit de me démontrer qu'il était seul capable de constituer un gouvernement dans la période critique que nous traversions. Comme il se déclarait désireux de respecter les formes constitutionnelles, sa proposition me parut acceptable. »

Dans le même temps, certaines personnalités, dont les ambassadeurs des États-Unis et de Grande-Bretagne, pressaient le roi de quitter l'Iran quelque temps, estimant que son départ contribuerait à calmer les esprits [1]. M. Bakhtiar était aussi de cet avis. Cela se sut rapidement, notamment parmi les chefs de l'armée dont le roi assurait le commandement suprême. Harcelés depuis des mois, nos officiers et nos soldats avaient assisté à la fuite d'un grand nombre de cadres du pays. Il semblait indispensable à leurs yeux que le roi, lui, demeurât à son poste. « Si Sa Majesté part, l'armée ne tiendra pas », me dit en particulier le chef d'état-major, le général Abbas Gharabaghi.

Certains officiers, dont les généraux Badreï et Khosrowdad, proposèrent que le souverain se rende simplement sur l'île de Kish pendant qu'ils rétabliraient la situation. Ils étaient prêts à se dévouer, à se sacrifier s'il le fallait. Je reçus également une délégation de parlementaires qui plaida dans le même sens. Certains de ces élus, paniqués à l'idée que le roi s'en allât, me proposèrent même de soulever et d'armer les populations de leurs régions pour les faire marcher contre les émeutiers... Durant ces dernières semaines, la plupart de ces officiers et élus avaient été menacés de mort, ainsi que leurs femmes et leurs enfants. Certains devaient être assassinés dans les premiers mois de la Révolution islamique.

Au fond de moi, je ne pensais pas que le départ du roi fût la solution pour désamorcer cette haine aveugle qui s'exprimait jour après jour. Mon mari, lui, se persuada qu'il fallait y souscrire si cela permettait d'éviter une nouvelle effusion de sang. Que pouvait-il se passer dans la tête d'un homme qui avait consacré chaque instant de sa vie depuis trente-sept ans à son pays, à son peuple, tant donné pour le sortir du sous-

---

1. Dans le même temps, le commandant adjoint de l'OTAN, le général Robert E. Huyser, arrive à Téhéran (le 5 janvier 1979). Sa venue n'a en soi rien d'extraordinaire, car l'Iran est membre du CENTO (*Central Tready Organization*). Je devais apprendre que sa tâche était de demander à l'armée de rester neutre. Bien des années plus tard, le général Alexander Haig, commandant de l'OTAN, me révéla qu'il avait démissionné pour protester contre la mission du général Hayser, estimant que l'armée aurait dû au contraire s'engager pour empêcher que l'Iran ne bascule dans le chaos. Le général Haig pensait qu'il était essentiel de préserver la stabilité de la région.

développement, et qui se voyait à présent si injustement rejeté ? Il était en outre épuisé par le double combat qu'il avait dû mener tout au long de cette terrible année 1978 : publiquement, contre un adversaire – l'âyatollâh Khomeyni – d'autant plus intraitable qu'il cachait son véritable dessein ; secrètement, contre sa maladie.

En dépit de difficultés croissantes, le professeur Georges Flandrin n'avait pas interrompu ses voyages à Téhéran. Relire aujourd'hui ce qu'il écrivit au professeur Jean Bernard me replonge dans le climat dramatique de ces derniers mois en Iran.

« Chronologiquement, c'est en 1978, après le décès de M. Alam, que la situation a commencé à se compliquer, au moins pour nous. Lors de notre dernier voyage commun là-bas, vous vous souvenez certainement des difficultés que nous eûmes pour entrer au palais, la séance où nous attendions notre ami Safavian, les cent pas dans la rue dans l'espoir de l'hypothétique voiture du général Ayadi qui allait nous permettre de passer le piquet de garde...

« Lors de mes voyages suivants, jusqu'à fin 1978, ce genre de problèmes, et d'autres, se multiplièrent. La disparition de M. Alam puis l'effacement du général Ayadi eurent pour effet l'effritement progressif de l'organisation qui nous avait si bien, et si discrètement, servi jusqu'alors. Les mécanismes de base demeuraient cependant, et tous les accessoires habituels de nos arrivées et de nos départs à l'aéroport étaient toujours en place, agissant par automatisme. Progressivement, toutefois, les séjours devenaient plus difficiles car je n'avais plus accès à la discrète résidence qui nous était réservée et il me fallait loger à l'hôtel, et tenter de ne pas trop sortir de ma chambre. Plus les événements avançaient, moins j'avais le goût à mettre le nez dehors car les troubles, les coupures d'électricité, les manifestations de rue – à la limite de l'émeute parfois – rendaient même problématiques les courtes visites que je devais faire au palais le dimanche matin.

« Le patient, quant à lui, restait toujours aussi courtois, mais les visites étaient brèves et, surtout lors des dernières rencontres, on le sentait extrêmement tendu et préoccupé. Médicalement, la discussion roulait essentiellement sur les types de neuro-sédatifs à donner ou ne pas donner. Notre ami Safavian était presque, mais pas absolument toujours, auprès de moi lors de ces dernières consultations en Iran. Mon ultime voyage, fin décembre 1978, correspondait à la trente-neuvième visite (dont trente-cinq en Iran) auprès de S.M.

« Au cours de cette dernière visite, le patient était assez méconnaissable, sous le poids d'une tension visible et qui paraissait terrible ; je dus l'examiner sans qu'il cessât d'écouter les nouvelles que diffusait la radio ce dimanche matin-là. »

Oui, le roi était épuisé. Il avait maintenant pris fermement la décision de s'en aller. De quitter momentanément le pays. Mais le désarroi de ses fidèles, et notamment de l'armée, me touchait infiniment. C'est ce qui m'amena à lui demander de rester, quant à moi, en Iran.

— Je ne me mêlerai de rien, lui dis-je, je ne recevrai personne, mais je serai là, au palais, comme un symbole de votre présence.

— Il n'est pas nécessaire que tu deviennes Jeanne d'Arc, me répondit-il tristement, et il me pria de demeurer à son côté.

Janvier était là. Il se mit à neiger abondamment sur Téhéran.

« Les derniers jours, écrira mon mari, furent des jours de déchirement, de nuits sans sommeil. Il fallait continuer à travailler, tout en sachant que le départ approchait. »

Un grand désarroi s'abattit petit à petit sur tout le palais. Les gens continuaient d'aller et venir, mais comme des automates, et parfois je surprenais tel ou tel en train de pleurer silencieusement. Aux uns et aux autres je disais que nous allions revenir, ils voulaient le croire comme nous voulions le croire aussi, mais au fond un même froid nous glaçait le cœur. Vers quels bouleversements nous entraînait l'Histoire ?

Quatrième Partie

Nous avions quitté Téhéran par un vent glacial. Lorsque nous atterrîmes à Assouan, ce 16 janvier 1979, en milieu d'après-midi, il flottait sur la ville une douceur presque printanière. Le président Sadate, son épouse et leur fille nous attendaient sur le tarmac. Sachant dans quel état nous étions, tout en ignorant la maladie du roi, ils nous reçurent avec une affection particulière. Lorsque mon mari eut achevé de descendre lentement l'échelle de coupée, le président égyptien s'avança et l'étreignit. « Soyez assuré, lui dit-il, que ce pays est le vôtre, que nous sommes vos frères et votre peuple. »

Le roi, dont l'épuisement était manifeste, laissa alors percer une grande émotion et, durant un instant, les deux hommes se figèrent, les yeux dans les yeux. Puis Jehan Sadate m'embrassa très tendrement, avec des mots de bienvenue pleins de chaleur, et comme sa fille Jehan à son tour me sautait au cou, j'eus soudain le sentiment de retrouver la bienveillance d'une véritable famille après des mois de tension, de déchirements.

Les liens de mon mari avec Anouar el-Sadate dataient du début des années 70, lorsque, rompant avec la diplomatie de son prédécesseur, Nasser, le président égyptien amorça un rapprochement avec les États-Unis, qui devait aboutir aux accords de Camp David. Avant ceux-ci, le président Sadate avait pris l'initiative de se rendre à Jérusalem, en novembre 1977, pour un voyage demeuré historique.

Favorable à l'établissement d'une paix durable entre les pays arabes et Israël, le roi eut, durant toutes les années 70, de constants échanges avec Anouar el-Sadate et, au printemps 1975, il obtint en particulier qu'Israël restitue à l'Égypte les puits de pétrole du Sinaï. L'Iran avait en outre régulièrement soutenu les efforts de développement de l'Égypte en lui octroyant plusieurs aides significatives, notamment pour la réouverture du canal de Suez, à laquelle avait été convié Reza, notre fils aîné. De mon côté, j'avais appris à connaître Jehan Sadate au fil de nos rencontres officielles, au point qu'en marge de la diplomatie nous étions devenues de véritables amies. Nous nous étions régulièrement téléphoné tout au long de l'automne 1978 et c'est par sa bouche que nous avait été exprimée l'invitation d'Assouan. « Farah, venez, m'avait simplement dit Jehan, nous sommes là, nous vous attendons. » J'aimais la façon dont elle prononçait mon prénom, avec cet accent arabe un peu rauque, j'y percevais de la chaleur et une sincère affection.

Avec une grande élégance, le président Sadate avait souhaité que notre venue revêtît toutes les apparences d'une visite officielle « normale ». Ainsi les Égyptiens avaient-ils été priés de nous accueillir, de sorte qu'une foule nombreuse se pressait tout au long des rues qu'emprunta notre cortège. Partout flottaient les drapeaux des deux pays, et des gens brandissaient des portraits du roi comme ils l'avaient fait lors de notre précédent voyage. Le soir même, les Sadate offrirent un dîner en notre honneur.

Où allions-nous ? Combien de temps allait durer cette escale d'Assouan ? Le président Sadate désirait nous voir rester en Égypte aussi longtemps que la situation l'exigerait. Le pouvions-nous sans lui causer de graves soucis avec son opposition intégriste et fanatique ? Je ne voulais séjourner ni aux États-Unis ni en Grande-Bretagne, je pensais que les Iraniens le vivraient mal, et je me doutais qu'aux États-Unis nous retrouverions manifestations et insultes jusque sous nos fenêtres. Ici, au moins, nous étions reçus comme des amis par la population. Oui, j'espérais rester. Je lis cette phrase, écrite au milieu de cette première nuit

dans mon carnet : « C'est terrible de ne pas avoir de programme, de ne pas savoir où aller. Combien de temps
allons-nous errer ? Un mois ? Deux mois ? Et si nous ne retour-
nons pas en Iran, où irons-nous ? Que deviendront les
enfants ? »

À présent, ils séjournaient tous les quatre aux États-Unis. Les
deux plus jeunes, Leila et Ali-Reza, avaient quitté Téhéran le
15 janvier, un jour seulement avant nous. Accompagnés par ma
mère, par la gouvernante de Leila, Mlle Golrokh, et par un officier, le colonel Hossein Hamraz, ils s'étaient envolés à bord
d'un avion militaire de transport, un C130. L'appareil n'étant
pas équipé pour accueillir des passagers, on les avait installés
dans le cockpit, derrière les pilotes, et au palais on leur avait
préparé du riz dans une marmite qu'on leur servit sur des sou-
coupes de tasses à café.

C'était un très long voyage pour un C130. Ils firent escale à
Madrid, où l'officier descendit pour acheter quelques victuailles
à l'aéroport, puis ils poursuivirent sur New York. De là, ils
gagnèrent Lubbock, au Texas, où vivait Reza qui suivait depuis
plusieurs mois une formation de pilote de chasse. Farahnaz
avait elle-même retrouvé Reza à Lubbock un mois plus tôt,
pour passer avec lui les vacances de Noël. Ils étaient ensemble à
Hawaï, où les avait emmenés notre ambassadeur, quand ils
apprirent que nous avions quitté Téhéran. Aussitôt, ils rega-
gnèrent leur hôtel pour tenter de nous joindre, obtenir des
nouvelles. Puis ils rentrèrent à Lubbock pour y accueillir Leila
et Ali-Reza. Mais alors la maison où habitait Reza fut assiégée
par les journalistes, les photographes et les cameramen, de sorte
que les autorités américaines, craignant des manifestations
d'hostilité, décidèrent de loger provisoirement nos quatre
enfants sur la base militaire où s'entraînait Reza.

On nous installa à l'hôtel Oberoi, construit sur une île au
milieu du Nil, et de là, enfin, nous pûmes parler aux enfants.
Nous nous inquiétions pour eux, et avec beaucoup de courage
ils tentèrent de nous rassurer. Les deux aînés se faisaient du
souci pour nous et ils avaient manifestement perçu l'hostilité
qui se manifestait aux États-Unis à notre encontre.

« Ne venez pas ici, nous répéta Farahnaz, on va vous faire du mal ! »

Le roi, qui avait travaillé toute sa vie, et jusqu'à la dernière minute, se tenait maintenant silencieux, comme frappé de stupeur, profondément méditatif. Aux quelques personnes qui lui rendirent visite, dont l'ancien président américain Gerald Ford, il posa gravement la même question : « Pourquoi ? » Le roi Constantin de Grèce et la reine Anne-Marie vinrent également nous témoigner leur amitié et nous réconforter avec chaleur. Je poursuivis, quant à moi, la tâche entreprise dans l'avion : écrire, appeler le monde au secours de notre peuple. Et puis tenter de joindre par téléphone des proches restés à Téhéran. Mais le pays était en panne, les communications restaient très difficiles, il fallait patienter des heures, et je me souviens encore de ce combiné rouge, au bout d'un long fil, que nous nous passions d'une pièce à l'autre.

Durant ces quelques jours d'hébétude, le professeur Flandrin, remarquable de fidélité, revint au chevet de mon mari. J'avais oublié sa visite, elle me revient à l'esprit en découvrant le compte rendu qu'il en fit au professeur Jean Bernard.

« S.M. avait quitté son pays. Safavian m'informa que nous devions le rejoindre à Assouan. C'était le 20 janvier, donc seulement quatre jours après son départ d'Iran. Nous partîmes tous deux pour Le Caire dans des conditions assez scabreuses, mais cela n'était que le début d'aventures de voyage diverses et cocasses. Pour rendre plus discrète ma visite, Safavian n'avait rien prévu pour moi et, arrivé de nuit au Caire, je dus errer en taxi d'hôtel en hôtel pour trouver où coucher. En soudoyant convenablement le réceptionniste du Méridien, je finis par me faire attribuer pour la nuit une des cabines de bain qui bordent la piscine de cet hôtel au bord du Nil. Le lendemain, rejoignant Safavian à son hôtel, nous partîmes ensemble en avion pour Assouan. Arrivés sur place, restait à traverser le bras du Nil qui nous séparait de l'île où séjournait S.M. dans l'hôtel Oberoi. Or rien n'était prévu pour que nous puissions parvenir jusque-là, au moins discrètement. On ne pouvait pas dire que les conditions de la confidentialité fussent réunies! Quantité de soldats égyptiens étaient en place le long du Nil et on voyait devant l'entrée de l'hôtel des militaires en tenue d'apparat, avec de grands dolmans rouges, attendant la venue du président Sadate; nous avions compris que l'ex-président américain Ford allait également arriver! Apparemment, il ne nous restait donc qu'à nous découvrir ou à repartir. Me faisant la gentillesse, un peu perfide, d'estimer mon anglais meilleur que le sien, notre ami Safavian me dit que c'était à moi de téléphoner. Nous avions en effet conclu que l'unique moyen était de tenter de joindre téléphoniquement S.M. la Reine, la seule personne qui logiquement pouvait arranger notre affaire sans l'ébruiter. C'est donc de la cabine téléphonique d'un petit bistrot égyptien couleur locale que j'appelai la réception de l'hôtel : "*May I speak to queen Farah?*" Ce ne fut pas plus difficile que cela et, quelques instants plus tard, j'entendis une voix bien caractéristique, qui reconnut immédiatement la mienne et me dit : "Ah! vous êtes là!" Je répondis : "Oui, mais nous sommes en face et nous n'avons aucun moyen de traverser... — Il faut prendre le bateau!" rétorqua-t-elle. Je lui fis la remarque qu'il y avait peu de chance pour que le cordon militaire qui était là nous laisse passer sans quelques justifications. S.M. se rendit compte de la situation et rit, ajoutant qu'elle nous envoyait chercher. Un officier égyptien vint sur une vedette et nous escorta, sous l'œil de la garde d'honneur en dolman, jusque dans le hall pratiquement vide de l'hôtel. Safavian prit immédiatement contact avec des Iraniens de l'entourage et se propulsa dans les étages, me laissant seul avec mon petit bagage à main dans le hall. J'y restai longtemps, une heure peut-être. [...] Enfin, quelqu'un vint m'indiquer le numéro de ma chambre et m'accompagna dans cet hôtel presque vide... Puis on vint me chercher, sans m'indiquer ma destination, et je me retrouvai dans la chambre de S.M.; notre ami Safavian y était déjà. C'est un de ces moments où j'ai des scrupules à parler de mes souvenirs, car ils touchent à la personnalité intime de cet homme que j'avais alors en face de moi. J'eus en effet une impression extraordinaire et qui m'étonna totalement. Elle m'était donnée par le spectacle d'un homme qui me voyait entrer dans sa chambre avec une véritable expression de joie sur le visage. J'eus l'impression qu'il était absolument heureux de me voir présent à l'appel, et Safavian me confia plus tard que S.M. avait redouté que ses médecins aussi ne l'abandonnent. D'après ce qu'il me fut dit, il semble bien qu'il n'ait fallu que quelques jours pour que les défections dans ses rangs se fassent sentir. Je n'eus techniquement pas grand-chose à faire, et il n'y avait rien de nouveau à dire pour le traitement. Nous conversâmes, et j'eus la sensation que S.M. vérifiait que nous allions poursuivre la mission médicale commencée cinq ans plus tôt. Le visage tendu et absent que j'avais observé chez cet homme angoissé quelques semaines plus tôt avait alors disparu, il me parla plus longuement peut-être qu'il ne l'avait jamais fait précédemment. »

Le 22 janvier 1979, six jours seulement après notre arrivée en Égypte, nous nous envolâmes pour le Maroc. L'invitation du roi Hassan II avait soulagé mon mari, qui ne voulait pas abuser de l'hospitalité du président Sadate. Ce dernier, pourtant, avait renouvelé son invitation, faisant notamment valoir que l'Égypte était plus proche de l'Iran pour entreprendre la résistance qu'il imaginait. Il fut un des seuls chefs d'État à voir d'emblée juste à propos de Khomeyni, qu'il considérait déjà comme un imposteur [1].

Nous entretenions avec le roi Hassan II et les siens des liens chaleureux et détendus. Outre les visites officielles, nous avions reçu les enfants du souverain alaouite au bord de la mer Caspienne, ils connaissaient bien les nôtres et tous s'appréciaient ; la sollicitude du roi Hassan II à notre égard s'inscrivait assurément

—————

1. Le 4 janvier 1979, Jimmy Carter, président des États-Unis, le chancelier allemand Helmut Schmidt, le Premier ministre britannique James Callaghan et le président français Valéry Giscard d'Estaing s'étaient réunis en Guadeloupe où ils prirent la décision d'accepter l'éventualité d'un changement de régime en Iran.

dans ce contexte. C'est d'ailleurs accompagné de son épouse, Lalla Latifa, fait exceptionnel dans le protocole marocain, que le roi nous accueillit avec affection sur l'aérodrome de Marrakech, en présence de notre ambassadeur, Farhad Sepahbodi, qui avait préparé notre arrivée. Hassan II mit à notre disposition une belle villa moderne, avec un grand jardin, construite dans une oasis à l'extérieur de la ville, aux portes de l'Atlas. Là nous attendaient, pour nous souhaiter la bienvenue, la mère du souverain, ses deux sœurs et son frère. De ma fenêtre, je pouvais voir les palmiers, les orangers, les oliviers et, au loin, les sommets couverts de neige. Ce cadre silencieux convenait à mon mari, que ce nouveau voyage avait affaibli, et, malgré le poids des événements, je fus presque heureuse de le voir s'assoupir. Il fallait profiter des dons de l'instant, ne pas céder à l'anxiété qui par moments me précipitait dans des gouffres insondables.

Je me remis à écrire et à téléphoner en Iran. Qu'avait entrepris le gouvernement Bakhtiar ? Que pensaient les gens dans la rue ? Les manifestations se poursuivaient-elles ? En quels termes parlait-on désormais du roi ? Un jour, j'appris qu'une grande manifestation légaliste avait été organisée à Téhéran, et cela soudain me remplit d'espoir. Je le dis à mon mari, qui en sourit discrètement. Que pensait-il au fond de lui ? Croyait-il son retour encore possible pour achever son œuvre, installer l'Iran de façon définitive dans son siècle ? Au président Sadate, qui lui suggéra de faire venir en Égypte nos avions de combat, il répondit fermement non, avec ce seul commentaire : « L'armée de l'air appartient à l'Iran. » Il était clair qu'il ne tenterait rien pour reprendre le pouvoir par la force mais attendrait, fidèle à ses principes, que son peuple le rappelât.

On parlait maintenant du prochain retour de l'âyatollâh Khomeyni. Un des officiers qui nous accompagnaient vint proposer au roi de faire abattre l'avion du leader obscurantiste avant qu'il ait pu toucher Téhéran. Mon mari refusa catégoriquement. L'idée n'était pas nouvelle, des officiers de l'armée de l'air avaient suggéré au roi le même plan quand nous nous trouvions encore à Téhéran et il l'avait déjà repoussé.

Le 1er février, nous apprîmes par la radio l'arrivée à Téhéran du « Guide » de la Révolution. Je voulus appeler immédiatement quelques personnes en Iran, mais le roi Hassan II me pria de ne pas intervenir, de conserver le silence pendant deux jours, ce qui fut assez douloureux. Mon mari remarqua que le Premier ministre, Chapour Bakhtiar, demeurait à son poste, et que l'armée, dont il lui avait confié le commandement suprême, restait fidèle au gouvernement. L'âyatollâh s'en tiendrait-il à guider les âmes ? Il s'avéra rapidement que non. Ignorant les offres d'ouverture de Bakhtiar, le religieux nomma son propre gouvernement à la tête duquel il plaça Mehdi Bâzargân, ancien compagnon de Bakhtiar.

Le 7 février commencèrent les manifestations soutenant ce premier gouvernement islamique. Chapour Bakhtiar répliqua en taxant le programme de Khomeyni d'« anarchique et médiéval ». Mais le 11 février, le Conseil supérieur de l'armée ayant déclaré sa neutralité, les émeutiers pénétrèrent sans difficulté dans les casernes, s'emparèrent des armes, et les soldats, qui avaient été mis à rude épreuve une année durant, commencèrent à déserter. Le lendemain, les généraux Abdol Ali Badreï et Amin Beglari, qui étaient au fond d'eux-mêmes contre la neutralité de l'armée, furent assassinés. Pris sous le feu des insurgés, Chapour Bakhtiar parvint à s'enfuir pour gagner la France, où il devait à son tour être assassiné d'une façon atroce dix ans plus tard (le 6 août 1991), après s'être battu sans relâche, et avec beaucoup de courage, contre la République islamique.

Ce 11 février 1979, le roi et tous les Iraniens de notre entourage écoutaient Radio Téhéran dans la villa de Marrakech. En traversant le hall d'entrée, j'entendis : « La Révolution a gagné, le bastion de la dictature s'est effondré. » Pendant quelques secondes, je crus que nous avions réussi. Pour moi, nous étions les bons, et eux étaient assurément le bastion de l'horreur. Malheureusement, ce sont eux qui l'emportaient, ils venaient de renverser le dernier gouvernement nommé par mon mari.

Les premières informations sur les massacres d'officiers en pleine rue et sur les exécutions ordonnées par des religieux fanatiques nous parvinrent dès le lendemain. Bouleversé, le roi se retira dans un long silence. Un peu plus tard, je parvins à joindre par téléphone une amie très chère dont le mari, le général d'aviation Nader Jahanbani, venait d'être exécuté. Insulté par un Gardien de la Révolution, il avait eu le courage de le gifler avant de mourir. Elle sanglotait, et moi qui aurais dû trouver les mots pour la réconforter, je ne pus que pleurer avec elle. Ce soir-là, en proie à un profond désespoir, j'écrivis ces quelques lignes dans mon carnet : « Je ne sens plus d'énergie en moi pour me battre. Je voudrais mourir pour mon pays, dans l'honneur, plutôt qu'être entraînée vers la mort par la dépression qui me gagne. Mon Dieu, si tu es là, donne-moi la force de continuer. »

Comprenant évidemment qu'une page était tournée et que nous ne pouvions plus espérer retourner en Iran avant longtemps, le roi réunit l'équipage du Boeing 707 – composé de militaires – qui nous avait conduits de Téhéran à Marrakech et le libéra de son engagement. Il libéra de même les membres de la Sécurité qui voulaient rentrer. Il souhaitait que l'avion fût restitué à l'Iran, et par ailleurs toutes ces personnes avaient laissé leurs familles là-bas. « Nous ne savons pas quand nous reviendrons, leur dit-il, mais il est maintenant temps pour vous de rejoindre les vôtres. Si on vous pose un quelconque problème à votre arrivée, je vous autorise à dire que je vous ai contraints sous la menace à nous accompagner. » Il tint le même discours aux gens de notre suite, et certains décidèrent de regagner l'Iran, d'autres de trouver refuge en Europe ou aux États-Unis. En arrivant à Téhéran, l'équipage n'eut pas à pâtir de nous avoir transportés. Le pilote, fils d'un général, devait rallier plus tard les Moudjahidin du peuple, mais avant, ironie de l'Histoire, c'est lui qui fit sortir d'Iran deux anciens alliés de Khomeyni, Abol Hassan Bani Sadr et Massoud Radjavi.

Les exécutions sommaires se multipliaient pourtant en Iran, à l'issue de pseudo-procès, et on commença bientôt à réclamer notre retour pour « juger » le roi. Allions-nous pouvoir continuer à séjourner au Maroc dans ce contexte ? Quand, le

14 février, nous apprîmes que l'ambassade américaine à Téhéran avait été prise d'assaut par les Gardiens de la Révolution et occupée durant quelques heures, avant d'être libérée à la demande de M. Bâzargân, nous comprîmes que les portes de l'exil allaient se révéler de plus en plus étroites pour nous. Les États-Unis, où se trouvaient déjà nos enfants, allaient-ils maintenir leur offre d'hospitalité ? Et quel pays aurait le courage de nous accueillir si le nouveau pouvoir iranien menaçait ainsi ses ressortissants, tant à Téhéran qu'à l'intérieur de ses propres frontières ?

Le roi, qui partageait son temps entre la lecture, l'écoute de la radio et des rencontres, évitait d'évoquer notre avenir devant moi. Nous tâchions de nous réconforter l'un l'autre en ne laissant pas transparaître nos propres angoisses. Son courage me touchait infiniment ; amaigri, miné par la maladie et ce drame qui n'en finissait plus, il n'avait jamais un mot pour se plaindre. Nous passions de longs moments côte à côte et, l'embrassant silencieusement du regard, je réalisais combien je l'aimais, combien je souffrais de le voir ainsi. Nous avions vécu vingt années dans un incessant tourbillon ; si le destin nous rendait soudain l'un à l'autre, c'était donc pour nous permettre d'affronter ensemble cette invraisemblable épreuve. Cette pensée m'aidait à accepter comme elle se présentait notre nouvelle existence, et aussi à définir ma ligne de conduite : quoi qu'il advienne, tenir, et donner à cet homme dont l'amour m'était si précieux toute la force dont j'étais capable.

Durant ces jours si difficiles, il fut très touché par les visites du roi Umberto d'Italie et du comte de Paris... Nelson Rockefeller, qui souhaitait venir, mourut quelques jours avant la date prévue.

À la veille de notre Nouvel An, si sombre pour nous, l'arrivée des enfants au Maroc fut un bonheur inespéré. Les retrouvailles, un moment merveilleux. Notre convoi était parti en retard pour l'aéroport de Marrakech, de sorte que celui des enfants nous croisa à mi-chemin ! Les voitures s'immobilisèrent donc de part et d'autre et c'est au milieu de la route que nous tombâmes les uns dans les bras des autres. Je n'avais pas embrassé les deux plus jeunes, Leila et Ali-Reza, depuis leur départ de Téhéran avec ma mère, deux mois plus tôt. Quant à Farahnaz et Reza, ça faisait plus de temps encore.

Nous quittâmes aussitôt Marrakech pour nous installer tous ensemble, à Rabat, dans un palais que le roi Hassan II avait mis à notre disposition. Ces quelques jours en famille, sorte de parenthèse dans cette période où les périls s'accumulaient, eurent un effet extraordinaire sur notre moral à tous. Les traits du roi se détendirent, je l'entendis rire de nouveau, bavarder et même jouer avec Leila dans les allées du parc. Nous fêtâmes simultanément les seize ans de Farahnaz et le Nouvel An. Les enfants du souverain alaouite se joignirent à nous et, un soir, comme le frère du roi Hassan II nous projetait *Les Aventures de Rabbi Jacob* avec Louis de Funès, j'eus le plaisir de réentendre mon mari éclater de rire comme il ne l'avait pas fait depuis plus d'un an.

Moments volés au drame qui nous étreignait le cœur. Il y avait dans ce parc un petit zoo, et je me souviens d'un pauvre mouflon qui se tenait le cou cassé, le corps meurtri. Loin de la nature et de la liberté, ses sabots avaient poussé à tel point qu'ils se retournaient sur eux-mêmes. Je m'identifiais à lui, je me voyais dans sa peau, désormais captive d'un périmètre qui se rétrécissait chaque jour et dont les barrières me blessaient.

Alexandre de Marenches, le patron des services spéciaux français, avait en effet rencontré mon mari à Marrakech pour lui exposer les risques que nous faisions courir à notre hôte, le roi du Maroc. Ils étaient d'ordre diplomatique, bien sûr, mais également privé puisque, d'après M. de Marenches, l'âyatollâh Khomeyni avait ordonné à ses fanatiques d'enlever des membres de la famille royale pour les échanger ensuite contre nos propres personnes. M. de Marenches en avait informé le roi Hassan II qui, avec beaucoup de courage, lui avait rétorqué : « C'est abominable, mais ça ne change rien à ma décision. Je ne peux refuser l'hospitalité à un homme qui vit un moment tragique de son existence ! »

Il nous fallait trouver un autre asile, c'était urgent.

La France se désista, estimant, selon M. de Marenches, qu'elle ne pouvait pas assurer notre sécurité. Il en alla de même de la Suisse, qui laissa cependant entrevoir une possibilité future, et de la principauté de Monaco, où s'était rendu notre fils Reza. La principauté avait dit oui, avant de se désister sous la pression de la France. « Peut-être plus tard », nous firent répondre en substance les États-Unis. De Grande-Bretagne, j'avais reçu le message au début de notre exil que Margaret Thatcher nous accueillerait dans l'hypothèse de sa victoire aux élections. Mais, devenue Premier ministre alors que nous séjournions aux Bahamas, Mme Thatcher ne donna pas suite à son engagement, sous l'influence, me rapporta-t-on, du ministre des Affaires étrangères, Lord Carrington, et d'Anthony Parsons, l'ancien ambassadeur de Grande-Bretagne en Iran, qui la convainquirent que nous recevoir nuirait aux intérêts du pays.

Nous avions entretenu des relations avec la plupart des pays du monde, relations étroites et amicales avec certains, et tous à présent nous tournaient le dos. Le réconfort, durant ces jours terribles, nous vint des lettres qui nous arrivèrent. Certaines émanaient d'Iraniens, qui ne signaient pas de crainte des représailles ; d'autres, d'étrangers qui aimaient l'Iran et avaient vu les progrès accomplis en vingt ans ; certains souverains et chefs d'État nous écrivaient aussi, mais à titre personnel. Toutes ces lettres étaient extrêmement touchantes, pleines d'émotion et de chaleur.

Le roi Hassan II avait mis à notre disposition son propre avion et celui-ci n'attendait plus que notre destination pour décoller. C'est alors que nous apprîmes que les Bahamas acceptaient de nous recevoir, mais pour trois mois seulement.

L'obtention de cet asile, à la toute dernière minute, était le fruit des efforts d'un ami de mon mari, Henry Kissinger. David Rockefeller s'était mobilisé, lui aussi, à la demande du président Carter. Mon mari était un ami de son frère Nelson, ancien vice-président républicain des États-Unis, mort subitement durant notre séjour au Maroc. Henry Kissinger et David Rockefeller avaient su convaincre le président de l'archipel des Bahamas de nous offrir une hospitalité momentanée sur Paradise Island, où une villa avait été trouvée dans la hâte.

Le 30 mars 1979, nous partîmes donc pour Nassau, capitale des Bahamas, accompagnés de ma mère, de Lioussa Pirnia, la pédiatre des enfants, du colonel Jahanbini, responsable de la sécurité du roi, des colonels Nevissi, Nasseri, Hamraz, Mohammadi, de Kambiz, de la gouvernante de Leila, Mlle Golrokh, et enfin du valet de chambre du roi, Mahmoud Eliassi.

Un homme élégant nous attendait à l'aéroport, Robert Armao. Nous le connaissions. Spécialiste des relations publiques, ancien collaborateur de Nelson Rockefeller, il nous avait été dépêché à Téhéran par la princesse Ashraf, à la fin de l'année 1978, pour tenter de limiter les effets dévastateurs de la propagande de l'opposition. Il était déjà beaucoup trop tard, en réalité, pour lancer une quelconque campagne et, après quelques jours auprès de mon mari, M. Armao avait regagné New York.

Il revenait donc se mettre à notre disposition, à la demande de la princesse Ashraf et de la famille Rockefeller, mais cette fois pour nous faciliter les choses tant au plan diplomatique avec les autorités des Bahamas qu'au plan matériel pour les questions de sécurité et de vie quotidienne. Il devait également assurer le lien avec le gouvernement américain. Il était accompagné d'un de ses collaborateurs, Mark Morse.

La villa qu'on avait bien voulu lui louer pour nous à grands frais – désormais, au seul énoncé de notre nom, tous les prix allaient être multipliés par cinq, voire par dix ! – ne comportait qu'un salon et deux chambres. Nous nous y installâmes tant bien que mal. Elle était trop petite pour contenir nos bagages – une quinzaine de valises pour toute la famille –, de sorte qu'on dut les entreposer dans la cour, sous une bâche. Pour les gens de notre suite, il fallut dénicher des bungalows à louer dans les environs, ou des chambres d'hôtel.

Les deux mois et dix jours que nous allions devoir passer aux Bahamas figurent parmi les plus noirs de mon existence. Nous n'y étions pas depuis huit jours que nous apprîmes l'exécution d'Amir Abbas Hoveyda. À l'issue d'une caricature de procès, l'ancien Premier ministre avait été traîné dans la cour de la prison et assassiné de plusieurs balles dans le cou et la tête. Cette nouvelle nous plongea dans un désespoir sans nom. Le roi se retira pour pleurer, seul ; le chagrin me submergea. Mon Dieu, quand l'horreur s'arrêterait-elle ? Je parvins à joindre le frère de M. Hoveyda à New York, Fereydoune, qui avait été ambassadeur aux Nations unies, pour lui dire combien nous partagions sa douleur, combien nous étions bouleversés.

Les autorités des Bahamas n'avaient accepté de nous recevoir qu'à la condition que nous n'exprimions aucune opinion d'ordre politique, ce qui m'avait étonnée, car les Bahamas n'entretenaient aucune relation avec l'Iran. Mais comment se taire en face de tels crimes ? Comment, nous qui avions aimé cet homme, qui avions tant donné pour ce pays, à présent précipité dans l'abjection, pouvions-nous rester silencieux ? Sous le coup d'une colère impuissante et désespérée, je dis à mon mari que nous n'avions plus qu'à louer un bateau pour lancer au monde, depuis les eaux internationales, un message condamnant avec la plus grande dureté ce régime de bourreaux sanguinaires prétendument inspiré de Dieu.

Paris Match donna une ampleur particulière à la cruauté du silence qui nous était imposé en publiant, huit jours plus tard, une photo du cadavre d'Amir Abbas Hoveyda, entouré de ses assassins encore armés, et, sur la page d'à côté, une vue du souverain sur la plage de Paradise Island. C'était suggérer que le roi se distrayait pendant qu'on massacrait ses anciens collaborateurs. Beaucoup le crurent, et parmi les lettres terribles que je reçus peu après, l'une me tua littéralement. Elle émanait de Saïdé, la fille du général Hassan Pâkravân qui venait d'être exécuté, et cette femme, déchirée par le chagrin, ulcérée, m'écrivait que, pendant que nous nous amusions au soleil, son père se faisait fusiller. Plus tard, Saïdé rendit visite au roi, au Caire, peu avant sa mort. Je l'accueillis également, touchée quand même par son geste.

Les enfants ne nous avaient pas quittés depuis le Maroc – nous ne pouvions les loger et nous dûmes leur louer des bungalows –, et puisque l'anniversaire d'Ali-Reza tombait à ce moment, je décidai de rassembler toutes mes forces pour le lui souhaiter malgré tout. Je raconte cette anecdote, car elle est révélatrice de l'état d'esprit dans lequel nous vivions. Je fis acheter ce qu'il fallait, j'arrangeai comme je le pus cette maison minuscule, puis je décidai de m'habiller comme pour une véritable fête. Ma mère tâchait de m'aider. Et c'est assurément sans bien mesurer la portée de ses mots que, me voyant sortir de ma chambre plus élégante qu'un jour ordinaire, elle me souffla : « Essayez de ne pas trop rire, de ne pas vous montrer trop heureuse, ça ne ferait pas bonne impression. » Cela me fit l'effet d'un coup de grâce. J'avais dû prendre sur moi pour organiser l'anniversaire de mon petit garçon, et même cela, même cela, il n'aurait pas fallu! Comment ma propre mère pouvait-elle me reprocher de ressentir un quelconque bonheur dans ce cauchemar? J'étais si blessée que je retournai immédiatement m'enfermer dans ma chambre où je pris un calmant. Quand les enfants vinrent frapper à ma porte, je fus incapable de sortir.

Vivre devenait un insupportable fardeau. Jour et nuit, l'anxiété me serrait le cœur et je sentais que le roi, bien qu'il ne se plaigne jamais, traversait le même calvaire. Voir cet homme si actif toute sa vie essayer de survivre à la moiteur étouffante et silencieuse des jours, en compagnie du docteur Pirnia et de ma mère, me brisait le cœur. Sa maladie l'épuisait. La nuit, je priais pour qu'il s'endormît et, quand j'entendais le rythme régulier de son souffle, je me relevais. Alors je ne trouvais plus le sommeil. Je sortais fumer, ou je marchais de long en large dans cette cour minuscule où s'amoncelaient nos valises. J'attendais les

En me couronnant, le 26 octobre 1967, le roi m'a donné le sentiment qu'il couronnait toutes les femmes d'Iran.

Réforme agraire. Le roi fait don des titres de propriété des ses terres personnelles aux paysans.

Lors d'un voyage à l'intérieur du pays, où la foule se jette au-devant de la voiture avec des débordements de joie. Chacun, chacune veut me donner une lettre.

Dans le Luristân. À côté d'une cascade, des jeunes filles m'ont coiffée avec affection du turban traditionnel, qui compte au moins sept foulards....

Avec les malades
de la lèpre.

Avec les enfants d'une
école tribale nomade.

L'accueil bouleversant des femmes lors d'un tremblement de terre.

Je me demande souvent ce que sont devenus ces petits orphelins dont nous nous occupions.

Avec
Maurice
Béjart,
pendant le
Festival de
Chiraz en
1976.

Mon premier voyage aux États-Unis, avec le président et Jackie Kennedy.

Le président Richard Nixon et son épouse en voyage officiel à Téhéran.

Mon premier voyage officiel à Paris. Nous sommes reçus par le Général et Mme de Gaulle à l'Élysée.

Lors d'un des nombreux voyages en URSS avec Leonid Brejnev, Alekseï Kossyguine et Nikolaï Podgorny.

Voyage officiel en Inde. Nous sommes accueillis par Indira Gandhi, pour laquelle j'avais beaucoup d'admiration.

Le prince Juan Carlos et la princesse Sophie nous visitent à Téhéran.

Le roi Hassan II à Téhéran.

Avec le roi Hussein de Jordanie
et la reine Sophie
lors des fêtes de Persépolis.

Il me revint la mission de rétablir
les liens anciens qui avaient uni
la Chine et l'Iran, en me rendant
à Pékin, en septembre 1972, à la tête
d'une délégation impressionnante…

16 janvier 1979. Nous quittons l'Iran,
l'émotion étreint le roi.

À notre arrivée à Assouan, le président et Mme Sadate nous accueillent à l'aéroport. Durant tout l'exil, ils seront les seuls à nous tendre la main. Un an après la mort de mon mari, Anouar el-Sadate, qui était un frère pour moi et un oncle pour mes enfants, tombera sous les balles d'un fanatique, nous replongeant tous dans un profond chagrin.

Dans notre chambre
de l'hôtel Oberoi,
à Assouan.

L'exil. Après plusieurs mois de séparation, nous retrouvons enfin nos enfants au Maroc.

Cuernavaca, au sud de Mexico. Reza, venu des États-Unis nous embrasser, repart avec cette photo de nous qu'il a prise lui-même.

Sur l'île de Contadora, proche de la ville de Panamá, en 1979. Les médecins se déchirent, la santé du roi se détériore, je suis terriblement inquiète.

Notre dernière photo de famille. Les enfants nous avaient rejoints au Caire avant la première opération de mon mari, qui conservait son sourire malgré toute sa souffrance.

Funérailles nationales au Caire, le 29 juillet 1980. Avec au premier rang, à ma gauche, Leila, Farahnaz, Ali-Reza ; et à ma droite, Richard Nixon, Reza et le président Anouar el-Sadate.

Dans le palais Kubbeh, au Caire, le 31 octobre 1980. Reza a vingt ans, il succède officiellement à son père.

Toujours dans le palais Kubbeh. Peu après la mort du roi, je suis submergée par le courrier.

Étudiante en psychologie à l'université de Columbia, Farahnaz vient de recevoir sa licence !

Columbia. Ali-Reza (au deuxième rang) vient d'accéder à sa maîtrise d'histoire de l'Iran préislamique.

Ma dernière photo avec Leila.

À l'entrée de ma maison
de Greenwich (États-Unis),
Reza et Yasmine libèrent des colombes,
signe de bon augure
pour leur mariage, le 12 juin 1986.

Aux États-Unis avec l'une de mes petites-filles, Noor, qui,
contrairement aux apparences, éclate de rire.

Ma mère. Je suis tellement heureuse qu'elle ait eu le temps de connaître ses arrière-petites-filles....

Noor et Iman dont le souffle illumine ma vie.

Ma belle-fille Yasmine, le jour où elle reçoit son diplôme de fin d'études de droit, souriante entre Noor et Iman.

Juillet 2000 au Caire. Nous commémorons le vingtième anniversaire de la mort du roi. C'est la première fois que les petites viennent sur la tombe de leur grand-père.

On se retrouve à New York pour célébrer l'anniversaire d'Ali-Reza avec Farahnaz.

Nowrouz 2003 chez moi. Devant la table du Nouvel An iranien, Reza, Yasmine, Noor et Iman.

Me voilà entourée de toute ma famille pour fêter mes soixante ans, à Greenwich dans le Connecticut. Autour de moi, Noor, Reza, Ali-Reza, Leila, Iman et Farahnaz (de gauche à droite et de haut en bas).

premières lueurs du jour pour me jeter dans la piscine et nager, fébrilement, pour reprendre un peu d'énergie malgré ce cauchemar sans fin, pour résister et offrir au souverain, en écho à son courage, l'image d'une femme debout. La radio passait sans cesse la chanson de Gloria Gaynor, « *I will survive* », et je m'accrochais à ces quelques mots pour ne pas flancher.

La princesse Ashraf entreprit d'écrire au président Carter pour lui demander de recevoir le roi. Armao soumit cette lettre à mon mari qui, heureusement, s'opposa à ce qu'elle fût envoyée. Nous n'allions pas nous abaisser à solliciter le président Carter...

Je redécouvre ces lignes écrites alors dans mon carnet :

« Que faisons-nous, perdus au milieu de l'océan, sans pays ? Je suis assise sur une dune de sable, au bord de l'eau, c'est très calme, très beau, le soleil n'est plus très loin de se coucher et on entend le cri des goélands. J'aimerais trouver les mots pour traduire ma détresse et, dans le même temps, je suis gênée d'être là : je pense aux deux gardes américains, debout derrière moi, mobilisés pour ma sécurité, et j'ai peur qu'ils ne s'ennuient. Je pense à l'Iran, la souffrance m'étouffe. Comment a-t-on pu en arriver là ? La mort, le sang, la peur... Et ce silence ! Pas une voix ne s'élève pour dénoncer l'horreur. Où sont passés les journalistes, les universitaires, les artistes, les organisations mondiales qui se souciaient tellement des droits de l'homme en Iran ? Où sont passés les étudiants qui défilaient pour la liberté de parole, pour la démocratie ? Pauvres enfants. On dirait qu'un linceul noir s'est abattu sur notre jeunesse.

« Nous avons appris ce matin que les États-Unis ne veulent pas de nous. Le Mexique n'a pas encore répondu. Mais le Mexique, ça ne sera pas facile pour les enfants, ils ne parlent pas l'espagnol... Le Canada non plus n'a pas répondu, ils sont en pleines élections. Il reste l'Angleterre, les élections approchent, on sera fixé dans quelques semaines... Mon Dieu, qu'allons-nous devenir si tout le monde dit non ?

« Il ne faut plus que j'écoute la radio ni que je lise les journaux. C'est tellement monstrueux... Ils assassinent les meilleurs, ceux qui avaient offert leur vie pour le bien commun, les soldats, les intellectuels, les cadres... Les pays si prompts à critiquer mon mari autrefois se taisent aujourd'hui. Seule la Suisse a dit son indignation. »

La Grande-Bretagne, à son tour, nous fit savoir par son ancien ambassadeur à Téhéran, Denis Wright, qui fit le voyage jusqu'aux Bahamas, qu'elle ne souhaitait pas notre présence sur son territoire. Sir Denis, me rapporta-t-on, était méconnaissable : il s'était en effet déguisé – moustache et chapeau – de crainte probablement d'être interpellé par les journalistes et d'avoir à expliquer publiquement l'objet de sa mission. Et pendant que les capitales, l'une après l'autre, nous tournaient le dos, des lettres extrêmement touchantes nous arrivaient de partout. Des personnes que nous n'avions jamais rencontrées nous offraient l'hospitalité, au Canada, au Mexique, en Allemagne... Des gens plus simples nous ouvraient leur maison. Ces lettres étaient notre seul réconfort.

Apprendre, au tréfonds de ce malheur, que Sadegh Khalkhâli, le religieux qui avait fait assassiner Hoveyda, venait de nous condamner à mort eut le mérite de nous faire tristement sourire. La perspective de notre mort nous paraissait bien moins douloureuse que de découvrir, jour après jour, les exécutions de ceux que nous aimions. La haine sanguinaire de Khalkhâli qui, durant l'été 1979, devait raconter avec des ricanements de satisfaction : « Certaines nuits, les camions emportaient bien une trentaine de corps, sinon plus, de la prison ! », cette haine-là révélait le vrai visage de la Révolution islamique. Khalkhâli déclara qu'il allait envoyer des tueurs à notre poursuite et, en attendant, il promit une récompense de soixante-dix mille dollars à celui qui abattrait mon mari. Plus tard, il devait ajouter cette phrase : « Si Farah le tue, elle bénéficiera, en plus de l'argent, d'une amnistie et pourra revenir en Iran. »

Quelques amis se manifestèrent pourtant dans cette longue nuit. Ainsi le roi Hussein de Jordanie eut-il l'élégance de nous faire porter par le général Khamach un message d'amitié et de réconfort. Le roi Baudouin et la reine Fabiola nous appelèrent, ainsi que la reine Sirikit de Thaïlande et le roi Siméon de Bulgarie. De vieilles amies d'enfance, fidèles parmi les fidèles, firent le voyage pour nous assurer qu'elles seraient là, toujours, quoi qu'il arrive.

Et puis la maladie du roi s'aggrava, et le professeur Flandrin, qui l'avait vu à deux reprises au Maroc, accepta de nous rejoindre à Paradise Island.

Une nouvelle fois, j'emprunte le récit qu'il en fit au professeur Jean Bernard :

« Lors de ma première visite, la situation médicale me parut stable, mais quelques semaines après le malade découvrit une masse sus-claviculaire. Même au téléphone, le diagnostic n'était pas très difficile à prévoir et je partis avec tout ce qui était nécessaire pour faire, si besoin était, un traitement par chimiothérapie. Je portai sur un adénogramme le diagnostic de lymphome à grandes cellules. Il y eut une discussion sur la conduite à tenir, et vous vous souvenez probablement que je pris votre avis par téléphone à ce moment.

« Contrairement à ce qui a pu être dit plus tard, j'ai la certitude que le patient était parfaitement conscient de sa situation médicale. J'étais d'ailleurs bien contraint de la lui expliquer dans toute sa crudité ; les conséquences thérapeutiques que je lui faisais envisager méritaient en effet qu'il comprît bien les raisons de cette escalade et de mon changement d'attitude. Je lui expliquai, en effet, qu'en toute logique médicale il aurait fallu rejoindre un centre spécialisé bien équipé pour avoir une biopsie du ganglion que je venais de ponctionner, des investigations radiologiques, très probablement une laparotomie avec splénectomie, avant même que soit démarrée une polychimiothérapie complétée d'une radiothérapie. L'autre choix était de faire trois cures de polychimiothérapie, sans perdre de temps en investigations, et de faire le bilan des lésions après ces trois mois ; à ce moment-là, probablement encore splénectomie et radiothérapie complémentaire sur le site du syndrome de Richter qui venait d'être découvert.

« La situation devenait difficile à contrôler pour moi, car une dimension personnelle entrait dans la discussion. S.M. me demanda instamment de courir le risque de la deuxième solution, et il le fit en parfaite conscience et connaissance de cause. Le motif qui l'animait se situait au-delà du simple problème de sa santé, et il me dit clairement la phrase suivante : "Au moment où l'on tue mes officiers fidèles dans mon pays, je ne peux pas les désespérer complètement en révélant l'état de ma santé." Il me demanda ces trois mois et me promit qu'après ces trois cures mensuelles de la chimiothérapie que je voulais appliquer, le secret serait rompu pour rentrer enfin dans les voies plus normales de l'exercice de la médecine. La décision fut moralement terrible à accepter de la part de S.M. la Reine, consciente aussi qu'elle était des raisons du souhait de son époux. Je dois confesser que je ne me suis pas battu outre mesure contre ce qui apparaissait comme la volonté profonde du patient, je le fis d'autant moins que la stratégie que nous allions adopter avait pour elle quelques très bons arguments et des avantages. [...]

« S.M. la Reine eut le courage de surmonter son angoisse et, au terme d'une longue discussion, elle me rappela que c'était à moi, en dernière analyse, de prendre la décision. Elle dut surtout avoir le courage d'accepter que la nécessité réitérée du secret lui imposât de ne faire appel qu'à moi, à ma conscience et à mes connaissances supposées du problème. On imagine aisément la difficulté qu'il dut y avoir à cela de la part de personnes qui, en d'autres circonstances, auraient pu avoir recours à toutes les plus hautes compétences médicales.

« Je commençai donc à appliquer cette polychimiothérapie en perfusion, dans des conditions matérielles spartiates, aidé de Sa seule Majesté la Reine en guise d'infirmière. Je continuai, comme à l'accoutumée, mes contrôles biologiques avec le matériel et le microscope qui suivaient S.M. depuis Téhéran. La solide constitution du patient lui permit de supporter remarquablement le début du traitement. Pour faire les perfusions du jour 1 et du jour 8 de la cure mensuelle, je dus aller deux semaines de suite à Nassau, tout en tentant, dans l'intervalle, de me maintenir dans une apparence de fraîcheur et d'éveil à Paris... »

Trois semaines peut-être avant l'expiration de nos visas, les autorités des Bahamas nous avertirent qu'elles ne nous les renouvelleraient pas. Vers quelle destination allions-nous partir? Les chancelleries se désistaient l'une après l'autre. Seul Anouar el-Sadate nous renouvela courageusement son invitation, confiant au passage combien il trouvait pitoyable « tous ces gens qui ont peur au point de ne pas offrir de refuge ». Mais le président venait de signer les accords de Camp David, se mettant à dos une large partie du monde arabe, et mon mari jugea qu'il avait suffisamment de difficultés comme cela.

Le Mexique, sollicité par Henry Kissinger, nous offrit finalement l'hospitalité. Le roi avait rencontré et apprécié le président José López Portillo du temps où il était ministre des Finances, et sans doute ces liens anciens avaient-ils compté. Mais nous eûmes aussi le sentiment que le Mexique n'était pas mécontent de donner à cette occasion une leçon d'éthique politique aux États-Unis.

Robert Armao, qui durant notre séjour aux Bahamas n'avait pas épargné sa peine pour nous faciliter les choses, s'envola immédiatement pour le Mexique en quête d'une maison susceptible de nous héberger. « Pendant deux ans, devait-il confier plus tard, je n'ai vécu que pour le Shâh. Je courais dans le monde entier pour lui trouver un foyer. Je me précipitais à Paris en Concorde pour le dîner, revenais le lendemain matin pour sauter immédiatement dans un autre avion et aller le rejoindre. Il ne se passait pas une heure sans que je le voie. J'étais près de lui le matin quand il se réveillait et le soir quand il se couchait. » Cette fois, le colonel Jahanbini, que les menaces de mort contre le souverain inquiétaient de plus en plus, accompagna M. Armao; il voulait s'assurer des conditions de sécurité de notre prochaine résidence.

C'est à Cuernavaca, au sud de Mexico, que tous deux arrê-
tèrent leur choix sur une villa opportunément située au fond
d'une allée en impasse, ce qui faciliterait la surveillance.

Le 10 juin 1979, cinq mois après avoir quitté Téhéran, nous
embarquâmes donc à bord d'un avion de location pour notre
quatrième pays d'exil.

Arrivant des Bahamas où nous avions souffert de l'étroitesse
des lieux et de vexations multiples, nous fûmes agréablement
surpris par notre nouvelle résidence. Un jardin tropical la proté-
geait des regards et elle était assez vaste pour héberger les
quelques personnes de notre suite. Cependant, guère habitée
depuis longtemps, elle était rongée par l'humidité, la moisissure,
et je découvris avec un certain effroi des scorpions sur les
murs... Cela ne troubla pas le roi, qui s'exclama en la visitant :
« Enfin, nous allons pouvoir revivre ! »

Il en donna le signe en s'attelant, aussitôt installé, à la rédaction de ses Mémoires. C'était un exercice courageux dans sa
situation ; ses forces avaient considérablement diminué et il
n'avait sous la main aucun document pour étayer ses souvenirs.
Quant à joindre ses anciens collaborateurs – ceux du moins qui
étaient encore libres –, c'était impossible : à part quelques personnes, les gens ne voulaient plus avoir aucun contact avec
nous, ils nous fuyaient comme la mort, sachant que n'importe
où dans le monde les assassins de Téhéran pouvaient frapper.

De mon côté, je me mis à l'espagnol. Le docteur Pirnia
m'accompagna dans cette entreprise et nous fîmes venir un
professeur. *Donde está la embajada americana ?* : c'était la première phrase de notre manuel et nous convînmes que l'Histoire
avait parfois des clins d'œil qui ne s'inventent pas... Je souhaitais
depuis longtemps apprendre cette langue et le Mexique semblait
disposé à nous offrir une hospitalité durable. Ainsi renouâmes-
nous, mon mari comme moi, avec des activités intellectuelles
indépendantes des bouleversements du quotidien, et cela, en
effet, nous donna le sentiment passager de revivre.

À plusieurs reprises, nous fûmes invités à dîner chez telle ou
telle personnalité de Cuernavaca ; ce qui contribua également à

restituer un peu de normalité à notre situation. Nous nous enhardîmes jusqu'à faire quelques excursions touristiques, curieux de ce pays où nous nous étions rendus en voyage officiel quelques années auparavant. Plaisir furtif d'une promenade partagée et comme arrachée au destin. Émotion aussi de revoir mon mari sourire et goûter à la tiédeur de l'air. Je me souviens en particulier de notre visite d'Oaxaca et des pyramides de Teotihuacán, près de Mexico City.

Avec courage, le roi s'attachait à dissimuler ses souffrances et l'épuisement dans lequel la maladie le maintenait. Quand il prenait son bain, je m'asseyais dans un coin et nous bavardions. Nous parlions des événements, bien sûr, et de l'avenir des enfants. J'essayais d'être constamment positive, forte, de lui montrer combien je croyais en des jours meilleurs. Jamais le mot de cancer n'avait été prononcé entre nous, de sorte que nous pouvions, l'un comme l'autre, l'un vis-à-vis de l'autre surtout, entretenir l'illusion d'une hypothétique et prochaine guérison. Mais un soir, il glissa incidemment ce mot tabou dans une de ses phrases. Se trahit-il, ou le fit-il volontairement pour m'avertir qu'il savait et n'avait guère d'espoir ? Le choc passé, je lui dis ma conviction qu'il surmonterait son mal, même si c'était un cancer, et il eut la générosité d'acquiescer.

Nous entreprîmes d'ailleurs de visiter des maisons dans la perspective de nous implanter pour longtemps dans ce Mexique apparemment insensible à la vindicte des religieux de Téhéran. Ces visites étaient la preuve que mon mari croyait en l'avenir, que son appétit de vivre était encore bien présent ; en cela, elles étaient un réconfort pour moi, et en même temps elles me déprimaient profondément. Voir cet homme, qui avait porté le destin de l'Iran pendant près de quarante ans, soudain ramené à comparer des cuisines, à inspecter des armoires, me précipitait dans une indicible tristesse. De même, lorsqu'on le faisait attendre, il ne manifestait aucune irritation, se tenait impassible, très droit, comme à son habitude, mais cela me rendait malade.

Par bonheur, les enfants nous rejoignirent pour quelques jours. Ils ne savaient rien de la maladie de leur père et nous vécûmes des moments familiaux tendres et doux, oublieux du malheur qui menaçait partout – derniers moments de plénitude familiale, car la brutale aggravation de l'état de santé du roi allait bientôt me contraindre à les mettre au courant. En septembre, les trois plus jeunes seraient scolarisés aux États-Unis (Reza entreprenant de son côté des études de sciences politiques et de littérature anglaise dans une université du Massachusetts, Williams College). La préparation de leur rentrée scolaire n'avait pas été facile. Au mois de mai, ils avaient quitté les Bahamas, accompagnés par ma mère et par quelques officiers, pour emménager dans un appartement de la princesse Ashraf à New York. On leur avait aussitôt engagé un professeur d'anglais pour leur permettre de suivre rapidement les cours dans cette langue, ainsi qu'un professeur de persan.

Dans le même temps, Robert Armao avait entrepris de leur trouver des écoles, et ce fut pour eux une nouvelle épreuve. Les écoles les acceptaient, puis très vite se désistaient en expliquant que les parents étaient inquiets pour la sécurité de leurs enfants... C'était très cruel pour nos trois petits, ils visitaient ces écoles, se réjouissaient d'y être admis, et finalement ils découvraient qu'on ne voulait pas d'eux, qu'on les fuyait comme la maladie. Néanmoins, nous étions parvenus à les inscrire chacun dans un établissement.

Richard Nixon fit également le voyage de Cuernavaca. Il s'entretint durant plusieurs heures avec mon mari et, au-delà des mots, la fidélité de l'ex-président toucha le souverain à l'heure où la quasi-totalité du monde nous tournait le dos. Henry Kissinger et son épouse Nancy eux aussi nous rendirent visite au Mexique.

Chapour Bakhtiar nous téléphona de Paris. Il était donc parvenu à quitter l'Iran sain et sauf. Nous étions à table quand il appela. Le roi refusa de lui parler. « Veux-tu que j'y aille ? lui dis-je. — Si tu veux. » L'ancien Premier ministre me confia qu'il comptait désormais se battre contre les religieux qui s'étaient emparés du pays et me pria de transmettre son respect au roi.

Au début de l'été, Sadegh Khalkhâli avait annoncé que ses tueurs étaient en route pour Cuernavaca. On s'attendait donc à

308

ce qu'ils se manifestassent d'une façon ou d'une autre, et cela faillit aboutir à un dramatique malentendu. Un jour, Reza, qui avait envie de piloter, partit pour l'aéroclub avec Mark Morse, le collaborateur de Robert Armao. Une heure plus tard, le bruit d'un hélicoptère sonna l'alerte générale autour de la villa ; nous étions alors en train de déjeuner dans le jardin. L'hypothèse d'un commando surgissant du ciel avait certainement été envisagée car, aussitôt l'hélicoptère en vue, les hommes de la Sécurité se mirent à lui tirer dessus. Or ce n'était pas un tueur qui se trouvait aux commandes, mais notre fils aîné qui descendait tranquillement vers nous pour nous faire signe ! Comprenant la méprise, je courus vers les hommes de la Sécurité en leur criant de cesser de tirer. Une balle avait déjà ricoché sur l'appareil. Mark Morse confirma qu'il avait bien perçu le bruit de l'impact mais avait pensé à la chute d'une boucle de ceinture de sécurité. Mon Dieu, dans quel nouveau cauchemar serions-nous tombés si la balle avait atteint son objectif ? Mal informé, Sadegh Khalkhâli devait néanmoins prétendre que c'était lui qui avait envoyé un commando à bord d'un hélicoptère.

Le roi travaillait depuis près de trois mois à ses Mémoires lorsqu'il se sentit de nouveau très mal. Le professeur Flandrin, qui était déjà passé à Cuernavaca lui administrer la deuxième cure de chimiothérapie, devait revenir quelque temps plus tard dispenser la troisième. En l'attendant, je fis appeler des médecins locaux qui, ne sachant évidemment rien de la maladie du souverain, crurent avoir affaire à une crise de malaria. Mon mari reçut un traitement approprié, mais son état ne s'améliora pas, de sorte que Robert Armao, qui se sentait responsable de sa santé mais qui, lui aussi, ignorait tout, prit l'initiative de faire venir à Cuernavaca un spécialiste américain des maladies tropicales, le docteur Benjamin Kean. L'arrivée de M. Kean, motivée par d'excellents sentiments, n'en ouvrit pas moins autour de mon mari une période de cacophonie dans les diagnostics qui devait aboutir à ce que le professeur Flandrin qualifiera plus tard de « catastrophes en cascade ».

Le médecin américain rejeta l'hypothèse de la malaria au profit d'un problème au pancréas – le roi avait de fortes douleurs au côté – et indiqua au souverain qu'il allait lui faire une prise de sang, ce que mon mari refusa formellement. Il avait toute confiance en M. Flandrin et il n'était pas encore déterminé à rompre le secret autour de sa véritable maladie. Le docteur Kean repartit donc pour New York, mécontent, et certainement intrigué par les réserves de son patient.

Je rappelai aussitôt le professeur Flandrin, et je le laisse ici relater dans quelles conditions nous fûmes amenés à rejoindre le New York Hospital au lieu de l'hôpital de Mexico où mon mari et moi aurions préféré aller.

« Quand j'arrivai, écrira donc plus tard M. Flandrin dans ses lettres, je ne fus pas informé que le docteur Kean venait de passer avant moi et je ne l'appris que plus tard. Après m'être expliqué avec le patient et S.M. la Reine sur le changement de la situation médicale, il fut acquis qu'une hospitalisation pour investigation et traitement s'imposait sans délai. Cela se passait un dimanche, ou un lundi, je crois. Le jeudi (ou le vendredi) suivant, S.M. allait partir pour New York. La brève semaine qui séparait ces deux dates allait être riche en événements. L'Histoire qui est en train de s'écrire sur ce moment crucial a maintenant bien mis en évidence les batailles politiques "interaméricaines" qui étaient en toile de fond de ce qui ne m'apparaissait alors que comme une discussion médicale. Le premier problème qui fut débattu fut celui du lieu de l'hospitalisation. Évoquant la possibilité éventuelle des États-Unis, il me fut répondu très précisément par S.M. : "Après ce que m'ont fait ces gens-là, ils pourraient me supplier à genoux que je n'irais pas." C'était un lundi ; le jeudi soir suivant, il était décidé que c'était aux États-Unis qu'il allait partir ! Je crois pouvoir dire que tous les arguments de la décision n'étaient plus entre ses mains et que sa volonté initiale avait dû céder à des arguments qui le dépassaient.

« Le lundi donc, il fut décidé que je devais m'assurer des moyens matériels existant à Mexico et j'y partis immédiate-

310

ment, accompagné d'une personne de l'entourage. Je couchai à Mexico, où je fus amené à rencontrer le chef d'un département de médecine hospitalière, le docteur Garcia. Je lui exposai mon problème en lui demandant de ne pas exiger l'identité du patient dans un premier temps. Je souhaitais connaître les possibilités d'accueil d'un malade en condition médicale aiguë, nécessitant des mesures de sécurité particulières et pour lequel nous allions avoir besoin de toutes les facilités modernes d'investigations radiologiques, chirurgicales, et les meilleures possibilités techniques de radiothérapie. Je me recommandai de votre nom pour faire accepter ce message assez difficile. Le docteur Garcia m'avait reçu l'après-midi à sa consultation et, sans trop paraître étonné ni curieux, il ne repoussa pas *a priori* ma demande et me donna rendez-vous le lendemain dans son service hospitalier. Il fixa son choix pour le lieu de l'hospitalisation sur une petite annexe séparée du corps central du bâtiment hospitalier. Les conditions me parurent convenables au plan de la sécurité, car cette annexe était pratiquement inoccupée. Elle avait le seul inconvénient de ne pas être moderne dans son apparence extérieure. Je visitai l'ensemble des installations techniques et j'insistai particulièrement sur le problème de l'équipement de radiothérapie, à mon sens crucial pour la stratégie ultérieure. Je pus discuter directement avec le radiothérapeute mexicain, formé dans les meilleurs centres du Canada, et qui apportait toutes les garanties qui me semblaient souhaitables.

« Je retournai donc à Cuernavaca où je fis un rapport positif sur les possibilités offertes à Mexico. Des personnes de l'entourage se déplacèrent pour vérifier les conditions de sécurité et, d'après ce qu'il fut dit plus tard, elles ne les trouvèrent pas satisfaisantes. Toujours est-il qu'avec l'accord du patient je téléphonai au docteur Garcia en lui révélant l'identité du malade et en lui demandant de me rejoindre à Cuernavaca pour une consultation. Nous vîmes le patient ensemble et il arriva aux mêmes hypothèses que moi : diagnostic étiologique d'un ictère obstructif fébrile, à faire le plus rapidement possible, pour certainement déboucher sur une intervention chirurgicale. La situation restait encore – médicalement – simple à ce moment, mais la suite montra que c'était bien la dernière fois.

« Rapidement, en effet, je compris que l'équipe américaine n'était pas favorable à l'idée de rester au Mexique. Je donnai tous mes arguments à Bob Armao en lui disant que les conditions matérielles fournies par Mexico me paraissaient convenables et suffisantes. Je ne défendis pas personnellement Mexico contre les États-Unis, j'apportai simplement les éléments de réponse à la question posée : "Est-ce possible à Mexico ?", et ma réponse était : "Oui, c'est tout à fait possible." Armao me rétorqua en substance : "Pour un tel malade, il ne suffit pas que ce soit possible, il faut que ce soit au mieux et seuls les États-Unis peuvent fournir ce mieux."

« Il se confirma vite que suffisamment d'arguments avaient été accumulés pour convaincre S.M. d'accepter le départ aux États-Unis, malgré la déclaration forte qu'il m'avait faite quelques jours auparavant. On me fit savoir que la décision de partir aux États-Unis était en train de se prendre. Me pensant encore investi d'un pouvoir de décision médicale, je me souciais de savoir à quelle équipe médicale l'adresser (la première visite de Kean m'étant cachée à ce moment, je ne pouvais pas me douter qu'une option avait déjà été prise). Il me paraissait évident qu'il fallait avoir une équipe réputée, capable d'apporter son expérience dans ce problème thérapeutique d'un lymphome sévère, quelle qu'ait pu être la nature exacte de la complication aiguë du moment. J'évoquais quelques possibilités : la côte Ouest (S. Rosenberg), la côte Est (E. Frei). Vous ayant appelé au téléphone pour avoir votre avis, vous me donniez alors le conseil d'essayer aussi de joindre Burchenal si les décisions s'orientaient vers New York. Dans les quelques heures qui me restaient, j'essayais d'agir indépendamment d'Armao en tentant de contacter ces personnalités au téléphone. Je n'y parvins pas directement et je ne pouvais pas laisser de message explicite, sinon celui d'essayer de me joindre. Tout allait en effet très vite, car on m'annonça l'arrivée d'un médecin new-yorkais : c'était le docteur Benjamin Kean (revenu), mais que l'on me présenta comme venant pour la première fois.

« Je parlai donc au docteur Kean en manifestant un peu mon étonnement et, lorsque je fis le tour de ce qu'il représentait médicalement, j'émis une protestation en disant que ce n'était pas un spécialiste des maladies tropicales dont j'avais besoin et que me dessaisir de ma responsabilité dans ses mains ne me paraissait pas raisonnable. On m'avait laissé entendre que les médecins de New York que je souhaitais ne pouvaient pas venir, mais que c'était un de leurs assistants ; en fait, c'était Kean que je trouvai. Devant mes protestations, on me donna tous les apaisements verbaux en me promettant que les spécialistes seraient immédiatement appelés à New York. Plus j'avançais, plus les discussions médicales que j'eus avec Kean me plongeaient dans des abîmes de stupéfaction ; cet homme, qui allait prendre le contrôle de la situation, n'avait pas à mes yeux une maîtrise suffisante de l'hématologie et de l'oncologie moderne. Tout cela me plongeait dans l'irritation et le pessimisme. Médicalement, je voyais un échappement du lymphome qui rechutait en sus-claviculaire et, dans mon opinion du moment, faisait parler de lui à l'étage sous-diaphragmatique, et ceci dans une ambiance de cytopénie gênant la chimiothérapie. Tactiquement, j'anticipais malheureusement assez bien sur la suite. J'avais en effet compris que la politique mise en place par le couple Armao-Kean m'avait déjà dessaisi de tout moyen d'agir. À ceci s'ajoutait l'amertume de savoir que la décision d'aller aux États-Unis ne répondait pas à la volonté première (ni sans doute à la volonté profonde) de S.M. Enfin, lorsque je compris qu'on l'envoyait au New York Hospital, mon pessimisme s'accrut. J'avais encore en mémoire les circonstances pénibles de mes combats avec certaines personnes de cet établissement quand j'avais été contraint de leur amener M. Alam.

« Lorsque l'on me dit que la destination était le New York Hospital, nous étions autour du lit de S.M. Je dis à l'oreille de S.M. la Reine ce que je pensais. Elle prit immédiatement la parole et dit : "Le docteur Flandrin pense que..., etc.", et elle répéta mes propos. Kean et Armao, qui étaient donc aussi présents, donnèrent toutes sortes d'assurances verbales ; ils dirent plus précisément que le choix de cet hôpital n'avait été fait que dans le souci de maintenir la discrétion maximum, etc., et que l'équipe médicale que je souhaitais serait en charge du problème.

« Il n'était en fait plus temps de discuter. Ce que l'on sut plus tard confirme que tout était bien décidé d'avance. Parmi les arguments qui, paraît-il, avaient contribué à convaincre S.M. de ne pas rester au Mexique figurait l'opinion défavorable que certains Mexicains haut placés émirent à l'encontre de la médecine de leur pays. Sans être tenu au courant de tout cela, bien entendu, j'avais compris que mon rôle était terminé et il ne me restait plus qu'à être déontologique et poli, et à ne pas démolir la confiance du malade vis-à-vis des médecins. J'envoyai donc une lettre de remerciements et d'excuses au docteur Garcia, de Mexico, en lui disant que les circonstances avaient décidé autrement que ce que nous avions prévu. Je rédigeai un rapport complémentaire que je joignis au dossier des six dernières années que j'avais remis à Kean.

« J'expliquai à S.M. que je doutais beaucoup de pouvoir jouer un rôle actif à ses côtés à New York, compte tenu de ce que je savais de la structure médicale et des habitudes aux États-Unis, mais que je consentirais à l'accompagner s'il le souhaitait. Le roi me remercia en me disant, comme il avait eu toujours la courtoisie de le faire lors de mes précédentes visites, que les charges de mon métier devaient certainement me réclamer à Paris et que j'avais déjà fait beaucoup pour lui. Il ajouta que, de toute façon, nous nous reverrions ultérieurement. Il me chargea de vous témoigner sa reconnaissance, et il me dit de le faire également pour le professeur Milliez, ajoutant qu'il admirait que cet homme "si âgé et si malade" eût eu le courage de venir de Paris pour l'assister. S.M. la Reine me reçut ensuite en privé et me remit de la part de S.M. et d'elle-même un cadeau symbolique sous forme d'une timbale en argent mexicain gravée aux armes des Pahlavi, en s'excusant de ne pouvoir me remettre un réel objet persan. Elle ajouta comme pour s'excuser, avec son rire timide : "Vous pourrez la poser sur votre bureau pour ranger vos crayons !" Je lui remis pour S.M. une lettre où je lui adressais quelques mots personnels avec mes souhaits et où j'exprimais ma totale confiance dans les grandes qualités de la médecine américaine et de nos collègues qui allaient maintenant le soigner. Je me sentis alors très seul.

« Je me fis reconduire au superbe hôtel Las Quintas où je logeais, puis je refis le beau parcours de Cuernavaca à Mexico en me remémorant cette longue aventure, depuis votre premier appel téléphonique, un dimanche soir... De visite en visite (cela devait avoisiner la cinquantaine), je pensais toujours que, pour une raison ou pour une autre, la suivante n'aurait pas lieu. Cette fois, le terme était échu. Tout à la fois, j'en ressentais une forme de soulagement en songeant que mon devoir était fini et en même temps un regain d'angoisse, car je n'arrivais pas à m'abstraire des craintes que j'éprouvais envers un patient pour lequel mon esprit s'était investi et pour qui je ne pouvais plus agir. »

Il est parfaitement exact que le roi et moi-même aurions préféré une hospitalisation au Mexique. Il y avait quelque chose de vexant à être admis aux États-Unis pour des raisons médicales après qu'ils nous eurent refusé l'hospitalité. Je redoutais, quant à moi, les manifestations d'hostilité que notre venue ne manquerait pas de susciter et, plus généralement, l'animosité à notre égard de la classe politique américaine. Mais Armao et Kean n'étaient pas les seuls à nous pousser vers les États-Unis ; la famille du roi pesait de tout son poids en ce sens, en particulier la princesse Ashraf qui estimait que son frère y serait mieux soigné qu'à Mexico. La controverse me plongea dans un problème de conscience. Mes sentiments personnels me portaient à suivre l'avis du professeur Flandrin. D'un autre côté, je ne voulais pas prendre seule cette responsabilité. S'il arrivait quoi que ce fût au roi, je savais que jamais je ne pourrais me le pardonner. Je résolus donc de ne pas m'opposer à ce départ.

Par quel cheminement les États-Unis, qui craignaient pour la sécurité de leur ambassade à Téhéran, en vinrent-ils à nous ouvrir leur frontière ? Le journaliste Pierre Salinger, qui a reconstitué les débats qui se tinrent alors au plus haut niveau de l'État américain, explique comment la décision fut prise par la Maison Blanche :

« Quand le Département d'État eut confirmé que le Shâh était gravement atteint et que les soins médicaux appropriés ne pouvaient lui être dispensés à Mexico, le secrétaire d'État recommanda au président Carter de l'accueillir aux États-Unis. Cyrus Vance souligna qu'il s'agissait d'un cas d'urgence médicale, qui ne pouvait être interprété comme une autorisation de résidence.

« La décision fut prise à la Maison Blanche le 19 octobre 1979, lors du petit déjeuner hebdomadaire du vendredi matin que Jimmy Carter réservait aux questions de politique étrangère. Certes, cela posait un risque, mais l'on devait bien ce geste au Shâh après l'avoir si mal traité depuis plusieurs mois, alors qu'il souhaitait s'installer aux États-Unis et qu'on lui avait fait savoir qu'il n'y était pas le bienvenu.

« Carter lui-même était de l'avis de faire un geste en faveur du Shâh. Ses réticences n'étaient dues qu'à la crainte de voir se produire des événements fâcheux à l'ambassade américaine de Téhéran. Avant de prendre une décision, il interrogea les participants habituels du petit déjeuner : le vice-président Walter Mondale, Cyrus Vance, Zbigniew Brzezinski, Harold Brown, ministre de la Défense, et Hamilton Jordan, secrétaire général de la Maison Blanche. La recommandation fut unanime : laisser le Shâh entrer aux États-Unis.

« Carter se rangea à cet avis, puis ajouta : "Et que me conseillerez-vous quand ils auront occupé notre ambassade et pris nos gens en otages [1] ?" »

Deux semaines plus tard, le 4 novembre 1979, ce que redoutait le président Carter se produisit : des étudiants islamistes et

---

1. Pierre Salinger, *Otages, les négociations secrètes de Téhéran*, Paris, Buchet-Chastel, 1981

communistes prirent d'assaut l'ambassade américaine. Ils devaient retenir en otages durant quatre cent quarante-quatre jours la soixantaine de diplomates qui s'y trouvaient alors.

« Il nous fallait choisir entre une attitude de simple décence et d'humanitarisme, et le mal éventuel qui pourrait en résulter pour le personnel de notre ambassade à Téhéran », écrira plus tard Cyrus Vance.

La République islamique refusait en effet de croire que mon mari fût réellement malade et elle prétendait qu'il allait aux États-Unis pour, avec l'aide de ce pays, reprendre le pouvoir à Téhéran...

Je retrouve ces lignes, rédigées le 21 octobre 1979 dans mon carnet, à la veille de notre départ pour New York :

« Je suis très inquiète pour la santé de mon mari. Bien sûr, je garde de l'espoir et j'essaie de lui en donner, mais l'angoisse est là. Il a beaucoup maigri et, à certains moments, il ressent des douleurs d'une violence insoutenable. Je ne sais plus que faire pour lui, aucun médicament ne le soulage et les médecins n'expliquent pas l'origine de ces crises.

« La décision d'aller à New York a été très difficile à prendre pour moi.

« Les Américains ont failli nous envoyer un de leurs médecins, pour être sûrs que mon mari est vraiment malade. Que ce n'est pas une histoire inventée de toutes pièces pour obtenir le visa. S'ils savaient comme, ni l'un ni l'autre, nous n'avons envie de venir chez eux ! »

Nous embarquâmes pour New York dans la nuit du 22 au 23 octobre à bord d'un petit avion. Nous n'avions emporté avec nous que le strict nécessaire, le président José López Portillo nous ayant assuré que nous retrouverions notre villa de Cuernavaca aussitôt l'opération terminée. Nous devions faire escale à Fort Lauderdale, en Floride, pour accomplir les formalités d'entrée et, dès ce moment-là, les choses s'engagèrent de travers. Le pilote atterrit bien à Fort Lauderdale, mais il se trompa de terrain d'aviation, de sorte que personne ne nous attendait. Il faisait très chaud à l'intérieur de l'avion et je descendis faire quelques pas sur le tarmac, bien qu'on me l'eût interdit. Pendant ce temps-là, Robert Armao téléphonait pour tenter d'arranger ce malentendu. Un inspecteur du ministère de l'Agriculture monta à bord pour nous demander si nous transportions des plantes et se saisir de tout ce que nous avions de périssable.

Enfin, après une heure d'attente, les officiels qui patientaient sur l'autre aérodrome nous rejoignirent et nous pûmes redécoller pour New York. Nous y arrivâmes aux premières lueurs du jour. Par bonheur, les télévisions n'étaient pas là, et nous demandâmes qu'on nous conduisît à l'appartement de la princesse Ashraf, dans l'East Side, où devaient se trouver les enfants. Cependant, à l'entrée de la rue, un des Américains qui travaillaient avec Robert Armao nous fit signe de ne pas approcher ; une foule de journalistes se pressaient sous les fenêtres de la princesse Ashraf. Le chauffeur fit donc demi-tour et nous emmena directement au New York Hospital.

Deux chambres avaient été réservées à notre intention au dix-septième étage : l'une pour le roi, l'autre pour les personnes qui l'accompagnaient afin qu'elles puissent patienter. Elles étaient disposées au fond d'un couloir, de sorte que leur accès pouvait être aisément surveillé, et que cette partie du couloir pouvait être fermée.

Aussitôt mon mari couché et pris en charge, je partis chez la princesse Ashraf. Tout au long du vol de Cuernavaca à New York, j'avais réfléchi aux mots que j'allais employer pour annoncer aux enfants que leur père était malade, gravement malade. Je comptais pouvoir leur parler tranquillement avant de conduire mon mari à l'hôpital, mais la présence des journalistes m'en avait empêché. À présent, il y avait urgence : le secret de la maladie du souverain, si bien gardé depuis 1974, pouvait être divulgué d'un instant à l'autre par les médecins du New York Hospital. Radios et télévisions diffuseraient immédiatement la nouvelle, si bien que le risque

318

était immense que nos enfants apprissent cette épreuve par la bouche de journalistes, et donc de la façon la plus douloureuse, la plus violente, qui se pût imaginer. Je parvins à les prévenir à temps et à leur transmettre, je crois, tout l'espoir qui m'habitait.

L'intervention chirurgicale fut fixée au lendemain de notre arrivée, le 24 octobre. On me laissa accompagner mon mari jusqu'aux portes de la salle d'opération et, à l'instant de les franchir, envisageant probablement le pire, il eut ces quelques mots, en me serrant fort le poignet : « Prends soin des enfants et ne te laisse pas marcher sur les pieds. »

Le chirurgien procéda à l'ablation de la vésicule biliaire, mais il aurait dû, de toute évidence, retirer également la rate. Pourquoi ne le fit-il pas ? Il expliqua par la suite que mener les deux opérations simultanément lui avait paru difficile, puis il dit que l'incision qu'il avait faite ne lui permettait pas d'atteindre la rate.

Sur le moment, pourtant, il parut satisfait de son travail, avant de nuancer son optimisme. Relisant mon carnet à la date du 25 octobre, je trouve trace de ce brutal revirement :

« Ce matin, j'avais de l'espoir, j'étais confiante, pleine d'énergie. À tous les gens qui m'ont téléphoné, j'ai tâché de donner du courage. Mais tout à l'heure, les médecins m'ont dit une chose qui m'a vidé le cœur : 50 % des malades atteints de cette affection peuvent survivre de douze à dix-huit mois ; 50 % peuvent espérer se rétablir. Comme je les pressais de questions, ils sont revenus en arrière, assurant qu'il n'y avait pas de règles, que ça dépendait complètement de la réaction du patient face à la maladie.

« Pourvu que mon mari réagisse favorablement ! Tout à l'heure, il se sentait mieux, et les médecins paraissaient confiants. »

Je ne découvris que beaucoup plus tard à quel point cette intervention avait été maladroitement menée. J'appris que le chirurgien qui avait opéré avait demandé très cher – on disait ici qu'un patient anonyme était mieux soigné qu'une personne connue. Le professeur Flandrin, que je devais bientôt rappeler, dressa des années après ce bilan accablant à l'intention, toujours, du professeur Jean Bernard :

« Je reçus à Paris, comme vous vous en souvenez sans doute, un appel téléphonique de l'oncologue américain appelé auprès du patient, le docteur Morton Coleman. Je lui expliquai au mieux toute l'histoire qu'il devait en principe connaître, puisque j'avais donné le dossier détaillé à Kean.

« Ce dernier n'avait pas tenu ses promesses. D'après ce qui fut connu plus tard, Morton Coleman (que Kean avait pourtant choisi comme oncologue) fut lui-même stupéfait d'apprendre que S.M. était en train d'être opéré sans qu'il fût prévenu et sans qu'il ait pu faire valoir ses recommandations. Kean s'était adjoint le chef d'un département de médecine interne, le docteur H. Williams, lui-même endocrinologue. Le diagnostic de lithiase biliaire ayant été posé, l'opération avait été confiée à un chirurgien visiblement mal choisi. Il avait abordé l'abdomen par une voie limitée, oblique sous-costale droite, renonçant *a priori* à la splénectomie. Beaucoup plus grave, sur une lithiase opérée dans des conditions cliniques convenables, il laissa un calcul obstructif sur la voie biliaire principale, fruit d'une faute caractérisée et condamnable car il n'avait pas fait de radiographie terminale peropératoire ! La stupéfaction incrédule, voire l'hilarité, s'était abattue sur le monde médical, aux États-Unis et ailleurs. Ce n'était pas "le mieux" que peut effectivement offrir la médecine américaine, mais "le pire", comme il existe dans tous les pays du monde. Il y avait en effet de quoi être atterré. La suite fut l'enchaînement des conséquences de cette coupable maladresse. »

Très vite, mon mari recommença à être la proie de douleurs terribles. Il ne se plaignait pas, mais la souffrance se lisait sur son visage. Alors, les médecins s'aperçurent en effet que tous les calculs n'avaient pas été retirés. Quand il fut décidé de procéder par endoscopie plutôt que de réinciser, le jeune médecin pressenti protesta, car il allait, ce soir-là, à l'Opéra! J'étais sidérée. Mon mari était à bout de forces et cet homme, dont la vocation était de soigner, de soulager, était surtout préoccupé par sa place de théâtre.

Parallèlement, le docteur Morton Coleman entreprit d'engager le combat contre le cancer du souverain. Le centre anticancéreux du Memorial Sloan-Kettering se trouve en face du New York Hospital. Les deux établissements sont reliés par des galeries en sous-sol et c'est par ces galeries, réservées au personnel d'entretien, qu'on nous pria de nous rendre aux séances de rayons.

Comme je l'avais redouté, aussitôt notre présence révélée, des manifestants iraniens avaient afflué sous les fenêtres de l'hôpital, et chaque jour ils revenaient. Mon mari les entendit-il prier pour sa mort, hurler « Mort au Shâh! », alors même qu'il luttait contre la mort? Je ne sais pas, je veux croire que le Seigneur lui a au moins épargné cela. En tout cas, un événement se produisit, qui me toucha beaucoup : des ouvriers américains qui travaillaient sur un chantier voisin, ulcérés par le comportement des manifestants, protestèrent à leur tour, mais contre eux.

Si le roi ne perçut rien de cette agitation, il ne put ignorer l'extrême tension qui nous entourait. Le personnel du centre anticancéreux s'était en effet montré réticent à nous accueillir, de crainte d'être victime d'une vengeance de Téhéran, de sorte que les conditions de sécurité qui nous étaient imposées nous réduisaient à une quasi-clandestinité. On me disait : « Ce sera pour cinq heures du matin. » Je me levais à quatre heures, j'allais à l'hôpital et, là, j'apprenais que la séance était repoussée à dix heures du soir, ou bien que le médecin n'était pas là, qu'il était à la campagne. On me faisait bien sentir combien nous étions indésirables. Et chaque fois, il fallait traverser ces galeries souterraines lugubres, encombrées de sacs de linge sale, le roi assis dans un fauteuil roulant et que je protégeais tant bien que mal contre les courants d'air. De la mort de mon père, j'avais conservé de l'hôpital une image d'horreur à laquelle faisait tristement écho le cauchemar que nous vivions là.

Cauchemar, oui. Je relis cette page, écrite à la fin octobre dans mon carnet :

« Mon Dieu, s'il doit partir un jour, faites qu'il ne souffre pas ! Est-ce cela la récompense d'une vie au service des autres ? Il ne se plaint jamais, il trouve encore la force de sourire. De partout dans le monde, des fleurs, des cartes, des télégrammes. Les amis proches, la famille, des souverains et chefs d'État, des étudiants aussi. Je dois répondre, trouver le courage de remercier. Le monde est devenu tellement sans signification pour moi. Je me sens vide. À Téhéran, Khalkhâli a dit qu'il allait envoyer quelqu'un pour tuer le roi dans sa chambre d'hôpital. Khomeyni, lui, veut envoyer deux médecins pour savoir si le roi est vraiment malade, ou s'il ment. Il prétend que la CIA protège mon mari.

« Tous les matins, je pars pour l'hôpital. Parfois, j'entre par la porte d'entrée, mais la plupart du temps je dois passer par les sous-sols pleins de paniers d'ordures, de chaises bancales et de tables cassées. Les pauvres ouvriers dans les sous-sols sont tous des Noirs, on ne voit pas un Blanc. Je reste auprès de mon mari, je ne suis bien qu'à côté de lui. Dehors, les gens sont très nerveux, soucieux, je n'ai pas envie d'entendre leur peur, ou leurs conseils. Et en même temps, il faut bien s'occuper des petites choses, prendre le téléphone, répondre au courrier. Je ne peux pas voir les enfants autant que je le voudrais, je n'ai même pas eu le temps de jeter un œil sur leurs livres d'école.

« Je suis dans sa chambre, il est trois heures de l'après-midi. Il dort, et moi, comme une folle, j'ai le cœur plein d'angoisse. La lumière filtre entre les stores. Tout est calme, on entend seulement la rumeur des voitures en bas, parfois les sirènes de la police ou d'une ambulance, le bourdonnement d'un hélicoptère. Il doit marcher, mais je ne veux pas le regarder, il me fait trop de peine avec ses jambes si maigres. Il ne pèse plus que soixante-quatre kilos. Il faut lui donner de l'espoir, du courage, lui sourire. Cet homme qui a blanchi ses cheveux pour son pays. Le président Sadate a téléphoné. Il lui a dit : "Mon frère, mon avion est prêt pour toi. Quand tu le voudras, tu seras le bienvenu." Jehan Sadate a également appelé plusieurs fois. "Ne fais pas attention à ce que racontent les journaux", me répète-t-elle. Et puis aussi : "Nous sommes là, Farah. Nous sommes là." »

Durant ces jours épouvantables, le roi eut le réconfort de recevoir cette lettre de notre fils Reza, pleine d'amour et de respect :

« Mon très cher père,

« Je demande à Dieu tout-puissant de t'apporter la guérison le plus tôt possible. Je suis certain qu'il exaucera ma prière parce que, plus j'y réfléchis, plus je vois que tu n'as commis aucune faute. Tu as consacré toute ta vie à servir le peuple et à faire la volonté de Dieu. Sois certain que le Seigneur aime l'homme que tu es et qu'il te protégera toujours. Sache que tu ne seras jamais seul et que les prières de millions d'êtres t'accompagnent. Le service précieux que tu as rendu à notre chère terre natale ne sera jamais oublié.

« Je demande à Dieu qu'il te garde éternellement, toi qui es ma seule raison de vivre.

« Reçois toute mon affection,

« Reza. »

Bien plus tard, mon fils aîné devait me dire combien il fut choqué de découvrir en quels termes la presse se mit soudain à parler de son père, après avoir loué sa tâche durant tant d'années. « C'était incompréhensible, il était devenu du jour au lendemain un "despote", un "tyran". En moi-même, je pensais qu'on ne parlait pas du même homme. Celui que j'avais connu était toujours si respectueux des gens, si dévoué à son pays. On voulait subitement faire croire au monde qu'il avait régné en dictateur, mais nous, nous savions bien que c'était un mensonge. »

Oui, la tension autour de nous était terrible, la haine également, dont les cris me poursuivaient. J'avais le sentiment d'être traquée par des foules aveugles dont mes gardes du corps, des policiers américains énormes, me protégeaient avec rudesse. J'ai encore en mémoire l'admonestation d'un monsieur qui m'accompagnait, m'entraînant vers l'ascenseur : « Quelqu'un peut très bien passer à côté de vous et bang ! vous tirer dans la tête. » Cela dit avec deux doigts pointés sur ma tempe. Quelle délicatesse ! pensai-je.

Quelques rares personnalités parvinrent à accéder au roi, malgré le cordon de sécurité qui l'entourait, et à lui apporter leur soutien. Je me souviens en particulier de la visite de l'ancien ministre des Finances, Hushang Ansary, et de celle du docteur Abdol Hossein Samii qui avait été ministre des Sciences et de l'Éducation supérieure. Frank Sinatra, qui avait chanté en Iran, vint également et remit à mon mari une médaille de saint Christophe, le patron des voyageurs, ce qui dans l'exil que nous connaissions me toucha beaucoup. Le roi reçut aussi mon dernier chef de cabinet, Seyyed Hossein Nasr. En se rendant à l'hôpital, il fut arrêté pour excès de vitesse, mais quand il dit aux policiers américains au chevet de qui il se rendait, ceux-ci lui exprimèrent leur sympathie, me rapporta-t-il, et le laissèrent aller.

À une ou deux reprises, je parvins à m'échapper pour emmener au zoo Leila et Ali-Reza, mes pauvres petits égarés dans cette tourmente. Au moins n'étaient-ils pas trop malheureux à l'école, Leila à Marymount, son frère à St. David. Farahnaz, en revanche, que l'on avait mise pensionnaire à Ethel Walker, une école excellente, pour la protéger de ce climat terrible, n'était pas heureuse. Elle se sentait trop loin de nous, c'était un changement trop brutal pour elle, et, avec le recul du temps, je regrette beaucoup qu'on ne l'ait pas laissée avec les deux petits. Surtout quand je sus qu'on ne l'épargnait pas, au contraire. Un jour où elle était malade, j'appris qu'un de ses professeurs lui avait lancé : « C'est parce que tu es une princesse que tu fais tous ces chichis ? » Son père mourait, elle avait tout perdu, et même dans cette situation elle n'avait pas droit à un peu de compassion.

Une fois, accompagnée par une amie, j'acceptai de me promener une heure ou deux dans un grand magasin, comme une femme normale. Nous avions décidé de nous faire passer pour des Françaises et avions adopté pour l'occasion les prénoms de Michèle et Jacqueline. À un moment, nous nous retrouvâmes face à face avec une vendeuse qui me dévisagea et me dit :

— Pardonnez-moi, madame, mais vous ressemblez beaucoup à quelqu'un...

— Ah oui ? À qui donc ?

— À la femme du Shâh !

Je souris.

— On me l'a déjà dit, en effet.

— Eh bien, je vous plains, ajouta-t-elle, ça ne doit pas être facile en ce moment de ressembler à cette dame !

Ça n'était pas facile, non, et la tension s'accrut à se rompre quand, le 4 novembre au matin, l'Amérique découvrit qu'en représailles à notre entrée aux États-Unis, son ambassade à Téhéran était désormais occupée et ses diplomates prisonniers des islamistes.

En apprenant notre arrivée à New York, douze jours plus tôt, l'âyatollâh Khomeyni avait vilipendé « le complot des Américains pour remettre le Shâh au pouvoir ». Un peu plus tard, il avait appelé les étudiants, ceux en théologie particulièrement, à « développer au maximum leurs attaques contre les États-Unis et Israël, pour obliger l'Amérique à renvoyer le criminel, l'empereur destitué ». Il était donc évident que cette prise d'otages avait la caution du Guide de la Révolution et qu'elle visait bien à obtenir l'extradition du souverain vers Téhéran.

Elle n'avait pas, en revanche, la caution du Premier ministre, Mehdi Bâzargân, qui démissionna aussitôt, ainsi que le ministre des Affaires étrangères, Ibrahim Yazdi, privant du même coup les États-Unis de leurs deux seuls interlocuteurs au sein du nouveau pouvoir iranien. Ancien président du Mouvement pour la liberté, Mehdi Bâzargân avait assisté sans broncher aux exécutions sommaires de centaines de femmes et d'hommes dont le seul tort avait été de servir l'Iran du temps de mon mari. Ibrahim Yazdi, quant à lui, avait siégé parmi les juges et les tortionnaires qui avaient en particulier décidé de la mise à mort d'hommes remarquables par leur courage, leur dignité et leur loyauté, tels les généraux Mehdi Rahimi [1] et Nematollah Nassiri. Mais sans doute jugèrent-ils que le coup de force contre l'ambassade américaine dépassait cette fois ce que leur « éthique » personnelle pouvait admettre.

Le drame de l'ambassade consterna légitimement le peuple américain, et la presse se fit immédiatement l'écho de sa juste colère. De ma place, il me fut bien difficile de faire la part des choses. Certes, l'essentiel de la colère semblait dirigé contre le « fanatique moyenâgeux » de Téhéran, mais ici et là on faisait remarquer que tout cela était de la faute de mon mari, et la souffrance alors m'aveuglait. Pour moi qui assistais au calvaire de cet homme jour après jour, entendre ainsi s'exprimer ce nouveau rejet, ces appels à peine voilés à « se débarrasser » de sa personne, c'était parfois au-dessus de mes forces.

Je retrouve ces notes, écrites dans mon carnet durant ces journées épouvantables de novembre 1979 et qui traduisent bien, je crois, mon état d'esprit du moment :

« 8 novembre. Ils ont encore reculé la séance de radiothérapie de peur que l'OLP n'attaque l'hôpital. C'est terrible, parce qu'on ne peut pas non plus aller ailleurs. Maintenant, je sais que jusqu'à la fin de nos jours il n'y aura plus nulle part de tranquillité pour nous. La maladie de mon mari est peut-être en train de provoquer une troisième guerre mondiale. Dans la rue, de jeunes Américains ont pris notre défense et sont allés se battre contre les étudiants iraniens qui réclament notre extradition. "Prenez Carter, nous gardons le Shâh !" hurlaient-ils. Leurs cris devraient me soulager, mais savoir qu'ils frappent des Iraniens, même khomeynistes, me blesse profondément. Nous sommes, sans le vouloir, la cause de tout ce malheur, de toute cette tension.

---

1. Le général Rahimi eut le bras droit coupé avant son exécution parce qu'il avait osé saluer quand le nom du roi avait été prononcé.

« 9 novembre. Cette nuit, il va finalement avoir sa séance de rayons. On m'a priée de ne pas venir par sécurité. Je suis restée à l'appartement mais je n'arrivais pas à dormir. À quatre heures du matin, j'ai téléphoné pour savoir ce qui se passait. Ils m'ont dit : "Ça va bien", et j'ai pensé à lui, traîné à travers ces couloirs sombres du sous-sol... Cela m'a paru insupportable, alors je me suis levée et j'ai demandé à l'une des voitures de police de m'emmener dans les rues paisibles de New York. Au retour, je suis tout de même passée le voir et ça m'a tranquillisée.

« 11 novembre. Je me suis réveillée tôt pour aller visiter l'école de Farahnaz qui est en dehors de la ville. D'un côté, ça me calme parce que je profite du paysage, je regarde les arbres, je mets une musique de Vivaldi ou de Mozart. L'école de Farahnaz a l'air bien, mais la pauvre petite n'est pas du tout heureuse là-bas. J'ai eu beaucoup de peine de la voir seule. Comme tous ces problèmes sont durs pour les enfants.

« 14 novembre. J'essaie de garder le moral, je ne regarde pas la télévision, je n'écoute pas la radio, je ne lis pas les journaux. Le ton de la télévision, particulièrement, me donne énormément d'anxiété. Jimmy Carter a déclaré qu'il n'achètera plus de pétrole en Iran ; les Iraniens ont répliqué qu'ils le vendront ailleurs et plus cher. Maintenant, ils commencent petit à petit à parler de notre prétendue fortune. De vingt-trois milliards, ils sont passés à trente, ce qui est complètement ridicule. Khomeyni a dit : "Ils ont emporté avec eux la valeur d'une année de production de pétrole, ils doivent être extradés et jugés." Bani Sadr a déclaré qu'il n'y avait pas un homme pire que mon mari dans l'Histoire. Les pauvres Américains se retrouvent dans une situation très difficile : quand on a affaire à des gens fous, on ne sait que décider et il devient impossible de prévoir l'avenir.

« 15 novembre. Le climat est très dur mais je dois conserver l'espoir. Je ne veux pas qu'on puisse raconter un jour : "La malheureuse, elle n'a pas pu supporter toutes ces difficultés." Je pense qu'on devrait partir d'ici parce qu'ils sont en train de monter le peuple américain contre nous avec tous leurs mensonges sur notre prétendue fortune. Ils commencent à dire maintenant que le roi devrait être jugé comme un criminel international. Khomeyni est en train de détruire tout un peuple, mais c'est mon mari qu'il faudrait juger. S'il y a un Dieu, pourquoi ne se manifeste-t-il pas ?

« 16 novembre. Je suis en train d'écrire dans ma chambre. Il y a un petit écureuil adorable qui vient régulièrement sur mon balcon, je lui donne des cacahuètes, nous sommes devenus amis. J'ai travaillé avec X sur le manuscrit des Mémoires du roi. Cet après-midi, à l'hôpital, j'étais très angoissée. J'ai peur que les États-Unis n'extradent mon mari, ou qu'ils ne soutiennent ce tribunal international qui devra le juger.

« 20 novembre. Les étudiants ont libéré les Américains noirs, mais l'un d'entre eux a justement lancé : "Nous sommes des Américains comme les autres, et nous ne voulons pas qu'on se serve ainsi de notre couleur !" Jimmy Carter a menacé d'intervenir militairement s'ils font du mal aux otages. Un sous-marin atomique aurait quitté les Philippines.

« Je n'ai pas un instant de calme. Je me dis que si nous quittons les États-Unis et qu'ils assassinent les otages, on écrira : s'ils n'étaient pas partis, ça ne serait pas arrivé. Mais, si nous restons, ils vont peut-être créer ce tribunal international... Je pense à mes pauvres enfants. J'aimerais tellement qu'ils ne souffrent pas.

« Je suis prête à ce qu'on m'extrade, moi seule, pour qu'on ne salisse pas le nom et l'œuvre de mon mari qui fut sûrement l'un des meilleurs souverains de l'Iran, pour que pas un seul soldat américain n'ait à fouler le sol iranien, pour que le monde ne devienne pas un chaos par la faute d'un religieux fou.

« 27 novembre. Ce soir, à dix heures, le roi doit être réopéré du calcul laissé par le chirurgien. Un médecin allemand est venu du Canada. L'intervention était prévue demain, mais, pour des raisons de sécurité, ils vont la faire dans la nuit.

« Cette histoire de tribunal international me glace le sang, j'ai l'impression de vivre comme une condamnée dans le couloir de la mort. Si le roi doit aller devant un tribunal, que diront tous ces chefs d'État qui durant des années ont loué son travail en faveur de l'Iran ? Les condamnera-t-on, eux aussi ? Si le monde est comme cela, je préfère ne plus être de ce monde.

« Je suis allée en salle d'opération, mon mari était très calme, on lui avait introduit un tube dans la gorge et ça m'a fendu le cœur parce qu'il a trouvé la force de me sourire. Au même moment, on affirme à Téhéran : "Nous avons des preuves que le Shâh n'est pas malade", alors que je le vois, là, avec des sondes, le drap plein de sang. J'ai le cœur déchiré pour lui. Ce n'est pas juste qu'il souffre autant, dans sa chair, et plus encore peut-être dans son âme.

« 28 novembre. Le président Carter a donné une interview. Il a déclaré : "Nous n'allons pas céder au chantage", ce qui peut signifier qu'ils ne vont pas extrader mon mari. Pour la première fois, le président américain m'a paru courageux. "Nous considérons le gouvernement iranien comme responsable de cette prise d'otages, a-t-il ajouté. Quand le Shâh est venu ici, personne n'a fait pression sur moi. C'est ma propre décision et je pense que j'ai bien fait. Je n'ai aucun regret et je ne demande pardon à personne. Le Shâh est libre ; quand sa santé le lui permettra, il pourra partir." »

Dès le 8 novembre, mon mari avait fait part de sa consternation au président et il lui avait indiqué que, pour ne pas compliquer des négociations qui s'annonçaient extrêmement difficiles, il quitterait les États-Unis aussitôt que possible. L'idée de créer un tribunal international pour le juger fut, semble-t-il, suggérée ici ou là pour amadouer Téhéran qui exigeait son extradition. Elle prit une grande importance dans mon esprit, comme je le constate en relisant mon carnet, car la presse lui donna, je crois, un large écho. Puis on n'en parla plus, et seule demeura la menace de l'extradition qui, en dépit des assurances du président Carter, plana sur les épaules de mon mari jusqu'à notre retour en Égypte, en mars 1980, où il devait mourir quatre mois plus tard.

Vers la fin novembre, les médecins estimèrent que le souverain pourrait prochainement quitter l'hôpital, ils nous précisèrent qu'ils avaient en outre besoin du lit, et nous commençâmes à envisager avec soulagement notre retour à Cuernavaca. Robert Armao envoya là-bas son adjoint, Mark Morse, placer de nouveau la villa sous surveillance et s'assurer que tout était en ordre. Notre arrivée avait été fixée au 2 décembre. Or, le 30 novembre, une nouvelle nous abasourdit : le Mexique, à son tour, nous refusait l'asile !

Ce brutal revirement du président José López Portillo était incompréhensible. Si le gouvernement mexicain craignait pour ses ambassades dans les pays arabes, comme on le dit alors, pourquoi avait-il renouvelé son invitation depuis la prise d'otages du 4 novembre ? On me donna plus tard une autre explication : Fidel Castro aurait fait savoir au président mexicain qu'il voterait pour l'entrée de son pays au Conseil de sécurité des Nations unies à la condition qu'il renonce à nous donner refuge.

En apprenant le retournement du Mexique par la bouche du consul général de ce pays à New York, Robert Armao demeura sans voix, racontera plus tard Pierre Salinger, qui a reconstitué cet épisode. « "Je ne vous crois pas, articula-t-il, nous avons reçu ce matin même confirmation du palais présidentiel que tout était O.K." Le consul le pria alors d'appeler lui-même l'ambassadeur, M. Hugo Margain, qui lui confirma l'information en ces termes : "Le Shâh n'est plus persona grata au Mexique. Vous devez comprendre – sa présence devient une menace pour nos intérêts nationaux." »

« Découragé, poursuit Pierre Salinger, Armao regagna l'hôpital. Pendant une heure, il resta dans la pièce voisine de la chambre du Shâh à se demander comment lui annoncer la nouvelle. Puis l'un des membres de la garde entra : "Il y a un bulletin d'information à la télévision, son poste est ouvert, il vaudrait mieux que vous alliez le lui dire." »

« La chaîne que regardait le Shâh n'ayant pas donné l'information, c'est Armao qui dut l'avertir. Pendant un moment, le Shâh le fixa, incrédule. "Mais pourquoi ?" demanda-t-il à la fin [1]. »

---

1. Pierre Salinger, *op. cit.*

Aussitôt informée, la Maison Blanche chercha une solution transitoire, puis dépêcha auprès du souverain Lloyd Cutler, le conseiller juridique de la présidence, pour l'informer des décisions prises. Tout cela était allé très vite et, lorsque je fus moi-même mise au courant, notre nouveau lieu d'exil était déjà arrêté : la base aérienne de Lackland à San Antonio, au Texas.

C'est mon mari qui me prévint par téléphone :

« Nous allons partir pour le Texas. Le gouvernement américain nous demande de tenir notre destination strictement secrète. Ne le révèle à personne, même pas aux enfants. »

Comment ? Nous allions nous en aller sans avertir les enfants, sans leur dire où nous serions ? Sur le moment, cela me parut d'une insupportable cruauté, totalement au-dessus de mes forces, mais j'acquiesçai silencieusement. Notre départ avait été fixé à la première heure, le lendemain matin.

Ce soir-là, j'étais chez la princesse Ashraf et, lorsqu'une amie m'appela pour m'inviter à déjeuner le lendemain, j'acceptai pour ne pas éveiller les soupçons. Elle me demanda quels plats iraniens me feraient plaisir, je mentis comme je le pus.

Cette nuit-là, je ne parvins pas à dormir et passai les heures à bavarder avec Kambiz Atabaï. Le roi était à l'hôpital, les enfants et moi habitions ensemble. Je pensais à eux, au désarroi de Leila, surtout, qui n'avait que neuf ans, lorsqu'elle constaterait que j'avais disparu sans lui murmurer un mot tendre, et cela me brisait le cœur. C'est ce qui arriva. Aussitôt réveillée, elle demanda : « Où est maman ? », et ne crut pas M. Atabaï quand il lui annonça que j'étais partie. C'était inconcevable dans son esprit d'enfant que sa maman s'en aille sans l'embrasser. Elle courut jusqu'à ma chambre et, aujourd'hui encore, je ne peux pas raconter cette scène sans être submergée de chagrin. L'incrédulité de Leila, sa peine, en découvrant mon absence.

Aux premières heures du jour, je rassemblai quelques affaires et sortis dans la rue : aussitôt, les projecteurs des télévisions m'éblouirent, toute la presse était donc là, alertée par je ne sais quelle fuite. Quoi, on m'avait interdit d'embrasser mes propres enfants, quand dans le même temps on informait les journalistes. On me précipita dans une voiture de la police et nous partîmes à toute allure. C'était horrible et risible à la fois ; on se serait cru dans un film de James Bond. Il y avait des gens de la CIA et du FBI dans ma propre voiture, et des fourgons de blanchisserie bourrés d'agents de sécurité nous encadraient. Conduit dans un convoi similaire, le roi me rejoignit à l'aéroport. Là nous attendait un avion militaire, protégé par des hommes casqués, munis de gilets pare-balles et armés de mitraillettes, dans lequel on nous pria de monter. Étions-nous à ce point menacés ? En moi-même je me dis, cette nuit-là, que cette incroyable mise en scène n'avait d'autre objectif que de nous rendre fous.

L'accueil ahurissant qui nous fut réservé sur la base de Lackland me conforta dans cette impression. Aussitôt descendus de l'avion, et sans un mot d'explication ni même un bonjour, on nous poussa dans une ambulance qui s'éloigna en trombe, virant et freinant avec une telle brutalité que nous fûmes à plusieurs reprises précipités les uns sur les autres – la pauvre docteur Pirnia, qui nous accompagnait, heurta violemment de la tête un angle du plafond. Enfin, la voiture s'immobilisa, quelqu'un ouvrit les portières et nous découvrîmes alors notre nouveau refuge : le bâtiment psychiatrique de l'hôpital militaire !

Le roi fut installé dans une chambre dont la fenêtre était murée, et moi dans une pièce attenante dont la porte n'avait pas de poignée à l'intérieur et au plafond de laquelle était fixé un micro. J'étais ulcérée. Je n'en croyais pas mes yeux, et les hommes en blouse blanche qui semblaient ici pour nous surveiller ne nous expliquaient rien. Comme ma chambre avait une fenêtre (munie de barreaux), je me précipitai pour l'ouvrir, je suffoquais littéralement, mais un infirmier me fit signe de la tête que je n'avais pas le droit de toucher à la fenêtre. Heureusement, le docteur Pirnia m'avait rejointe entre-temps.

— Dites-lui, s'il vous plaît, que s'il ne l'ouvre pas je vais devenir dingue !

Il consentit à l'entrouvrir et, durant les minutes qui suivirent, ces dix centimètres d'air frais représentèrent pour moi le salut.

Pour ne pas perdre la raison, je me mis à décrire minutieusement cette pièce dans mon carnet, et j'en fis même le croquis.

Quand Mark Morse se présenta, j'étais hors de moi et je crois que je me mis à crier : « Sommes-nous en prison ? Carter nous a-t-il fait jeter en prison ? Sommes-nous en état d'arrestation ? » On m'autorisa à téléphoner, et j'appelai Kambiz Atabaï à New York, ainsi que quelques amis. À tous, je dis : « Si vous ne recevez plus de nouvelles de nous, sachez que nous sommes à Lackland, en résidence surveillée. » J'étais tellement perturbée que je ne réalisais pas que, si nous avions été réellement en résidence surveillée, on ne nous aurait pas laissés téléphoner.

Pendant ce temps, également ulcéré, Robert Armao était allé discuter avec les militaires. Il apparut, après quelques heures, qu'ils nous avaient sommairement logés là en attendant de préparer pour nous un petit appartement dans un des immeubles réservés au personnel de la base. Quand enfin nous nous retrouvâmes dans ces quelques petites pièces convenablement meublées, nous fûmes soulagés.

Notre séjour à Lackland ne devait durer que deux semaines, et il se révéla plus chaleureux qu'il ne s'annonçait. Très vite, le commandant de la base, le général Acker, vint s'enquérir de notre confort. La plupart des pilotes iraniens avaient été formés aux États-Unis, de sorte que le général et son entourage avaient appris à connaître et à aimer l'Iran à travers nos aviateurs, et qu'ils avaient du respect pour le roi. Mon mari fut certainement réconforté de se découvrir en climat de sympathie, voire même de complicité, quand il lui arriva d'échanger des impressions de vol avec quelques officiers.

Le général Acker fit tout son possible pour adoucir notre exil. Il nous reçut plusieurs fois à dîner, nous présenta ses officiers et, lorsqu'il sut que je voulais jouer au tennis, il me chercha des partenaires dans son entourage. Le tennis, le sport en général, est une forme de thérapie pour moi, une façon de me maintenir debout physiquement et moralement. Aujourd'hui encore, dans les pires épreuves, le tennis m'aide à ne pas flancher. Je devais me faire violence pour y aller, mais j'en percevais ensuite les effets bénéfiques. C'était, au demeurant, mon seul espace de liberté car, pour le reste, le général, qui s'inquiétait de notre sécurité, nous avait poliment interdit de nous éloigner de notre immeuble. Tout juste avions-nous le droit de nous promener autour, accompagnés de nos deux officiers, les colonels Jahanbini et Nevissi, eux-mêmes encerclés par la Sécurité américaine. Nos colonels iraniens trouvaient cela oppressant et je me moquais gentiment d'eux :

— C'est bien, vous êtes en train de découvrir par vous-mêmes combien il est agaçant d'être toujours flanqué de gardes du corps ! Autrefois, je vous le disais souvent, mais vous n'aviez pas l'air de me croire.

Ainsi parvenions-nous à rire un peu de notre captivité partagée. Pour nous manifester leur sympathie, des officiers américains nous apportaient en outre des cassettes ridiculisant Khomeyni, ou des tee-shirts le caricaturant.

Cependant, le 7 décembre de cette année 1979, une nouvelle terrible nous frappa de plein fouet : nous apprîmes que Shahriar Shafiq, le fils de la princesse Ashraf, venait d'être assassiné à Paris. Alors qu'il s'apprêtait à entrer chez sa sœur, villa Dupont dans le XVIe arrondissement, un homme portant un casque de moto lui avait tiré une balle dans la nuque, puis l'avait achevé avant de disparaître.

Âgé de trente-quatre ans, officier de marine, Shahriar était très estimé et très aimé du roi, comme de moi-même. Encore présent en Iran au moment de la Révolution islamique, il était parvenu à quitter le pays en traversant le golfe Persique à bord d'un petit cotre. Aussitôt sorti, il avait entrepris d'organiser la résistance. Aimé et admiré dans la marine pour sa simplicité et ses qualités d'officier, il était resté en contact avec beaucoup de ses pairs demeurés en Iran. Mon mari l'avait longuement reçu aux Bahamas, trois ou quatre mois plus tôt, et Shahriar lui avait dit qu'il allait poursuivre le combat. Il était de ces hommes sur lesquels on pouvait compter.

334

Sa disparition jeta le roi dans un désespoir muet. Effondrée, la princesse Ashraf nous rejoignit à Lackland, où nous ne pûmes que pleurer avec elle. Mon Dieu, quand finirait cette spirale mortelle ? L'un après l'autre disparaissaient tous les hommes et toutes les femmes qui avaient fait de l'Iran un grand pays.

Comme on pouvait s'y attendre, Sadegh Khalkhâli, le religieux sanguinaire de Téhéran, revendiqua ce nouvel assassinat, prévenant que la tuerie se poursuivrait « tant que l'on n'aura pas éliminé tous ces sales laquais d'un système décadent ». La France ne retrouva jamais l'assassin de Shahriar Shafiq.

Peut-être le chagrin contribua-t-il à aggraver encore l'état de santé du roi. Il n'était plus suivi par aucun médecin, or sa rate se remit à enfler. Le professeur Flandrin, à qui je donnais de ses nouvelles par téléphone, parut soucieux et s'étonna qu'on lui eût de nouveau prescrit du Chlorambucil. « Nouvelle aberration », devait-il écrire plus tard.

Ni pour la santé du souverain ni pour la Maison Blanche, qui souhaitait nous voir quitter rapidement les États-Unis, notre situation à Lackland ne pouvait se prolonger. Mais où pouvions-nous aller ? Le Département d'État nous fit savoir que même l'Afrique du Sud, qui avait accepté à un moment de nous recevoir, ne le souhaitait plus. C'était extrêmement blessant, nous avions le sentiment d'être des parias aux yeux du monde entier, y compris aux yeux de pays dont les régimes étaient indignes, telle l'Afrique du Sud qui pratiquait encore l'apartheid et où je n'aurais pas voulu aller.

Enfin, le 12 décembre, le secrétaire général de la Maison Blanche, Hamilton Jordan, vint avertir le souverain que le Panamá était prêt à nous offrir l'hospitalité. M. Jordan, qui en arrivait, était porteur d'une invitation du général Omar Torrijos. Nous n'avions guère d'autre choix que de l'accepter.

Il restait à prendre un parti médical pour mon mari. Le docteur Benjamin Kean, qui était à l'origine de l'opération de New York, vint examiner le roi, accompagné du médecin qu'il s'était adjoint, le docteur Williams, déjà présent dans l'équipe opératoire new-yorkaise. L'un et l'autre jugèrent cette fois indispensable de procéder à l'ablation de la rate. S'il y avait urgence, l'administration américaine était, semble-t-il, prête à ce que l'opération se fît aux États-Unis, mais en même temps Hamilton Jordan paraissait, lui, soucieux de nous voir quitter le pays le plus vite possible. « Partons, trancha mon mari, nous ferons l'opération plus tard, au Panamá. »

La maison que l'on nous offrit là-bas était située sur l'île de Contadora, dans l'archipel des Perles, à une trentaine de minutes par avion ou hélicoptère de la ville de Panamá. Elle appartenait à l'ambassadeur du Panamá en poste aux États-Unis, Gabriel Lewis, qui avait bien voulu la mettre à notre disposition. L'extrême chaleur nous surprit en débarquant, d'autant plus que nous arrivions avec nos vêtements d'hiver.

La villa comptait quatre chambres, dont une seule grande au premier étage, et dotée d'un balcon, où nous installâmes mon mari tant bien que mal. Il avait besoin de repos, d'un peu de confort dans l'état de grande fatigue où il se trouvait, mais jamais je ne parvins à lui donner ce confort. Si je fermais la fenêtre il étouffait, et si je l'ouvrais il était en plein courant d'air, ce qui n'était pas indiqué dans sa situation. Je le couvais du regard, et j'étais folle d'inquiétude : qu'allais-je pouvoir faire pour lui dans ce pays, et sur cette île minuscule où nous ne connaissions personne ?

De ces premiers jours au Panamá, je conserve le souvenir d'une immense détresse. Ces quelques lignes fiévreuses, retrouvées dans mon carnet, en témoignent :

« 16 décembre. Le roi ne se plaint jamais, il est calme et aimable quoi qu'il arrive. Combien de temps lui reste-t-il à vivre ? Je ne le sais pas. Si malade au milieu de cette île perdue dans l'océan Pacifique avec l'humidité et la chaleur... Mon pauvre mari. Les îles m'étouffent, même très jolies, même si les gens sont gentils. Ce soir, je vois tout en noir, je suis épuisée. Même mes sanglots ont un autre son. Je n'ai aucune autre solution que de demeurer vivante, pour mes enfants, pour mon mari. Tous les Iraniens exilés sont malheureux.

336

« 18 décembre. Les jeunes Panaméens ont manifesté devant l'ambassade américaine ; le général Torrijos nous a dit de ne pas nous inquiéter. J'espère qu'ils ne vont pas créer des problèmes ici. Sinon, où irons-nous ? Il ne restera plus que l'Égypte et il n'est pas certain que les Américains nous laisseront la rejoindre.

« 19 décembre. Cela fait dix jours que le roi ne se sent pas bien. Ils ont décidé de l'opérer de la rate, mais quand ? Où ? Je suis très inquiète. Je passe de l'espoir au désespoir, les jours s'écoulent dans une grande confusion. J'admire cet homme qui malgré la douleur garde son sourire. Il a encore maigri, ses yeux sont devenus immenses. À certains moments, je vois de l'anxiété dans son regard. Mon Dieu, faites qu'il vive ! »

Par bonheur, les enfants purent nous rejoindre pour les fêtes de Noël, avec ma mère. Ils vivaient désormais loin de nous, mais au moins ils n'avaient pas à partager cette errance épouvantable, humiliante, destructrice. Ici aussi, la maison était trop petite pour les héberger et nous leur louâmes une autre villa à proximité. Ces quelques jours de vacances furent comme une parenthèse dans ce calvaire sans fin. Nous fîmes des promenades en famille et nous nous baignâmes ensemble comme aux temps maintenant lointains de Kish. Je repris le tennis, avec pour partenaire une jeune Uruguayenne, Mariella, qui travaillait à l'hôtel voisin et dont la gentillesse me remontait le moral. Le roi se sentit un peu mieux et il vint s'asseoir au bord du court pour nous regarder jouer. Il frappa même quelques balles ! Ces instants volés au sombre désenchantement qui nous habitait demeurent aujourd'hui dans ma mémoire comme des souvenirs chargés de tendresse. Un après-midi, pour tenir moralement, je chaussai des skis nautiques, il y avait si longtemps que ça ne m'était pas arrivé. Alors, j'eus la surprise d'entendre les hommes de la Sécurité siffler, je les vis s'agiter en tous sens, me faire de grands signes : la baie était pleine de requins et nous n'y avions pas pris garde.

Durant ces quelques jours, le roi accorda un entretien télévisé au journaliste britannique David Frost. Il lui dit que les religieux ne comprenaient pas le monde moderne et qu'ils allaient faire beaucoup de mal à l'Iran. Il s'attacha à répondre avec sincérité à chaque question, ne dissimulant rien de ses doutes. Ainsi, quand le journaliste s'enquit des raisons de la Révolution islamique, le souverain eut ces quelques mots : « Je vous le dis, monsieur Frost, je ne comprends toujours pas ce qui s'est passé. » Interrogé sur sa prétendue « folie des grandeurs », il répondit avec raison : « Est-ce la folie des grandeurs de contribuer à faire régner la stabilité dans la région de l'océan Indien ? » Enfin, à propos de la Savak, dont le rôle et l'image auraient pu nuire à la monarchie, le roi eut cette réplique : « Ils avaient la possibilité d'imposer ce qu'ils croyaient bon pour le pays et ils ont pu se tromper. »

Les autorités panaméennes désignèrent le docteur Adan Rios pour suivre l'évolution de la maladie du souverain. Cancérologue formé aux États-Unis, sérieux et apparemment compétent, M. Rios vint donc à plusieurs reprises durant le mois de janvier 1980 ausculter mon mari et faire les prélèvements sanguins qui lui étaient nécessaires.

Je devais apprendre plus tard qu'en marge de ces visites s'était déjà engagée une querelle diplomatique pour savoir si l'on opérerait le roi à l'hôpital Gorgas, situé dans l'ancienne zone américaine du canal et toujours dirigé par les Américains, ou au centre médical Paitilla, tenu par des Panaméens. Les docteurs Kean et Williams tenaient à l'hôpital Gorgas ; le docteur Rios, lui, devait pencher pour Paitilla puisque au mois de février, constatant qu'on ne pouvait plus ajourner l'ablation de la rate, il y fit brièvement hospitaliser mon mari pour une série d'examens préliminaires.

C'est alors que prit réellement corps l'altercation entre médecins américains et médecins panaméens, altercation qui devait aboutir à l'annulation pure et simple de l'opération, au risque de précipiter la fin de mon mari.

Entre-temps, évidemment très inquiète, j'avais demandé au professeur Flandrin de bien vouloir faire le voyage de Panamá, de telle sorte qu'il vécut aux premières loges cette guerre des susceptibilités dont mon mari et moi ne perçûmes que les effets.

J'emprunte donc ici le récit qu'il en fit au professeur Jean Bernard, riche d'enseignements pour cet épisode dramatique de notre exil :

« Je fus à nouveau appelé par S.M. la Reine qui me demandait de les rejoindre au Panamá pour évaluer la situation. Mon arrivée ne fut pas tout à fait évidente. J'avais pris le vol Concorde d'Air France jusqu'à New York et j'étais en transit pour un vol de la Braniff sur Panamá City. À la descente du Concorde à Kennedy Airport, j'eus la surprise de voir une annonce : *"Mr. Flandrin, please contact information desk."* Je pensai immédiatement que quelque chose de grave s'était passé pour le patient. Le message qui m'était destiné était tout autre, mais il ne diminua pas mon appréhension. Il m'était demandé de téléphoner à Robert Armao à son domicile de New York. Je pensais qu'il allait me transmettre l'information oralement. C'est son épouse que j'eus au téléphone, elle me dit simplement que Bob m'avertissait de ne pas continuer mon voyage et de venir le rejoindre chez lui. Je ne poursuivis donc pas mon vol et je partis en taxi à l'adresse indiquée. Tout cela paraissait confirmer l'hypothèse pessimiste qui forcément s'imposait à mon esprit. Le taxi s'arrêta devant une habitation un peu inattendue pour moi, dans une zone assez centrale de New York. [...] Je ne lui posai pas directement la question que j'avais sur les lèvres, mais je compris vite qu'il n'y avait pas de nouveaux problèmes de santé pour S.M. J'étais assez stupéfait et je lui dis qu'il fallait tout de suite prévenir Panamá que je n'arrivais pas. Il me rassura en déclarant que ce n'était pas un problème. Je me permis quand même de demander un peu vivement quelques explications en essayant de rester "cool". [...]

« Je n'avais plus qu'à accepter les alcools forts qu'il me proposait et à me contenter, pour toute explication, de l'idée qu'il fallait que l'on se voie "tous" demain matin pour "discuter". J'étais donc "arrêté" durant mon voyage, j'attendais de voir si on allait me mettre "aux arrêts". Ce charmant compagnon me posa dans un hôtel et revint me prendre le lendemain matin... pour m'amener dans "l'office" privé du docteur Kean! J'enrageais. Benjamin Kean était là, jovial, mâchonnant, comme à son ordinaire, un gros cigare. Son compagnon, le docteur Williams, était également là, cheveux blancs, visage jeune et sourire discret. Étaient aussi présentes, en plus du sémillant Armao, trois ou quatre personnes que je ne connaissais pas. L'attention de chacun était sur moi, et j'avais l'impression d'être devant un jury ou un tribunal plutôt que celle de boire un pot entre amis. On en vint rapidement aux faits. Je réclamai clairement des explications en rappelant fermement que S.M. la Reine m'avait prié expressément de venir et que, sans contrordre de sa part, je demandais à continuer mon chemin. Je voulais une justification pour cet arrêt, sinon cette arrestation. On m'apaisa, bien entendu; Kean expliqua avec sa superbe ordinaire qu'il était "le médecin personnel de S.M.", qu'il était responsable, et ci et ça... En gros, que ce n'était pas la peine que j'aille jusqu'à Panamá! Quant à moi, j'étais bien résolu à y aller, le temps des naïvetés candides m'était passé. Je rappelai à nouveau que, étant appelé par le patient lui-même, lui seul pouvait me relever de cette requête et qu'en toute hypothèse je partais l'après-midi même par le vol de la Braniff qui aurait dû me convoyer la veille... si personne dans l'assistance n'y voyait d'objection. Ma détermination fit son effet. J'allais rester un mois au Panamá sans donner de nouvelles à mon épouse, charge à elle de déduire ce qu'elle pouvait en regardant la télévision. J'avais l'intention de ne pas me soucier du docteur Kean et de faire ce qui me paraîtrait utile.

« L'épisode de New York n'était que celui de la basse médiocrité. Celui de Panamá fut – comme les décisions prises au Mexique – celui de la subordination des problèmes médicaux aux calculs sordides d'une basse politique. Arrivé à Panamá City, je fus mis en contact avec le docteur Adan Rios. J'avais enfin en face de moi un médecin adapté à la tâche qui lui était demandée. Nous n'eûmes aucun problème pour nous comprendre, pour dresser la liste des difficultés afin de décider ensemble. Les premiers contacts s'établirent également sans problème avec les médecins américains du Gorgas Hospital. Après avoir retrouvé le patient dans la résidence qui lui avait été fournie sur l'île de Contadora, je fis les constatations suivantes : la radiothérapie subie à New York, bien que non menée à son terme normal, avait fait disparaître les ganglions sus-claviculaires gauches dont la biopsie avait confirmé le caractère agressif ; bien que n'ayant pratiquement plus de chimiothérapie, le malade était pancytopénique, avec surtout une forte thrombopénie et une profonde neutropénie, contrastant avec une bonne tolérance clinique. Commençaient toutefois à intervenir quelques épisodes de surinfection respiratoire, encore sans gravité. Surtout, la rate était devenue énorme, beaucoup plus grosse encore que ce que nous avions constaté en 1974. Il semblait que cette augmentation de taille était toute récente, témoignant donc d'une poussée rapide qui me faisait redouter une localisation splénique du lymphome agressif plutôt qu'une reprise du syndrome lymphoprolifératif initial. Le problème était clairement posé, il fallait connaître l'état de la moelle pour juger des responsabilités respectives de l'hypersplénisme ou de l'envahissement tumoral de la moelle dans le mécanisme des cytopénies périphériques. Adan Rios était d'accord avec mon analyse ; Kean et Williams étant encore à New York, je pus pratiquer sur l'heure mon dernier acte libre de médecin en prélevant un myélogramme, supporté avec son habituelle constance par le patient.

« Cela se passait le lendemain même de mon arrivée à Panamá, je ne voyais pas pourquoi perdre du temps. Je repris avec Adan Rios le petit avion à hélices qui nous ramenait sur l'isthme et on fit la coloration du myélogramme à Gorgas où j'examinai les frottis. J'eus là une bonne surprise, presque inespérée : la moelle était très riche en cellules, sans aucun élément lymphoïde anormal. Il existait un certain degré d'hyperplasie érythroblastique qui me fit chercher des signes d'hyperhémolyse immunologique surajoutée. Il existait donc à ce moment-là une chance pour que cette rechute splénique soit encore localisée et

341

pour que la pancytopénie soit surtout liée à l'hypersplénisme. [...] Après la splénectomie, j'envisageais de commencer une polychimiothérapie type CHOP (ou un schéma à dose renforcée de ce type). Adan Rios, qui avait une bonne expérience des chimiothérapies, arrivait quant à lui aux mêmes conclusions.

« Nous fîmes donc part de nos propositions thérapeutiques à S.M. et nous commençâmes à considérer les conditions pratiques d'une telle intervention. Dans un premier temps, les conditions proprement chirurgicales ne nous parurent pas devoir soulever de problèmes bien particuliers et ce n'était pas cela qui nous préoccupait. Les conditions de la réanimation hématologique, par contre, risquaient de poser des problèmes plus sérieux. Adan Rios prit donc contact avec le M.D. Anderson et il appela le docteur Jane Hester dont la réputation en matière de réanimation transfusionnelle, et de transfusion de globules blancs plus particulièrement, ne faisait pas de doute. Son expérience avec les séparateurs de cellules IBM nous semblait être un précieux atout dont nous ne devions pas nous passer. Adan Rios la connaissait et elle accepta de venir, accompagnée d'un ingénieur IBM, car il fallait apporter un séparateur de cellules IBM qui n'existait pas à Panamá.

« Notre affaire paraissait donc se préparer dans des conditions raisonnables. Sur ces entrefaites, je téléphonai à Kean pour l'informer que la situation médicale exigeait que je reste sur place. C'est lui qui fit donc le déplacement pour Panamá, et il arriva à Contadora accompagné du docteur Williams. Je leur exposai la situation et mon souhait de faire réaliser une splénectomie dans les meilleurs délais. Il s'ensuivit une prise de bec très sèche entre Kean et moi. Il se montra en effet opposé à la splénectomie, non pas pour des raisons de stratégie qui auraient pu effectivement se discuter, mais parce qu'il estimait la splénectomie comme très dangereuse, se terminant dans la majorité des cas par la mort ! Je lui citai le taux de mortalité, qui était inférieur à 1 % !

« S.M. ayant confirmé qu'il me donnait sa confiance, Kean dut se rallier à mes décisions. Visiblement, ce qu'il redoutait était de perdre la main sur cette affaire, et il revint tout sourire en annonçant devant nous à S.M. qu'il allait faire venir "le plus grand chirurgien existant!". Tout le monde retint son souffle et il lâcha le nom de Michael De Bakey. Le nom me disait évidemment quelque chose, c'était un grand spécialiste de la chirurgie cardiovasculaire, mais je n'avais, quant à moi, aucun élément pour juger de la pertinence de ce choix. S.M. ne réagit absolument pas à ce nom sur l'instant, soit qu'il ne lui dit rien, soit qu'il n'en laissât rien paraître. Kean parut très déçu, car il pensait visiblement que ce seul nom allait avoir un effet magique sur l'esprit du patient. Adan Rios et Jane Hester, pour leur part, manifestèrent leur stupéfaction et leur opposition. J'étais présent quand Jane Hester dit à S.M. ce qu'elle pensait : elle dit très fermement et sans ambages que De Bakey n'avait rien à faire dans un problème de chirurgie cancérologique abdominale et que tout ceci était une aberration. Je ne pouvais pas intervenir dans ce débat et je tins à dire que ce n'était pas dans mes cordes d'effectuer un choix entre les chirurgiens américains que je ne connaissais pas plus les uns que les autres. Kean comprit bien que j'étais neutralisé de ce point de vue et il ne lui restait plus qu'à considérer Adan Rios et Jane Hester comme quantité négligeable, ce qu'il ne manqua pas de faire.

« Cette stratégie allait néanmoins s'enrayer, car les Américains avaient compté sans les Panaméens. Il y avait en effet au-dessus d'Adan Rios une hiérarchie médicale qui n'entendait pas que tout se passât sur le territoire de Panamá sans son consentement et sans sa participation. Le rôle plus ou moins trouble de certains des acteurs, notamment du docteur Garcia (un autre que celui de Mexico), chirurgien de la clinique Paitilla, les interférences politiques qui eurent lieu entre le gouvernement américain et le général Torrijos sont assez bien éclaircis, et ce n'est pas à moi d'en parler. Je veux simplement rappeler que notre action médicale se passait sur fond de négociations entre l'administration Carter et Téhéran pour la récupération des otages, et cette réalité était palpable, même pour moi.

« Le temps passait, perdu inutilement. Des difficultés avaient surgi, entre Américains et Panaméens, sur le choix du lieu de l'opération : Gorgas Hospital ou clinique Paitilla ? Les relations tournaient à l'aigre. De Bakey était en effet arrivé dans son avion spécial, avec assistant, anesthésiste, infirmière, tout cela précédé d'une interview avant son départ de Houston. De l'époque des passe-murailles que j'avais vécue, nous en étions à celle des flashes et de la télévision en direct ! Le côté Barnum de l'apparition ne semblait pas plaire aux médecins panaméens, et visiblement une déclaration intempestive de Kean à un journal américain mit le feu aux poudres. Il y était sous-entendu que la "médecine panaméenne" n'était pas capable de résoudre ce problème médico-chirurgical, d'où le chirurgien américain providentiel, etc.

« À partir de cet instant, ce fut la guerre ouverte entre les deux clans panaméen et américain. S.M. avait été amené à Panamá City et hospitalisé à Paitilla, car il commençait une complication infectieuse respiratoire. J'étais, à ce moment-là, le seul épargné par les coups, car le seul à n'appartenir à aucun des camps ; chacun essayait de m'attirer à lui et de me jouer contre l'autre. De Bakey était tout à fait charmant et amical avec moi. Le chirurgien panaméen, le docteur Garcia, m'exposait de son côté son point de vue. Il me dit même un jour : "Quel besoin avons-nous de cette vedette de De Bakey ? La splénectomie n'est pas un problème pour moi, je peux vous la faire de la main gauche, la main droite dans le dos !" Je lui objectai que c'était une grosse rate, au cours d'une hémopathie maligne, et que cela demandait des précautions bien particulières. S.M. était parfaitement conscient de la bataille qui se livrait, j'en donne comme preuve la remarque qu'il me fit lors de ces journées : "Professeur Flandrin, vous êtes comme les Suisses, en position neutre entre les belligérants !"

« De tendue, la situation devint totalement conflictuelle ; des militaires panaméens entouraient la clinique Paitilla, toute proche de l'hôtel Holiday Inn où nous étions alors. Nul ne pouvait entrer, et cela était valable pour les médecins américains comme pour moi-même. La police panaméenne nous contrôla dans nos chambres d'hôtel et nous établit des cartes plastifiées avec nos photos qu'ils prirent eux-mêmes sur-le-champ ; cela faisait un peu passage au service anthropométrique... Munis de ces laissez-passer, nous pûmes enfin, sous le regard des caméras de télévision, sortir de notre hôtel pour nous rendre à pied à Paitilla. Il y eut une sorte de table ronde avec les autorités médicales panaméennes et les Américains. Je ne saisis pas du tout le sel de leurs argumentations, mais il ressortait que De Bakey pouvait aider à l'opération, mais ne pouvait pas apparemment en être le leader. Nous allâmes ensuite voir le malade – S.M. s'était habillé et nous reçut en veston dans une atmosphère glaciale. Il écouta les arguments ; autant que je m'en souvienne, la conclusion était qu'il ne fallait pas se hâter et que la pneumopathie qu'il présentait alors amenait à repousser de quelques jours l'opération, etc. J'étais resté parfaitement silencieux, ne participant plus à ce débat. Au moment où nous devions sortir de la pièce et où les autres médecins commençaient à se retirer, je demeurai ostensiblement immobile. S.M. me fit un regard d'assentiment, et je restai seul avec lui ; les Panaméens et les Américains, se surveillant les uns les autres du coin de l'œil, ne réagirent pas. S.M. me demanda sans détour : "Professeur Flandrin, pensez-vous que je doive me laisser opérer ici ?" Je lui répondis : "Certainement pas, je n'ai aucune confiance en ce qui peut se passer." Il ajouta : "C'est aussi mon opinion." Après quelques mots, je sortis à mon tour.

« La défiance que j'avais alors n'était pas technique contre l'une ou l'autre des équipes chirurgicales, n'ayant l'expérience d'aucune d'entre elles. Mon manque de confiance tenait à l'ambiance épouvantable qui régnait et qui me paraissait totalement incompatible avec ce que nous devions faire. Il ne s'agissait pas d'une simple splénectomie, mais de la première étape d'une cascade de décisions médicales qui allaient être longues et difficiles. Une sérénité élémentaire était nécessaire et, inévitablement, elle allait manquer.

« Cela faisait près d'un mois que j'étais à Panamá, la décision médicale que nous avions prise le lendemain même de mon

345

arrivée avec Adan Rios n'était toujours pas exécutée. L'état clinique de ce malade, laissé sans thérapeutique, déclinait, et je songeais à l'évolution anatomique inéluctable du lymphome auquel on laissait libre cours. Partir de Panamá et tenter d'agir apparaissait comme l'ultime chance. L'équipe américaine, quelle qu'ait pu être sa responsabilité dans la situation du moment, devait certainement arriver aux mêmes conclusions. On sait maintenant à quel point des raisons politiques inavouables et cachées influaient sur tout ce qui se passait. Je n'étais évidemment au courant de rien, mais je sentais bien que des considérations non médicales étaient prises en compte. Un jour où je bavardais dans sa chambre avec De Bakey, il reçut un appel téléphonique des États-Unis. Son interlocuteur lui demandait encore à cet instant (parmi les derniers jours à Panamá) si cette décision d'une intervention chirurgicale était vraiment utile. De Bakey répondit qu'il n'était que le chirurgien et que l'indication de la splénectomie était de mon fait, mais qu'elle lui paraissait effectivement s'imposer. Il ajouta : "Je vais vous passer le professeur Flandrin qui est justement là et qui pourra vous donner ses arguments." C'est, je pense, Hamilton Jordan qui était au téléphone. Je lui sortis mon couplet, en précisant que le temps tardait et qu'il fallait agir. Autant que j'aie pu comprendre, une intervention à Panamá, à ce moment, le gênait visiblement.

« Une "paix" relative s'était établie après l'entrevue de Paitilla. Une fausse vérité, à laquelle personne ne croyait, était au menu du jour : la surinfection respiratoire amenait à repousser l'opération à un peu plus tard, tout le monde rentrait donc chez soi pour attendre... »

Sans doute l'embarras de Hamilton Jordan, discrètement évoqué par le professeur Flandrin, s'explique-t-il par la stratégie qu'avait adoptée le Panamá pour tenter de résoudre la crise des otages. Cette stratégie passait par l'arrestation de mon mari. Avait-elle la caution de la Maison Blanche ? Je l'ignore. Mais il est évident qu'opéré, le roi n'aurait pu être décemment mis en résidence surveillée.

Depuis le premier jour, le général Torrijos souhaitait jouer un rôle dans la libération des otages de Téhéran et, ce faisant, sortir son ami le président Carter de cette impasse dramatique. Le général voyait là l'occasion de remercier le président américain qui, début 1978, avait convaincu le Congrès de restituer le canal à l'État panaméen. L'hospitalité d'Omar Torrijos à notre égard s'expliquait vraisemblablement par ce désir initial de venir en aide au président.

Sur le moment, nous n'en sûmes rien, mais nous eûmes très tôt un sentiment d'insécurité au Panamá, l'impression que derrière les sourires de bienvenue se cachaient des desseins moins avouables. Je découvris ainsi, dans un débarras derrière la maison, un magnétophone et une installation électrique qui, je le compris rapidement, servaient à enregistrer nos conversations téléphoniques. Le général songeait-il à nous extrader en échange des otages? Non, sans doute, les Américains s'y opposant, au moins publiquement. Mais il cherchait un subterfuge pour amadouer Téhéran et initier un dénouement.

Il lui fut offert par l'Iran lui-même, qui dépêcha au Panamá deux avocats chargés de déposer une demande officielle d'extradition. Mes Christian Bourguet, de nationalité française, et Hector Villalon, un Argentin, arrivèrent, semble-t-il, durant les fêtes de Noël que nous passions en famille sur l'île de Contadora. On nous le cacha, naturellement, mais dans le courant du mois de janvier 1980, le président du Panamá, Aristides Royo, nous en informa et nous suggéra très aimablement de désigner un avocat local pour nous défendre d'une menace en provenance de Téhéran. De quoi s'agissait-il? Deux avocats, nous dit-il, constituaient un dossier sur les prétendus «crimes du Shâh». Il ne nous parut guère judicieux de choisir, pour nous défendre de telles accusations, un Panaméen qui ne pourrait mesurer ni l'œuvre accomplie par mon mari ni l'insanité de ce procès engagé par la République islamique. Cela pourtant contribua à nous inquiéter un peu plus quant aux véritables intentions des autorités panaméennes.

347

Le général Torrijos, qui ne manquait jamais une occasion de nous tranquilliser, souhaitait en réalité tirer profit de cette demande d'extradition pour donner des gages à Téhéran. Comment? Nous le découvrîmes plus tard. Sans préjuger de l'extradition, la loi panaméenne stipulait alors qu'aussitôt saisies d'une demande les autorités étaient tenues de placer la personne visée en état d'arrestation. Le général se persuada, semble-t-il, que l'arrestation du souverain aurait un tel impact, symboliquement, qu'elle pourrait suffire à convaincre les étudiants islamistes de rendre leurs otages. D'après les historiens, d'ailleurs, Sadegh Ghotbzadeh [1], qui briguait alors la présidence de la République et avait envoyé les deux avocats, croyait également pouvoir fléchir les étudiants par la seule annonce de la mise en résidence surveillée de mon mari.

Tandis que les deux avocats travaillaient à l'élaboration du dossier d'extradition, sur le plan médical, les deux équipes se livraient à la guerre décrite par le professeur Flandrin. Si nous manquions d'informations pour juger de l'ampleur réelle des menaces qui planaient au-dessus de nos têtes, du moins ressentions-nous le climat épouvantable qui nous entourait et la tension que suscitaient tous nos faits et gestes. Certains journalistes que nous connaissions mieux que les autres nous disaient : « Quittez le Panamá, partez, c'est dangereux. » Un jour, Mark Morse, l'assistant d'Armao, qui se préoccupait sur l'île des problèmes quotidiens que nous rencontrions, disparut purement et simplement, et nous découvrîmes qu'il avait été arrêté par les hommes de la Sécurité panaméenne. Armao dut alerter la Maison Blanche pour obtenir son élargissement. Vers la fin, nous nous aperçûmes que notre téléphone ne fonctionnait plus. J'en fis la remarque, on me répondit qu'on nous avait en effet coupé la ligne... parce que la facture n'avait pas été payée! La ligne fut rétablie, mais durant quelques jours il nous fut curieusement

---

1. Sadegh Ghotbzadeh, ministre des Affaires étrangères pendant la période de la prise d'otages américains, fut accusé d'avoir fomenté un coup d'État contre Khomeyni, condamné pour trahison et exécuté en septembre 1982.

impossible de joindre le général Torrijos, pas plus que son ambassadeur, Gabriel Lewis, dans la maison duquel nous habitions.

C'est dans ce contexte à perdre la raison que j'appelai Jehan Sadate, qui prenait régulièrement de nos nouvelles. J'avais compris que dans ces circonstances aucun médecin n'opérerait mon mari au Panamá, que notre situation était sans espoir. Mais j'étais certaine d'être écoutée et, dans l'état de confusion où je me trouvais, je lui dis d'appeler ma belle-sœur à New York pour avoir des informations sur ce qui se tramait autour de nous, sans me douter que la princesse Ashraf devait être également sur écoute. Jehan Sadate comprit. « Venez, me dit-elle, nous vous attendons en Égypte. »

L'épouse du président égyptien devait plus tard relater en ces termes cet épisode dans ses Mémoires :

« Farah me téléphona du Panamá en mars 1980 : "Jehan, notre situation est désespérée. Le cancer de mon mari a gagné sa rate et, s'il n'est pas opéré immédiatement, il va mourir. Mais je ne peux faire confiance à personne. — Pourquoi, Farah, pourquoi ?" Elle semblait au bord des larmes. "C'est difficile à expliquer au téléphone, répondit-elle pour me faire comprendre que sa ligne était sur écoute. Mais nous devons quitter le Panamá immédiatement. Il y a des rapports alarmants." Je savais très bien à quoi elle faisait allusion, car j'avais aussi entendu les rumeurs disant que le Panamá pourrait négocier avec Khomeyni le renvoi du Shâh en Iran, vers une mort certaine. "Mais, Farah, et l'opération ? — Oh ! je ne sais pas quoi faire, Jehan ! Je dois le sortir de cet hôpital." Je savais exactement ce que Farah ne pouvait dire, même si je me refusais à y croire. Khomeyni irait-il jusqu'à faire tuer le Shâh sur sa table d'opération ? "Ne peux-tu faire venir des médecins américains pour l'opérer ? — Le gouvernement du Panamá leur a refusé l'autorisation, répondit-elle, la voix brisée. — Mais le gouvernement des États-Unis peut certainement intervenir en votre faveur ! — Le gouvernement américain ? fit amèrement Farah. Nous avons eu assez de leur aide pour le restant de nos jours. [...] — Farah, vous devez venir en Égypte immédiatement !"

« Quel nouveau châtiment pourrait-elle supporter ? Farah avait perdu son pays. Aujourd'hui, elle pouvait perdre aussi son mari. J'appelai Anouar à son bureau, lui exposant la gravité de la situation. "Je viens juste de proposer à Farah que le Shâh et elle viennent tout de suite en Égypte. Ai-je eu tort ? — Pas d'hésitation, Jehan. Dis à Farah que je lui envoie l'avion présidentiel tout de suite. — Tu es sûr ? Tu sais que ça va faire du bruit..." Mais il était sûr. "Cela plaira à Dieu", me répondit-il. Quand je la rappelai avec ces bonnes nouvelles, Farah ne parvenait pas à y croire. "Vous autoriserez les médecins américains à opérer ? me demanda-t-elle, incrédule. Tu es certaine ?" Elle avait eu peur si longtemps qu'elle ne savait plus à qui faire confiance. "Oui, Farah, oui", lui répétai-je encore et encore [1]. »

La perspective de notre départ inquiéta immédiatement le président Carter, qui nous envoya deux émissaires, son conseiller juridique, Lloyd Cutler, et un homme du Département d'État qui avait été en poste en Iran, Arnie Raphel. Nous les reçûmes à Contadora et je tins à rester durant tout l'entretien au côté de mon mari. Ils avaient refusé qu'Armao et le colonel Jahanbini assistent à cette rencontre. M. Raphel commença par évoquer ses cinq années passées à Ispahan en termes très flatteurs pour nous, disant qu'il avait remarqué combien le roi se souciait de son peuple et combien moi-même je me dépensais pour le bien-être des plus démunis. Tout de suite, son ton me déplut, car je devinais qu'en insistant ainsi sur notre esprit de dévouement il voulait amener mon mari à se sacrifier dans la crise actuelle. Plus il parlait, plus je sentais monter au fond de moi une véritable colère. « Il est normal que le roi se sacrifie pour son peuple, pensai-je à part moi, mais il est moralement

---

1. Jehan Sadate, *A Woman of Egypt (Une femme en Égypte)*, New York, éd. Simon & Schuster, 1987.

inadmissible de lui demander de se sacrifier pour amadouer un État criminel qui ose prendre en otages des diplomates étrangers sur son propre sol. »

Puis Lloyd Cutler évoqua l'inquiétude des États-Unis à la perspective de notre départ en Égypte. Notre présence au Caire, dit-il, risquait d'affaiblir la position déjà très difficile du président Sadate, et donc de nuire aux efforts de paix au Moyen-Orient. Je rétorquai assez vivement que le président égyptien, qui nous avait renouvelé son invitation, n'avait besoin de personne pour savoir comment se comporter. M. Cutler n'en exprima pas moins de nouveau le souhait de nous voir rester au Panamá où, nous dit-il, l'opération pourrait être organisée à l'hôpital Gorgas. « Je veux mourir dans l'honneur et non sur une table d'opération, parce que quelqu'un aura commis une faute ou aura été soudoyé », répliqua calmement mon mari.

Alors M. Cutler, en diplomate averti, sortit sa dernière carte : les États-Unis étaient prêts à nous rouvrir leur frontière afin que le roi pût être opéré à Houston, mais, dans cette hypothèse, et pour ne pas envenimer les choses à Téhéran, il paraissait indispensable que le souverain abdiquât. « Le peuple ne le comprendrait pas », répondis-je solennellement. Puis, après un silence, j'ajoutai que dans cette hypothèse le trône reviendrait à notre fils Reza. « Et si notre fils aîné disparaît, ce sera le second. Et si notre fils cadet en est empêché, ce sera quelqu'un d'autre de la famille. »

« Je ne considérai pas sérieusement l'offre des Américains, écrira le souverain dans la dernière édition de ses Mémoires, parachevés au Caire. Depuis un an et demi, les promesses américaines n'avaient pas valu grand-chose. »

Nous étions le vendredi 21 mars 1980. Le lendemain, samedi, le président Carter appela le président Sadate pour le dissuader de nous recevoir. Il n'y parvint pas, et j'appris par la suite que le chef de l'État égyptien eut à son intention cette ferme admonestation : « *Jimmy, I want the Shâh here, and alive*[1]. »

---

1. « Jimmy, je veux le Shâh ici, et vivant. »

Ce même samedi, mon mari confirma à Lloyd Cutler notre départ pour l'Égypte le plus rapidement possible. Le président Sadate avait proposé de nous envoyer l'avion présidentiel égyptien, mais les Américains jugèrent préférable que nous louions un appareil sur le continent américain, ce qui put être fait dans la journée. Sur le moment, on se demanda pourquoi ils n'avaient pas voulu de l'appareil égyptien ; nous le comprîmes aux Açores, lors d'une escale qui faillit se transformer en prise d'otages.

Enfin, le dimanche 23 mars à quatorze heures, trois mois après notre arrivée sur l'île de Contadora, nous embarquâmes à bord d'un DC-8 des Evergreen Airlines. L'avion, habituellement utilisé pour des vols charters, ne comportait aucun espace confortable, de sorte que mon mari, qui avait de la fièvre, ne put s'allonger. J'avais demandé à une de mes amies d'enfance, Elli Antoniades, qui était venue de New York à Contadora pour nous voir, de bien vouloir nous accompagner jusqu'au Caire. J'avais besoin d'un soutien moral, et elle n'avait pas hésité une seconde. Nous nous étions assises l'une à côté de l'autre, mais j'étais tellement persuadée que cet avion était truffé de micros que je n'osais pas lui parler.

Je retrouve ces lignes écrites aussitôt après le décollage :

« 23 mars. Voir cet homme malade, avec les yeux fiévreux, me détruit. Bien sûr, chez Jehan, nous serons parmi nos amis, mais je suis inquiète : pourvu que les Frères musulmans ne créent pas trop de problèmes... Mes pauvres enfants, je suis pleine de douleur pour eux. Ils n'ont pas pu nous rejoindre pour Nowrouz avant-hier. Au téléphone, je n'ai même pas pu leur expliquer dans quelle situation nous étions, et pourquoi leur père n'avait pas été opéré par tous ces médecins. Ils devaient le savoir, leurs voix étaient tristes, plus que d'habitude. Quand le pilote a signalé que nous quittions l'espace aérien panaméen, tout le monde s'est senti soulagé. Mais la route est encore longue jusqu'à l'Égypte et j'ai peur que mon mari ne se sente mal. »

Dans la nuit, nous fîmes donc escale aux Açores, officiellement pour faire le plein de kérosène. On nous avait prévenus et j'avais pris soin, avant de partir, de consulter une carte pour situer clairement les Açores. Tout se passa normalement au début ; pendant qu'on ravitaillait effectivement l'appareil, quelques officiels se présentèrent avec beaucoup de respect pour saluer le roi. Bien que titubant, mon mari trouva la force de se lever pour les accueillir avec dignité et les remercier. Peu après, je sortis prendre l'air, pensant que nous allions repartir d'un instant à l'autre. Tout en marchant sur le tarmac, j'expliquai au steward qui m'accompagnait dans quelle situation se débattait l'Iran. Il faisait froid et à un moment cet homme me posa sa propre veste sur les épaules. Un quart d'heure s'écoula encore ; pourquoi ne décollions-nous pas ?

Quand je regagnai la cabine, dans laquelle s'engouffrait le vent, je constatai que la température y avait beaucoup chuté. Mon mari se refroidissait, je lui fis porter une couverture. Et soudain, l'inquiétude me gagna : une heure venait de s'écouler ! Que signifiait cette attente ? Est-ce qu'elle ne dissimulait pas une ultime tentative pour nous empêcher d'atteindre l'Égypte ? Nous étions sur une base américaine, dans un avion américain, tout était donc possible. À Robert Armao, parti aux nouvelles, un responsable de la base expliqua que l'avion devait attendre l'autorisation de survoler certains territoires, ce qui n'était guère crédible. Plus de quatre heures s'écoulèrent ainsi dans une angoisse grandissante. À la fin, redoutant le pire, j'appelai un ami à Paris pour l'informer de notre situation. Je lui dis que le roi était au plus mal et que nous étions retenus aux Açores. S'il devait nous arriver malheur, je comptais sur lui pour alerter le monde. De son côté, Armao tentait vainement de joindre Hamilton Jordan.

Enfin, l'avion reçut l'autorisation de reprendre son vol. Que s'était-il passé ? Journalistes et historiens donnèrent plus tard l'explication de cette interminable escale. Tout près de pouvoir déposer une demande d'extradition officielle, l'avocat de Téhéran, Christian Bourguet, aurait prié Hamilton Jordan d'intercepter notre avion aux Açores afin de le faire revenir au Panamá, Sadegh Ghotbzadeh se disant certain d'obtenir l'élargissement des otages dès l'annonce de l'arrestation du roi. Hamilton Jordan aurait consenti à bloquer momentanément notre appareil, sans en avertir le président Carter qui, lorsqu'il le découvrit, exprima son mécontentement. Puis, les heures s'écoulant et aucun signe encourageant ne parvenant de Téhéran, il aurait renoncé à accorder plus de foi aux engagements de Ghotbzadeh et de son émissaire, Bourguet.

La demande d'extradition n'en fut pas moins déposée le lundi 24 mars alors que nous atteignions Le Caire. Qu'aurait fait le général Torrijos si elle était arrivée à temps ? Tout me porte à croire qu'il n'aurait pas hésité à mettre mon mari en résidence surveillée.

Bien des années plus tard, le ministre portugais des Affaires étrangères durant cet épisode des Açores devait me raconter que, constatant que notre avion ne redécollait pas, ses services avaient appelé les Américains. « Ils restaient très vagues, me confia-t-il, ne nous fournissant aucune explication raisonnable. » Froissé, le gouvernement portugais dépêcha le lendemain son ambassadeur au Département d'État, qui répliqua que cette histoire ne regardait que les États-Unis, et que, en conséquence, il ne pouvait en donner aucune explication.

Quatorze mois d'errance, de souffrances multiples, d'humiliations venaient de s'écouler depuis notre départ d'Égypte et, comme pour les effacer, le président Sadate et son épouse nous attendaient au bas de la passerelle, sur le traditionnel tapis rouge. La Garde d'honneur était également là. Le roi en fut touché au point que ses yeux s'embuèrent. Comme il l'avait fait quatorze mois plus tôt, Anouar el-Sadate l'étreignit avec chaleur. Le roi était très affaibli.

« En le regardant, écrira plus tard Jehan Sadate, je fus de nouveau abasourdie par la dureté des Américains. Le Shâh descendit les marches de la passerelle avec difficulté, il était si maigre que son costume semblait trop grand de deux tailles. Son visage était livide. Si un homme avait jamais eu besoin d'amis, c'était bien lui. »

Notre arrivée avait été précédée d'un débat au Parlement, qui avait autorisé le président Sadate, par 384 voix contre 8, à nous recevoir au nom des principes fondamentaux d'humanité et d'hospitalité de l'islam. Aussi le pays était-il au courant, de sorte qu'une foule joyeuse se pressait à l'aéroport pour nous saluer.

Le président égyptien nous avait fait préparer le palais Kubbeh, qu'un beau parc isole des bruits de la ville et, symboliquement, il tint à en faire les honneurs au souverain malade avant de l'accompagner jusqu'à l'hôpital militaire Maadi où une aile lui avait été réservée. Les conditions étaient enfin réunies pour que fût menée cette ablation de la rate préconisée un an plus tôt par le professeur Flandrin, lors de notre séjour aux Bahamas, et sans cesse ajournée depuis.

Les conditions étaient également rassemblées pour faire venir les enfants. Je souhaitais qu'ils soient auprès de leur père avant cette opération dont les risques ne m'échappaient pas. Ils arrivèrent très vite, et pour la première fois depuis les temps lointains et heureux de Téhéran, nous nous retrouvâmes en famille, sans crainte d'être chassés du jour au lendemain. Du haut de ses dix ans, Leila voulait comprendre ce dont souffrait son père. J'essayai de lui expliquer qu'un de ses organes ne fonctionnait pas bien, et elle, pour se rassurer naturellement, me demanda si on allait lui en mettre un nouveau, un meilleur.

Cinq jours s'écoulèrent avant l'intervention, cinq longs jours que je vécus dans une grande angoisse. Matin et soir, j'effectuais le long trajet qui sépare le palais Kubbeh de l'hôpital Maadi, et je me souviens qu'après mes nuits sans sommeil, les terribles klaxons des automobilistes du Caire me rendaient folle. J'en vins à voyager avec des boules dans les oreilles pour ne pas sursauter à tous les instants. Mais le roi, entouré par un personnel plein de sollicitude, avait recouvré une certaine sérénité. C'était l'essentiel. Les Égyptiens lui manifestaient leur amitié de mille façons : certains appelaient l'hôpital pour proposer leur sang, beaucoup écrivaient, et aux portes mêmes de l'hôpital les marchands et les badauds, interrogés par les journalistes du monde entier, n'avaient pour le souverain, qu'ils appelaient « frère », que des mots chaleureux. Nous étions loin des manifestations de haine sous les fenêtres du New York Hospital.

Pendant ce temps se préparait l'équipe médicale, sous la direction du docteur Taha Abdel Aziz, médecin personnel du président Sadate, qui m'inspira immédiatement une grande confiance. Mais je laisse une fois de plus au professeur Flandrin le soin de relater dans quelles conditions cette équipe en vint à procéder, le vendredi 28 mars 1980, à la « splénectomie » tant attendue :

« J'avais appris comme tout le monde que S.M. avait quitté Panamá pour Le Caire. Le téléphone ne manqua pas de sonner chez moi ; S.M. la Reine me demandait de les rejoindre...

« J'ignorais en partant ce qui allait se passer exactement. En arrivant au Caire, j'appris que De Bakey et son équipe avaient été conviés à revenir. Je suppose qu'il devait le savoir en partant de Panamá. Ils arrivèrent effectivement en équipe renforcée, avec toujours l'assistant australien sûr de lui, l'anesthésiste, l'infirmière et, de surcroît, une équipe de biologistes chargés de remplacer Jane Hester, mise définitivement hors cause. À tout ceci s'adjoignait l'arrivée des duettistes Kean-Williams. J'avais rendu visite à S.M. qui était hospitalisé dans un étage réservé de l'hôpital militaire Maadi. De la fenêtre de sa chambre, on voyait le Nil et, au loin, les pyramides de Gizeh, la petite ville des faubourgs du Caire dont mon ancêtre, Joseph Flandrin, avait été nommé gouverneur par le général Bonaparte au moment de l'expédition d'Égypte. Je pensais à tout cela au chevet de cet autre monarque. Depuis l'île de Contadora, où mon regard se portait sur l'océan et sur les vols des pélicans, le décor était changé, mais malheureusement le problème médical risquait de l'être aussi. Il était en apparence le même qu'à Panamá, mais un mois s'était passé dans l'inaction et quatre mois dans une quasi-abstention thérapeutique depuis le Mexique.

« S.M. parut soulagé de me voir. J'eus pour lui des paroles d'optimisme et d'encouragement. La déontologie et la logique m'imposaient d'affirmer tous les espoirs que je mettais dans le professeur De Bakey. Même si je commençais à me demander si la logique de mon attitude, fixée un mois plus tôt, restait toujours bien valable, je ne pouvais plus arrêter le mouvement et je n'avais rien de mieux à faire, au point où en étaient les choses, que d'affirmer ma solidarité dans l'équipe. [...]

« Toute la hiérarchie du service de santé égyptien était sur le pont, coiffée par un cardiologue, médecin personnel duprésident Sadate. La courtoisie et le calme de cet homme, le docteur Taha Abdel Aziz, me furent d'un grand secours plus tard lorsqu'il y eut des tiraillements entre l'équipe française et les médecins égyptiens. Je trouvais là un ami de longue date, le docteur Amin Afifi, hématologiste de l'équipe égyptienne et gendre du président Sadate.

« Rien ne s'opposait plus à la splénectomie qui fut faite par De Bakey, aidé de son assistant australien et des chirurgiens égyptiens, parmi lesquels le docteur Nour. La splénectomie fut faite rapidement, la rate était volumineuse ; je demandai avec insistance une biopsie du foie, qui fut réalisée. Le bilan d'extension effectué lors de l'exploration abdominale ne parut pas montrer de masses ganglionnaires évidentes. J'étais en salle d'opération, mais loin du champ opératoire qu'entourait bien évidemment toute l'équipe chirurgicale ; je ne vis donc pas l'opération dans le détail. Nour me dit plus tard qu'il remarqua que, lors de la résection du hile splénique, la queue du pancréas avait été lésée. Il avait dit à De Bakey de drainer, et de ne pas suturer, ce qu'il ne fit pas. Une fois l'opération finie, le chirurgien fut applaudi en sortant du bloc. S.M. la Reine et son fils aîné avaient assisté à l'acte opératoire devant un écran de télévision à l'étage au-dessus.

« Pendant les deux premiers jours, les suites parurent normales. Au troisième, quatrième jour, le patient commença à avoir une douleur thoracique basse postérieure à gauche, avec projection scapulaire. Cela me parut curieux et je fis part à De Bakey de mes craintes quant à ce qui se passait peut-être dans la loge splénique. L'assistant australien me répondit sèchement en m'envoyant promener. De Bakey le reprit immédiatement en disant à peu près : "Fais attention (*be careful*), quand Georges dit quelque chose, habituellement il y a une raison !" Peu après, je vis les préparations histologiques de la pièce opératoire. La rate était farcie de nodules tumoraux correspondant à des localisations du lymphome à grandes cellules. Comme on pouvait logiquement s'en douter, le foie était le siège de lésions nodulaires périportales de même nature. Plus grave, un fragment de tissu glandulaire – pancréatique – était inclus dans le hile et j'en eus donc la preuve microscopique. En parlant avec mon ami Afifi, j'appris l'incident Nour. Je rentrai à Paris, après une semaine passée au Caire, laissant De Bakey et son équipe derrière moi, et redoutant, comme Nour, la formation d'un abcès sous-phrénique. Il me paraît peu vraisemblable qu'un homme du niveau et de la qualité de De Bakey n'ait pas eu la même conviction. »

En réalité, trop émue, j'avais détourné la tête au moment de l'incision, puis mon regard n'avait plus quitté l'écran de télévision. J'aurais tellement voulu transmettre une partie de ma force et de ma santé à mon mari. Reza était, en effet, à mon côté. La rate était énorme, elle pesait un kilo neuf cents. Le roi se sentit un peu mieux, mais je fus effondrée en apprenant que les médecins avaient découvert dans le foie des cellules cancéreuses. Comme si le sol se dérobait sous mes jambes. Quand le foie est atteint, je le savais, les espoirs sont bien minces.

En dépit de douleurs persistantes, mon mari sembla se rétablir doucement, et bientôt les médecins l'autorisèrent à quitter l'hôpital. Malgré le pessimisme qui m'habitait désormais, voir cet homme si cher arpenter lentement les allées du parc de Kubbeh m'apparut comme une grâce particulière venue du ciel. Ainsi, il vivait, il avait survécu au mal qui le rongeait, survécu à la cruauté insoutenable de l'Histoire. Il fallait profiter de cette flamme qui l'animait. Pour combien de temps encore ?

Puisque nous étions enfin tous réunis, nous décidâmes de le rester et, comme nous y encourageaient le président Sadate et son épouse, nous inscrivîmes nos enfants dans les établissements scolaires et universitaires du Caire, étant entendu que les deux aînés termineraient l'année commencée aux États-Unis. Leila et Ali-Reza entrèrent ainsi au collège américain du Caire – *Cairo American College* – dès ce printemps 1980.

À ce moment-là commença de se poser la question, ô combien douloureuse, de la succession de mon mari. Reza était conscient de l'extrême gravité de la maladie, conscient des lourdes responsabilités qui pouvaient à brève échéance lui incomber, et en même temps comment aborder ce sujet sans évoquer crûment la mort de son père ? Un jour, il s'en ouvrit à moi. Il me dit son intention d'assumer toute sa tâche quand le jour viendrait, de servir son pays comme l'avait fait son père, de se battre, et de mourir s'il le fallait, pour le bien-être de ce peuple aujourd'hui sous le joug de religieux moyenâgeux et fanatiques. J'ai conservé ses mots dans un de mes carnets : « Je suis l'héritier de mon père, la vie n'a de signification pour moi qu'au service de l'Iran. Je suis prêt à me sacrifier pour mon pays. Si je réussis, tant mieux, sinon j'aurai au moins essayé. Je n'ai pas peur de la mort. » Il éprouvait le besoin d'entendre les conseils de son père, or comment organiser cette conversation sans donner le sentiment à mon mari que nous n'avions plus d'espoir en son rétablissement ? Humainement, c'était insurmontable.

Après quelques jours de réflexion, je proposai à Reza d'aller demander conseil au président Sadate, qui était comme un frère pour moi, et comme un oncle pour mes enfants. Le président était à Alexandrie, nous y allâmes ensemble. Il nous écouta avec cette sollicitude si rare chez les grands de ce monde, et puis, très vite, il trouva la solution :

— Demandez au souverain, nous conseilla-t-il, de quels hommes il aimerait être entouré aujourd'hui. La simple désignation de ces hommes sera pour Reza comme un legs de son père. Il pourra demain les appeler auprès de lui ; ils lui montreront le chemin, comme l'aurait fait le roi si sa santé le lui avait permis.

Interrogé, mon mari donna trois noms : celui d'Amir Aslan Afshar, qui avait été ambassadeur d'Iran dans différents pays avant de devenir chef du protocole et de nous suivre dans notre exil ; celui de Nosratollah Moïnian, son chef de cabinet ; enfin, celui du général Reza Azimi, lequel se trouvait alors en exil à Paris. Seuls deux de ces hommes, M. Afshar et le général Azimi, se révélèrent dignes de la confiance que leur avait accordée le roi.

Quelques semaines s'écoulèrent dans une ambiance irréelle. Quand je sentais mon mari un peu mieux, l'esprit clair, quand je le voyais sourire, je reprenais malgré tout espoir. Et à tous ceux qui m'appelaient, je disais : « Soyez confiant, le roi se remet lentement, il faut croire en l'avenir. » Mais le lendemain, il n'avait pas même la force de se lever, et l'anxiété me coupait le souffle.

Cependant, les enfants étaient heureux, heureux dans leur nouvelle école où professeurs et enfants étaient très gentils avec eux, et heureux de nous trouver auprès d'eux en rentrant. Tout le personnel du palais et les hommes de la Sécurité étaient d'une grande tendresse avec eux. Je ne voulais pas gâcher ces moments devenus si précieux et je prenais sur moi, priant le Seigneur de me donner la force de ne pas flancher. Nous faisions les devoirs ensemble, le soir, comme dans n'importe quelle autre famille, parfois les grands sortaient après le dîner avec des amis, je les entendais rire en partant. Chaque instant de gaieté de l'un ou de l'autre était pour nous un bien inestimable.

Durant ces mêmes semaines, plusieurs personnalités iraniennes rencontrèrent le souverain. Je me souviens en particulier de la visite que lui fit le général d'aviation Mehdi Rouhani. Le général transmit à mon mari certaines informations sur les mouvements de résistance. Le roi était resté en relation avec le général Oveissi, qui avait créé un réseau de résistance essentiellement constitué de militaires, dont beaucoup se trouvaient encore en poste en Iran. Le roi reçut également mon ancien chef de cabinet, Houchang Nahavandi, qui était actif dans la résistance. Un peu plus tard, après la seconde intervention chirurgicale que devait subir mon mari, le général Bahram Aryana, ancien commandant en chef des Armées, vint à son chevet lui dire sa loyauté. Le général Aryana avait mis sur pied, lui aussi, un réseau de résistance depuis Paris et il voulait en informer le roi, qui n'avait plus que quelques semaines à vivre. Je garde de cette rencontre un souvenir plein d'émotion. Enfin, la visite du prince Bernard des Pays-Bas, venu tout spécialement apporter soutien et réconfort à mon mari, nous toucha infiniment.

Petit à petit, ses forces recommencèrent à décliner, et la fièvre réapparut, de plus en plus élevée. On lui avait fait tellement de transfusions, donné tellement d'antibiotiques, qu'il n'avait plus une veine accessible à l'aiguille. Il perdit l'appétit. Nous tentions avec les enfants de l'amuser, en vain. J'essayais de le faire manger, mais il ne pouvait plus rien avaler. Les médecins n'étaient pas d'accord sur l'origine de la fièvre et de cette immense faiblesse. Le docteur Coleman évoqua une possible salmonellose. Le professeur Flandrin maintint qu'à son sens le roi développait un abcès. Les proches du professeur De Bakey pensaient, eux, qu'il faisait une pneumonie. Il fallut de nouveau l'hospitaliser.

Je rappelai le professeur Flandrin, qui devait retracer ainsi cet ultime combat :

« Je n'avais plus de nouvelles directes du Caire, mais j'étais tenu au courant à Paris par un ami iranien très proche de la famille. Ce que j'entendais me laissait assez perplexe et, voyant le temps passer, je me disais que l'hypothèse que j'avais faite avait peu de chance d'être vraie, car la situation se serait beaucoup plus vite aggravée. Un va-et-vient de médecins américains paraissait s'être établi. J'eus ensuite des informations plus précises, directement par S.M. la Reine, et à nouveau tout semblait cadrer avec le développement d'un abcès sous-phrénique. Je lui dis qu'il fallait demander à De Bakey de revenir, car nous courions à la catastrophe. Je crois avoir compris qu'il jugea son retour inutile et qu'il se fit simplement envoyer les radiographies de l'abdomen. Je continuais, via mon ami iranien, à exprimer mon étonnement et mon pessimisme, d'autant plus explicables qu'il me décrivait une aggravation permanente. Kean semblait avoir été très tôt sorti du jeu et Morton Coleman, l'oncologue de New York, était revenu dans la partie avec d'autres médecins américains. Pas plus que De Bakey, ils ne paraissaient admettre l'hypothèse d'abcès sous-phrénique et la lecture du dossier, plus tard, me montra qu'ils avaient couru après la fièvre dans une escalade folle des doses d'antibiotiques. Tout cela sans effet, bien entendu. Pour des raisons qui doivent avoir leur explication, j'étais maintenu en pratique hors de la partie qui se déroulait. Les dernières nouvelles que me donnait mon ami iranien étaient devenues totalement catastrophiques. Il ne me cacha pas son pessimisme et je lui dis que, dans ces conditions, tout était perdu. Cela faisait bientôt trois mois que l'affaire durait, je n'étais visiblement plus dans le problème médical. J'avais repris mon travail à Saint-Louis et je fis demander au Caire si je pouvais m'absenter. Depuis six ans, j'avais pratiquement supprimé toutes vacances, hormis ce court séjour dans la maison de mes parents, où je restais à portée du téléphone. Je voulais psychologiquement couper ce fil. Cela me fut accordé, et je partis chez l'une de mes sœurs à Nantes avec ma femme. Je laissai quand même, dans un dernier scrupule, son numéro de téléphone sur un répondeur.

« Nous désirions aller à Belle-Île que je ne connaissais pas, mais un violent orage nous avait bloqués à Nantes depuis deux jours. C'est là que je reçus un appel me disant de venir immédiatement au Caire en me faisant accompagner d'un "interniste". Je m'assurai de la coopération d'un collègue, puis je reçus alors un deuxième appel me disant que c'était en fait un pneumologue, capable de faire une fibroscopie bronchique, que l'on voulait. J'étais alors prêt pour repartir à Paris, ce que je fis. Arrivé à Paris, je finis par joindre tard dans la nuit le professeur Philippe Even, que je connaissais, et je lui expliquai la situation. Il me dit : "J'ai l'homme qu'il te faut, mon assistant, le docteur Hervé Sors, je le préviens." Le lendemain matin à Roissy, je repérai un homme jeune qui tenait à la main une boîte ressemblant à un étui de clarinette. Nul doute, cela devait être un fibroscope. En effet, c'était bien cela ; nous fîmes connaissance et je lui brossai une fresque succincte de toute l'histoire. La demande de la fibroscopie semblait être justifiée par une hypothèse d'abcès du poumon. Avant d'avoir vu le problème, Sors pensa qu'il y avait une réaction pleurale au-dessus de l'abcès sous-phrénique, ce qui s'avéra exact.

« Nous parvînmes au Caire, S.M. n'était pas mourant à proprement parler puisqu'il trouva encore la force de nous plaisanter, Sors et moi, sur nos allures de jeunes gens. Il dit à quelqu'un qui était dans la chambre, en parlant de moi : "Essayez de dire quel âge il a ?" J'avais quarante-sept ans à l'époque et c'était son grand jeu de voir les gens me rajeunir de dix ans. La situation était en fait catastrophique. Le patient avait un faciès d'infecté grave. Il existait effectivement une réaction pleuro-pulmonaire à l'infection sous-diaphragmatique qui n'était que trop évidente. Sors fut formel avant d'effectuer sa fibroscopie : le problème était sous-diaphragmatique. Il fit la fibroscopie qui, comme prévu, ne révéla rien d'anormal. Devant ce tableau de suppuration sous-diaphragmatique (après trois mois), pouvait-on encore agir ? Le problème était celui du chirurgien. Je ne récusai pas *a priori* les Égyptiens, mais ce qu'il fallait faire n'était pas à la portée de tout le monde. Grâce à Sors, qui se mit en contact avec des réanimateurs à Paris, quelques noms furent avancés. Il me fallait faire vite, nous étions le 30 juin et je redoutais le début des vacances françaises.

« Il me fut conseillé de commencer par joindre le docteur Pierre-Louis Fagniez qui travaillait à Henri-Mondor et qui avait la pratique de cette chirurgie difficile de "seconde main". On me dit qu'il proposait une procédure originale et efficace pour aborder ces problèmes de nécrose pancréatique infectée. Grâce à la solidarité et à la gentillesse des collègues consultés, je parvins donc à ce choix et j'eus la chance de joindre Fagniez chez lui, ce samedi, en début d'après-midi. Il accepta et put avoir l'avion pour Le Caire le lendemain matin. Il venait avec son anesthésiste. J'allai le chercher à l'aéroport et je trouvai cet homme jeune et mince, souriant et décontracté, en qui nous allions fonder nos derniers espoirs.

« Il vit rapidement la solution, confirma mes hypothèses et expliqua à S.M. sa position. Il lui fit un petit schéma anatomique lui expliquant ce qu'il allait faire. S.M. accepta et lui dit : "Oui, maintenant, il faut prendre le taureau par les cornes !" en imitant le geste. L'intervention fut décidée pour le lendemain matin, car l'état général était alarmant. Le malade, déshydraté, avait besoin d'être "rempli" avant l'induction de l'anesthésie. Nos collègues égyptiens restaient assez passifs, sans paraître véritablement contents de cette nouvelle irruption sur leur territoire. En réalité, ils nous facilitèrent la tâche et c'est du docteur Coleman que nous vinrent les difficultés. Il s'opposait tout à fait à nos conditions, s'accrochant à l'hypothèse d'une simple complication digestive sous prétexte d'une hémoculture revenue positive pour une salmonelle. Il tenta de faire suspendre la décision d'intervention, disant qu'il fallait attendre un spécialiste des salmonelles qu'il allait faire venir de New York. J'étais à cran, et je ne dissimulai pas ma colère. L'incident ne fut pas apprécié, et S.M. la Reine me prit en privé pour me dire qu'elle était ennuyée, qu'ils avaient toujours apprécié mon calme, que je les avais toujours habitués à garder mon sang-froid, etc. Je la priai de m'excuser, mais je lui dis que l'on avait "assez plaisanté avec la santé de S.M.". Elle parut secouée par la rudesse de mes propos. Je poursuivis : "C'est comme au rugby, il y a un moment où il faut plaquer aux jambes, même violemment !" J'estimais prendre mes risques, car l'intervention allait avoir lieu. Il était trop facile de dire et de faire croire n'importe quoi. Depuis près de trois mois que je clamais qu'il y avait un abcès sous-phrénique, j'allais me soumettre au jugement qui sortirait de la salle d'opération. Je crois que tout le monde avait compris que, cette fois, j'étais en force, soutenu par l'opinion convergente de mes jeunes collègues français, et qu'il fallait me suivre.

« Le matin, avant que Fagniez entre en salle d'opération, il eut une conversation avec S.M. la Reine pour avoir son accord formel. Elle avait appelé De Bakey, alors en Belgique, et il lui avait répondu qu'il ne voyait pas d'obstacle à ce que le chirurgien français intervienne, mais qu'il souhaitait l'avoir au téléphone. S.M. la Reine fit appeler de nouveau De Bakey, mais à ce moment-là, ce dernier restant non joignable, S.M. la Reine demanda à Fagniez de passer outre et d'opérer.

« En salle d'opération, il y avait foule : Fagniez, les anesthésistes, le personnel habituel des instrumentalistes, les chirurgiens égyptiens, dont le docteur Nour, qui allaient aider, mais aussi beaucoup d'autres. Fagniez compta trente-cinq personnes ! Et il me fit signe de faire quelque chose. Je donnai l'exemple en sortant et en demandant à tous ceux qui n'étaient pas utiles de sortir également. Ils restèrent donc une quinzaine. Je m'installai dans une petite pièce attenante, rentrant de temps en temps pour voir ce qui se passait. Coleman était resté "en civil" et nous étions assis côte à côte, en chiens de faïence. Il avait tenté jusqu'au matin de s'opposer à l'intervention et il était furieux de s'être fait passer sur le corps ! Fagniez me faisait tenir au courant. Il avait effectué, selon sa technique, une incision limitée sous-costale gauche, pour aborder directement la collection purulente. Après un moment, il me fit appeler ; j'étais "habillé" et j'entrai. Fagniez et les chirurgiens égyptiens étaient hilares. Ils étaient en train d'évacuer un litre et demi de pus et de débris de pancréas nécrosés. J'étais rempli d'un sentiment de rage triste plus que de satisfaction. Je sortis de la salle d'opération, la nouvelle avait fusé dans le bloc. Coleman me serra la main en me disant : "Bravo, congratulations." Je n'avais pas le cœur aux épanchements et je descendis immédiatement à l'étage inférieur rejoindre S.M. la Reine, que je retrouvai dans le couloir en compagnie de la princesse Ashraf. Je dis ce qu'il en était. Elles laissèrent éclater leur joie et leur soulagement. S.M. la Reine me lança dans un élan : "Remontez vite voir le docteur Fagniez et chantez-lui *La Marseillaise* dans l'oreille !"

« Il fallait bien malheureusement voir plus loin. Je repensai à Mexico et à tout ce gâchis. Pouvait-on encore sauver quelque chose ? Fagniez n'avait fait que magistralement appliquer l'aphorisme d'Hippocrate : après l'"eau" des Américains, il avait porté le "fer" pour drainer l'abcès... quant au reste, il aurait fallu pouvoir porter le "feu". En effet, tout le problème cancérologique restait en suspens, et ce problème de fond avait été pratiquement négligé depuis Mexico. La suite allait être terrible et à aucun moment il ne fut possible de reprendre le traitement. »

Cette nuit-là, et les suivantes, je dormis à l'hôpital dans une chambre attenante à celle de mon mari. Je laissais la porte ouverte en permanence, si bien que je pouvais m'assurer à tout instant qu'il respirait, qu'il vivait ; les battements de son cœur, amplifiés par le moniteur, accompagnaient mon propre souffle.

De ces nuits d'insomnie, minées par l'anxiété, le chagrin des enfants et le mien propre, je n'ai conservé que ces lignes quasi comateuses :

« 5 juillet, minuit. J'ai peur ce soir. J'ai peur. Je ne sais pas si c'est le manque de sommeil ou un pressentiment terrible. Mon mari dort. Je ne sais plus écrire, ni même en quelle langue. Parfois, je me noie, je flotte entre la force et la faiblesse, entre l'acceptation, la résignation et la révolte. Quel jour sommes-nous ? Aucun de nous ne le sait. Je vais d'une chambre à l'autre. Voir mon mari si faible, squelettique dans ce lit d'hôpital, me tue littéralement. Les gens dans le couloir ont le visage plein d'anxiété, nos cœurs cent fois par jour se gonflent d'espoir pour aussitôt se vider. Je n'ai pas le droit de flancher, je dois trouver un mot pour chacun. »

L'opération du docteur Fagniez avait été un succès et bientôt mon mari put s'asseoir, puis se lever. Des Iraniens suppliaient qu'on les laissât l'approcher et, après quelques jours, il put recevoir certaines personnes. L'ancien ministre du Travail vint à son chevet évoquer les difficultés de la résistance. Il disait qu'il fallait expliquer ce qu'étaient l'identité iranienne et la place essentielle que tenait la monarchie dans l'Histoire – il devait ensuite séjourner en Égypte pour enseigner au jeune roi la géographie sociale de l'Iran [1]. Je restai là, près de mon mari, et ce fut pour moi un spectacle bouleversant que de voir avec quelle ferveur ces gens venaient implorer un conseil, un avis, de la part de cet homme tellement malade. J'eus l'idée de lui faire un peu de lecture, il accepta avec plaisir, et je lui lus une partie des Mémoires du général de Gaulle, que nous avions rencontré ensemble vingt ans plus tôt et qui demeurait à ses yeux un exemple de détermination et de courage. Il ne parlait presque plus, ou par de très courtes phrases.

Il était conscient de son état, de son extrême fragilité, conscient aussi de ce qui se passait autour de lui. Ce mois de juillet était celui du ramadan, le personnel de l'hôpital avait donc installé une grande table au fond du couloir pour pouvoir se restaurer le soir. S'il était au salon quand ce moment arrivait, il me disait : « Rentrons dans ma chambre, si je reste là je vais les gêner, et ils ne vont pas rompre le jeûne tranquillement. » Je pensais alors en moi-même : « Voilà, jusqu'au soir de sa vie il aura su transcender sa condition d'homme, oublier ses propres souffrances au profit des autres. »

De ces derniers jours, Jehan Sadate a conservé ce souvenir qui me touche infiniment :

« Anouar me téléphona pendant la conférence (au Danemark) pour m'apprendre que le Shâh était de nouveau malade. Quand je me rendis à son chevet, avec Farah et les enfants, je compris que son heure était proche. Le Shâh était plus maigre et plus pâle que jamais. Il respirait avec la plus grande difficulté. Cependant, il n'y avait rien de pitoyable en lui, rien de faible. Au contraire, vous pouviez voir à la seule façon dont il était assis contre ses oreillers que c'était encore un battant. Les médecins disaient qu'il souffrait terriblement. Mais le Shâh ne s'est jamais plaint. Dieu devait aimer cet homme pour lui donner la force

---

1. M. Shafa prit en charge l'enseignement de l'histoire, et une autre personne celui de la littérature persane.

de supporter ces épreuves avec tant d'allure, me disais-je, tandis que je me tenais près de lui dans l'unité de soins intensifs. "Bientôt, vous irez mieux, et nous passerons de bons moments ensemble en Alexandrie", lui assurai-je. Je vis des larmes dans les yeux de Farah. "Sois forte, ne lui montre pas ce que tu ressens, lui murmurai-je. Il est intelligent et il comprendra [1]." »

Certains soirs, je regardais le Nil et les pyramides qu'on devinait au loin et je pensais : « Des souverains, des gouverneurs, des généraux ont vu en leur temps ce site, cette lumière si belle, ce fleuve, ils ont vécu, ont été heureux, aimés, et aussi trahis, avant de disparaître. À notre tour nous sommes là, à notre tour nous allons disparaître, et cependant le Nil continuera de couler durant des millénaires encore. » Cela m'aidait à accepter le destin comme il se présentait.

Le roi semblait miraculeusement récupérer ses forces, si bien que, le 26 juillet, je décidai d'envoyer en Alexandrie nos trois plus jeunes enfants. Je voulais les sortir de cette ambiance terriblement angoissante de l'hôpital dans laquelle ils vivaient depuis un mois.

Or, le soir même, mon mari sombra brusquement dans une sorte de coma.

« C'était l'époque du jeûne, écrira plus tard le professeur Flandrin, et dans ce pays de stricte observance qu'est l'Égypte, il n'était pas question de changer les habitudes. Nous rentrions en fin d'après-midi à l'hôtel Méridien pour ne retourner à l'hôpital Maadi qu'à la nuit, une fois le jeûne rompu, et après que notre chauffeur se fut restauré. Ce soir-là, nous mangions donc au Méridien, mais depuis quelques jours j'étais soucieux et tendu. Comme par un pressentiment, je poussai Fagniez et notre réanimateur à ne pas traîner et à retourner dès que possible à Maadi. Quand nous arrivâmes, régnaient un silence inhabituel à l'étage et une atmosphère de consternation. La situation s'était brutale-

---

1. Jehan Sadate, *A Woman of Egypt, op. cit.*

ment aggravée, et nous n'avions pas été prévenus de l'événement qui devait dater de deux heures à peine. La patient était sans pouls, sans tension, dans un tableau d'hémorragie interne foudroyante. La paralysie qui s'était abattue sur la famille et l'entourage semblait avoir débordé sur toute l'organisation médicale. Les merveilleuses infirmières égyptiennes qui avaient été notre appui principal étaient consternées, ou en pleurs et sans directives. Les médecins égyptiens, sans doute pour les mêmes raisons que nous, n'étaient pas là et devaient être chez eux, rompant le jeûne.

« Ce spectacle déclencha chez notre réanimateur, que Fagniez et moi secondions, une réaction elle aussi foudroyante. Peu de temps après avoir récupéré l'anesthésiste égyptien qui, tout au long, nous avait beaucoup soutenus et avait obtenu le sang que nous souhaitions (les ressources de cet hôpital militaire marchèrent à plein), le malade réapparut à la conscience. Je sortis dans le couloir rejoindre S.M. la Reine et Son Altesse la princesse Ashraf. Une indescriptible émotion s'était emparée de chacun et, après tout ce temps, je ressens encore celle qui alors m'étreignit moi-même. Tous paraissaient être en proie à la même consternation. Il se passa alors l'épisode qui me bouleversa le plus dans toute cette longue histoire, car il concerna non pas celui qui allait mourir, mais ceux qui allaient vivre.

« Je fis le point de la situation pour S.M. la Reine et pour la princesse, nous savions que la fin était pour cette nuit et je le fis savoir. Je demandai à S.M. la Reine que les enfants soient prévenus. Il se trouve qu'ils étaient justement ce jour-là repartis à Alexandrie, une certaine euphorie était effectivement dans l'air depuis quelques jours car le roi avait pu marcher et s'asseoir dans la salle à manger improvisée au bout du couloir. Pour les deux aînés au moins, il fallait parler au plus vite. S.M. la Reine acquiesça et me demanda de les avertir. Je ne comprenais pas et je dis : "Mais, Majesté, ce n'est pas à moi, c'est à Votre Majesté de le faire !" Étreinte par l'émotion, elle me répondit : "Non, c'est impossible, moi-même, je n'y arriverai pas." J'insistai : "Mais, Majesté, il doit y avoir quelqu'un d'autre, quelqu'un de la famille pour faire cela..." Elle me dit : "Il n'y a que vous, c'est à vous de le faire." Je dus donc contrôler ma propre émotion et j'appelai Alexandrie. J'ai particulièrement en mémoire d'avoir eu directement la grande fille, la princesse Farahnaz, qui me lança de sa voix d'enfant : "Oh! c'est vous, professeur, comment ça va ?" Je dus répondre que justement cela n'allait pas, et ce ne fut pas facile. Grâce à notre réanimateur, le roi eut alors quelques heures de pleine conscience, et il put parler longuement avec son épouse la reine, avec la princesse Ashraf, sa sœur jumelle, avec le prince héritier et avec ses autres enfants.

« Je me souviens particulièrement du spectacle poignant de la grande fille, Farahnaz, pelotonnée à genoux au bord droit du lit, et qui tenait en l'embrassant la main de son père, avec sur le visage une espèce de sourire extatique, et répétant en persan : *Baba, Baba*. Sur le bord gauche du lit, nous continuions à surveiller la tension artérielle et à passer le sang à la pompe. Nous nous limitâmes aux seuls gestes qui étaient raisonnables, et le monarque s'éteignit paisiblement au matin. Sous l'oreiller du défunt, S.M. la Reine retira alors devant mes yeux le petit sachet contenant de la terre d'Iran emportée au moment de l'exil.

« Durant tout cela, et au milieu de ce déferlement d'émotion et de douleur, m'apparut au cours de la nuit et au matin le spectacle étonnant du prince héritier Reza. Ce nouveau diadoque était encore un tout jeune homme, mais dans la dignité de son attitude et par le contrôle qu'il montra alors, il prenait la mesure de sa dimension nouvelle. Il me parla longuement et je lui remis au matin le double de tous les documents en ma possession. Je me souviens qu'il me confia, en parlant de mes collègues et de moi-même : "On pourra dire ce que l'on voudra, moi je me souviendrai de ce que j'ai vu." »

Oui, Farahnaz était en effet au bord du lit de son père, Reza se tenait au pied, et moi de l'autre côté, près des médecins. Le roi eut deux brèves respirations, puis il inspira longuement et se figea, c'était fini. Un long moment, nous restâmes hébétés. Alors, la princesse Ashraf, qui se tenait au pied du lit, me souffla : « Ferme-lui les yeux. » Je le fis, puis je repris en effet le sachet de terre d'Iran et les prières que nous avions placés sous son oreiller. Ces prières, toute sa vie il les avait portées sur lui, dans une poche de tissu. Le docteur Lioussa Pirnia retira ensuite l'alliance du roi et me la donna – je la porte, depuis ce jour, au même doigt que la mienne.

On nous fit sortir de la chambre, puis, un instant plus tard, nous pûmes un à un revenir embrasser une dernière fois le souverain. En posant mes lèvres sur son front, je me rappelle avoir eu le sentiment furtif qu'il était vivant.

La nouvelle de sa mort avait plongé dans un accablement silencieux les quelques personnes, iraniennes pour la plupart, qui se tenaient dans le couloir. Nous partagions le même chagrin. « Le roi n'est plus là, leur dis-je. mais il ne faut pas perdre courage et continuer de lutter dans la voie qu'il a tracée. »

Puis j'allai appeler ma tante Louise, qui habitait désormais Paris. Je ne voulais pas qu'elle l'apprît par la radio.

Il nous fallait maintenant annoncer la mort de leur père aux deux plus jeunes, Leila et Ali-Reza, qui avaient passé la nuit au palais Kubbeh. En arrivant au palais, nous eûmes l'émotion d'y découvrir le président Sadate, son épouse et leur fille. Tous trois nous attendaient pour nous apporter les premiers cette affection et ce réconfort qu'ils n'avaient cessé de nous manifester depuis le tout début de notre exil. Dès son réveil, et comme si elle avait senti quelque chose, devait me raconter sa gouvernante, Leila était allée directement dans la chambre d'Ali-Reza avec lequel elle avait une grande complicité. C'est donc ensemble qu'ils apprirent la nouvelle des lèvres de la gouvernante et alors que nous rentrions de l'hôpital. « Votre père est au ciel avec les anges », leur dit celle-ci. Leila sortit de la pièce sans rien montrer de son chagrin, et quand sa gouvernante vint dans sa chambre, elle la trouva en train de disposer des vêtements noirs sur son lit.

Ce soir-là, je ne me sentis pas la force de traverser la nuit seule et je demandai aux enfants de me rejoindre. Reza, Farahnaz et Leila vinrent aussitôt; Ali-Reza, lui, voulut rester seul avec sa peine. Nous installâmes des matelas par terre et nous dormîmes serrés les uns contre les autres.

Les funérailles eurent lieu le 29 juillet 1980, deux jours après le décès du roi. Sa dépouille reposait au palais d'Abdine où l'on joua l'hymne impérial. Nous fûmes tous extrêmement bouleversés de l'entendre, pour la première fois depuis notre départ d'Iran. Puis le cortège accompagnant le corps partit du palais d'Abdine sous une chaleur accablante, pour se rendre à la mosquée el-Rifaï où mon mari fut provisoirement inhumé. Traditionnellement, dans les pays musulmans, les femmes ne marchent pas derrière le cercueil, mais j'avais insisté pour être présente.

« Nous ferons comme Farah le souhaite », avait dit le président Sadate aux personnes du protocole.

Reposant sur un affût de canon tiré par des chevaux et recouverte du drapeau impérial, la dépouille du souverain fut saluée tout au long du parcours par une foule immense qui psalmodiait : « *La elaha el l'Allah.* » (« Il n'y a de Dieu qu'Allah. ») Nous étions en tête du cortège; sur ma droite marchaient Leila en robe blanche, Farahnaz et Ali-Reza; sur ma gauche, Richard Nixon et mon fils Reza. Le président égyptien, Jehan Sadate et les frères du roi, Gholam-Reza, Abdol-Reza et Ahmad-Reza, nous entouraient. Quelques amis fidèles, le roi Constantin de Grèce et la reine Anne-Marie, le prince Victor-Emmanuel de Savoie, nous suivaient parmi les ambassadeurs représentant certains pays. Le roi Hassan II avait envoyé l'un de ses plus proches, Moullay Hafid Alaoui, porteur d'un morceau de tissu brodé de prières qui avait recouvert la pierre de Kaaba à La Mecque et qui devait être déposé sur le linceul de mon mari.

À la mosquée el-Rifaï, la dépouille du roi fut descendue dans un caveau particulier en sous-sol. Reza l'accompagna, puis Ali-Reza descendit d'autorité, sans demander la permission de personne, alors que ça n'était pas prévu. Plus tard, des médecins

372

me dirent combien il était important pour lui qu'il ait vu où reposait son père. Les femmes, malheureusement, n'étaient pas habilitées à descendre, de sorte que ni Farahnaz, ni Leila, ni moi n'avons vu le souverain gagner sa dernière demeure. De ces instants, je conserve avec beaucoup d'émotion le souvenir du général d'aviation Rouhani, qui me dit sa tristesse d'être le seul représentant de l'armée à avoir fait un long voyage pour être présent.

« Jamais il n'y eut funérailles nationales plus imposantes, devait écrire Jehan Sadate dans ses Mémoires. Anouar les organisa lui-même, surveillant jusqu'aux plus petits détails. Des centaines d'étudiants de notre Académie militaire conduisaient la procession, en uniforme blanc, jaune et noir selon leur rang, jouant de leurs instruments. Derrière marchaient des soldats arborant des couronnes de roses et d'iris, accompagnés par les officiers à cheval. Puis venait un escadron d'hommes portant les décorations militaires du Shâh sur des coussins de velours noir, précédant le cercueil recouvert du drapeau iranien et tiré par huit chevaux arabes sur un caisson militaire. Nous le suivions.

« Il faisait chaud, très chaud en ce jour d'été au Caire, comme nous parcourions à pied les trois miles qui séparent le palais d'Abdin de la mosquée el-Rifaï où le Shâh serait enterré. Le père du Shâh avait, lui aussi, été enterré là avant que le Shâh ramène ses restes chez lui, en Iran. Sur les directives d'Anouar, j'avançais à côté de Farah, ce fut la seule et unique fois que j'ai marché dans une procession funéraire. "Fais ce que fait Farah, m'avait dit Anouar, nous devons l'aider à traverser ce jour si triste et si difficile." Alors je suis restée à côté d'elle, avec ses enfants.

« Derrière nous, aussi loin que portait notre regard, s'étendait la foule de ceux qui étaient venus honorer la mémoire du Shâh. Tous les ministres du gouvernement égyptien nous accompagnaient, ainsi que l'ancien président des États-Unis, Richard Nixon, l'ancien roi Constantin de Grèce, et les ambassadeurs des États-Unis, d'Allemagne de l'Ouest, de France, d'Australie et d'Israël, ainsi qu'un nombre incalculable de citoyens égyptiens. Les gens se pressaient dans les rues, sur les balcons et sur les toits pour regarder passer la procession. La musique était la plus forte qu'ils aient jamais entendue. Il y avait plus de fleurs qu'on ne pouvait l'imaginer. C'étaient les funérailles les plus spectaculaires que nous ayons jamais vues en Égypte, et la dernière chance de montrer au monde que le Shâh méritait mieux que la façon dont il avait été traité. L'Égypte, au moins, n'avait pas tourné le dos à un ami. »

En regagnant le palais Kubbeh, après cette journée si éprouvante, j'avais à l'esprit de dire au roi que je m'étais bien comportée, que j'étais parvenue à rester digne et droite malgré le chagrin qui n'avait cessé un instant de m'aveugler. C'était étrange, je ne pouvais pas croire qu'il n'était plus là, qu'il ne serait plus jamais là.

Les enfants avaient forcé mon admiration, ils avaient vécu chaque instant avec dignité, retenant leurs larmes, ou les cachant.

Cinquième Partie

Nous étions à trois mois des vingt ans de Reza, âge
auquel la Constitution l'autorisait à succéder à
son père. Trois mois durant lesquels j'étais de fait
régente[1]. Je compris rapidement que ce n'était pas un vain
mot : dès le lendemain des obsèques du souverain, les relations
qu'il n'avait cessé d'entretenir avec les réseaux de résistance installés un peu partout dans le monde m'incombèrent. Les
demandes d'entretiens se multiplièrent ; tous ces hommes –
anciens ministres, responsables politiques, officiers, simples

---

1. Témoin des pensées profondes du roi durant ses derniers jours, j'ai
considéré de mon devoir de rédiger au lendemain de sa mort le texte suivant, qui reflète ce que mon mari ressentait et voulait dire à ses
compatriotes avant de s'éteindre : « En ce moment où, loin de ma terre
natale, pris dans les griffes de cette abominable maladie, je vis les derniers
instants de mon existence, j'adresse ce message à mon peuple qui traverse
l'une des plus sombres périodes de son histoire.
« Souvenez-vous que notre pays a connu bien des hauts et des bas, mais
que les attaques venues de l'étranger n'ont jamais pu éteindre le flambeau
de la culture et de la civilisation iraniennes. Je suis persuadé que cette
flamme vaincra les tristes ténèbres qui se sont abattues sur l'Iran et qu'un
renouveau national surviendra.
« J'espère que mon fils, qui est encore bien jeune, et qui, comme tous les
jeunes Iraniens, est imprégné de fierté nationale, relèvera le drapeau sacré
de l'Iran et le gardera bien haut, en s'appuyant sur le peuple iranien.
« Je confie le jeune prince héritier au Dieu tout-puissant et au grand
peuple de l'Iran. Ceci est ma dernière volonté. »

militants – qui avaient choisi l'exil pour se battre souhaitaient me proposer des initiatives, ou avoir mon avis, ou mon soutien, pour tel ou tel projet. Sur le moment, je leur en voulus de ne même pas me laisser en paix le temps du deuil, mais, à la réflexion, je crois que leur activisme et leur ferveur me sauvèrent du profond désespoir dans lequel j'aurais pu me noyer.

Les principaux groupes de résistance s'étaient constitués en France, en Grande-Bretagne et aux États-Unis, mais il y en avait aussi en Allemagne et en Turquie notamment. Tous les responsables avaient leurs propres opinions sur ce qu'il convenait d'entreprendre pour engager la lutte et ils espéraient naturellement mon adhésion. Certains sollicitaient une entrevue, parfois clandestinement, en particulier le général Oveissi, M. Bakhtiar, et M. Moïnian, l'ancien chef de cabinet du roi. Nous avions également des entretiens téléphoniques à toute heure du jour ou de la nuit. Parfois, je devais attendre deux ou trois heures du matin pour entrer en contact avec les États-Unis, et c'étaient des discussions difficiles, épuisantes, où je devais donner mon avis sur telle ou telle initiative sans être parfaitement informée du sérieux de l'opération. Nous devions nous battre, même si nous n'étions pas nombreux au début.

Avec sa générosité habituelle, le président Sadate m'avait invitée à rester au palais Kubbeh autant de temps que je le voulais, et c'est dans une des ailes du palais, au fond d'un couloir encombré de meubles désaffectés, de vitres cassées, que nous installâmes notre premier bureau. Il fallait absolument centraliser et gérer cet activisme foisonnant des Iraniens en exil et nous reçûmes rapidement le concours d'une jeune femme, Lila Fouladvand, qui assura le secrétariat, bientôt secondée par Liliane Ristak. Toutes deux ont tout quitté pour nous et nous ont beaucoup aidés sans économiser leur peine. Un journaliste français nous rejoignit avec son assistante, Marie-Christiane, pour organiser notre communication.

Pour recevoir les personnes qui ne voulaient pas être vues au Caire pour des raisons de sécurité, l'État égyptien m'avait autorisée à utiliser un appartement situé à quarante minutes environ du palais Kubbeh. Toutes ces allées et venues dans la chaleur et le bruit de la capitale égyptienne étaient harassantes, et je devais sans cesse prendre sur moi pour tenir. Je dus subir à cette époque une intervention chirurgicale douloureuse et, malgré les souffrances, je me revois encore écoutant, argumentant, tâchant à chaque instant de faire preuve d'attention et de donner espoir à mes interlocuteurs.

J'associais mon fils aîné Reza à ces entrevues, sachant qu'il aurait bientôt à assumer seul la responsabilité de fédérer les différentes initiatives de la communauté en exil. Nous allions ensemble voir le président Sadate pour lui demander conseil, et nous rencontrâmes également ensemble, à cette période, le roi Hussein et la reine Noor de Jordanie ainsi que le roi Hassan II du Maroc. Les uns et les autres nous reçurent avec beaucoup de disponibilité et de chaleur. La reine Noor devait demeurer durant tout l'exil, et jusqu'à ce jour, une amie précieuse.

Notre plus grande satisfaction, dans ces mois de folie, fut de parvenir à créer une radio clandestine qui porta la voix des exilés, nous permit de nous rassembler, d'expliquer ce qui se passait réellement en Iran et de donner des nouvelles des divers groupes d'opposition. L'idée de cette radio nous était venue du vivant de mon mari. Nous en avions parlé tous deux et il avait donné son accord. Sollicitées, les autorités égyptiennes nous avaient également accordé leur permission. Il nous restait à monter l'entreprise. Dans le climat de suspicion qui nous entourait depuis le premier jour de notre exil, cette initiative représentait un danger supplémentaire. Nous en étions conscients et je me rappelle qu'avec Kambiz Atabaï, qui dirigeait maintenant mon bureau, nous évitions de parler de notre projet à l'intérieur du palais de peur d'être écoutés, et que nous allions dans le parc pour en discuter. Par respect pour le gouvernement égyptien, le secret devait être gardé et, d'autre part, nous ne voulions pas qu'on sache que j'étais derrière cette initiative. Il fallait cependant définir la politique et le ton de notre future antenne et, naturellement, découvrir des professionnels courageux capables de l'animer au péril de leur vie. Pour toutes ces questions, nous sollicitâmes discrètement mon cousin Reza Ghotbi, qui se trouvait en exil à Paris où il était en contact avec un réseau de résistance. Le principe fondateur fut celui de l'union de tous les Iraniens en exil contre le nouveau régime. La radio serait la voix de tous, et nous la baptisâmes « La Voix de l'Iran ».

Trois hommes et une femme furent retenus pour constituer le premier noyau de la rédaction, parce qu'ils avaient travaillé à la radio-télévision iranienne. On loua un appartement au Caire sous un nom d'emprunt, où le quatuor s'installa très discrètement. Ils prirent des noms européens pour tromper les soupçons, bien que leurs voix fussent connues en Iran. Ils sortaient le moins possible pour ne pas attirer l'attention, leur travail consistant à regrouper, puis bientôt à diffuser, les innombrables documents et témoignages qui nous parvenaient de toute la communauté en exil, mais également de l'intérieur de l'Iran. De nombreuses cassettes étaient enregistrées à Paris, notamment, où nous avions des correspondants, puis acheminées jusqu'au Caire. Nous disposions aussi de correspondants dans les Émirats du golfe Persique et d'un informateur en Allemagne qui disposait d'un réseau de correspondants en Iran. Des rapports écrits à l'encre sympathique nous arrivaient de notre pays.

Il nous fallut neuf mois de travail avant d'être prêts à émettre. Je me souviens de mon émotion le jour où M. Atabaï vint m'avertir que notre voix était enfin audible sur les ondes. Je pris une petite radio et courus immédiatement m'enfermer dans ma chambre à coucher. J'ouvris grande la fenêtre, j'étais tellement heureuse : cette voix était comme une première conquête vers la liberté, une première victoire.

Entre-temps, nous avions célébré au palais Kubbeh les vingt ans de Reza, le 31 octobre 1980, et donc son accession symbolique au trône. Un mois plus tôt avait éclaté la guerre Iran-Irak et, trop conscients du nouveau malheur qui venait de s'abattre sur notre pays, nous réduisîmes la cérémonie au strict minimum. Devant une unique caméra de télévision et un seul journaliste de la presse écrite, mon fils aîné prononça notamment ces quelques paroles d'espoir [1] :

« Mes chers compatriotes, mes sœurs, mes frères, cette responsabilité suprême m'est confiée après la triste disparition de mon auguste père, dans une des périodes les plus sombres de notre Histoire, au moment même où nos principes nationaux et spirituels, nos valeurs historiques et culturelles, notre civilisation, sont menacés de l'intérieur ; au moment même où l'anarchie, l'effondrement économique et le déclin de notre prestige international ont engendré le viol de notre intégrité territoriale par une agression extérieure que nous condamnons.

« Je sais parfaitement qu'aucun d'entre vous, dont la fierté nationale et l'esprit patriotique sont innés, qu'aucun d'entre vous qui êtes profondément attachés à votre identité nationale, à votre foi et aux principes sacrés de l'islam authentique, à vos valeurs historiques et à votre patrimoine culturel, n'a voulu un tel désastre. Aucun peuple, quelle que soit sa condition, ne peut, j'en suis certain, souhaiter une telle chose. C'est pourquoi, comprenant vos souffrances et devinant vos larmes cachées, je m'associe à votre douleur. Je sais que, tout comme moi, à travers ces ténèbres, vous voyez poindre l'aube sereine d'un jour nouveau. Je sais aussi que vous avez, au plus profond de vos âmes et de vos cœurs, la ferme conviction que, comme par le passé, notre Histoire plusieurs fois millénaire se répétera et que le cauchemar prendra fin. La lumière succédera à l'obscurité. Forts de nos amères expériences, nous entreprendrons tous ensemble, dans un grand élan national, la reconstruction de notre pays. Grâce à des réformes appropriées et avec la participation active de tous, nous atteindrons nos idéaux. Nous rebâtirons un Iran nouveau où prévaudront l'égalité, la liberté et la justice. Animés par la vraie foi de l'islam toute de spiritualité, d'amour et de clémence, nous ferons de l'Iran un pays prospère et fier, ayant dans le concert des nations la place à laquelle il a droit. »

---

1. Texte intégral en annexe.

Quatre semaines plus tôt, Reza avait fait savoir aux autorités de Téhéran qu'il était prêt à rentrer pour se battre contre l'envahisseur irakien aux commandes d'un avion de chasse.

« En ce moment crucial pour la vie de notre pays, écrivait-il, je souhaiterais pouvoir offrir mon sang pour sauvegarder l'inviolabilité de notre chère patrie. »

Nous avions passé la nuit à transmettre son message par télex aux différents ministères à Téhéran. Certains interrompaient la communication, d'autres acceptaient l'ensemble du texte, mais aucun n'avait répondu. J'avais, de mon côté, rendu public un communiqué dans lequel je déclarais notamment : « En tant qu'Iranienne et mère du prince héritier, consciente des responsabilités historiques qui pèsent désormais sur mes épaules, j'exprime l'espoir que les événements dramatiques que nous traversons aujourd'hui toucheront bientôt à leur fin, et que les forces étrangères qui croient pouvoir envahir impunément l'Iran apprendront une fois pour toutes que cette terre appartient aux Iraniens. Ces derniers ne toléreront jamais la présence de forces illégitimes sur leur sol. »

L'accession de mon fils aîné aux responsabilités ouvrit une période trouble et douloureuse pour nous. Du jour au lendemain, certaines personnes, comprenant que le « pouvoir » avait changé de mains, se tournèrent vers Reza et lui rendirent visite au palais sans même avoir la correction de venir me saluer. C'était blessant, mais tellement révélateur de la nature humaine que j'en souriais tristement. D'autres, en revanche, continuèrent de ne s'adresser qu'à moi, comme si rien ne s'était passé, et je me rappelle que, dans cette situation, je pris le parti de baisser ostensiblement le regard de façon que mon interlocuteur comprît qu'il devait désormais parler à mon fils qui se tenait assis à mon côté. Je souhaitais clairement signifier que les décisions appartenaient désormais au jeune roi et que, si je demeurais auprès de lui, c'était uniquement pour l'aider de mon expérience et de mes conseils.

Cela ne fut pas admis au début. Certains responsables vinrent me supplier de ne pas me retirer, me faisant valoir qu'ayant régné durant vingt ans je ne pouvais pas les abandonner dans une période aussi dramatique. Cela me plaçait dans l'embarras, car je ne voulais pas donner à ces gens, qui avaient confiance en moi et se battaient dans la clandestinité, le sentiment que je me désintéressais de notre cause. Je devais donc inlassablement expliquer que je restais engagée dans la résistance, mais désormais sous l'autorité de mon fils. « Si vous avez confiance en moi, leur déclarais-je, ayez également confiance en ma décision. »

Ce furent ensuite des pressions pour que j'intervienne dans la composition du cabinet de mon fils, que je lui présente telle ou telle personne, que je veuille bien écarter telle ou telle autre. Là encore, je dus expliquer combien il me paraissait important pour le jeune roi, pour sa réussite, qu'il pût choisir lui-même ses collaborateurs, en toute indépendance et dans la sérénité. Je sentais que Reza voulait voler de ses propres ailes, ce qui naturellement devait être encouragé. Je disais à mes interlocuteurs : « Laissez-lui le temps de découvrir les personnes avec lesquelles il se sentira en confiance et aura envie de travailler. »

Dans ce climat pénible où les ambitions des uns et des autres entraient en rivalité, il se produisit ce que je redoutais secrètement : certains tentèrent de semer la discorde entre mon fils et moi. J'entretenais des contacts avec les différents groupes de résistance, mais je ne voulais pas que le nom de Reza fût attaché à un groupe plutôt qu'à un autre, et c'est cela qu'on ne me pardonnait pas. Chaque groupe aurait voulu s'attacher le jeune roi pour obtenir tous les avantages d'un tel parrainage. On tenta donc, pour neutraliser mon influence, de persuader Reza que je portais une grande responsabilité dans la chute de la monarchie, du fait de mes idées trop « libérales » et de l'influence que j'aurais eue sur mon mari.

Ces rumeurs malveillantes étaient essentiellement colportées par des personnes dont les agissements avaient déjà nui à la monarchie. Tous ces jeux d'influence autour de mon fils aîné, qui était encore si jeune, furent pour moi extrêmement douloureux. Il ne pouvait mesurer ce qu'il y avait de bassesse et d'ambition derrière ces perfidies. Je songeais en moi-même qu'il comprendrait un jour, qu'il avait besoin de temps pour prendre ses marques, et je me répétais une fois de plus qu'il fallait tenir. Tenir dans la dignité. Certains jours où tout cela m'apparaissait trop blessant, trop injuste, j'essayais de me raccrocher à l'essentiel. « Nous luttons pour l'avenir de l'Iran, pensais-je. Notre cause est immense et mérite tous les sacrifices, le reste est secondaire. »

Après quelques mois, Reza émit le vœu de partir s'installer au Maroc avec son entourage. Je compris qu'il voulait s'éloigner pour conforter son indépendance, ce qui était légitime, mais il me parut regrettable qu'il quitte l'Égypte qui lui offrait tellement de possibilités d'action et de rayonnement. Je le lui dis et, comme cela ne sembla pas l'ébranler, j'en vins à réunir autour de lui nos proches collaborateurs pour leur annoncer que j'étais prête, quant à moi, à quitter Le Caire : « Aujourd'hui, l'essentiel, c'est l'Iran, ce n'est pas moi. Pour l'avenir de notre cause, il est préférable que le jeune roi reste en Égypte. Je suis donc disposée à m'en aller si mon départ peut faire revenir Reza sur sa décision. » Ce ne fut pas le cas, et mon fils partit pour le Maroc comme il le souhaitait. Le roi Hassan II le reçut avec beaucoup d'affection et d'attention.

J'ai gardé un souvenir pénible de toute cette période, où il fallait se battre sur tous les fronts à la fois, personnel, politique, familial, ce qui devenait insoutenable. Mais, en dépit de toutes ces difficultés, nous parvînmes, durant cette première année de deuil, à restaurer une vie de famille que nous n'avions plus connue depuis notre départ en exil. Nous habitions de nouveau tous ensemble – du moins, avant le départ de Reza – dans le palais Kubbeh. Les enfants avaient repris le cours de leurs études et ils étaient émerveillés, je l'ai dit, de l'amitié qu'on leur manifestait partout, à l'école, dans la rue, au palais même où tout le monde était très attentionné avec eux. Ils étaient soulagés de ne rencontrer en Égypte que sourires et bienveillance. C'était comme un retour au sein des nôtres, de notre communauté familiale et culturelle.

Habiter de nouveau ensemble avait aussi rendu aux enfants ce sens de l'humour qui égayait si heureusement la vie quotidienne au palais de Niâvarân au temps de Téhéran. De nouveau, j'entendais leurs éclats de rire, je les écoutais se raconter des histoires, plaisanter. Certains soirs, je m'asseyais auprès des deux plus jeunes, pour vérifier les devoirs, faire réciter les leçons, et je voyais le visage de Leila s'éclairer. Après tous ces mois chaotiques où, si petite, elle avait souffert de mon absence, elle pouvait enfin goûter la satisfaction de partager avec moi ses plaisirs et ses préoccupations d'écolière.

Parfois, nous sortions ensemble pour dîner au restaurant, visiter un musée. Parfois ma mère nous préparait un dîner iranien. Elle avait été là durant les années de bonheur et elle était restée à nos côtés durant tout l'exil. Les enfants l'aimaient beaucoup. Devenue veuve à trente-six ans, elle ne s'était jamais remariée. C'était une belle femme, volontaire, qui jamais ne se plaignait. Elle avait toujours des paroles positives et encourageantes pour les enfants comme pour moi. « Pense au bien, disait-elle, et le bon Dieu te le donnera. » Croyante, elle était un exemple de tolérance à l'égard des autres religions, et tout ce que prêchait la Révolution islamique la révulsait. Elle qui s'était très tôt engagée dans le combat pour le respect des femmes disait que Khomeyni faisait un mal incalculable à l'islam, à l'idée même de religion. Elle mourut à Paris à l'automne 1999, après avoir furtivement posé sa main sur mon épaule, comme pour me signifier qu'elle avait bien vu, elle qui ne reconnaissait plus personne, que j'étais auprès d'elle.

Des cousins et des proches nous rendaient visite (je garde notamment en mémoire l'amitié du roi Baudouin, du président Senghor, ainsi que du roi et de la reine du Népal). Des officiers et d'anciens responsables politiques également. Ainsi, en marge des immenses difficultés que nous rencontrions pour fédérer les différents réseaux de résistance, être à l'écoute des uns et des autres, donner de l'espoir, dénouer les intrigues, la vie malgré tout reprenait le dessus. Nous commencions à envisager de nous installer durablement au Caire quand, le 6 octobre 1981, alors que je me trouvais à Paris pour quelques jours, j'appris la mort d'Anouar el-Sadate. J'écrivis alors ces lignes, dont la lecture me replonge aujourd'hui dans le désespoir de cette nuit d'automne :

« Paris, deux heures du matin. Le président Sadate n'est plus, on l'a assassiné pendant une revue militaire. Je ne le crois pas encore. Comme c'est difficile d'écrire ces mots. Une partie de moi-même est morte au même instant. Une partie de nous. Cher Sadate, je voudrais te dire combien tu étais merveilleux, un père pour mes enfants, un ami pour moi. Tu portais en toi la lumière, la paix, le calme, la bonté, la sagesse. Tu étais fort comme une montagne et paisible comme la surface de l'eau. Tes yeux étaient pleins d'amour et de compréhension pour les êtres humains. Quelle perte pour l'Égypte, pour le monde, et pour nous. Tu as rejoint ton ami, et nous voici orphelins pour la seconde fois. »

Quatorze mois après la mort de mon mari, le chagrin nous rassembla au Caire, derrière la dépouille du président égyptien. Jehan, le visage creusé par la douleur, n'en trouva pas moins les mots et les gestes pour apaiser ceux qui venaient lui dire leur chagrin.

L'Égypte avait perdu son guide et sa conscience. On me conseilla cependant de ne plus sortir du palais Kubbeh et d'éviter de nous promener dans le parc – les autorités n'étaient plus certaines de l'état d'esprit des soldats qui y montaient la garde. Le pays allait-il basculer dans le chaos ? Le fanatisme meurtrier des Frères musulmans pouvait se cacher partout. Les trois personnes qui m'avaient accompagnée et moi restâmes enfermées durant plusieurs jours, nous demandant si nous n'allions pas être de nouveau la proie d'une insurrection. Nous attendant au pire, nous étions préparés à fuir à n'importe quel moment du jour ou de la nuit...

Aux États-Unis, à peine le président Ronald Reagan élu, les autorités de Téhéran libérèrent les cinquante-deux otages restants, le 20 janvier 1981 [1]. Le nouveau président américain me fit savoir que j'étais désormais la bienvenue dans son pays. Sans cette invitation, nous n'aurions sans doute pas quitté l'Égypte.

Retourner aux États-Unis, après ce que nous y avions vécu, me fut profondément douloureux. Je me souviens en particulier de l'émotion qui me submergea en repassant sous les fenêtres du New York Hospital. Tout me revint brusquement, les souffrances de mon mari, son courage, tandis que dans la rue des opposants hurlaient des cris de haine, notre départ secret pour cette base militaire de Lackland, et le chagrin qui m'étouffait en songeant que ma petite Leila ne me verrait pas à son réveil comme chaque matin.

Williamstown est à trois heures de New York par la route. Je fis le trajet en voiture et je me rappelle combien retrouver ces fast-foods, tout ce mode de vie si éloigné du nôtre et qui me replongeait dans la pire période de mon existence, m'était contraire.

La maison qu'avait acquise mon fils était peu adaptée à la vie de famille. En bois, elle laissait passer tous les bruits. Peu de chambres et petites, en nombre insuffisant. Au début, je n'eus pas le cœur à arranger quoi que ce soit, je me sentais comme anesthésiée.

Je réalisais lentement, je crois, combien cette retraite forcée pouvait être bénéfique pour nous tous après ces deux années de souffrance et de folie. Williamstown est une ville universitaire minuscule, de cinq mille habitants, qui ne compte qu'une seule rue commerçante et semble étrangement éloignée des convulsions du monde. Une petite ville champêtre, charmante, où les

---

1. Au terme de l'accord d'Alger, signé le 16 janvier 1981 entre la République islamique et les États-Unis pour la libération des otages, Washington s'engageait à restituer à Téhéran les biens que nous possédions aux USA. Or ni le roi ni moi-même ne possédions quoi que ce fût aux États-Unis. La République islamique ne nous en a pas moins poursuivis durant quatorze ans. En vain, naturellement. Elle a également perdu les procès qu'elle nous avait intentés en Angleterre et en Suisse.

automnes, en particulier, sont magnifiques. Arrivant de l'extra-ordinaire fourmillement du Caire, j'éprouvais le sentiment pénible d'avoir été subitement privée de mes sens : ici, plus un bruit, si ce n'est celui des tondeuses à gazon, plus aucune sensation de danger, mais la perception d'un monde aseptisé, bucolique, absolument protégé.

Les premières semaines d'adaptation passées, les enfants me parurent plutôt satisfaits de leur nouvelle vie, notamment Leila qui se fit rapidement des amies. Pour elle, nous avions trouvé une école privée, tandis qu'Ali-Reza était dans le public. Les deux établissements les reçurent avec beaucoup d'attention et de gentillesse, et l'école de Leila proposa spontanément d'intégrer le persan dans son cursus scolaire, alors qu'évidemment le persan n'y était pas enseigné. De mon côté, j'avais désormais plus de temps à leur consacrer. J'étais présente pour les devoirs, à leur écoute, heureuse de partager avec eux les aventures minuscules du quotidien.

Farahnaz, qui avait obtenu son bac en Égypte, fut acceptée à Benington College dans le New Hampshire. Elle eut la malchance de tomber sur un professeur qui avait été ambassadeur de la République islamique aux Nations unies durant la prise d'otages des diplomates américains à Téhéran. Elle fit un exposé sur le pétrole, un très bon devoir certainement, car cet homme, qui ne perdait pas une occasion de condamner la monarchie, refusa son travail en prétendant qu'elle ne l'avait pas fait seule. Cette injustice, évidemment due à son nom, annonçait bien d'autres marques de rejet.

Depuis le Maroc, mon fils aîné avait pris en main la gestion des activités de résistance, me déchargeant d'une grande partie des tâches qui m'avaient accaparée durant les mois suivant la mort de mon mari. Je demeurais présente à travers le courrier auquel il me fallait répondre, à travers telle ou telle entrevue importante, telle ou telle conversation téléphonique, mais les heures désormais ne m'étaient plus comptées.

Le 10 mars 1982, la reine mère, atteinte de leucémie, s'éteignit. Pour la préserver, on lui avait caché la mort du roi, et durant tous ces mois je dus m'astreindre à lui donner des nouvelles de son fils comme s'il avait été encore là, à nos côtés. Je prétendis simplement qu'il était trop fatigué pour tenir une conversation téléphonique et elle voulut bien me croire, elle-même étant très faible. La reine mère repose provisoirement à New York, auprès de son petit-fils Shahriar.

Je réappris à vivre un peu plus normalement, une partie de l'année à Paris, l'autre aux États-Unis. Je repris en particulier le tennis qui me fut toujours d'un précieux secours. Il y avait une serre près de la maison et j'entrepris d'y faire des plantations. Les graines qui poussaient me donnaient de l'espoir. Les gens qui nous entouraient, voisins, commerçants, partenaires de tennis, responsables de notre sécurité, étaient tous très chaleureux. La plupart m'appelaient par mon prénom, mais certains n'avaient manifestement aucune idée des événements terribles que nous venions de traverser, ni même souvent aucune idée du drame que subissait l'Iran, et cette ignorance contribuait à nous isoler. Un jour, une jeune femme à qui j'offrais des pistaches de chez nous me dit innocemment : « La prochaine fois que vous irez en Iran, soyez gentille, rapportez-m'en, elles sont tellement bonnes ! » Que lui répondre ? Et par où commencer ? À la même époque, je dus passer des examens médicaux. La femme qui remplit mon dossier, ne me connaissant pas, me demanda si j'étais mariée. Je répondis : Mon mari est mort. Elle écrivit « veuve ». Vous travaillez ? Non. Elle écrivit « *unemployed* », au chômage, et cela me fit sourire, pensant en moi-même : tu ne peux pas mieux dire.

On m'invita très aimablement à quelques dîners. Les personnes présentes échangeaient leurs impressions sur telle ou telle pièce de théâtre qu'on donnait à New York, tel ou tel événement local, et moi je souriais distraitement, songeant que j'étais décidément d'une autre planète. Je m'efforçais d'en rire, oui, pour relativiser notre déracinement. Et comment ne pas rire en effet, parfois ? Un ami iranien de New York, qui avait une photo de moi dans son salon, m'appela un soir pour me faire partager son hilarité teintée d'amertume. Il venait de recevoir un chef d'entreprise qui s'était enquis de mon identité : « Qui est cette jeune femme sur la photo ? — C'est notre reine, lui avait rétorqué mon ami. — La femme de Khomeyni ? » s'était étonné son visiteur... Une autre fois, comme j'étais entrée dans une galerie d'art à New York, un homme m'aborda très aimablement : « On me dit que vous êtes la femme du Shâh, je suis enchanté de vous rencontrer ! Est-ce que ça vous gênerait que je vous prenne en photo avec ma femme ? — Pas du tout, je vous en prie... » Il appela son épouse : « Chérie, viens faire une photo avec la femme du Shâh. » Puis, quand la photo fut prise : « Au fait, vous êtes la femme du Shâh, mais du Shâh d'où ? » Le même jour, dans la même galerie, une femme engagea la conversation avec moi en italien. « Excusez-moi, l'interrompis-je, mais je ne parle pas l'italien. — Comment, mais vous n'êtes pas Soraya ? — Non, lui dis-je, je suis celle qui vient après. »

Pourtant, je n'oublie pas, au-delà de ces malentendus, la sympathie que me témoignèrent beaucoup d'Américains. Des amis du roi et de moi-même continuèrent de me recevoir, ayant gardé en mémoire les relations amicales qui avaient existé entre nos deux pays. En chaque occasion, certains surent trouver les gestes ou les mots justes pour exprimer leur solidarité. Je pense à ces ouvriers manifestant sous les fenêtres du New York Hospital contre les manifestants qui priaient pour la mort de mon mari. Je reçus de nombreuses lettres d'Américains anonymes pour me dire qu'ils étaient au courant de l'œuvre accomplie par le roi et qu'ils étaient tristes de voir dans quel état notre pays se trouvait. Je pense à Mary et à Robert, d'Arizona, qui chaque année m'écrivent fidèlement. À Dane, de Caroline du Nord. À David, Indien d'Amérique. À Gary, qui choisit mon prénom pour sa fille, qui a vingt-sept ans aujourd'hui. À tant d'autres... J'admire chez le peuple américain cette façon de toujours regarder vers l'avant, et de ne jamais s'apitoyer sur son sort. J'aime chez eux ce refus têtu de la fatalité, des larmes et du désespoir. Cette foi obstinée en l'avenir.

Au milieu des années 80, je me résolus à rompre cet isolement qui me pesait et pouvait nuire à l'ouverture d'esprit des enfants. Nous voulions nous rapprocher de New York sans pour autant y habiter. On m'avait vanté la région de Greenwich, dans le Connecticut, à une heure seulement de New York. Nous trouvâmes là une maison plus confortable que celle de Williamstown, suffisamment grande, disposée au milieu d'un jardin merveilleux planté de tous les vieux arbres dont je pouvais rêver, moi qui venais d'un pays où la végétation souffrait tellement de la sécheresse. Greenwich est en effet un petit coin de paradis pour les amoureux de la nature et des saisons. Je ne devais pas me lasser des automnes, dont les teintes rousses et mordorées me rappelaient les automnes de Téhéran.

Leila ne fut pas très contente de devoir abandonner une fois de plus son cercle d'amies, mais sa nouvelle école lui plut, finalement. Ali-Reza, qui entrait à l'université, fut admis à Princeton, ce qui me remplit de fierté, pour y étudier les sciences, avant de bifurquer vers l'histoire de la musique qui devait se révéler une passion. Farahnaz, étudiante à présent à Columbia, en psychologie, où elle obtenait d'excellents résultats, habitait New York dans un petit appartement que je lui avais loué. Quant à Reza, il avait quitté le Maroc pour s'installer également dans le Connecticut, de sorte que nous reprîmes l'habitude de fêter en famille le Nouvel An iranien.

Enfin, après nous avoir été si longtemps cruelle, la vie sembla soudain nous sourire de nouveau : un soir, Reza m'appela pour m'annoncer qu'il envisageait de se fiancer. Je sentis une onde de bonheur me traverser le cœur. Il avait rencontré quelque temps plus tôt une jeune Iranienne prénommée Yasmine dont la famille, exilée aux États-Unis, avait possédé des propriétés agricoles à Zandjan, non loin de Téhéran, avant la Révolution islamique. En moi-même, je me réjouis qu'il envisageât de fonder une famille avec une jeune fille de notre culture qui avait, elle aussi, énormément souffert des événements – elle était partie d'Iran à l'âge de neuf ans et ses parents avaient tout perdu : ainsi, ils seraient d'emblée en communion d'esprit.

Quelques semaines plus tard, il me fit connaître Yasmine Etemad-Amini, dont la beauté et l'intelligence, alliées à une grande simplicité, me touchèrent aux premiers instants. Sa réserve me rappela ma timidité lorsque j'avais été présentée à la reine mère, un quart de siècle plus tôt. Je fis tout mon possible pour la mettre à l'aise, je lui dis combien j'étais heureuse de la voir au côté de mon fils, puis, en tâchant de ne pas l'effrayer, je lui décrivis les responsabilités qu'elle aurait à porter, une fois liée par le mariage au jeune roi. Me souvenant de ma propre innocence quand j'avais connu le souverain, je voulais la protéger de tout ce qui pouvait lui faire du mal. Elle n'avait que dix-sept ans, mais on sentait déjà qu'elle avait une grande force de caractère et beaucoup de sérénité.

Le mariage fut fixé au 12 juin 1986. Depuis notre départ de Téhéran, ce serait la première fois que nous nous retrouverions tous réunis autour d'un événement heureux et porteur d'espoir. Nous étions cependant en pleine guerre Iran-Irak et, par respect pour les souffrances des Iraniens, nous décidâmes que le mariage serait célébré dans l'intimité familiale, et dans la simplicité. Des deux côtés, nous avions le désir de respecter les traditions en dépit de l'exil. Yasmine avait voulu choisir elle-même sa robe de mariée et elle l'avait commandée à une couturière iranienne. Quant à moi, j'avais découvert un artiste, également iranien, qui nous avait préparé le plateau traditionnel avec les encens colorés. L'épouse d'un de nos gardes s'était occupée des fleurs, les plats iraniens avaient été confectionnés par des amis de la communauté.

La cérémonie fut émouvante et retenue. Nous n'étions qu'une soixantaine autour du jeune couple, et mon seul regret fut de ne pas avoir osé inviter Jehan Sadate dans un souci de pudeur et de discrétion. J'aurais dû, pour elle, transgresser les règles de stricte intimité que nous nous étions imposées. Durant toute la célébration religieuse, on fit ce qu'on n'avait pas fait pour mon propre mariage : des femmes heureuses en ménage, les sœurs de Yasmine, Ladan et Niloufar, ma tante, Pouran Diba, et le docteur Pirnia, tinrent un voile tendu au-dessus de la tête des mariés, comme le veut la tradition, tandis qu'on frottait par-dessus ce voile deux morceaux de sucre, promesse de douceur, et qu'une femme faufilait ce même tissu pour faire taire, assure-t-on chez nous, la langue de la belle-mère.

En forme de dot, Reza avait offert à sa jeune épouse des pièces d'or à l'effigie de son père, ainsi qu'un petit Coran. De mon côté, j'avais offert à Yasmine un diamant monté sur une bague.

J'étais si émue à l'instant de leur dire quelques mots que je ne me souviens plus précisément des vœux de bonheur que je formulai. Mais je me rappelle avoir évoqué la mémoire de mon mari pour leur exprimer combien je regrettais qu'il ne fût plus là pour connaître ce beau jour.

Enfin, Yasmine lâcha les colombes, comme je l'avais fait moi-même vingt-sept ans plus tôt exactement.

Avec beaucoup de courage, elle entreprit au lendemain de son mariage des études de sciences politiques, qu'elle devait prolonger par des études de droit après la naissance de ses filles, ce qui lui permet d'exercer aujourd'hui le métier d'avocat. Elle s'occupe en particulier des enfants délaissés, maltraités ou abusés. Par ailleurs, elle a créé il y a une dizaine d'années une fondation dont l'objet est de faire venir aux États-Unis des enfants iraniens gravement malades et qui ne peuvent être soignés sur place. La communauté en exil l'aide dans cette entreprise – par des dons et en offrant de son temps – et, pour que son nom ne nuise pas à l'efficacité de cette fondation, Yasmine en a confié la responsabilité à l'une de ses cousines.

Yasmine est une jeune femme intelligente et moderne, dont l'ouverture au monde, la culture et la vivacité d'esprit sont certainement pour mon fils un précieux soutien. Je les sens aujourd'hui très liés, très solidaires, très au fait aussi de la marche du monde, et j'ai la conviction que, si le peuple iranien se tourne un jour vers eux, ils sauront le conduire dans la voie oubliée du progrès et des échanges culturels.

Ses études bien avancées, Yasmine prolongea donc le bonheur de ce mariage en donnant à mon fils deux petites filles dont l'amour et la vivacité d'esprit me charment chaque jour. Noor est née le 3 avril 1992, et Iman est venue au monde un an et demi plus tard, le 12 septembre 1993. J'ai désormais quitté le Connecticut pour me rapprocher d'eux. La maison de Greenwich était devenue trop grande et trop coûteuse pour Leila et moi.

Je songeais à chercher quelque chose de plus modeste quand Reza m'appela pour me proposer d'acheter une maison qu'il avait découverte à quatre minutes seulement de chez eux. J'étais à Paris à ce moment-là. Il m'envoya des photos de la maison et, sur un coup de cœur, je dis oui. Aussitôt, Yasmine me rappela :

« Je sais que vous n'aimez pas être bousculée, me dit-elle gentiment, surtout pour une chose de ce genre, mais Reza et les petites filles se font une telle fête de votre venue tout près de nous que, si vous changez d'avis, faites-le maintenant, parce que plus tard ils seront trop déçus. »

J'étais tellement touchée que j'ai confirmé ma venue.

Cette décennie 90 me confirma dans cette mission d'ambassadrice des intérêts de l'Iran. Mon fils assume pleinement le rôle politique qui lui revient, et je me suis mise à son service pour le représenter dans tel ou tel voyage, ou contacter telle ou telle personnalité que j'ai connue dans le passé. Nous avons pris l'habitude d'œuvrer ainsi.

Au fond, ma vie politique, depuis que mon fils a succédé à mon mari, se résume à expliquer inlassablement à tous mes interlocuteurs – hommes de la rue ou personnalités – dans quel drame vit aujourd'hui l'Iran. Je me tiens au courant de tout ce qui se passe à Téhéran et dans les provinces – c'est une tâche qui me prend une grande partie de mes journées, mais je le fais volontiers car j'ai la conviction que chaque personne que je réussis à convaincre est une alliée de plus pour la libération de mon pays.

Parmi toutes les personnalités qu'il m'a été donné de côtoyer en exil, je garde un souvenir émouvant et fort de François Mitterrand. C'est moi qui avais souhaité avoir un entretien avec le président français et il me répondit favorablement. Afin de conserver la confidentialité de cette entrevue, on me fit entrer discrètement par une grille du parc de l'Élysée. Le président, qui m'accueillit et me conduisit dans un salon au coin d'un feu de cheminée, me reçut avec infiniment de chaleur et de gentillesse. Il montra une grande curiosité pour les informations dont je disposais sur l'Iran, m'écouta avec attention, et je compris au fil de notre échange qu'il avait une connaissance approfondie des problèmes qui embrasaient cette région du monde que mon mari était parvenu à maintenir en paix, vingt années durant, malgré d'extrêmes tensions.

Je garde également un très bon souvenir de ma rencontre avec Nancy Reagan. Candidat à l'élection présidentielle américaine contre Jimmy Carter qui briguait un second mandat, Ronald Reagan avait été le seul à oser dire tout haut le bien qu'il pensait de mon mari et de la politique qu'il avait menée. Cela m'avait énormément touchée et je ne m'en étais pas cachée.

La reine Fabiola, le roi d'Espagne, Juan Carlos, et la reine Sophie demeurent de précieux amis. Pour mon fils Reza, la monarchie espagnole est un exemple qu'il aime citer lorsqu'il évoque l'avenir de l'Iran.

Le président égyptien Moubarak et son épouse Suzan me reçoivent chaque année avec affection et ferveur pour la commémoration du décès du roi. À travers eux, l'Égypte demeure dans mon cœur ce pays ami qui ne nous a jamais abandonnés.

L'amitié, la sollicitude constante de Mme Chirac à mon égard me touchent infiniment. L'épouse du président français prend toujours soin, lorsque nous nous rencontrons, de m'entourer, de me réconforter de quelques mots cordiaux et forts, pour mon pays, pour mes enfants et pour moi-même. Je n'oublierai jamais sa visite, après la mort de Leila. Elle était venue très simplement avec des fleurs me dire son affection, et combien elle se sentait près de moi dans ce malheur.

Un mot enfin pour dire le soutien moral précieux que m'apportent dans l'exil, avec toute la chaleur et la délicatesse de cette partie du monde si chère à mon cœur, certaines familles régnantes du Proche et du Moyen-Orient dont je ne peux, malheureusement, citer les noms, du fait de notre situation politique.

Depuis mon installation aux États-Unis, j'ai ouvert un bureau à New York et en ai confié la direction à Kambiz Atabaï qui demeure l'un de mes plus fidèles collaborateurs après toutes ces années d'exil. Ce bureau gère l'agenda de mes rencontres internationales, mais il reçoit aussi les centaines de lettres et d'e-mails qui me sont quotidiennement adressés. Beaucoup sont des messages de fidélité, d'affection, mais un certain nombre sont des demandes d'aide, de secours, en provenance de toutes les régions du monde – y compris d'Iran –, et je fais tout mon possible pour répondre favorablement à chacun. Sinon, de nombreux messages me sont envoyés par des compatriotes en exil qui ont un enfant ou un mari malade et ont besoin rapidement d'une petite somme d'argent, ou d'autres qui cherchent du travail et désirent un coup de pouce, ou encore de gens qui sont sur le point d'être expulsés d'un pays et attendent une intervention de ma part...

En marge de ces sollicitations qui ne sont pas faciles à régler et exigent parfois maintes démarches, m'en arrivent certaines qui ne réclament rien d'autre qu'un peu d'affection de ma part et, en ce cas, je suis heureuse de pouvoir très vite donner satisfaction à mes interlocuteurs. Ainsi, dernièrement, la fille d'un général à la retraite m'a appelée au secours. Exilé dans une petite ville des États-Unis, son père était extrêmement déprimé. « Vous êtes la seule personne à pouvoir lui remonter le moral, m'a-t-elle dit. — Bon, mais que dois-je faire ? — Si vous voulez bien, appelez-le » Je contacte cet homme en essayant de trouver les mots justes pour lui donner encore le courage d'espérer et, le lendemain, sa fille me rappelle : « Oh! merci! Merci! Votre coup de téléphone a changé sa vie... » Ou c'est un jeune Iranien qui me supplie de parler à son frère qui ne va plus à l'école, n'a plus goût à rien et sombre dans le désespoir. Je téléphone à ce garçon, je l'écoute, nous bavardons. Un an après cette conversation, j'ai la joie d'apprendre par son frère qu'il a terminé ses études.

Mes relations avec les Iraniens de l'intérieur se sont considérablement développées grâce à l'Internet. Beaucoup de jeunes, de cette génération qui n'a pas connu la monarchie, s'adressent à moi pour comprendre l'histoire de leurs parents, comprendre comment l'Iran, si lumineux, a pu basculer dans cette nuit. Leurs e-mails sont très émouvants, chargés d'interrogations et d'affection. Je m'attache à leur répondre, à leur expliquer simplement, et avec le cœur, ce que je sais du drame qu'a vécu notre pays et que nous continuons de vivre. Je m'attache surtout à leur insuffler de l'espoir pour demain.

Dernièrement, un jeune garçon de douze ou treize ans m'a envoyé un e-mail pour me dire qu'il m'aime beaucoup, qu'il veut absolument me parler mais que ses parents ont très peur que les autorités le découvrent. « J'ai emprunté un portable pour quelques jours, m'écrit-il, s'il vous plaît, appelez-moi. » Un autre, étudiant en architecture, me dit combien il a pensé à moi en visitant le site de Persépolis. Lui aussi me demande de lui téléphoner. Nous bavardons, et à la fin de la conversation il me dit : « Merci, vous m'avez donné le courage de continuer. » Ces quelques mots, j'aurais pu les lui retourner : tous les Iraniens qui ont besoin de moi, et en particulier ces jeunes, me donnent, à moi aussi, le courage de continuer.

Une de mes grandes joies, dernièrement, est d'avoir contribué à ce qu'un fils retrouve son père. Ils s'étaient perdus dans le drame de l'exil et le fils avait eu l'idée de m'appeler au secours.

Oui, tout cela exige énormément d'attention, de disponibilité, d'énergie, mais les bienfaits sont réciproques. Ce que je donne chaque jour, mes compatriotes me le rendent largement.

Leurs appels, leurs lettres, leurs e-mails me procurent la force de dépasser mes propres souffrances au nom de l'espoir que je devine en chacun. Aurais-je pu faire autrement et refuser ce rôle que beaucoup de mes compatriotes en exil m'ont dévolu dès notre départ de Téhéran ? « Je ne sais pas si c'est mon choix ou si c'est mon destin », ai-je dit un jour à Farahnaz, épuisée par ma tâche. Et Farahnaz m'a répondu : « Je crois que c'est ton destin qui ne te laisse pas le choix. »

La disparition de Leila, survenue le 10 juin 2001 à Londres, m'a à nouveau précipitée dans un désespoir sans fond, inconsolable. On ne se remet pas de la mort d'un enfant. Leila venait de fêter ses trente et un ans.

Depuis la perte de son père, alors qu'elle n'avait que dix ans, elle était constamment préoccupée par la mort. À Williamstown, cela m'avait inquiétée, et je lui avais fait rencontrer un professeur d'université iranien, en espérant qu'il saurait trouver les mots pour la décharger de cette angoisse. Elle avait traversé des années extrêmement douloureuses depuis notre départ d'Iran – années de deuils et d'effondrement de tout ce qui avait structuré sa vie. Elle commença à souffrir d'une fatigue chronique dès le début de l'université. Elle se plaignait souvent de migraines, notamment, et n'arrivait pas à suivre le rythme des cours. Elle entreprit alors de consulter des médecins sur mon conseil, cependant qu'à l'université nous parvenions, en accord avec ses professeurs, à alléger son travail. Mais cela n'eut aucun effet bénéfique. Elle ne se plaisait pas à l'université et, comme elle était très attirée par la poésie, la littérature, la musique, j'essayais de la convaincre qu'elle avait le droit d'écouter ses préférences, d'abandonner l'université et de se diriger vers les arts. À un moment, elle eut l'idée de réaliser un dessin animé à partir de certaines histoires de Ferdowsi qu'elle aimait beaucoup. Mais cela se révéla bien trop compliqué. Elle ne trouvait pas sa voie, et sans cesse elle revenait sur cette fatigue qui la minait du matin au soir.

Elle souffrait, j'essayais de l'aider – c'était si pénible de la voir se battre seule contre un mal qu'aucun médecin ne réussissait à identifier! Tous ces maux, toute cette douleur, c'était son malheur d'enfant qu'elle traînait comme un fardeau, je le devinais, mais elle ne supportait pas qu'on le lui dise, qu'on ose avancer que cette mystérieuse maladie pouvait être psychosomatique. Cela la blessait comme si on avait voulu nier la réalité de son épreuve.

Elle était profondément meurtrie par les malveillances, les rumeurs, tout ce qui avait été écrit, et continuait d'être dit et écrit, sur la monarchie, et sur le roi en particulier. Elle avait pour l'Iran un amour exclusif, patriotique, qui se confondait dans son cœur avec l'amour qu'elle éprouvait pour son père. Cela la conduisait à répondre avec une grande passion à tous ceux qui critiquaient devant elle le bilan de son règne. Je me souviens combien ces discussions l'enflammaient, mais l'épuisaient aussi. C'était difficile, pour elle qui avait quitté l'Iran petite fille, qui était si jeune encore, d'argumenter inlassablement avec des gens plus âgés, et parfois très agressifs ou amers. Elle était entière, émouvante, généreuse, de sorte qu'avec ses amis elle donnait également beaucoup. C'était elle qu'on appelait pour entendre des paroles d'encouragement, elle qu'on sollicitait quand ça n'allait plus. Elle arrivait toujours les bras chargés de fleurs ou de cadeaux, pour ses frères et sœur, pour moi-même, ou pour ceux qui vivaient auprès de nous, sachant trop bien, elle qui demeurait inconsolable, tout ce qu'il y avait à soulager dans le cœur des Iraniens.

Elle fit des check-up, rencontra toutes sortes de médecins et, comme la fatigue et les douleurs persistaient en dépit des traitements, elle en vint à dire que personne n'était capable de la guérir. Alors, comme toujours dans ces situations, elle tomba sur des fréquentations, des amis, qui lui conseillèrent des somnifères et des calmants. Elle savait parfaitement que ça lui faisait du mal, mais quand elle n'en pouvait plus elle en prenait. Elle dormait, ne souffrait plus. Elle en prit de plus en plus, consciente qu'elle jouait ainsi avec sa vie. Nous nous en rendions compte autour d'elle, et nous le lui disions tout en étant impuissants à lui tendre efficacement la main. À plusieurs reprises, j'entendis son frère Ali-Reza, dont elle était très proche, lui lancer avec sa rudesse d'homme blessé : « Écoute, Leila, si tu continues comme ça, tu vas mourir. » Il cherchait, comme nous tous, le moyen de la sortir de cette spirale épouvantable. Leila lui répondait qu'elle aimait la vie, qu'elle ne voulait pas mourir, que tous ces tranquillisants lui permettaient seulement d'oublier, durant quelques heures, cette maladie qui la rongeait.

C'est à Ali-Reza qu'elle se confiait le plus facilement. Depuis leur petite enfance, ils se donnaient la main, se soutenaient. Elle l'appelait, allait souvent le voir à Boston. Lui pouvait la conseiller, et se permettre d'être dur avec elle. Peu avant sa disparition, cependant, elle avait dit à son médecin qu'elle ne voulait plus écouter désormais que son frère Reza, et son père. « Mais ton père n'est plus là », lui avait rétorqué le médecin. J'avais rapporté ses propos à Reza, qui lui avait alors exprimé tout l'amour qu'il éprouvait pour elle, toute sa confiance en son rétablissement. Cela avait mis Leila très en colère ; elle pensait que le jeune roi, pour qui elle avait un grand respect, ne devait pas être importuné par ses problèmes de santé ni mis au courant de ses faiblesses.

Je me trouvais aux États-Unis dans les jours qui ont précédé sa mort. Leila était à Paris avec Mlle Golrokh, qu'elle appelait affectueusement « Gogol » et qui la suivait depuis sa plus tendre enfance. Leila m'a appelée pour m'avertir qu'elle allait partir pour Londres, qu'elle voulait être seule, qu'elle ne supportait plus d'avoir quelqu'un derrière elle en permanence. Cela m'a immédiatement inquiétée, parce que je savais qu'en Angleterre elle pouvait se procurer des tranquillisants plus facilement qu'en France. Nous avons demandé conseil à l'un de ses médecins ; il nous exhortait habituellement à ne pas relâcher notre surveillance, mais cette fois-ci, devant l'insistance de Leila, il a dit : « Bon, elle a véritablement besoin d'être seule, laissons-la partir. »

Peu après, Leila m'a téléphoné de Londres, de l'hôtel où elle descendait habituellement. Elle se sentait très mal, épuisée, le corps perclus de douleurs. Son médecin me recommandait de ne pas l'appeler trop souvent, toujours parce qu'elle souffrait, lui disait-elle, de se sentir sans arrêt contrôlée, mais là c'était elle qui avait fait le geste. Nous avons parlé, j'ai essayé de trouver les mots pour l'apaiser, pour soulager son angoisse. C'était un jeudi. À la fin, je lui ai dit : « Leila, je vais venir. Dimanche, je serai à Londres et nous retournerons ensemble à Paris. Tu ne veux pas qu'une amie passe te voir, en attendant ? » J'ai nommé certaines personnes, espérant qu'elle allait acquiescer à tel ou tel nom. Mais elle ne voulait pas qu'on la voie en situation de faiblesse, et elle avait énormément maigri ces derniers mois. Malgré tout, après avoir raccroché, j'ai contacté une amie qui aimait beaucoup Leila et je lui ai demandé d'être très attentive. Nous étions convenues qu'elle ne dirait pas que je l'avais prévenue. Elle a donc appelé Leila, le lendemain, vendredi, pour prendre de ses nouvelles et Leila en a été touchée, certainement, puisqu'elle a accepté qu'elle passe la voir dans la journée. Un peu plus tard, cependant, elle s'est reprise : « Non, viens plutôt demain. »

Le samedi, j'ai de nouveau eu cette amie au téléphone, qui m'a précisé qu'elle n'avait pas voulu trop insister de peur de froisser Leila, mais qu'elle comptait bien la rencontrer dans la journée. Elle a ajouté que Leila lui avait confié : « Si tu as maman au téléphone, dis-lui de ne pas m'appeler parce que je vais dormir. » Je craignais toujours de la réveiller, car alors elle disait : « Voilà, j'étais en plein sommeil, et maintenant je vais être obligée de prendre des somnifères pour me rendormir. »

En arrivant à Paris le dimanche, j'étais inquiète, et ma première initiative a été de joindre à nouveau cette amie à Londres. Elle n'avait toujours pas pu voir Leila, qui avait repoussé sa visite et, finalement, n'avait plus répondu à ses appels. Très angoissée, je me suis résolue à alerter un médecin de Londres dont j'avais conservé les coordonnées. « Je peux trouver un moment dans l'après-midi pour lui rendre visite à son hôtel », m'a-t-il affirmé.

À l'heure où il devait être auprès de Leila, j'ai donc appelé l'hôtel. Le médecin était là, mais on lui interdisait d'entrer dans la chambre parce que ma fille avait accroché à sa porte le panneau : « Ne pas déranger ». Je l'ai supplié d'insister et, finalement, il a réussi à convaincre la direction de l'hôtel. Pendant qu'il montait dans la chambre, je suis restée en ligne, le cœur oppressé. À ce moment-là, Farahnaz m'a appelée des États-Unis sur une autre ligne pour avoir des nouvelles de sa sœur, et je lui ai dit de patienter avec moi, car d'un instant à l'autre le médecin allait redescendre.

Nous avons attendu une dizaine de minutes. « Ils sont toujours là-haut, nous n'avons pas de nouvelles », me répondait-on à la réception quand je m'inquiétais. Enfin, j'ai reconnu la voix du médecin, altérée par l'émotion : « Je suis désolé, mais votre fille est décédée. » Hébétée par la douleur, il m'a fallu l'annoncer aussitôt à Farahnaz, qui a perdu la tête, la pauvre enfant, et s'est mise à hurler tout en sanglotant. Je ne parvenais pas à la calmer et, après avoir dû la laisser dans cet état, j'ai prévenu Kambiz Atabaï, qui se trouvait à la campagne près de New York, et l'ai prié d'aller immédiatement auprès de Farahnaz. Il était impensable de l'abandonner seule avec cette souffrance.

Puis j'ai voulu avertir Reza et c'est son officier qui a décroché. Reza était en pleine conférence de presse. Le colonel est allé lui annoncer la mort de sa sœur. Il a pris sur lui, a terminé sa conférence et, à la fin seulement, les traits tirés par le chagrin, il a dit aux journalistes qu'il venait d'apprendre la disparition de Leila.

Ali-Reza était en voiture quand je l'ai joint. Je lui ai dit de se garer, je craignais que sous le choc il ne fasse une embardée et ne provoque un accident. Comme pour Farahnaz, j'aurais tellement voulu être à son côté pour partager sa douleur mais heureusement, il n'était pas seul, son amie Sara était avec lui.

Je n'ai pas eu le courage d'appeler moi-même « Gogol » et j'ai demandé à Mme Atabaï de le faire – ma dernière fille était un peu sa raison de vivre.

La mort de Leila a suscité une émotion considérable chez tous les Iraniens exilés, et jusqu'en Iran. On m'a rapporté que, dès que la nouvelle commença à circuler dans les rues de Téhéran, des gens montèrent jusqu'à Niâvarân déposer des bougies et des fleurs devant les grilles du palais. Partout où se trouvent aujourd'hui des Iraniens, des cérémonies furent aussitôt organisées. À Los Angeles, une ville où notre communauté est importante, des milliers de personnes se rassemblèrent. Ainsi Leila, qui souffrait tant des déchirements du peuple iranien, est-elle arrivée à le réconcilier autour de son nom le jour de sa mort.

À Londres même, de nombreux Iraniens vinrent accompagner sa dépouille jusqu'à l'aéroport. J'ai voulu que Leila repose à Paris, où est enterrée ma mère. Plus d'un millier de personnes assistèrent à ses obsèques et, dans les jours qui suivirent, près de sept mille lettres me parvinrent. Toutes débordaient de chagrin et d'émotion. Depuis ce deuil terrible, je reçois sans cesse de nouveaux témoignages de sympathie pour Leila, et sa tombe est chaque jour visitée par des personnes anonymes qui la couvrent de fleurs et de petits mots pleins d'affection et de regret.

Non, on ne se remet pas de la mort d'un enfant, et depuis ce 10 juin 2001 je pleure silencieusement ma petite Leila. Moi qui ai le pouvoir, en quelques mots, de réconforter un vieux général, de donner l'espoir à de jeunes Iraniens déracinés, moi qui suis capable, me dit-on, d'aider une communauté chassée de sa terre, je n'ai pas réussi à aider ma propre fille. Cette impuissance me tourmente chaque jour, et chaque matin j'y pense : « Aujourd'hui, il faut que je trouve le temps d'appeler mes enfants, mes petites-filles, le courrier et les téléphones attendront. » Un jour, Leila m'avait déclaré : « Après avoir consacré quarante ans de ta vie aux autres, tu as bien le droit, maintenant, de te préoccuper des tiens, de tes enfants, de tes petits-enfants. »

Bientôt, Noor et Iman auront quitté l'enfance pour entrer dans l'adolescence. Il y a quelques mois, comme je venais leur raconter une histoire et les embrasser avant la nuit, Noor s'est presque mise en colère :

— Maman Yaya, m'a-t-elle déclaré, dressée sur son lit, tu dis que nous sommes Iraniennes, tu dis que nous sommes des princesses, mais on ne connaît même pas notre pays ! À quoi ça sert que tu nous montres toutes ces photos, que tu nous racontes toutes ces histoires, si on ne peut pas retourner chez nous ?

Peut-être est-ce cette réflexion qui m'a donné la force d'écrire ce livre. Il me fallait dire à ces deux petites-filles, interdites de séjour dans leur propre pays, comment nous en étions arrivés là. Tenter de leur faire comprendre combien l'Histoire fut cruelle pour Leila, leur tante, et injuste pour ce grand-père dont elles croisent chaque jour le regard, grave et muet, dans le bureau de leur père. Leur dire qu'elles peuvent être fières d'être ses petites-filles, et fières aussi d'être les filles d'un homme qui se bat, depuis vingt-trois ans maintenant, pour rendre à l'Iran son rayonnement perdu. Leur dire enfin qu'elles peuvent être fières d'être Iraniennes.

---

1. Je me suis refusée à citer de nombreuses personnes à seule fin de les protéger des persécutions, elles et leurs familles, de la République islamique.

En exil depuis un quart de siècle, je n'ai cessé un instant de songer à l'Iran, à ce peuple et à cette terre que j'aime plus que tout. Après la répression épouvantable qui s'est abattue sur ceux qui avaient servi notre pays sous le règne de mon mari, après les morts et les souffrances qu'eurent à endurer les survivants, s'engagea le déclin. Près de quatre millions de nos concitoyens durent s'exiler.

Le cœur brisé, j'ai assisté à la désillusion de la jeune génération qui avait rejoint dans la rue les religieux les plus radicaux pour renverser la monarchie. Étudiants et lycéens rêvaient d'une démocratie éclairée, sans mesurer le chemin déjà parcouru en ce sens, mais, sitôt le roi parti, c'est un obscurantisme moyenâgeux et barbare qui a balayé leurs espoirs. Aujourd'hui, ceux qui manifestent contre le régime islamique sont emprisonnés, flagellés, torturés, et parfois assassinés. Certains parents ne savent pas où ont été enterrés leurs enfants.

Le pays avait été fort et respecté, il ne le fut plus d'un seul coup. Après l'arrestation et l'exécution de nos officiers et le démantèlement d'une armée puissante, l'Irak en profita pour se lancer dans une guerre qui coûta à l'Iran plus de cinq cent mille morts, dont des milliers d'enfants-soldats, deux millions de blessés et handicapés, et laissa l'économie nationale exsangue.

Cette région du golfe Persique qui avait connu paix et stabilité au temps de la monarchie iranienne a, depuis, basculé dans la guerre et le chaos, jusqu'à devenir la matrice du terrorisme international. Depuis le monstrueux attentat du 11 septembre 2001 à New York, le monde entier ne la regarde plus qu'avec effroi et dégoût. Autrefois, nous, Iraniens, étions fiers de présenter notre passeport en débarquant à Washington, Rome ou Paris. Aujourd'hui, les regards soupçonneux de toutes les polices du monde nous glacent le sang.

Le roi l'avait dit : « Si la sécurité et la stabilité de l'Iran sont détruites, les conséquences ne seront pas limitées à l'Iran ni à la région sensible du Moyen-Orient mais entraîneront le monde dans une crise globale. »

Qu'ont-ils fait de l'Iran ?

Tous les efforts que nous avions entrepris en matière d'éducation et de santé, et qui avaient mobilisé des milliers d'Iraniens pour le bien commun, ont été en grande partie ruinés. Dans les campagnes, les religieux ont souvent repris la place qu'occupaient les instituteurs et les professeurs de l'Armée du savoir. Des milliers de médecins ont quitté l'Iran et si l'on veut se faire recoudre une plaie à l'hôpital, il faut désormais apporter son fil et son aiguille.

Le pétrole, notre bien le plus précieux, est entre les mains de quelques privilégiés du régime qui se construisent ainsi des fortunes au détriment d'une population qui ne cesse de s'appauvrir. Actuellement, une petite minorité d'Iraniens accaparent la plus grande partie des richesses du pays. Le chômage a atteint un taux record, alors que dans les trois années qui précédèrent la Révolution islamique, un million de travailleurs venant des pays d'Asie furent embauchés. Les campagnes sont désertées au profit des villes dont les faubourgs croulent sous la misère – cinquante mille villages seraient à l'abandon ! Le dénuement est tel que certains parents en arrivent à vendre leurs organes, ou ceux de leurs enfants, pour nourrir leur famille. De très jeunes filles en sont réduites à se prostituer, et un nombre croissant d'enfants mendient leur pain quotidien. Près du quart de la population souffre de malnutrition. Sans espoir, sans perspectives d'avenir, les jeunes Iraniens se tournent, de plus en plus nombreux, vers les stupéfiants. On estime que le pays compte à présent près de quatre millions de drogués. Enfin, un tiers des Iraniens serait atteint de dépression chronique.

Je crois que le moment est venu de relever la tête et d'espérer. J'ai une immense confiance en la capacité du peuple iranien à se débarrasser de ses chaînes et à retrouver la voie de la démocratie. La voie de la liberté et du progrès. Je pense particulièrement aux femmes pour montrer le chemin. La monarchie leur avait pratiquement donné les mêmes droits qu'aux hommes. Les religieux ont tenté de revenir en arrière, ils ont réhabilité la monstrueuse lapidation, édicté des lois humiliantes qui font de la femme une citoyenne de deuxième catégorie, mais, en dépit de ces iniquités, les femmes sont toujours debout en Iran. Les religieux ont échoué à les réduire au silence. Chaque jour, nous recevons les témoignages de plusieurs d'entre elles qui se battent à l'intérieur des frontières contre l'humiliation, la peur et l'obscurantisme. Elles vont gagner, parce qu'elles ont pour elles l'intelligence, le courage et la sincérité.

Je pense aussi à la génération nouvelle. Ces jeunes Iraniens qui risquent leur vie à l'intérieur pour avoir enfin le droit de s'exprimer librement. Leurs frères et sœurs, qui ont grandi dans l'exil, qui ne connaissent pas l'Iran, mais qui demain le découvriront, forts de tout ce qu'ils ont appris dans ces pays d'Amérique et d'Europe qui les ont si généreusement accueillis et formés. Tournant le dos aux querelles qui nous ont inutilement déchirés, nous, leurs parents, ces jeunes de l'intérieur et de l'extérieur sauront se rassembler, je le sais, pour rouvrir à la lumière, à la beauté, à la vie, les portes et les fenêtres de notre vieux pays. Grâce à eux, demain, nous n'aurons plus honte d'exhiber notre passeport.

La Révolution islamique a trompé ceux qui ont cru en elle, elle a perdu la plupart de ses assises. Au fil de notre très longue histoire, il est arrivé à l'Iran de devoir endurer le poids et les souffrances d'une occupation. Mais jamais l'envahisseur n'est parvenu à briser notre identité nationale! Chaque fois, nous avons su puiser en nous-mêmes, en notre culture, en notre histoire, pour trouver la force de résister et, finalement, de vaincre l'oppresseur. Je sais qu'une fois encore le peuple iranien brisera ses chaînes et relèvera la tête pour reconstruire un Iran moderne, libre, respecté, tolérant et généreux. Je sais que, demain, la lumière vaincra les ténèbres et que l'Iran renaîtra de ses cendres.

Que Lionel Duroy, qui m'a accompagnée tout au long de l'écriture de ce livre, trouve ici l'expression de ma gratitude.

Annexes

La situation des femmes en Iran sous la monarchie

L'Organisation des femmes d'Iran (OFI) était un réseau réunissant cinquante-sept associations affiliées, quatre cents sections et cent vingt centres offrant des services de protection de l'enfance, du planning familial, de la formation professionnelle et des conseils juridiques, grâce au travail de deux mille spécialistes et de sept mille bénévoles auprès d'un million de femmes environ, chaque année.

L'OFI gérait un établissement d'enseignement sur le travail social pour former son propre personnel aussi bien que pour enseigner à des travailleurs sociaux devant exercer dans les secteurs public et privé. Les points forts des réalisations de l'Organisation dans sa dernière décennie d'activité sont :

I - L'éducation :

A. La priorité a été donnée à la campagne d'alphabétisation destinée aux femmes. L'utilisation de « bataillons féminins » d'alphabétisation était particulièrement efficace.

B. Un effort concerté a été fait pour encourager les filles en âge d'être scolarisées dans le primaire à aller à l'école et à profiter des avantages de l'école obligatoire gratuite à tous les niveaux.

C. Au niveau universitaire, les jeunes femmes étaient encouragées à entrer dans les filières techniques et scientifiques, grâce au financement de bourses spéciales. Un système de quota avait été établi pour donner un traitement préférentiel aux filles admissibles et volontaires pour intégrer des filières techniques ou traditionnellement fermées aux femmes.

Un tiers des étudiants à l'université étaient des femmes. L'année précédant la Révolution, la majorité de ceux qui ont passé l'examen d'entrée aux écoles de médecine étaient des femmes.

D. Les programmes des études féminines étaient préparés par des commissions mixtes réunissant des membres de l'OFI, des facultés de Téhéran et des universités nationales.

II – *L'emploi* .

A. L'Organisation des femmes d'Iran et le ministre du Travail ont uni leurs forces pour créer des programmes spéciaux préparant les femmes à l'accession à des emplois mieux payés grâce à des cours de perfectionnement dans différents secteurs de travail qualifié et semi-qualifié.

B. Toutes les lois ont été revues pour éliminer la discrimination fondée sur le sexe. Le principe « à travail égal salaire égal » a été introduit dans le corps de tous les arrêtés et règlements gouvernementaux concernant l'emploi.

C. Une nouvelle loi autorisa les mères qui travaillaient à prendre un mi-temps jusqu'aux trois ans de leur enfant. Ces trois années seraient équivalentes à un plein temps en termes d'ancienneté et de points de retraite.

D. La loi rendit obligatoire l'installation d'équipements de protection de l'enfance près des usines et/ou des bureaux. Moins de deux ans après l'adoption de cette loi, les efforts conjoints de l'OFI et de plusieurs ministres avaient permis de faire profiter de l'installation de ces équipements à environ un tiers de tous les enfants concernés.

E. Le congé maternité a été étendu pour permettre à toute femme enceinte de plus de sept mois de partir avec un salaire complet.

F. Tous les arrêtés concernant le logement, les emprunts et autres avantages du travail furent revus pour éliminer toute discrimination.

III – *La famille* :

A. La loi sur la protection de la famille donna aux femmes le droit de demander le divorce sur les mêmes bases et dans les mêmes conditions que les hommes ; elle attribua les décisions sur le droit de garde des enfants et la pension alimentaire à des cours familiales spéciales ; elle reconnut la mère comme le gardien légal de son enfant en cas de décès du père ; elle élimina quasiment la polygamie en la limitant à une seconde épouse en cas d'impossibilité d'enfanter ou de grave maladie de la première femme, et uniquement avec son accord. Bien qu'elle ne soit pas encore totalement égalitaire, la loi était et est encore aujourd'hui plus avancée que la majorité des législations des autres pays musulmans.

B. L'interruption de grossesse fut légalisée, sous condition de l'accord du mari. Les femmes non mariées pouvaient la demander avant leur huitième semaine de grossesse.

IV – *La participation politique* :

A. Tous les jurys locaux examinant les qualifications des candidats à des postes politiques reçurent la consigne d'intégrer une représentante des femmes.

B. Le responsable de l'OFI de chaque province était placé sous l'autorité directe du gouverneur de la province.

Lors des dernières élections avant la Révolution, et grâce à une campagne énergique, vingt femmes furent envoyées à la Chambre basse (les Majles) et trois cents femmes dans les conseils locaux et municipaux.

C. Les femmes postulèrent et obtinrent des postes avec plus de responsabilités au sein du gouvernement. En 1978, il y avait une femme au conseil des ministres et trois dans les « sub-cabinets ». Hormis les postes traditionnels au ministère de

411

l'Éducation, de la Santé et du Bien-être, le ministère du Travail, ainsi que celui des Mines et de l'Industrie, avaient le plus grand nombre de postes pourvus par des leaders féministes.

V   *Le Plan national d'action :*

Approuvé par le conseil des ministres en 1978, un Plan national d'action créa une structure dans chacun des douze ministères pour organiser, planifier, appliquer et diriger les efforts nationaux envers la pleine intégration des femmes dans tous les secteurs de l'économie et de la société. Dans chaque ministère, le ministre était responsable de l'avancement du programme et devait faire un rapport annuel au conseil des ministres. Des réunions mensuelles furent organisées avec les principaux adjoints des ministres de chacun des douze ministères participants. La réunion était présidée par le ministre d'État aux Affaires des femmes, au nom du Premier ministre. Des commissions de femmes, au sein de chaque ministère, observaient et analysaient les efforts et les progrès dans chaque ministère.

VI – *Les activités internationales :*

L'Iran était la troisième nation au monde pour le soutien au mouvement international des femmes et pour les actions lancées avec les Nations unies sur les problèmes des femmes. Ceci incluait la responsabilité de créer le Centre Asie-Pacifique pour les femmes et le développement, qui fut établi à Téhéran, et l'Institut de recherche internationale et de formation pour l'avancement des femmes, également installé à Téhéran en 1979. La conférence quinquennale destinée à évaluer les progrès faits depuis la Conférence mondiale sur les femmes de Mexico devait avoir lieu à Téhéran en 1980.

Édit de Cyrus le Grand

Je suis Cyrus, roi du Monde, grand roi, puissant souverain, roi de Babylone, roi de la terre d'Akkad et de Sumer, roi des quatre points cardinaux, fils de Cambyse, grand roi d'Anshan, petit-fils de Cyrus, grand roi, roi d'Anshan, fondateur d'une lignée royale, celui dont Bel et Nabou chérissent le règne, celui dont le règne réjouit leur cœur. Lorsque j'entrai dans Babylone avec l'esprit le mieux disposé, j'installai mon pouvoir dans le palais royal au milieu de la plus complète satisfaction et d'un regain de joie. Marduk, dieu suprême, fut à l'origine de l'attachement des Babyloniens à ma personne. Chaque jour je n'oubliais pas de lui rendre grâce. Mon armée s'installa sans difficulté au milieu même de Babylone. Je ne laissai aucun de mes soldats semer la terreur sur la terre d'Akkad et de Sumer. Je gardai à l'esprit les besoins de Babylone et de ses nombreux lieux de culte pour leur assurer une vie paisible. Je supprimai le joug malséant qui pesait sur les Babyloniens. Je redonnai vie à leurs habitations laissées à l'abandon. Je mis un terme à leur malheur. Considérant mes actes, Marduk, suprême souverain, se réjouit, accordant sa bénédiction à ma personne ainsi qu'à celle de mon fils Cambyse, chair de ma chair, ainsi qu'à mon armée ; et pour notre part, nous rendîmes grâce à sa glorieuse divinité. Tous les rois sédentaires assis sur leur trône partout à travers le monde, de la mer supérieure à la mer inférieure, et tous les rois nomades de la terre occidentale, tous me payaient un impôt important et baisaient mon pied dans ma ville de Babylone. Je restaurai et confortai partout les divinités dont les cultes avaient été abandonnés sous la domination des Tigris, dans les villes d'Ashur et Suse, à Agade, Eshnuna, Zamban, Meurnu, Der, et jusque sur la terre de Gutium. Je rassemblai tous les habitants et relevai leurs maisons. Conformément au souhait de Marduk, le Dieu Puissant, je laissai sans les inquiéter demeurer dans leurs temples les divinités de Sumer et d'Akkad que Nabonide, causant alors la fureur du dieu des dieux, avait fait entrer dans Babylone. Puisse chacun des dieux dont j'ai conforté le culte intercéder quotidiennement en ma faveur auprès de Bel et de Nabou, pour prolonger mes jours ; et puissent-ils parler de moi en ces termes : « Fasse que Cyrus, le roi pieux et son fils Cambyse... »

Message au peuple iranien
de Reza Pahlavi

Au nom de Dieu tout-puissant, conformément à la Constitution iranienne et à ses amendements, je déclare solennellement qu'à compter de ce jour, 9 Aban 1359 (31 octobre 1980), à l'heure où j'entre dans ma vingt et unième année, je suis prêt à assumer mes responsabilités et mes obligations de roi de l'Iran. En raison de l'état d'exception qui existe actuellement en Iran, la Cérémonie constitutionnelle de prestation de serment est reportée à un moment où, avec la bénédiction de Dieu, les conditions requises à son déroulement auront été remplies.

Dès aujourd'hui, cependant, je jure solennellement devant le glorieux drapeau tricolore iranien, et sur le Saint Coran, que, dans mes hautes fonctions, je consacrerai ma vie entière à la sauvegarde de l'indépendance et de la souveraineté nationale et à la protection des droits légitimes du peuple iranien.

Garant de l'unité nationale, je serai le fidèle défenseur de la Constitution.

Notre loi fondamentale garantit les droits de chacun et de la société et précise clairement les attributions légitimes du roi, du pouvoir législatif, du pouvoir exécutif et du pouvoir judiciaire, en veillant donc au strict respect et à l'application des différents articles de la Constitution, je remplirai ma mission, conscient des devoirs qu'elle implique, et défendrai ainsi l'ordre constitutionnel.

Mes chers compatriotes, mes sœurs, mes frères,

Cette responsabilité suprême m'est confiée après la triste disparition de mon auguste père, dans une des périodes les plus sombres de notre Histoire, au moment même où nos principes nationaux et spirituels, nos valeurs historiques et culturelles, notre civilisation, sont menacés de l'intérieur; au moment même où l'anarchie, l'effondrement économique et le déclin de notre prestige international ont engendré le viol de notre intégrité territoriale par une agression extérieure que nous condamnons.

Je sais parfaitement qu'aucun d'entre vous, dont la fierté nationale et l'esprit patriotique sont innés, qu'aucun d'entre vous qui êtes profondément attachés à votre identité nationale, à votre foi et aux principes sacrés de l'islam authentique, à vos valeurs historiques et à votre patrimoine culturel, n'a voulu un tel désastre. Aucun peuple, quelle que soit sa condition, ne peut, j'en suis certain, souhaiter une telle chose. C'est pourquoi, comprenant vos souffrances et devinant vos larmes cachées, je m'associe à votre douleur. Je sais que, tout comme moi, à travers ces ténèbres, vous voyez poindre l'aube sereine d'un jour nouveau. Je sais aussi que vous avez, au plus profond de vos âmes et de vos cœurs, la ferme conviction que, comme par le passé, notre Histoire plusieurs fois millénaire se répétera et que le cauchemar prendra fin. La lumière succédera à l'obscurité. Forts de nos amères expériences, nous entreprendrons tous ensemble, dans un grand élan national, la reconstruction de notre pays. Grâce à des réformes appropriées et avec la participation active de tous, nous atteindrons nos idéaux. Nous rebâtirons un Iran nouveau où prévaudront l'égalité, la liberté et la justice. Animés par la vraie foi de l'islam, toute de spiritualité, d'amour et de clémence, nous ferons de l'Iran un pays prospère et fier, ayant dans le concert des nations la place à laquelle il a droit.

En ce jour solennel et historique, je m'incline devant tous ceux qui, héros ou inconnus, sont tombés durant des siècles pour la gloire de l'Iran, l'indépendance de leur pays et la sauvegarde de l'identité nationale. Qu'ils reposent en paix pour l'éternité sur la terre sacrée de leur Patrie. Je m'incline aussi devant les martyrs de l'Armée iranienne et de tous les autres patriotes qui, durant l'horreur des vingt derniers mois, ont payé de leur vie leur fidélité à l'honneur national. Je partage sincèrement la douleur de leurs familles éprouvées. Je les comprends d'autant mieux que j'ai perdu moi-même un être très cher, qui s'est éteint trop tôt, en terre d'exil, dans des souffrances indicibles, terrassé plus par les malheurs de sa Patrie que par la maladie.

Je glorifie la bravoure des membres des forces armées qui, malgré les offenses subies, les injustices, les humiliations, ont défendu vaillamment le sol sacré de l'Iran et l'intégrité territoriale de leur Patrie. Je suis fier de leur comportement.

Tout au long des siècles, le peuple iranien fut à l'origine d'étonnantes épopées. Peut-être la conjoncture est-elle à nouveau favorable pour qu'une nouvelle page épique soit écrite, elle sera aux yeux du monde le reflet de l'Iran authentique et de son peuple. Aujourd'hui, alors que par la volonté de Dieu commence pour moi une nouvelle étape dans l'accomplissement de mon devoir national, je vous transmets ce message du fond de mon âme. Je sais d'avance que votre réponse sera le fidèle écho de notre glorieuse Histoire millénaire.

Réalisons l'union nationale, basée sur la fraternité, l'égalité, l'amour de Dieu. Excluons la haine, la vengeance et toutes autres manifestations du Mal.

Je salue toutes les Iraniennes et tous les Iraniens de bonne volonté où qu'ils soient. Je leur demande à tous de garder leur confiance inébranlable en l'avenir, de défendre, sans défaillance et dans n'importe quelles circonstances, l'indépendance de l'Iran, leur identité nationale et leur foi.

Je demande à tous les patriotes vivant en Iran ou à l'étranger de resserrer leurs rangs pour sauver la Patrie.

Je confie à Dieu tout-puissant le destin du grand peuple de l'Iran dont la glorieuse Histoire, j'en suis convaincu, se perpétuera dans l'honneur. Je demande humblement à Dieu tout-puissant de nous accorder à tous sa clémence, et de nous aider à accomplir nos devoirs nationaux en assumant nos responsabilités vis-à-vis de l'humanité tout entière, et cela, malgré les nombreuses entraves qui jalonnent notre route.

Que Dieu garde l'Iran·

7435

Achevé d'imprimer en France (Manchecourt)
par Maury-Eurolivres
le 8 septembre 2004.
Dépôt légal 8 septembre 2004. ISBN 2-290-34245-9

Éditions J'ai lu
84, rue de Grenelle, 75007 Paris
Diffusion France et étranger : Flammarion